岩 波 文 庫

38-607-1

開かれた社会とその敵

第1巻 プラトンの呪縛

（上）

カール・ポパー著
小河原　誠訳

岩 波 書 店

DIE OFFENE GESELLSCHAFT UND IHRE FEINDE
Bd. 1: Der Zauber Platons
THE OPEN SOCIETY AND ITS ENEMIES
Vol. I: The Spell of Plato

by Karl R. Popper

Based on the 8th edition published in German
by Mohr Siebeck GmbH & Co. KG, Tübingen in 2003,
edited by Hubert Kiesewetter.
This Japanese edition published 2023
by Iwanami Shoten, Publishers, Tokyo
by arrangement with the University of Klagenfurt.

凡 例

一、底本について

本訳書の底本は、Karl Popper, *Die offene Gesellschaft und ihre Feinde, Band I: Der Zauber Platons; Band II: Falsche Propheten: Hegel, Marx und die Folgen*, 8. Auflage, herausgegeben von Hubert Kiesewetter, Mohr Siebeck, 2003(以下、ドイツ語版と略記)である。これを第一巻(上・下)、第二巻(上・下)の四分冊にて訳出、刊行する。

本書の初版は、編者の手になる「本書が日の目を見るまで」(第一巻(下)に収録)に詳細に描かれているように、幾多の紆余曲折を経て、イギリスのラウトリッジ・キーガン・ポール社から一九四五年に英語の二冊本として刊行された(*The Open Society and Its Enemies: "The Spell of Plato" and "The High Tide of Prophecy: Hegel, Marx, and the Aftermath"* 以下、英語版と略記)。これは第五版(一九六六年)をもってテキストが確定し、最終確定版として今日におよんでいる。そのため、一般にはこの英語版が『開かれた社会とその敵』の底本とされることが多い。

一方、本訳書が底本としたドイツ語版は、ポパー自身が監修したドイツ語訳に、かれがみずから加えた変更（これは、一九九二年までおよんだ）を反映させ、さらに各種の引用文献についてドイツ語版の編者キーゼヴェッターが再調査し、誤りなどを訂正し、文献的に遺漏がなく正確であることを期して修正した版である（詳しくは、第一巻（上）に収録した「編者の注記」を参照）。このドイツ語版が事実上の最終確定版であると考えられる。

したがって、本訳書には、ドイツ語版には収録されているが英語版にはない「ドイツ語版第七版への序」（一九九二年執筆）およびBBCでのラジオ講演「イマヌエル・カント　啓蒙の哲学者」を訳出している。また、注におけるいくつかの追加（重要なものが多い）や、断りなくなされた言い回しなどの変更を含んでいる。

なお、翻訳にあたっては、あきらかに英語版がただしい箇所（ドイツ語への翻訳においてミスが生じたと断定せざるをえない箇所が、ごくわずかだが存在する）、あるいは英語版の表現がより明晰である箇所については、断ることなく英語版の表現を採用した。

二、各種記号について

原文のイタリック体による強調の箇所には傍点を付した。

引用符には、カギかっこを用い、「　　　」とした。

原文の(　　　)は、基本的にそのままとした。

ドイツ語版の編者による注や補足は、[　　　]で示した。

三、原注について

本書には、本文を分量的にうわまわり、読み応えのある膨大な注が巻末についている。本訳書においては、(1)(2)……の注番号をつけ、各分冊に分割して収録した。

注番号に＋が付されたものは、読者の関心をひくと思われる幅広い素材や論争的問題への言及を含んでいることを示しており、原書に類似の表示がなされている。＋のない注番号は、出典、あるいは本書におけるテキスト箇所を示すものである。

ポパーが本書第一版の原稿執筆時に使用できなかった資料を利用していたり、一九四三年以降に加筆したりしている箇所は、〈　　　〉で示している。しかし、この記号は注冒頭部の「注一般について」で述べられているように、すべての加筆箇所について表示されているわけではない。

ドイツ語版(フランケ版)の訳者パウル・K・ファイヤーアーベントによる注は、【　　　】で示した。

「本書が日の目を見るまで」(第一巻(下))につけられた原注は、(1)(2)……の注番号をつけ、文章末においた。

四、訳注について

訳注は、本文中に〔　〕で示した。分量の多い訳注については、〔1〕〔2〕……の注番号をつけ、各章末にまとめた。

なお、ポパーの著作で邦訳書のあるものについては、それを併記するように努め、初出を中心に主な箇所に掲載した。また、プラトン、アリストテレス、ヘーゲル、マルクスなどの邦訳書については、「編者の注記」内で言及した。ただし、必ずしも邦訳書の訳文にはしたがっておらず、適宜変更を加えている。

五、索引について

人名索引と事項索引を、第二巻(下)の巻末に付した。人名索引は、訳者の判断で、重要でないと思われる人物は割愛した。事項索引については、同一の原語を文脈に応じて訳し分けたり、また砕いて訳出したりした箇所もあるので、その語の概念を示すことばを載せておいた。したがって、本文中の訳語とぴったり対応していないものもある。

目次

〔第四分冊〕

開かれた社会とその敵

〔第一分冊〕

第八版

フーベルト・キーゼヴェッター編集

イマヌエル・カント

自由と人間性の哲学者の追憶に本ドイツ語版をささげる

ドイツ語版第七版への序（一九九二年）

本書はドイツ語による新版であり、公刊されたのはわたくしが九〇歳のときであった。本書の執筆を決定したのは一九三八年三月一三日、祖国オーストリアへのヒトラーの侵攻を聞いた日であった。初稿を書き終えたのは正確に五〇年前のことである。本書はさまざまな出版社によって拒否された。印刷に付されたのは、ロンドンがヒトラーの報復武器V1（無人爆撃機）とV2（大型ロケット）によって攻撃されているさなかであった。店頭に並んだのは一九四五年であったが、そのときにはヨーロッパにおける戦争が終結を迎えつつあった。わたくしはこれを戦争に奉仕するための一環として書いた。本書の趣旨は、ナチズムと共産主義に立ち向かうこと、ヒトラーとスターリンに立ち向かうこと、つまり、一九三九年のヒトラー＝スターリン条約〔独ソ不可侵条約〕に立ち向かうことにあった。

わたくしは、二人の名前をはなはだしく毛嫌いしていたので、本書で言及したいとは思わなかった。わたくしは歴史のなかに、ヒトラーからさかのぼって、最初の巨大な政治的イデオローグにして、階級と人種において思考し、強制収容所を提案したプラトンへと歴史に残された足跡をたどっていこうと思った。また、スターリンからカール・マルクスへたち戻る道を歩んでみようとした。わたくしはマルクスを批判することで自分自身を批判しようとも思った。というのも、青年期のはじめのころ、わたくしはマルクス主義者であったし、そのうえ何週間かは共産主義者でもあったからである。（もっとも、一七歳の誕生日の前には、この誤った信仰から離れてはいたけれども。）

このドイツ語新版と同時に、〈ロシアの読者への手紙〉が付された最初のロシア語版も出版された。その手紙の一部を、かつて共産主義のもとにあったドイツ以外の国で、ドイツ語を読む読者にも再度提示しておきたい。というのも、その手紙では開かれた社会のもっとも重要な基礎のひとつ、つまり、あらゆる人がしたがう法秩序、簡単に言って、法治国家のことを語っておいたからである。法治国家の問題は、思うに、最近の民主主義下でくらす読者も熟慮すべき重要きわまりない問題である。なぜなら、この問題を解決し実現することはたいへんにむずかしいからである。もっとも、ドイツの地にあっては、かつて法治国家というものの存在しなかったロシアほど困難ではないであろうが。以下がその手紙である。

法治国家、東ヨーロッパはそれを緊急に求めている

東ヨーロッパは食料を必要としている。事実として、それを効率的に生産できるようにするのは市場経済のみである。たしかに市場経済は西洋を豊かにした。それは、多くの労働者や多くの政治的思想家の何百年にもわたる格闘の成果であった。

西洋の開かれた社会は、かれらの努力(と自由市場)の成果であり、(わたくしは多くを見、読んできたが)私見では、人類の歴史においてずば抜けてすぐれた、もっとも自由な、もっとも公正かつもっとも正義にかなった社会である。たしかにまだすべての人に対して、機会の均等および正義が達成されたわけではない。だが西洋においては、われわれの理想、すなわち、平和、自由、正義、そして機会の均等に近づこうとする努力がたえずなされてきた。だが、西洋社会における重大な悪のひとつは、市場の自由を濫用した大小さまざまな犯罪であろう。第二次世界大戦以来の犯罪の増加はその警告である。いまや犯罪はわれわれの開かれた社会にとって深刻な問題である。

だから、残念なことに刑法が必要なのである。しかしわたくしはそれについてはひとつのことしか言うつもりはない。われわれは西洋において、あらゆる刑法にとってもっ

とも重要な規定、すなわち、なんぴともその罪があらゆる合理的な疑いをこえるほどに証明される以前においては有罪と見なされてはならないということを見出したのだ。被告人は疑わしい時にあっても無実として扱われるべきなのである。

法治国家と自由市場

民法は刑法とはまったく異なる。民法のある部分、たとえば、（一部のイデオローグが所有とは窃盗であると教える）所有権や（一部のイデオローグが商人とは中間搾取者であり寄生者であると教える）商法は、市場が機能するためにはきわめて重要である。民法は、必要悪としての刑法とはまったく異なって、貴重な財である。その目的は個人の自由の実現にあり、人間の暴力なき共同生活にある。文明社会は、偉大なローマ時代以来、この控え目な目的を高く評価してきたとはいえ、その達成にはなおきびしいものがある。とはいえ、この目的を長期的に求めてきた文明社会においてこそ、自由市場はさらに発展することであろう。

自由市場は、法的枠組み、つまり法治国家による保護を必要とする。原始的な市場、たとえば、リンゴとほうれん草の交換であれば、こうした枠組みなしにやっていけるかもしれない。しかし、そのような原始的な市場ではごくわずかな自由——このばあいでは、取るに足らない選択の自由——しか与えてくれはしない。市場においては、自転車がどうしても必要だとしても、お金なしに入手することはできない。だが、ひとたび貨幣が導入されたならば国家が重要な役割を果たすことになる。(なぜなら、国家は取引に貨幣をもちこむからである。)そして自転車のような複雑な品物が売買されるときには、消費者の保護とか、担保、保証金の問題が生じてくるであろう。しかし、保証金は購入権についての法的整備なしには価値がない。

自転車は、一般的に言って、かなりの数の部品から組み立てられている。そしてそこではかなりの数の複雑な契約にもとづく協業——生産者と、納入業者、共同作業者、たとえば販売会社といった取引相手とのあいだの協業——が前提とされている。簡単に言って、産業社会には自由市場があり、それが大きな選択の自由を提供してくれるわけだが、それは法的枠組み、つまり、法治国家なしには考えられないものである。

西洋の法秩序は、産業の発展とともに、そして市場の発展、およびそれが提供するあらゆる可能性とともに成長してきた。それは、ローマ時代に始まり、法業務についての経験とともに成長してきた。この古くからの伝統は、不幸なことに多くの国々においては共産主義によって、自由市場と一緒に破壊された。わたくしは、ロシアや、共産主義を脱した他の国々の固有な経験から判断して、そうした伝統を早急に再建できるとは思っていない。(完璧な方法は存在しないとはいえ)あきらかに手っ取り早い方法は験証済みの西洋の法秩序を模倣することである。日本は(一九世紀の八〇年代に始まったのであるが)、ドイツの法体系を受け継いだ時、そうした模倣がうまくいくことを示した。ヨーロッパの産業の発展を模倣しようとする計画にとっては、法体系の整備が前提であることがあきらかになったのだ。

東ヨーロッパ諸国が求めているものにとっては、ドイツやフランスの法律書が手近な模範になるだろう。これには歴史的な理由がある。つまり、イギリスはひと、か、た、ま、り、として継承できるような法律書をまったく発展させなかったからである。

もちろん、ひとかたまりとして継承された法体系が正確に適合するとは言えない。新しい議会にとっての課題は、必要とあれば変更をつうじて修正することであろう。経験にもとづいて法を修正することは、近代国家の議会が果たさなければならない仕事の大きな部分を構成する。

法治国家の奉仕者

よき法律を導入することにも困難はあるが、それよりもはるかに困難な課題は、法治国家に効力を持たせること、要するに国内に法秩序を打ち立てることである。この課題はロシアにおいてはとりわけ困難である。この国は——他の多くの共産主義国家がそうであるように——紙の上ではよく見える法律をもったとはいえ、それは現実には効力をもたず適用されることもなかったからである。ひどい伝統を糺し、法治国家の実現をはかることは、新しい国家機関にとっては困難な課題である。そのためには国家はまずもって法律家を、しかも書かれてある条文を生真面目に受けとめる——これは、新たな経験であろう——法律家を養成しなければならない。もっとも大事なのは、言うまでもなく、裁判にかかわる法曹家、つまり、第一義的には裁判官であり、独立した弁護士である。かれらは自立し独立していなければならない。なぜなら、その時にのみ(一時的な統治のためにではなく、正義に奉仕することができるからである。それ以上に、法を貫徹させるためには他の多くの公務員も必要とされるであろう。かれらはすべて、なににもまして、客観的な真理に、法とそれにかなった正義に、奉仕することを学ばねばならないだろう。より高次の「利害」とか、国家存続の大義といったものが、(少なくとも平和の時代には)どんなかたちにおいてであれ、役割を演じてはならない。こうした目的をもった裁判機構をつくることは長い年月を必要とする大きな課題である。

わたくしはこれらが国家の重要課題であると考える。それはまたもっとも緊急かつ困難な課題でもある。同時にそれは、唯一の権威、すなわち法に服するというまったく新しい、変化を受け入れる、生き生きした伝統を樹立することで、開かれた社会を樹立するという課題なのである。法は伝統にならねばならない。共産主義的官僚制のもとで国民のあいだに巣くっていた恐怖の体制という硬直した伝統に代わって、いまや法が出現してこなければならない。日本人もおなじことを成し遂げようとした。かれらは、新たに養成された法律家のうちでも最良にしてもっとも使命感に満ちた法律家——くわえてかれらは外国語についての十分な知識をもっていなければならなかったのだが——を、そしてまた経験豊かな裁判官や弁護士を外国に派遣した。かれらは、伝統を学ぶためにその地の裁判所でいくばくかの時を過ごすことができた。わたくし自身は、ドイツでこの伝統を学び、そしてそれに深く結びつけられている非常に有力な日本人法学者を何人か知っている。

★

法治国家の形成なしには自由市場経済も、西洋の経済的達成に近づくことも考えられない。こうした洞察をもつことが根本的重要事であり、また喫緊の課題であろう。この点は他のところでは強調しておかなかったので、ここで強調しておくわけである。

近代国家における自由市場経済は、生産と分配の非常に複雑なシステムとして機能しているが、あらゆる面での合意にもとづいて〈計画〉されたものではない。どんな生産者も、消費者の願望をみずから見積もったあとで、自分のための計画を立てる。ここには友好的だがきびしく働く何百万人もの人が含まれる。それが十分に発展しうるのは、ふつうの人びとのもつ相互信頼があるかぎりにおいてであり、正直で礼儀ただしく誠実であるとはどういうことなのかが理解されているかぎりにおいてである。すなわち、最小限の相互信頼がなければそうしたものは実現しない。これを達成するためには、（通常は）よき経験に基礎をもち、そして法治国家のもとで十分に報われる信頼――法の諸制度への信頼とその貫徹に責任をもつ法曹家への信頼――以上によりよいものはない。

ソビエト帝国の歴史は、間違ったイデオロギーの歴史である。建国者たちは、それを

科学であると、歴史の進化についての科学であると主張していた。それは、共感を、それどころか何名かの卓越した科学者からのまったき支持さええた。それはまた、誤ったイデオロギー、道を間違えた宗教が、一国において権力を握ったときに、ひき起こした計り知れないほどの災害の歴史であった。われわれはこの誤りから学ばねばならないし、それをふたたび生じさせないようにしなければならない。

われわれは西洋の開かれた社会が、共産主義の幻想のなかに映し出されたものとは根本的に異なることをよろこぶべきである。わたくしはもう一度強調しておきたい。開かれた社会は完全からはほど遠いということだ。開かれた社会は、まずもって、そしてほとんどのばあいに、兄弟愛、姉妹愛によって統治される社会とはまったく異なるということだ。そうした社会は(とりわけアメリカにおいて)しばしば建設されたが、短期間で退廃した。わたくしは、子孫たちがおそらく何世紀かのちに道徳的にいまのわれわれよりもはるかによくなっているという希望を捨てはしない。しかし、そう考えるとしても、わたくしは再度つぎのように言っておきたい。われわれの生きている開かれた社会は、かつて存在したうちでも最良にしてもっとも自由な、そしてもっとも正義にかなった、自己批判的にして改革をもっともよろこぶ社会である、と。そして、西洋においても東洋においても、多くのよき、勇気に満ちた、そして身を挺しての行為がなされてきたし、これからもなされるであろう。

むすび

開かれた社会にかんする本書は、一九三八年から一九四二年にかけてニュージーランドで執筆された。本書は穏健な民主主義的社会(「市民」社会)を擁護するための書物である。つまり、ふつうの市民が平和で信頼できる友人関係のもとで生きられる社会、自由が高い価値をもつ社会、責任をもって考え行動できる社会、そしてわれわれが責任という決して軽くはない重荷をよろこんでになう社会、一言でいえば、こんにちの西洋に類似した社会を擁護するために書いた書物である。平和、自由そして法による安定性——法のもとでの平等——を高く評価するこうした西洋の開かれた社会は、多方面におよんだ革命の成果である。この社会はわたくしの子供の時からすれば根本的に改良された。そしてマルクス主義者や他の者たちは相も変わらずこれを「資本主義」と呼んできたが、それはマルクスが知っていた社会とはもはやほとんど共通するものをもってはいないし、いわんやマルクスが叙述し「資本主義」と名づけたあの恐ろしい社会とはほとんど共通のものをもってはいない。いまやわたくしはこう主張したい。マルクスが「資本主義」と名づけたような社会は決して存在しなかった、と。なぜなら、マルクスは、資本主義を記述するにあたって、それはその解体――その清算、つまり「社会革命」――なくしては、改良できない社会と考えていたからだ。そのような社会は決して存在しなかった。われわれの開かれた社会は、かつて存在したなかでも最良にして変革をよろこぶ社会である。

もちろん、それは格段によいわけではない。

一九九二年五月一日　ケンリーにて

ドイツ語版第一版への序（一九五七年）

この版は、自由、人間性そして良心の哲学者であるイマヌエル・カントの追憶にささげられる。本書の読者は、著者がどれほど深くカントに負うているかを見て取ることであろう。ショーペンハウアーが語ったように、道徳を説くことは簡単であるが、道徳を基礎づけることは困難である。本書において暗黙のうちに説かれている道徳は、著者がまさに理解したかぎりにおいてではあるが、カントが基礎づけた道徳である。

カントにかこつけてカントの名前が濫用されてはならない。著者がいかなるカントを考えているのかを明示するために、つまり、ドイツ観念論の哲学者ではなく、啓蒙の批判的哲学者であることを示すために、ここでは本ドイツ語版への序文として、著者による追悼講演を再録しておこう。それはカントの死後一五〇年にあたる一九五四年二月一二日の夜にロンドンの放送局でおこなわれたものである。

一九五五年一二月三一日　ペンにおいて

英語版第一版への序（一九四五年）

本書が第一分冊になっている本著述においては、人類の偉大な知的指導者の何人かに対して苛酷なことばが投げつけられている。だからといって、わたくしの動機はかれらを貶めることにあるのではない。この点をご理解いただけたらと思う。そのようなことをおこなった動機はむしろわたくしのつぎのような確信のうちにこそ探していただけたらと思う。われわれの文化をさらに存続させるべきだとするならば、われわれの精神的な独立性を偉大な人間にささげきってしまい、従属してしまうという悪習を断ち切らねばならないということである。大なる人間は大なる過ちを犯すかもしれない。だからわたくしは本書で、過去の偉大な精神的指導者のうちには、自由と理性に対してたえずくりかえされた攻撃を支援した者がいることを示したいのだ。かれらの影響は、腐敗をもたらし、道を誤らせるものであった。だが、それに対して戦いが挑まれることはほとんどなかった。それどころか、しばしばわれわれの文化を擁護すべき人びとを誤らせ、分裂させ、たえず敵陣へと追いやったのだ。われわれの運命を封じ込めてしまいかねないこの悲劇的な分裂の責任は、われわれがそこにある思想を批判しないならば、われわれ自身がとるべきものである。それらの思想が、われわれの精神的遺産の重要な部分を形成していることは認めねばなるまい。だが、この遺産の一部を批判に投げ込むことをしないならば、結果として遺産のすべてを破壊しかねないのだ。

本書二巻〔本訳書では四分冊〕の書物は、政治哲学および社会哲学への批判的な導入として役立つだろうし、また社会再建のためのいくつかの原則として読むこともできると思う。なにを目標とし、どのように論じていくかについては序論で語っておいた。本書で扱われている諸問題は、たとえ過去を振り返っているところにおいてさえ、われわれ自身の時代の問題である。ことがらはわれわれのすべてにかかわるのだから、明確に述べ、可能なかぎり簡潔に叙述するように心がけた。

本書は、読者の側に開かれた精神以外のなにものも要請しない。とはいえ本書は、扱った問題を広く理解してもらうことにおとらず、その解決を目指している。そこでこれら二つの目的に応えるため、おそらく一般の関心はあまりひかないと思われることがらについてはすべて巻末の注に一括しておいた。

一九四四年四月　ニュージーランド、クライストチャーチにて

アメリカ版第一版への序（一九五〇年）

本書に収めた多くの論考は比較的早い時点でかたちをとっていた。しかし、それらを著述にしようと決心したのは一九三八年三月のあの日、つまり、ナチスによるオーストリア侵攻のニュースを聞いた日のことであった。原稿の修正は一九四三年までおよんだ。そして本書の大部分がかたちをえたのは戦争の帰趨がまだ不確かであったあの困難な時代であった。この事情が、こんにち振り返ってみてのことだが、批判的な注釈の多くがいま思うところよりも感情的であり、そして言い回しにおいても苛烈であった理由を説明するであろう。しかし、時代と状況は峻烈なことばを必要としたのだ。大きな丸太には大きな楔がふさわしい。少なくとも当時のわたくしには事態はそのように見えていた。本書においては、戦争についても、またこの時代の他のなんらかの出来事についても、はっきり言及しているわけではない。だが本書は、そうした出来事やその背景を理解し、戦後になったらじっさいにアクチュアルなものとなるであろうと予想されたいくつかの問いを探求するこころみであった。わたくしはマルクス主義が中心的な問題になるであろうと予期していた。それがマルクス主義をかくも詳細に論じた理由であった。

現代の世界状況の暗さのなかで考えると、第二巻で述べたマルクス主義批判はもっとも重要な点と見えてくることだろう。本書についてのそうした判断はまったくの誤りというわけではないであろうし、おそらくは避けられないものであろう。にもかかわらずわたくしの目標はもっと遠いところにある。つまるところ、マルクス主義はひとつのエピソード、つまり、よりよいそしてより自由な世界をうち建てようとして営まれてきた、だが危険に満ちた戦いのなかで犯された数多くの誤りのうちの一挿話にすぎないのだ。本書はその戦いを助けるであろう。

予期せぬことではなかったが、多くの人はマルクス批判が苛烈すぎるとしてわたくしを叱責したし、他の人びとはプラトンに対する攻撃の激烈さにくらべれば、マルクス論は柔和すぎると考えた。だが、わたくしは依然としてプラトンへの峻烈な批判には必然性があると考えている。なぜなら、プラトンは一般に「神のごとき哲学者」として崇拝されているが、それはまさにかれの圧倒的な精神的偉業のうちに基盤があるからである。他方で、マルクスはこれまであまりにも人格的なそして道徳的な理由から攻撃されてきた。だからこそかれの理論を厳密で合理的な批判にかけ、同時にかれの驚くべき道徳的かつ知的影響力を認識し、ただしく評価するこころみが必要なのだ。ただしいのであれ間違っているのであれ、わたくしは自分のマルクス主義批判は破壊的な効果をもつだろうと考えた。そこからして自分にできることは、マルクスの実際の知的成果を探求し、疑問が生じたばあいには、最善の動機に発していたのだと見なすことだと考えた。どんなばあいにも、相手の強さを過小評価しないこと、とりわけ戦おうとしている時にはそう考えるのが良策というものであろう。

どんな書物でも完全に書き終えたということはないだろう。筆を染めているかぎり、まさに公刊しようとするその瞬間に、意に満たぬものであることを認めざるをえなくなる。プラトンとマルクスへの批判にかんするかぎり、この避けがたい思いはいつもよりも身を刺すものであったわけではない。しかし、積極的な提案のいくつか、とりわけこの叙述全体に染み渡っている強い楽観主義の感情は、戦後が過ぎ去っていくなかでますます素朴に思われてきた。それははるかな遠い過去からの声のように聞こえてきた。一八世紀どころか一七世紀の希望に満ちた社会改革家のつぶやきであるように響いてきたのであった。

こうした厭世的な気分を克服しえたのは、大部分はアメリカに滞在したおかげである。そしてわたくしはいま本著述の改訂を、新しい素材の追加、そして事実にかかわる誤りと文体上の誤りの訂正に限定し、本書の声色をより暗いものにしようとする誘惑に逆らったことをよろこんでいる。なぜなら、現在の世界の状況にもかかわらず、わたくしはこんにち、かつてとおなじく希望をもっているからだ。

こんにちでは以前にもまして、すべての困窮と困難には由来があることをより明瞭に見て取ることができる。同胞の運命を改善しようとする、危険だが、称賛にあたいし、また健全でもある忍耐強い奮闘があったのであり、困窮と困難はそこに由来しているということだ。なぜなら、そうした困難のすべては、おそらくはわれわれの歴史におけるあらゆる道徳的精神的革命のうちでも最大の運動、三世紀前に始まったあの運動の随伴現象であるからだ。それは、無名の無数の人びとが自己と自己の魂を権威と偏見の軛から解放しようとする奮闘である。それは、たんに現にあるというだけで、またたんに伝統であるというだけで絶対的な権威をふるうものを拒絶し、自由、人間性および合理的批判の諸要請にかなう古い伝統は維持しつつ、他面で新しいものを発展させ安定させることで開かれた社会の秩序を作り出そうとするこころみである。それは、なされるがままになり、世界をコントロールするいっさいの責任を、他の誰かある者に、あるいは人間をこえた権威に委ねることの拒否でもある。それは、回避可能な苦患に対する重い責任をともにになない、そして可能なかぎり緩和しようとする覚悟である。こうした革命をつうじて解放された諸力にはすさまじい破壊力がある。しかしそれらは十分にたわめることができる。

一九五〇年六月一四日　ロンドンにて

イマヌエル・カント　啓蒙の哲学者

一九五四年二月一二日、カント没後一五〇周年にさいして英国の放送局〔BBC 放送〕での追悼講演

カントの没後一五〇年が流れ去りました。かれは、プロイセンの地方都市ケーニヒスベルクで亡くなりましたが、八〇年の生涯をその地で過ごしたのでした。かれは何年も完全な隠遁生活を送っていたので、友人たちは葬儀は簡素にしようと考えていました。ところが、この貧しい職人の息子は、まるで王のように葬られたのです。かれの死の知らせが広まると、人びとはかれの家に群をなして集まってきました。人びとの来訪は、何日もつづきました。葬儀の当日には、ケーニヒスベルクのすべての往来は止まってしまいました。街中の鐘という鐘が鳴り響くなか、かれの棺には見渡すことのできないほどの行列がつづきました。当時のケーニヒスベルクの住人は、このような葬列は、いま

だかつてなかったと伝えています。

人びとのこのような驚くべき自発的行動は、いったいなにを意味していたのでしょうか。偉大な哲学者であり、よき人であったという名声がカントにあったというだけでは、十分な説明になりません。わたくしには、この出来事は深い意味をもっていたように思われます。わたくしは、当時、すなわち、絶対君主フリードリヒ・ヴィルヘルム三世の統治下の一八〇四年、カントのための晩鐘は、アメリカとフランス革命の余韻、すなわち一七七六年と一七八九年の理念の余韻であったと、あえて推測します。カントは、同胞にとってはそうした理念のひとつの象徴であったのであり、人びとは、人間の権利、法のもとでの平等、世界市民、知による自己解放、そしておそらくさらに重要な地上における永遠の平和を説き、宣言したカントに感謝するために葬儀に集まったのです。

そうした理念すべての萌芽は、イギリスからヨーロッパ大陸へと伝えられました。しかも、一七三三年に出版されたヴォルテールの『イギリスについてのロンドンからの手紙』という一冊の本によって伝えられたのです。この本のなかでヴォルテールは、大陸の絶対君主制に対してイギリスの立憲制的統治形態を対置しました。そして、イギリスの宗教上の寛容とローマ教会の不寛容、アイザック・ニュートンの宇宙体系やジョン・ロックの分析的な経験論のもつ解明力とルネ・デカルトの独断論とを比較しました。

ヴォルテールの本は焼かれました。しかしその出版は、世界史的な意味をもった哲学的運動の発端でした。この運動には独特な攻撃的雰囲気がありましたが、それはイギリスではほとんど理解されませんでした。というのも、それは、この国の状況にふさわしいものではなかったからです。

この運動は、ふつうフランス語では éclaircissement と、そしてドイツ語では Aufklärung と呼ばれています。ほとんどすべての近代の哲学的、政治的運動は、直接的にせよ間接的にせよ、ここにまでさかのぼることができます。なぜなら、それらは、直接、啓蒙から生じたか、あるいは、ロマン主義者が好んで、にせ啓蒙(Aufkläricht)とか、えせ啓蒙(Aufklärerei)と呼ぶ啓蒙に対するロマン主義的反動から生じているからです。

カントが亡くなってから六年後、もともとはイギリスに由来するこの理念は、イギリス人によって〈うわべだけの傲慢な知性主義〉と考えられるようになりました。そして Aufklärung(éclaircissement)ということばを英語に翻訳するために、当時はじめて使われた enlightenment ということばには、こんにちでさえイギリスでは、上っ面で傲慢な、にせ啓蒙というニュアンスがまとわりついています。

カントは啓蒙を信じました。かれは、その最後の偉大な擁護者でした。わたくしは、こんにち、このような見方が一般的ではないことをよく知っているつもりです。わたくしがカントを啓蒙の最後の擁護者と見ているのに対し、しばしば、かれは啓蒙を否定したかの学派――ロマン主義的な〈ドイツ観念論〉の学派――つまり、フィヒテ、シェリング、ヘーゲルの学派の創設者と見なされているのです。わたくしの見るところ、これら二つの見方は、決して統一されるものではありません。

フィヒテ、そしてのちにはヘーゲルも、カントの名声を自分たちのために利用しました。かれらは、カントを自分たちの学派の創設者であると公言したのです。しかしカントは長生きしたので、カントの後継者であり、跡継ぎであると称するフィヒテがくりかえしおこなったこびへつらいのこころみを拒否できました。まったくといっていいほど知られていないのですが、『フィヒテの学問論にかんする宣言』(一七九九年八月七日)という出版物のなかで、カントはつぎのように書いたほどです。「神よ、われらを友から守りたまえ……。ときとして欺瞞をなし、策謀を企て、われわれの没落をもくろんでいるにもかかわらず、好意的なことばを使う、いわゆる友なる者から。そうした者やかれらの仕掛けるわなに対しては、どんなに警戒しても十分過ぎるということはないのだから。」(一七九九年、岩波版『カント全集』第一三巻、二二五ページ)しかし、カントが亡くなって、もはや自分を守ることができなくなると、この世界市民は、国家主義的でロマン主義的な学派の目的に利用されてしまいました。しかも、かれがロマン主義の精神や感傷的な熱狂主義とか狂信に対して述べたり書いたりしたあらゆることにもかかわらず、うまく利用されてしまったのです。

ところで、カント自身が啓蒙の理念について語ったことを聞いてみましょう。かれはつぎのように述べたのです。「啓蒙とは、人間がみずから責めを負うべき未成年の状態からぬけ出ることである。未成年とは、他の人の指導がなければ自分の知力を使用できない無能力のことである。こうした未成年状態の原因が知力の欠乏にあるのではなく、他の人の指導なしに知力を使用する決定と勇気の欠乏にあるならば、未成年の状態はみずから責めを負うべきものである。したがって **Sapere aude!** つまり、汝自身の知力を使用する勇気をもて、というのが啓蒙の標語である。」(『啓蒙とはなにか』、一七八四年、岩波版『カント全集』第一四巻、二五ページ)

カントがここで語っていることは、あきらかに個人的な告白であり、自分自身の歩みの要約です。かれは貧しい境遇で、視野の狭いピエティズム(敬虔主義)の環境で育ちました。しかし、かれは勇敢にも知識によってみずからを解放する道を歩んだのでした。後年、(ヒッペルが報じているように、)かれはときおり〈子供時分の隷従〉を、つまり、自分が精神的に未成熟であった時代を恐ろしげに回顧していました。ですから、精神の自己解放という理念がかれの全生涯をみちびく星であったと、そしてまた、この理念を実現させ広めるための戦いがかれの生涯を満たしていたと言ってもよいでしょう。

ニュートンの天体力学と宇宙論

この戦いにおいて決定的な役割を演じたのは、ヴォルテールによって大陸でも知られるようになったニュートンの物理学と天体力学でした。コペルニクスとニュートンの宇宙体系は、カントの知的発展にはかりしれないほど強い影響をおよぼしました。カントの最初の重要な著作『天体の一般自然史と理論』(一七五五年)には、〈ニュートンの原理によって論じられた、全宇宙の構造と力学的起源についての試論〉という興味深い副題がついていました。これは、宇宙論と宇宙進化論においてなされたもっとも偉大な企てであったのです。これは、こんにちふつうに〈太陽系の起源にかんするカント=ラプラスの仮説〉と呼ばれている理論の定式化だけでなく、この理論の(トマス・ライトが五年前に天体系として解釈していた)天の川自体への適用も含んでいます。これによってカントは、ジーンズ〔ジェームズ・ホップウッド卿〕の説を先取りしていたわけです。しかし、星雲を天の川として、われわれの太陽系に類似した遠い天体系として解釈するカントの考えは、これをはるかに凌駕しています。

カントが書簡のひとつで明言しているように、かれを認識論や『純粋理性批判』へとみちびいたのは宇宙論の問題でした。かれが解こうとした問題は、いかなる宇宙論も逃れることのできない問題、宇宙は有限か無限かというやっかいな問題、しかも空間と時間の両方に関連する問題でした。宇宙が空間にかんして有限であるか無限であるかという問題に対しては、宇宙は有限であるが限界がないというアインシュタイン以来のみごとな解決のこころみがあります。アインシュタインはそれによって、カントのもつれた結び目〔難問〕を断ち切ったと言えるでしょう。でも、アインシュタインは、カントやその同世代の人びとよりも多くの鋭利な武器を利用することができたのです。それに対して、宇宙は時間にかんして有限か無限かという問題については、こんにちまでいまだに人びとを納得させるような解決のこころみはありません。

カントはその書簡のなかで、宇宙には時間上の始端があるのかどうかを決定しようとこころみたときに、『純粋理性批判』の中心問題を発見したと述べています。かれは、両方の可能性について外見上妥当な証明を立てることができることを発見して、たいへん驚いたのです。どちらの証明とも興味深いものですが、もちろん、それらをたどっていくためには集中力が必要です。しかし、どちらもそれほど長くもなく、むずかしくもありません。

第一の証明の準備のために、年(あるいは日とか、なにかおなじほどの長さで幅をもった時間の間隔(時間単位))のようなものが無限に継続していくという概念の分析から始めてみましょう。このような年といったものの無限の継続は、どこまでも進み、終わりにいきつくことがありません。それは決して完結できません。年といったものの無限の継続が完結する、あるいは終了するといったことは、(カントにとって)不合理であり、それ自体で矛盾です。ですからカントの第一の証明はつぎのようになります。宇宙は時間について始まりがなければならない。なぜなら、始まりがないとしたら現在の瞬間までに、年の無限の継続が経過し、したがってそれが、現時点で完結し、終了していなければならないことになるが、しかしこれはすでに見てきたように、不可能だからである。これが第一の証明です。

第二の証明の準備のために、完全に空虚な時間――宇宙が生成する前の時間――という概念の分析から始めてみましょう。このような空虚な時間は、そのなかにはなにものも存在しないのですから、必然的に、物や出来事との時間的な関係によってある時間間隔が他の時間間隔から区別されるといったことのない時間であらざるをえません。なぜなら、物や出来事は存在しないのですから。しかし、このような空虚な時間の最後の時間間隔、つまり宇宙の始まりに直接先行する時間間隔を考えてみましょう。するとこの時間間隔は、ある特定の出来事、つまり宇宙の始まりと密接で直接的にかかわっているという点で、これに先行するあらゆる時間間隔とはあきらかに区別されることになります。他方では、すでに見たように、この時間間隔は空虚であり、いかなる出来事とも時間的なかかわりをもつことはできません。かくして、このような最後の空虚な時間間隔は、不合理であり、それ自体矛盾しています。そこで、カントの第二の証明は、つぎのようになります。宇宙は時間上の始端をもつことはできない。なぜなら、始端があるとしたら、宇宙の始端に直接先行し、しかも空虚であると同時に宇宙におけるなんらかの現象と密接な関係にたつことで特徴づけられる時間間隔がなければならないことになる。しかしこれは、すでに見たように不可能である。これが第二の証明です。

ここには二つの証明の衝突があります。カントはこのような対立を〈二律背反〉と名づけましたが、かれは、これとおなじようにして、他の二律背反、たとえば、空間にかんして宇宙には限界があるか否かという二律背反にも巻き込まれてしまいました。こうした他の二律背反にはここでは深くは立ち入らないでおきましょう。

時間と空間

このように入り組んだ二律背反からなにを学ぶことができるだろうか、とカントは問います。かれの答えは、空間と時間についてのわれわれの観念は、全体としての宇宙には適用できないというものでした。空間と時間の観念は、もちろん、ふつうの物理的な物や出来事に適用することはできます。それに対して、空間や時間それ自体は物でも出来事でもありません。それらは観察することすらできません。まったくべつの性格をもつものです。それらはむしろ、物や出来事のためのある種の枠組みを表わしています。それらは、観察を整理するための整理棚のシステムとかカタログ・システムと比較することができるでしょう。空間と時間は物や出来事からなる実在の経験的世界に属しているのではなく、われわれ自身の精神的な道具、われわれが宇宙を把握するための精神的な道具なのです。空間と時間は、観察装置とおなじように働きます。ある出来事を観察するとき、われわれは通常それをただちに直観的に空間と時間のなかに位置づけます。それゆえ空間と時間は、経験にもとづいてはいないが、あらゆる経験において利用され、すべての経験に適用できる、事物を整理するための枠組みとして特徴づけることができるのです。これが、あらゆる可能な経験をこえた領域に空間と時間の観念を適用しようとこころみたときに、宇宙の始源についての二つの証明で見たような困難に陥ってしまう理由であるというのです。

ここで素描した理論を、カントは〈超越論的観念論〉と名づけましたが、これは美しくもなければ、二重に人を誤らせる名称でした。かれは間もなく、このような名前を選んだことを後悔することになりました。というのも、この名前は多くの読者に、カントは観念論者であり、物理的な物の実在性を否定し、それをたんなる表象とか観念として放棄したと思わせ信じこませるようになったからです。かれは自分が否定したのは、空間と時間とに経験的な性格と実在性があること、つまり、われわれがただしくも物理的な物や出来事にはあると認めている経験的性格と実在性にすぎないことを、明確にしようとしただけだと主張したのですが無駄でした。みずからの立場をあきらかにしようとするあらゆる努力が無駄に終わりました。かれの文体の難解さが運命を決めました。かれは〈ドイツ観念論〉の創始者として歴史に名を残すよう運命づけられてしまったのです。いまや、この誤りを糺すときです。カントは、空間と時間のなかにある物理的な物は現実に存在する、つまり、実在するのであって、観念ではないということをつねに強調していました。そして〈ドイツ観念論〉一派の野蛮な形而上学的思弁にかんしていえば、

『純粋理性批判』という題名は、そのような思弁的な詭弁に対する批判的な攻撃の告知を意図して、カントによって選ばれたのでした。というのも、『批判』が批判しているのは、まさに純粋〔空っぽな〕理性だからです。感覚経験と触れ合うことなく、いかなる観察によっても制御されていないという意味で〈純粋〔空っぽな〕〉という述語を受けるにあたいする、宇宙についての理性による推論が批判されたのです。カントは、宇宙についての純粋に思弁的で、なんらの観察によっても統御されていない議論は、つねにわれわれを二律背反に巻き込まざるをえないことを示すことで〈純粋理性〉を批判したのです。カントは、デイヴィッド・ヒュームの影響を受けて、感覚的に可能な経験の限界と、宇宙についての理性による理論構築の限界とは同一であることを示そうとして、『批判』を書いたのです。

カントは、この理論が、第二の重大な問題、つまり、ニュートン物理学の妥当性の問題に対する解決の手がかりを含んでいることを知ったとき、この理論の正当性は確証されたと確信しました。当時のすべての物理学者とおなじくカントも、ニュートンの理論は真であり、疑う余地はないと全面的に信じ切っていました。かれはそこから、ニュートンの理論は観察を蓄積した結果にすぎないのではないと考えました。観察を蓄積した結果でないとすれば、ニュートン理論が真理である根拠はどこにあるのでしょうか。カントは最初に、なぜ幾何学は真であるのかの根拠をあきらかにすることによって、この問題に取り組みました。かれは、ユークリッド幾何学は、観察にもとづいているのではなく、空間についてのわれわれの直観、空間的な関係についてのわれわれの直観的な理解〈空間の〈純粋直観〉〉にもとづいている、と言ったのです。ニュートン物理学もこれと似た事情にあるというわけです。この理論は観察によっても験証されるが、しかし観察の産物ではなく、われわれの固有の思考方法から生じた結果である。つまり、感覚知覚を整理し、関係づけ、同化し、理解するためにわれわれが用いる思考方法から生じた結果である。感覚所与ではなく、われわれに固有の悟性――われわれの精神のもつ同化システムの組織と構成――が、自然科学的理論の責任を負う。われわれがその秩序と法則を認識する自然は、われわれの精神が整理し、同化する活動の結果である。カント自身によるこの思想の表現は卓越しています。「悟性は、その法則を自然から汲み取るのではなく、自然に対して法則を課すのである。」〔『プロレゴメナ』、第三七節末尾〕

カントの〈コペルニクス的転回〉

この表現は、カントがみずから誇りをもって〈コペルニクス的転回〉と名づけた考え方を表わしてもいます。かれはこう書いています。「コペルニクスは、天空の星の動きを説明しようとして、全天の星が観測者のまわりを回ると想定したのではうまくいかなかったので、観測者を回転させ、逆に星を静止させたらもっとうまくいくのではないかとこころみた。」〔『純粋理性批判』第二版序文〕これとおなじような転回をおこなうことによって、自然科学が真であることを根拠づける問題、すなわち、いかにしてニュートン物理学のような種類の精密科学が可能であり、見出されたのかという問題を解こうというのが、カントの考えでした。われわれは、自然がその法則性をわれわれに押しつけてくるのをまっている受動的な傍観者であるという考えを捨てなければならない、とカントは言います。その代わりに、われわれが感覚知覚を吸収同化することで、つまり、観察者であるわれわれが、感覚知覚に秩序とわれわれの悟性の法則を押しつけるのだという思想を採らなければならないというのです。われわれのコスモスが、われわれの精神の刻印をになうのです。

カントは、観察者、探求者、理論家たちの能動的な役割を指摘したのです。カントのこのような指摘は、哲学に対してばかりでなく、物理学や宇宙論に対してもぬぐいきれないほどの印象を与えました。なにかカント的とでも言うべき知的雰囲気があり、それなくしてはアインシュタインの理論もボーアの理論も考えられません。そして、エディントンは、この点にかんしては、カントよりもカント的であったとさえ言えるでしょう。さらに、あらゆる点でカントにしたがうことができるわけではない者――わたくしもその一人です――でさえ、探求者の理性こそが、「自然を強いてかれの問いに答えさせなければならないのであり、自然によってかれが……歩み紐をつけられて歩まされるのであってはならない」〔『純粋理性批判』第二版序文〕という点については同意するでしょう。探求者は、その疑い、臆測、考え、インスピレーション、なかんずくかれの問題の光のもとで自然を見るために、自然を集中尋問にかけなければならない。これは深遠な哲学的洞察であると思います。この見方は、(理論的だけでなく、実験的)自然科学を真に人間的な創造行為と見なし、その歴史を、芸術や文学の歴史とおなじく、思想史の一部として取り扱うことを可能にするものです。

けれども、カントの〈コペルニクス的転回〉には、これとはべつのもうひとつの意味、つまり、かれの立場の両面性を示すかもしれない意味を帰属させることができます。この転回は、ニコラス・コペルニクス自身によって作り出された人間の問題を解決しているということです。コペルニクスは、人類から宇宙の中心であるという位置を取り去ってしまいました。しかし、カントの〈コペルニクス的転回〉は、その位置を回復させるものなのです。というのも、カントは、宇宙におけるわれわれの空間的な位置はなんら重要でないことを証明したばかりでなく、ある意味では宇宙がわれわれを中心に回っていることを示したからです。なぜなら、宇宙に見出される秩序を少なくとも部分的にせよ作り出しているのは、われわれだからです。宇宙にかんするわれわれの知識を作り出しているのはわれわれなのです。宇宙を能動的に探求しているのはわれわれなのです。そして探求とは、ひとつの創造的な芸術であります。

倫理学のコペルニクス的転回

さて、宇宙論者、認識と科学の哲学者としてのカントから、道徳哲学者としてのカントに移ることにしましょう。わたくしはもうすでに指摘されたことなのかどうかは知らないのですが、カント倫理学の根本理念もまた、あらゆる点でわたくしがいま述べた内容に対応するようなコペルニクス的な転回にもとづいています。というのも、カントは、人間を自然の立法者にしたのとまったくおなじ仕方で、人間を道徳の立法者にしたからです。そしてかれは、このような転回によって、人間に対し、以前の物理的世界におけるのとおなじように、道徳の世界においても中心的な位置を与えたからです。カントは、宇宙論を人間的なものにしたように、倫理学を人間的なものにしたのです。

自律の理論

倫理学の領域におけるカントのコペルニクス的転回は、自律についてのかれの理論に含まれています。そこでかれは、われわれは権威の命令には決して盲目的にしたがってはならない、われわれは、超人間的な権威を道徳の立法者として、それに盲目的に服従することがあってはならない、と述べています。権威のくだす命令に直面したときに、自分自身の責任のもとでそれがはたして道徳にかなっているか否かを決定するのはいつでもわれわれ自身なのです。権威は、われわれが抵抗できないほどに、その命令を貫徹させる権力を所有しているかもしれません。それでも、自分たちの行動を自分たちで選ぶことが可能であるときには、責任はわれわれ自身にあるのです。なぜなら、決定するのはわれわれだからです。われわれは、命令にしたがうこともしたがわないこともできるのであり、権威を承認することも拒否することもできるからです。

これとおなじ理念を、カントは勇をふるって宗教の領域にも適用しました。かれはこう書いています。「このように言うと疑わしく聞こえるかもしれないが、しかし決して非難されるべきことではない。人は誰でも道徳の概念にしたがって、神を作り出す……

自分を作り出してくれた者を敬うために、そのような者を作り出さざるをえないのである。なぜなら、どのような仕方であれ、ある存在が神として……知られ、叙述され、さらにはかれにそのようなものが……出現しようとも、かれは……第一に、［かれ自身の良心によって］それを神と考え、敬ってよいかどうかを……判断しなければならないからである。」（『たんなる理性の限界内における宗教』第二版、一七九四年、第二部、第四章、岩波版『カント全集』第一〇巻、二二八ページの注）

道徳律

カントの倫理学は、人間の良心こそ人間にとっての唯一の権威であるという命題に限定されるわけではありません。かれは、良心がわれわれに要求しうるものを確立しようとしました。かれは、道徳律をいろいろと異なったかたちで表現しましたが、そのうちのひとつはこうです。「汝自身の人格にも、他のすべての人びとの人格にも存在する人間性を、いついかなるときにも同時に目的として用い、決してたんなる手段として用いてはならない。」（『道徳形而上学の基礎づけ』第二版、一七八六年、岩波版『カント全集』第七巻、六五ページ）カント倫理学の精神は、おそらくつぎのことばで要約できるでしょう。あえて自由であれ、そして他のあらゆる人びとの自由を尊重し、これを守れ。

カントは、この倫理学を基礎にして、みずから重要な国家論と国際法の理論を打ち立てました。かれは、民族の連帯、すなわち、この地上に永遠の平和を告げ知らせ、それを堅持する課題をもった〈自由な国家の連邦主義〉を要求したのです。

カントとソクラテス

てみじかではありましたが、わたくしは宇宙と人間についてのカントの哲学を、それが基礎にしていた二つの考えとともに略述しようとこころみました。その二つの考えとは、ニュートンの宇宙論、および自由の倫理学でした。カントはそれらに、つぎのような美しい、にもかかわらずほとんどつねに誤解されてきたことば、つまり、われわれの頭上の星をちりばめた天空と、われわれのうちにある道徳律にかんすることばで言及したのでした。

カントの歴史上の位置についてもっと包括的な視野をえるために、過去にずっとさかのぼってみると、彼をソクラテスとくらべることができます。国家宗教をそこなったとか、青年を害したとかで、二人とも罪に問われました。二人ともみずからの潔白を主張し、思想の自由のために戦いました。自由とはかれらにとって、拘束がないということ以上のことを意味していました。かれらにとって自由とは、人生の唯一生きるにあたいする形態だったのです。ソクラテスの弁明と死は、自由な人間という理念をひとつの生きた現実としました。ソクラテスは、みずからの精神が屈服しなかったゆえに、自由でした。かれは、なんぴともかれの精神を傷つけえないことを知っていたゆえに、自由でした。自由な人間というこのソクラテス的理念は、われわれ西洋の遺産ですが、カントは、倫理の領域とおなじく知識の領域においても、この理念に新たな意味を与えました。さらにかれは、この理念に、自由な人びとの社会——すべての人びとの社会——という理念をつけ加えたのでした。なぜなら、カントは、どんな人間でも自由であるのは、自由に生まれてくるからではなく、重荷——みずから自由に決定することに対しては責任をもつという重荷——を背負って生まれてくるからであると示したからです。

序　論

……しかし、わたくしは、昨今流行のその種の洞察が全巻に満ち満ちている膨れ上がったうぬぼれをただただ嫌悪と憎悪をもって……見ているだけだということを隠したいとは思いません。というのもわたくしはつぎのように心の底から確信しているからです。……選択された道はまったく間違っており、使われた方法は妄想や誤謬を無限に増殖させざるをえず、そして、これらすべての空想による洞察なるものを完璧に撲滅したところで、この忌々しい多産性をもつ夢想としての学問ほどには有害ではないであろう、と。

カント〔1〕

目次だけからは、本書の提起している問題はあきらかにならないかもしれない。

本書は、われわれの文明が見つめなければならないいくつかの困難を記述しようとするものである。ここで言う文明とは、人間性、理性、平等、自由を標榜した文明のことである。だがそれは、依然として子供靴を履いたままであり、くわえて人類の精神的指導者の多数によって幾度となく裏切られてきたのだが、それにもかかわらず、成長してきた文明のことである。本書ではこの文明は、まだその誕生時のトラウマから必ずしも回復していない、ということを示したいと思っている。言い換えると、この文明は魔術的な諸力に屈服していた部族的あるいは〈閉じた〉社会秩序から、人間の批判的な諸能力を解放する〈開かれた〉社会秩序へ移行するにあたって受けたトラウマから回復していない、という点を示したい。この移行時のショックこそ、文明を瓦解させ、部族的束縛へふたたびたち戻るように働きかけ、そしてなお働きかけているかの反動的な運動を出現させた諸要素のうちのひとつなのである。こんにち全体主義と呼ばれている観念は、文明そのものとおなじくらい古くもあれば若々しくもある伝統に属していると示唆するつもりである。

そうすることで、そのような観念を理解し、またそれに対して永続的に戦うことの意義を解明できればと考えている。

さらに本書では、開かれた社会の諸問題に対して科学のもつ批判的にして合理的な方法を適用するときに生じてくる諸問題を分析しようと思っている。対象になるのは、社会を民主的に再建するための諸原則である。言い換えると、わたくしが〈ユートピア的社会工学〉とは正反対のものとして〈ピースミール社会工学〉[2]と呼んでおいたものの諸原則(これについては第九章でくわしく説明する)を分析対象にしようと思っている。また本書は、社会を再建しようとする問題を合理的に論じようとするとき、前途に立ちはだかるいくつかの障害を取り除こうとするものである。したがって、社会の民主的な変革は不可能であるという広く浸透した偏見を作り出している社会哲学上の観念を批判することになろう。そうした傾向をもった偏見のうちもっとも強力なものをわたくしはヒストリシズム(Historizismus)と呼んでおいた。そこからして、若干の重要なヒストリシズムが、どのようにして生成し、どのように展開し、どのような影響をおよぼしたかを分析することが本書の主要テーマのひとつとなる。とすれば、本書は、いくつかのヒストリシズム的哲学の歴史にかんして、わたくしがこれまでに読んだ書物の欄外に書き留めておいたメモを取り集めたものと見なせるだろう。本書が生まれた由来について、二、三語らせていただけるなら、ヒストリシズムということばのもとでなにが理解され、すでに触れた他のテーマとどうかかわるのかを示すことができると思う。

わたくしはとりわけ物理学の方法に関心を払ってきた。(それは、本書で論じられた問題からは大きく異なる種類の問題であった。) また多年にわたって、いくつかの社会科学、とりわけ社会哲学がきわめて不満足な状態にあるという問題にもかかわってきた。とすれば、そこから、社会科学や社会哲学の方法の問題へみちびかれたのは理の当然であった。またわれわれの時代における全体主義的傾向の急速な台頭、ならびにそうした発展を理解し、また他の人に理解してもらうにあたっての種々の社会科学や社会哲学的諸方向の無能ぶりを見て、そうした問題への関心を倍加させてもきた。

こうした文脈において、わたくしにはあるひとつの状況がとりわけ関心をひくように思えた。

あまりにもしばしば、なんらかの全体主義的手段をとることは避けられないという論評が聞かれたということだ。その知性や教養からすれば、みずからの発言に責任をもつべき多数の著述家たちが、こうした状況からの逃げ道はないと語り、こう問いかけていた。われわれはあまりにも素朴なあまり、民主主義は永続的に存続する制度であると見なしてはいないか。われわれは、民主主義が歴史の移り行きのなかで出現しては消滅していった数多くの統治形態のうちのひとつにすぎないことを理解していないのではないか。とすれば、民主主義は、全体主義的な方法と戦おうとするかぎり、それらを模倣せざるをえず、結果としてみずからが全体主義的にならざるをえないのだという論法をかれらは用いたのであった。あるいは、かれらはこうも主張した。集団主義的な計画化の方法が採用されないならば、産業社会体制がさらに機能しつづけることはできないし、集団主義的な経済体制が避けられないとしたら、社会生活が全体主義化することも避けられない、と。

こうした論法はもっともらしく聞こえるかもしれない。だが、もっともらしさはこうしたことがらにおいては信頼できる尺度ではない。じっさい、こうしたもっともらしく聞こえる論法を論じようとするならば、はじめにつぎのような方法論的問題を設定せずにはすませられないだろう。そもそも社会科学は広汎な歴史予言をなしうるのだろうか。人類の未来のシナリオをいろいろ知っているという人物に、未来はどのようなものかと問うたところで――いったいどんな答えを期待できるというのか。無責任なお告げ以上のものを期待しうるだろうか。

これは社会科学の方法についての問いである。言うまでもなく、あるひとつの具体的な歴史予言を支えるためには特定の論証を展開する必要がある。だが、方法についての問いは、そうした特定の論証についてのどんな論争よりも、はるかに根本的である。

わたくしは、この問いを注意深く研究してみた。そして、こうした包括的な歴史予言は科学的方法のおよぶところではないと確信するに至った。つまり、未来はわれわれ次第なのであって、われわれが歴史の必然性に依存するのではないということである。だが、これとは正反対の見解を主張する一群の有力な社会哲学者が存在する。かれらは、つぎのように主張する。どんな人でも差し迫った出来事の予測に頭を使うし、また戦術家にとっては戦闘結果を予見するこころみはまったく正当な営みであり、また、そうした予測と包括的な歴史予言とのあいだの境界は流動的である、と。かれらは、科学の課題は、ごく一般的に言って、予測をすること、あるいはむしろ日常における予測を改善し、それをより確実に基礎づけることであり、とりわけ社会科学の課題は長期的な歴史予言の提供にあると主張する。かれらはまた、歴史上の出来事の成り行きを予見させる歴史の法則を発見しなければならないと信じている。わたくしはこうした主張を立てるさまざまな社会哲学的傾向をヒストリシズムという名称のもとにくくった。わたくしはべつなところで、つまり『ヒストリシズムの貧困』（岩坂彰訳『歴史主義の貧困』日経BP、二〇一三年）という書物のなかでこうした主張を反駁し、それらはそのもっともらしさにもかかわらず科学の方法についてのきわめて貧しい理解、とりわけ科学的予測と歴史予言の区別の無視にもとづいていることを示そうとした。わたくしは、ヒストリシズムの主張を体系的に分析し批判する一方で、この立場の発展を示す資料の収集にも努力した。そうした目的のために書き留めておいたものが本書の基礎をなしたのである。

ヒストリシズムについての体系的な分析がなされるとしたら、その目指すべきところは科学的であることだろう。しかし本書はそうはなっていない。本書においては個人的な色合いの濃い見解が数多く語られているのだから。本書は、立証しうることには限界があるという認識を主として科学の方法に負うており、そしてそれを明確に意識している。したがって、本書は立証できないことを立証しようとはしないし、立証できないところで立証を提出しようなどとも思わないし、もはや個人的な見解以上のものを与えることができないところで、科学であると装ったりはしない。本書は古い哲学体系を新しい体系によっておき換えようとはしていない。こんにち流行している類の見解——歴史と運命についての形而上学——を満載した書物が示す思い上がりに、本書は屋上屋を架そうとするものではない。むしろ、そうした予言者ふうの知恵は有害であること、歴史についての形而上学は科学のピースミールな方法の社会改革の個別的問題への適用を妨害していると示すつもりである。さらに、われわれは歴史の予言者であるといった素振りを止めたとき、はじめて自分たちの運命の共同制作者になりうることを示すつもりである。

わたくしは、ヒストリシズムの発展を追いかけてみたわけだが、その過程で、知的指導者のもとで広まっている、歴史について予言するという危険な慣行がさまざまな役割を果たしていることを見出した。歴史の予言をするとして特別扱いされる者たちから構成される内密のサークルに所属するならば、そしてまた、歴史の成り行きを予見する尋常ならざる能力をもつならば、それはいつでも心地よいことである。くわえて伝統は、精神的指導者にはこの種の能力があるとしている。だから、そうした能力が欠落していることになったら、容易に特権を喪失することになる。他方で、こうした予言者には山師として暴露される危険はごくわずかしかない。なぜなら、かれらはいつでも、それほど包括的ではない予測なら許されているではないかと、そしてそうしたものと占いとのあいだの境界は流動的であると指摘できるからである。

しかしながら、ヒストリシズム的見解が主張されるとしたら、そこにはしばしばべつのそしておそらくはより深い動機が存在している。千年王国の到来を告知する予言者は、しばしば深層での不満を表現している。かれらの語る夢は、一群の人びとにそれなくしては生きてはいけない希望と励ましを与えるかもしれない。しかしながら、王国の夢に影響されて、社会生活の日々の課題を見つめることができなくなってしまうこともある。これは、見抜かれねばならない大事な点である。たとえば、われわれには全体主義的な思想と実践（あるいは管理者のいる社会）への不可避的な滑落という出来事が襲来すると告げる小予言者は、欲すると否とにかかわらず、そう予言することでしばしばその実現に寄与しているということだ。かれらは、民主主義は永遠に存続するわけではないと語る。これは、人間の理性は永遠に存続するわけではないというコメントとまったくおなじようにただしくもあれば的外れでもある。なぜなら、民主主義こそが、そしてこれのみが、暴力を使用せずに理性を政治的諸問題へ適用する制度的枠組みを示しているからである。ところが、小予言者たちが語る予言は、全体主義的観念と戦っている者たちから勇気を奪い取りかねないのだ。かれらの動機は、文明への反乱を後押しすることにある。ヒストリシズムの形而上学には人間をその責任の重荷から解き放つ傾向があることを思いあわせるならば、小予言者たちにはさらなる動機も伏在しているかもしれない。すなわち、ある種の出来事は、どれほどその出現を阻止しようとしたところで確実に起こるのだとしたら、それに対する戦いをとりやめたところで構わないではないかということになるからである。とりわけ、多くの人びとが一致して社会的悪と見なすもの、たとえば戦争といった重大な難局に対して、あるいはより小さくはあるが重大な例を挙げるならば、官僚主義がもたらす専横に対して、戦うこころみが放棄されてしまいかねないのだ。

わたくしは、ヒストリシズムはいつもこの種の帰結をもたざるをえないのだという印象を掻き立てようとしているのではない。人類をその責任の重圧から解放することを望まないヒストリシスト——とりわけマルクス主義者——も存在するからである。しかし他面で、ヒストリシズムにもとづくのであれそうでないのであれ、社会的生活における理性の無力を説き、そのような反合理主義にもとづいて、社会哲学のなかには「指導者にしたがえ、〈偉大な政治家〉にしたがえ、さもなければみずから指導者になれ」といった態度を宣伝する傾向も存在する。これは、大部分の人間にとっては、社会を支配する個人のもとに、あるいは匿名の力のもとに受動的に身を投げ出せということだろう。

ところで興味深いことには、われわれの時代における社会悪の責任を理性に押しつける多くの人たちはまさに、一方では、歴史の予測は理性のなしうるところではないと確信しているのだが、他方では、社会科学あるいは社会における理性には歴史の予測とは異なった仕事があることに思い至っていないのである。ことばを換えれば、こうした人びとは幻滅したヒストリシストなのだ。かれらは、ヒストリシズムの貧困に思い至ったにもかかわらず、ヒストリシズムの根本的な偏見、すなわち、社会科学はそもそも有用であるべきだとしたら予言的であらねばならないという教義は保持しつづけているのだ。しかし、そうした態度は、あきらかに、社会的生活の諸問題に科学と理性を適用することを拒否し、最後には暴力、支配そして抑圧の教義をみちびくだろう。

社会哲学にみられるこうした傾向はなぜ文明への反乱を後押しするのだろうか。その人気の秘密はどこにあるのか。なぜそれらはかくも多くの知識人をひきつけ、誘惑するのか。わたくしの見るところ、かれらは、この世界がわれわれの道徳的諸理想にも、われわれの完全でありたいという夢想にもかなっておらず、またかなうこともできていないことへの深い不満を表現しているのだ。ヒストリシズム（および類似の見解）には文明への反乱を支援する傾向がある。それはおそらく、ヒストリシズムそのものが、その大要において、個人の責任を要求する文明が生み出した内的緊張への反動であるという事情に帰せられるのであろう。

この最後の暗示はつかみどころがないかもしれないが、導入としては十分であるにちがいない。こうした暗示についてはのちに、とりわけ〈開かれた社会とその敵〉の章〔第一〇章〕で歴史上の素材を用いて肉づけするつもりである。わたくしはその章を本書の冒頭におこうかとも思った。そうすれば、より現実的な関心をひくことになるだろうから、より印象的な序論となったことだろう。しかし、先立つ部分でそうした素材が語られていないならば、本書で語る歴史解釈の重要性はまったく感じとられないだろうと思い直した。まずもってプラトンの正義論と現代の全体主義的諸傾向のもつ理論と実践との類似性に苛まされないかぎり、このような解釈の切迫性は感じとられないと思われたのである。

訳　注

〔1〕出典は一七六六年四月八日付のモーゼス・メンデルスゾーン宛カントの書簡。本訳書第四分冊第二四章注(41)参照。

〔2〕原語は Sozialtechnik der kleinen Schritte で、英語の piecemeal のドイツ語訳。直訳すると、小さな一歩一歩を積みかさねていく社会技術とでもなろう。すでに「ピースミール」という訳語が市民権を得ていると判断したので、この語を採用した。なお、この文脈において「技術」と「工学」ということばは使い分けられていないように思われる。

第一巻

プラトンの呪縛（上）

開かれた社会に与（くみ）して
（おおよそキリスト生誕四三〇年前）

政治的構想を企て実行できるのはかぎられた人びとにすぎないが、われわれのすべてはそれを判断しうる。

ペリクレス、アテネ在

開かれた社会に抗して
（おおよそ八〇年後）

すべてのうちでの第一原理は、男であれ女であれ、なんぴとも、いついかなる時にも、指導者なしでいてはならないということである。心が、真面目さゆえにせよあるいはただ戯れにせよ、自分勝手に動くようになってはならない。戦時においてであれ、あるいは平和のさなかにおいてであれ、指導者〔Führer ナチズムにかんしては総統と訳される〕に眼差しを向け、忠実にしたがうべきである。そしてまたどんな些細なことがらにおいても、指導者のみちびきのもとにあるべきである。たとえば、起床し、移動し、沐浴し、食事を取るのも……ただ命じられたときにのみすべきである。一人で行動しようなどとは考えなくなり、またそんなことは完全にできなくなるようにみずからの魂を長い習慣をつうじて鍛錬すべきなのだ。

プラトン、アテネ在

起源と運命の神話

第一章　ヒストリシズムと運命の神話

ひろく受け入れられているのだが、政治に対して真に科学的あるいは哲学的な態度をとるためには、さらには、社会生活一般についての深い理解をもつためには、人間の歴史について考察し解釈しなければならないという考えがある。この考えによると、ふつうの人間は自分の生活の枠組みとか個人的体験や些細な心配事についてはその意味がすでに定まっているものとして受けとめるのだが、社会科学者とか哲学者と言われる人はものごとをより高いところから考察するのだという。かれらからすると、個人は将棋の駒のようなものであって、人類の一般的な発展のなかではじつにつまらない道具にすぎない。だからかれらは、歴史の舞台において真に意味のある演じ手は偉大な民族とかその指導者、あるいは、偉大な階級とか、偉大な理念であると考える。……それがなんであれ——かれらは歴史の舞台上で演じられる芝居の意味を理解しようと努め、歴史発展の法則を理解しようとこころみる。そしてそれに成功するならば、かれらは未来の発展も予測できるようになる。そのときかれらは政治を確固たる基盤の上におき、どのような政治的行為が成功しそうであり、どのようなものがそうでなさそうかを語ることによって、実践的な指針を与えることができるという。

以上はわたくしがヒストリシズム(Historizismus)と呼ぶ態度をてみじかに述べたものである。それは、古くからある思想なのだが、不幸なことにわれわれの精神的雰囲気の一部になりおおせたので、通常はそこにあると感じられることも問題視されることもほとんどないようないくつもの思想の寄せ集めである。

わたくしはべつのところで、社会科学においてヒストリシズムの方法はきわめて貧弱な成果しか生み出さないことを示そうとした。また大まかにではあったが、私見のおよぶかぎりで、よりよい成果を実らせるべつの方法を発展させようともこころみた。

しかし、ヒストリシズムが使えない方法であり価値のない成果しか生み出さないのであれば、それがどのようにして生まれてきたのかを究明し、なぜそれがこのように成功裡に推進されてきたのかを研究することは有益なことであろう。こうした意図のもとで歴史を概観するならば、それは同時に、ヒストリシズムの中心的教義——歴史は特殊な歴史法則あるいは発展法則によって支配されているから、それを発見するならば人間の運命を予言する可能性をえられるだろう――のまわりに徐々に集積されたさまざまな思想の分析にも役立つことであろう。

ここまでのところ、ヒストリシズムについて述べたことはかなり抽象的である。的確に解説するには、もっとも単純でもっとも古くからあるその形態のひとつ、選民思想を取り上げてみるのがよいと思われる。この思想は、有神論的な解釈をとることで、つまり、神こそ歴史の舞台で演じられる芝居の原作者であると見なすことで、歴史を理解しようとするこころみのひとつである。より正確に言うならば、この理論は、神はみずからの意志を実現する道具としてひとつの民族を選んだのであり、その民族が大地を相続すると見なすのである。

この説においては歴史の発展法則を規定するのは神の意志である。そこからして、ヒストリシズムの有神論的形態は他の形態からはっきりと区別される。たとえば、自然主義的なヒストリシズムであれば発展法則を自然法則と見るであろうし、精神の展開を語るヒストリシズムであればそれを精神発展の法則として考察するであろうし、経済主義的なヒストリシズムであればふたたびそれを経済発展の法則として考察するであろう。したがって、有神論的ヒストリシズムはこれら諸形態と、特殊な歴史法則が存在し、それは発見されうるのであり、それにもとづいて人類の未来についての予測を基礎づけることができるという説を共有しているわけである。

選民思想は部族を組織原理とする社会から産まれた。部族主義というのは、部族のもつ意味を極端なまでに強調し、それなくして個人はいささかなりとも意義をもちえないと考える立場であって、ヒストリシズムの理論にしばしば見られる要素である。他方で、他のもはや部族とは結びつかない形態も存在する。だが、そうした形態はいつでも、それなくしては個人がたんなる無でしかないようななんらかのグループとか集団(Kollektiv)――たとえば、階級――のもつ意義を強調することで、集団主義的な要素を保持していると言ってよい[1]。選民思想には他の側面もある。それは、歴史の目標として掲げるものをはるか先の未来においているということである。たしかに、そうした目標はある程度までなら明確に語ることができるであろう。だが、そこに到達するためには長い道のりを歩まねばならないのである。その道は、長いばかりでなく、曲がりくねっており、前に行ったり後ろに行ったり、さらには右に左に行ったりする。それゆえ、どんな考えられうる歴史的出来事であってもこの解釈図式のなかに収まってしまう。だから、どんな経験もこの図式を反駁することはできない[2]。だが、この図式を信じている者には人間の歴史の最終的な成り行きにかんして保証が与えられるのである。

歴史の有神論的解釈に対する批判は第二巻の最終章〔第二五章〕でおこなうつもりであ

る。そこでは偉大なキリスト教思想家のうちには、こうした理論を偶像崇拝として拒絶した者がいたことが示されるだろう。それゆえ、そうした形態のヒストリシズムに対する攻撃を宗教に対する攻撃と見なされては困る。本章で選民思想を引いたのはただ例解のためにすぎない。選民思想が例解として適切なことは、それが、二つのもっとも重要な現代版ヒストリシズム(二つとも本書において詳細に分析するつもりである)のもつ主要な特徴と合致していることからも見て取ることができるだろう。[3] つまりそれは、一方の側(右翼)では人種主義やファシズムの歴史哲学の示す特徴と、他方の側(左翼)ではマルクス主義の歴史哲学の示す特徴と合致しているのである。人種主義においては、選ばれた民族に代わって、選ばれた人種――ゴビノー〔アーリア人種の優越性などを主張したフランスの人類学者〕が選んだだけなのだが――が登場するにすぎない。そうした人種は、大地の相続に向けて運命が使う道具として天命を授かったというわけなのだ。カール・マルクスの歴史哲学においては、選ばれた階級がとって代わっている。その階級は、無階級社会を作り出すための道具であると同時に将来において大地を相続するものと定められている。双方の理論ともその歴史予測の基礎を、歴史の発展法則の発見につながる歴史解釈においている。人種主義のばあいにおいては、その法則は一種の自然法則と見なされ、選ばれた人種の血の生物学的優越性が過去、現在、未来の歴史の成り行き――

支配をめぐる人種間の闘争以外のなにものでもないわけだが——を説明する。マルクス主義の歴史哲学においては、法則とは経済主義的な発展法則である。歴史は経済的支配をめぐる階級間の闘争として解釈される。

このようにこれら二つの運動には、ヒストリシズム的性格が認められるのであるから、本書の研究はアクチュアルなものになるだろう。(4)+ これら二つの運動については本書の後半でたち戻るつもりである。しかし、それら二つは直接にヘーゲルの哲学に起源をもっている。よって、それも視野に入れねばならない。ところで、ヘーゲルもまた基本的に古代の哲学者たちに追随している。そこからして、本書第二巻でヒストリシズムの新しい形態にたち戻る前に、必然的にヘラクレイトス、プラトン、アリストテレスの理論を論じておかねばならないわけである。(5)

+が付された注番号は、その注が読者の関心をひくかもしれない幅広い素材および論争的問題への言及を含んでいることを示している。こうした印のない番号は、出典を示すために、あるいは本書におけるテキスト箇所を示すために導入されている。

第二章　ヘラクレイトス

ヒストリシズム的性格とのかかわりで言えば、ギリシアの地で選民思想と比較しうる理論がはじめて見出されるのはヘラクレイトス以降においてである。ホメロスの有神論的な(あるいは多神論的と言った方がよいのかもしれない)歴史解釈では、歴史は神の意志が産み出したものである。しかしながら、ホメロスの神々は歴史の成り行きについての一般法則を確定しているわけではない。ホメロスが強調しあきらかにしたのは、歴史に統一性があることではなく、むしろその欠如であった。歴史の舞台で演じられる演劇の作者はただ一柱の神ではなく、すべての神々が介入してくるということだ。登場人物は運命を予感している。そこには、舞台の背後で秘密の諸力が働いているという思いがある。この点では、ホメロス的歴史解釈とユダヤ教的な歴史解釈とはおなじである。しかしながら、ホメロスにおいては運命に託された最終の意図は、ユダヤ教のばあいとは異なって、あらわにされることはないのであり、暗闇に閉ざされたままである。ヒストリシズムの明確な教義を導入した最初のギリシア人はヘシオドスであった。たぶんかれはオリエント起源の思想などに影響を受けていたのであろう。かれは歴史の発展には一般的な方向とか傾向があるという考えを利用した。かれのおこなった歴史解釈は悲観的なものであった。かれは、人類は黄金時代から遠ざかるにつれて身体的にも道徳的にも衰退すべく定められている、と信じた。初期ギリシア哲学者たちがもちこんださまざまなヒストリシズム的考えはプラトンにおいてひとつの頂点に達する。かれは、ギリシアの部族、とりわけアテネ人たちの歴史と社会生活を説明しようとしていた。そのために、壮大な哲学的世界像を描いたのである。かれのヒストリシズムは、さまざまな先行者、とりわけヘシオドスの強い影響下にあった。しかし、もっとも重要な影響はヘラクレイトスからきている。

ヘラクレイトスは変化の観念を発見した哲学者であった。かれの時代に至るまで、ギリシアの哲学者たちはオリエント思想の影響を受けて、世界を物質的なもので建てられた巨大な建造物と見ていた。[1] だから、世界はものの総体――コスモス(もともとはオリエントのテントとかおおうものであったと思われる)――であった。したがって哲学者たちが立てた問いはこうであった。「世界はいかなる素材から作られているのか」、「それはどのように作られているのか」、「そのほんとうの平面図はどのようなものか。」かれらは、哲学あるいは自然学というもの――両者は長いあいだ区別しがたいものであった――を、〈自然〉、すなわち、建造物としての世界を作っている根源的な素材の探求であると考えていた。プロセス〔過程〕というものが考えられるとしたら、それは、建造物の内部で動いているか、あるいは、建造物を形成し維持しているだけである――というのも、それは本質的には静止していると見なされた構造の安定性や均衡を少しばかりかき乱すが同時に修復もするのだから――と見なされていた。そのプロセスは循環的であった。（建造物の起源に結びつくプロセスから目を転じるならば、誰がこのプロセスを作ったのかという問いは、オリエントの人びとやヘシオドスなどによって論じられていた。）これは、きわめて自然な問題設定であると言ってよいだろう――こんにちのわれわれの多くにとってさえ自然なものであるのだから。だが、この問題設定はヘラクレイトスの天才によって克服された。かれは、そのような建造物、安定した構造、コスモスはまったく存在しないという考えを導入したのである。「コスモスはたかだか無計画に積み上げられた塵芥の山である[2]+」というのがかれの主張のひとつである。かれは、世界を建造物としてではなく、むしろ巨大なプロセスとして、つまり、ものの集まりの全体としてではなく、あらゆる出来事、変化、あるいは状態の全体として描いた。「すべては流動しており、なにものも静止していない」というのがかれの哲学のモットーであった。

ヘラクレイトスの発見がギリシア哲学の発展に与えた影響は長期にわたった。そうじてパルメニデス、デモクリトス、プラトン、そしてアリストテレスの哲学体系は、ヘラクレイトスが発見したこの変化する世界という考えから生じた諸問題を解決しようとするこころみと見なすことが適切であろう。この発見の偉大さはとうてい評価しきれるものではない。それは震撼的と呼ばれ、その影響は「すべてが……揺れる」〈地震〉になぞらえられた。(3) ヘラクレイトスは、疑いもなく、時代の社会的政治的混乱の結果としての震えあがるような経験を個人的にも重ねた結果としてこうした認識に至ったのではないかと思われる。ヘラクレイトスは、〈自然〉のみならず倫理的政治的諸問題にも大きくかかわった最初の哲学者であったが、社会革命の時代を生きていた。かれの時代に、ギリシアの部族的貴族政は民主政という新しい力にひたされ、崩され始めたのである。

この革命の影響を理解するためには、部族的貴族政社会における社会生活の安定性と硬直性を思い起こさねばならない。社会生活は、社会的な、また宗教的なタブーによって規定され、誰もが社会構造全体の内部に前もって定められた居場所をもっていた。誰もが、みずからの居場所は、世界を支配する諸力によって割り当てられた、ただしい、そして自然な場所であると感じていた。誰もが〈自分の居場所を熟知していた〉。

言い伝えによれば、ヘラクレイトス自身の居場所はエフェソスの司祭王一族の当主のそれであったが、弟のためにみずからの権利を放棄したのであった。かれは、自分の都市の政治生活に関与することを誇り高くも拒絶したが、貴族たちのいわゆる大義なるものは支持した。貴族たちは新しい革命的諸勢力の高まりと対決しようとこころみていたが、実りのないものであった。社会的あるいは政治的領域でのこうした体験は、かれの現存する断片のうちに反映している。「よってエフェソス人は、成年に達した者がどれほど多かろうとも、一人ひとりみずから首をくくり、都市を未成年者に引き渡すべきである……」とあるのは、民衆がヘラクレイトスの貴族仲間の一人であるヘルモドロスなる者の追放を決定したさいに呼び起こされたかれの憤激のひとつである。なんとも興味深いのは民衆の動機についてのヘラクレイトスの解釈である。それは、民主主義のもっとも古い日々以来、反民主主義者の決まり文句は少しも変わっていないことを示している。「かれらは、われわれのもとでは誰であれ最善者であってはならない。もしそうした者が出てくるなら、べつなところでべつな者たちのあいだでそうあってもらいたい、と言った。」民主主義に対するこうした敵意は断片のいたるところに氾濫している。「……かれらは、野獣のごとくその胃袋を満たしていく。……かれらの正気と知性にそもそも意味があるだろうか。かれらは、彷徨する吟遊詩人たちのあとを追い、民衆の迷信にしたがう。かれらは、多くの人間が悪しく、よいのはただわずかな人間のみだということを知らないからだ……プリエネにテウタメオスの息子ビアスがいたが、かれのことばは他の者どもよりもはるかにましだ〈かれは〈たいていの者は邪悪だ〉と言ったのだから。〉……愚衆の群れは考えたりはしない。つまずくかもしれない物についてさえ思い致すことがない。みずから経験したことからさえなにごとも学ばない。もちろん、かれら自身はそうは思ってはいないが。」おなじような調子でかれはつづける。「一人の男の意思にしたがう。これが掟でもあろう。」ヘラクレイトスの保守的でもあれば反民主主義的でもある心情のもうひとつの表現は、その言わんとするところではなく、字面だけからすれば、民主主義者にとっても受け入れることのできるものである。「民衆は、城壁を守るために戦うように、都市の掟を守るために戦うべきである。(4)」

しかし、ヘラクレイトスが自分の都市の古い掟のためにおこなった戦いは実らず、かれの心底にはあらゆるものごとの無常さが深く刻みつけられた。かれの変化の理論にはそうした感情が反映されている。曰く、「万物は流転する」、「人はおなじ川に二度と入ることはできない」。失望のあまり、かれは目の前の社会秩序が永遠に存続するであろうという信仰に異議申し立てをしたのだ。「われわれは窮屈な原則にしたがって育てら

れた子供のように、つまり、〈引き継がれてきたままに〉振る舞い、語ってはならない。」(5)

変化、とりわけ社会生活における生成流転のこうした強調は、ひとりヘラクレイトスの哲学ばかりでなく、ヒストリシズム一般の重要な特徴である。まことにものごとは変化する――王でさえ交替する。この真理はなかんずく自分たちの社会的環境は当たり前のものと思っている者の頭にこそ叩き込まれねばならない。たしかに、ここまでは承認されてしかるべきだろう。しかし、ヘラクレイトスの哲学には、ヒストリシズムのとても勧められたものではない特徴のひとつが出現している。変化を、つまりものごとの生成流転を過度に強調することには、〔逆説的なことに、〕冷徹なそれ自体は変化することのない運命の法則〔Schicksalsgesetz この語は運命の掟とも訳せる〕が存在するのだという信仰が結びついているということだ。

この信仰には、すべての、とは言わないまでも、多くのヒストリシストにとって特徴的な態度が表現されている。一瞥のかぎりでは、その態度はヒストリシストたちが変化を強調することと矛盾するように見えるかもしれない。しかしそれはおそらく、あらゆるヒストリシストたちは変化の考えに対して無意識のうちに抵抗しているのだと仮定すれば、説明がつくだろう。かれらは、変化をはげしく強調する。だがそれは、むしろ無意識の抵抗に打ち勝つために払った努力のしるしなのであろう。だから、〔ヒストリシストが〕情緒的には緊張していることも説明できるわけであり、そこから多くのヒストリシストたちは、〔こんにちでも依然として〕〔万物流転の証として〕あたかもまったく新奇なもの、前代未聞のものを見つけ出してきたかのように振る舞うのだ。こう考えてくると、そうしたヒストリシストたちは、変化を恐れており、変化という考えを重大な内的葛藤なしには受け入れられないでいることは明らかである。しばしば見られることだが、かれらは、万古不易の法則があらゆる変化を貫いているという考えにしがみつくのであり、それによって、安定した世界が失われたことへの慰めを見出そうとしているかのようである。〔パルメニデスやプラトンには、われわれの生きている生成流転の世界はたんなる幻想であり、なんら変化の生じないいっそう現実的な世界が実在するという説さえ見出される。〕

ヘラクレイトスは変化を強調した。それによってかれは、個体であれ液体であれ気体であれ、あらゆる物質的なものは炎にひとしい、つまり、それらはものというよりはプロセスであり、すべては炎の変形として把握されねばならないという理論をもつに至った。見たところ個体である土〔これらは灰からなるのであるが〕にしたところで、変成のプロセスにある炎に他ならず、流体〔水とか海〕であれ、炎の変成であり〔おそらくは、油というかたちで燃料となりうるものなのである〕、「炎が変成したものは第一に海であり、海の半分は大地であり、他は熱い空気である。」他のすべての、土、水、空気といった〈元素〉は、炎の変成である。「すべては炎へと変化し、炎はすべてのものに変化する。ちょうど金が商品に、そして商品が金に変わるように。[6]」

だが、ヘラクレイトスはすべてのものを炎に、(燃焼のような)プロセスに、還元しておきながら、そのプロセスのなかに法則、「規矩」〔原語の Maß は、ふつうには尺度と訳されるが、規範的意味あいを強調するためにこう訳した〕、理性、知恵を発見する。かれは建造物としてのコスモスを解体し、それを塵芥の山と呼んでおきながら、世界のプロセスにおける出来事の前もって定められた秩序として、法則をふたたび導入するのだ。

世界におけるすべてのプロセス、とりわけ、炎そのものは、この明確な法則、「規矩」にしたがって展開する。[7]+ この法則は仮借なく抗いがたい。その点で、これは自然法則についてのわれわれのイメージ、および歴史法則とか発展法則について現代のヒストリシストたちが思い浮かべる考えに類似している。しかし、それはこうしたイメージや考えとは異なる点がある。それは、国家の課す法律とまったくおなじように、処罰によって実効性をもつ理性の勅令だということである。一方の側における法律上の法や規範と、他方の側における自然法則や規則性との区別がなされていないということ〔一般にヨーロッパの諸言語においては、法律を表わす語と自然の法則を表わす用語は同一なので混同が生じうる」、これが部族的タブー遵守の特徴である。二種類の法はおなじように魔術的なものと見なされている。そしてそこからして、人間が作ったタブーを合理的に批判することは、自然界の法則や規則性のもつ知恵や理性を改善するこころみが考えがたいのとおなじように、考えがたいこととなる。「あらゆる出来事は運命のごとき必然性をもって生じる……太陽はその軌道の規矩を決して踏み越えはしないだろう。踏み越えたならば、復讐の女神エリニュス、運命の女神たち、正義の侍女たちが連れ戻しに行くだろう。」しかし、太陽は法にしたがうだけではない。炎は太陽のかたちをとって法を監視し(やがて見るように)ゼウスの雷のかたちをとって、ふさわしい裁きをくだす。「太陽は反復されることがらの番人であり見張りである。太陽は、変化や、あらゆるものを生み出す季節に、くぎりをつけ裁きをつける。太陽は季節を告げ、すべてのもののかたちをあらわにする。……万物に対して同一のこうした世界の秩序は、一柱の神とか一人の人間が作ったものではなく、いつでもあったし、あるし、いつでもあるだろう。つまり、それは永遠に生きる炎であり、規矩に応じて燃え上がり、規矩に応じて消えていく……炎は燃えつづけるなかで、すべてのものを裁き、処刑する。」

無慈悲な宿命というヒストリシズムの考えにはしばしば神秘主義の要素がまといついている。神秘主義の批判的な分析は(第四分冊)第二四章でおこなうつもりである。ここでは、ヘラクレイトスの哲学において反合理主義と神秘主義がどんな役割を演じたかを示しておきたいと思う。かれは「自然はみずからを隠すことを好む」と書き、そして「デルフォイで神託をくだす神はなにごとも、語りもせず隠しもせず、その考えをしるしによって暗示する」と語る。ヘラクレイトスは経験を重んじる探求者たちを軽蔑していたが、その軽蔑はおなじような態度をとる者たちすべてにも典型的にあてはまる。「多くのことを知っている者は多くの知力を必要とするわけではない。そうでないとしたら、ヘシオドス、ピタゴラスそしてまたクセノファネスがより多く知力をもっていたことになろう。……ピタゴラスはあらゆる詐欺師の父である。」こうした学問への軽蔑と手を携えていたのが知力は直観的であるという神秘主義的な理論である。ヘラクレイトスの認識論は、われわれは覚醒者として共通の世界に住んでいるという事実から出発する。われわれは互いに理解し合い統制し合いそして修正し合う。ということは、われわれは夢とか幻想の犠牲者ではないということである。しかしながら、この理論には第二の象徴的にして神秘的な意味が含まれている。つまりこの理論は、選ばれた者、すなわち、見、聞き、そして喋る能力をもつ覚醒者には神秘的な直観が与えられているという教義になるのである。「人間は寝ているかのように行動したり語ったりしてはならない。……目を覚ました者にとってのみ、唯一共通の世界が存在する。寝ている者は自分自身の特殊な世界に向き合っている……かれらは聞くことも語ることもできない……かれらは聞く時でさえ耳が聞こえないかのようである。かれらには、存在すれども存在せずという格言があてはまる。……ただひとつ知恵があるとすれば、それは、万物を貫き万物をみちびく思想を理解することだ。」覚醒者が共通に経験する世界とは、神秘的な一体性、つまり、理性によってのみ把握される万物の一体性である。「普遍的なものにしたがうべきである。……理性は普遍的である……万物は一者となり、一者は万物となり……唯一知恵である一者は、ゼウスの名をもって呼ばれることを欲しもし、欲しもしない……それはあらゆるものをみちびく雷である。[8]」

万物流転および隠された宿命を語るヘラクレイトス哲学の一般的な特徴についてはこのくらいにしておこう。この哲学からはあらゆる運動の背後には原動力があるという理論が生じてくる。この理論は、〈社会静学〉とは反対の〈社会動学〉の意義を強調するのであるから、あきらかにヒストリシズムの性格をもつことになる。ヘラクレイトスの語る動学は一般的に言えば自然にかかわるものであるが、特殊的に言えば社会生活にかかわるものでもある。ここから、かれの哲学は、みずからが経験した社会的政治的混乱から誘発されたという見解が首肯されることになろう。というのも、かれは戦いと争いこそあらゆる変化を、とりわけ人間のあいだの区別を生み出す動的にして創造的な原理であると明言しているからである。そしてかれは典型的なヒストリシストとして、歴史の裁きのうちに道徳上の裁きも見る。[9]+ なぜなら、かれは、戦争の結果はいつでもただしいと主張するからである。「戦いは万物の父であり王である。戦いは、一方の側を主人とし他方の側を奴隷とすることで、前者が神々であり、後者が人間であることを示す。……戦いはあらゆるものに遍在し、権利〔Recht この語は正義や法や裁判とも訳せる〕は争いであり、あらゆるものが争いと必然性にもとづいて生じることを知らねばならぬ。[10]」

だが正義が、戦い、あるいは(権利をめぐる)争いと同一であると言うならば、つまり「運命の女神」は同時に「正義の侍女」でもあるというならば、言い換えれば、歴史、あるいはより正確に言って、成功、つまり戦いにおける成功こそが功業の規準であると言うならば、その時には功業の規矩そのものも「流動」せざるをえないだろう。ヘラクレイトスはこの問題に対して相対主義をもって、そして対立物の同一説をもって立ち向かう。これもまたかれの変化の教義——これは、プラトン説の基礎でありアリストテレス説の基礎にまでなった——から生じたものである。ものは、変化するならば、ある種の属性を放棄し、そしてそれとは対立する属性を受け入れなければならない。それは、ものというよりはむしろある状態からべつの対立する状態への移行のプロセスであって、相対立する状態の統合である。「冷たいものが温かくなり、温かいものが冷たくなる。

湿ったものが乾き、乾いたものが湿る。……病は健康をありがたくする。……生と死、覚醒と熟睡、若年と老年——これらはおなじものである。なぜなら、このものがあのものとなり、そしてあのものがふたたびこのものとなるからである……区別されるものが自分自身に一致する。それは、弓とか竪琴におけるように、相対立する状態の緊張から生まれる調和である……対立物は調和する。調和のないところから最良の調和が生じてくる。すべては争いの道から生じてくる。……登り道と下り道はおなじである。……雲におおわれた道は、まっすぐでありまた曲がっているとしても、同一である。……神々にとっては、すべては美であり、善であり、正義である。しかるに、人間はあるものをただしいと、べつなものをただしくないと見る……善と悪とは同一である。」(11)+

最後に引いた断片には(倫理上の相対主義とさえ呼べるような)価値の相対主義が表明されている。にもかかわらずかれは、戦争が正義を打ち立てるとか、歴史が判決をくだすといった自身の教義を背にして、なにはばかることなく、名声、運命そして偉大な人間の卓越性といったロマンチックな部族的倫理を企てる。それらすべては、じつに現代の観念のいくつかを思い起こさせる。「戦いに斃(たお)れる者は、神々や人びとによって称えられるであろう。……斃れることが大きければ大きいほど、獲得されるものも大きくなる……高貴な人間はなににもましてただひとつのこと、すなわち、永遠の名声を得ようとする……一万人をもってしても、ただ一人の卓越者の埋め合わせとはならない。[12]」(紀元前五世紀頃という)こうした早い時代の断片のなかに、現代におけるヒストリシズム的傾向、また反民主主義的傾向を特徴づける教義が数多く見られるのは驚くべきことである。とはいえ、ヘラクレイトスは卓越した力と独創性をもった思想家であったし、またそれゆえにかれの観念の多くは(プラトンを介して)哲学の伝統的在庫品の一部になったが、こうしたことをわきにおくならば、教義の類似性はある程度まで当時の社会的諸条件との類似性によって説明できるだろう。ヒストリシズム的な考えは大きな社会的変革の時代にしばしば登場してくる。それは、ギリシアの部族生活が崩壊したとき、またおなじようにユダヤ人の部族生活がバビロニア人の征服によって激震をこうむったときに出現した。[13] ヘラクレイトスの哲学は、漂流感——社会生活の古い部族的な形式の解体にさいしての典型的な感情——の表現であると言ってもほとんど疑義は生じないだろうと思う。近代ヨーロッパにおいてヒストリシズム的考えは、産業革命の時期に、とりわけアメリカやフランスにおける政治上の革命の影響下に、新たな息吹を与えられた。[14] ヘラクレイトスの思想から多くを取り入れ、近代のヒストリシズム的運動のすべてにそれらを手渡したのはヘーゲルであったが、かれがフランス革命に対する反動の代弁者であったことは、たんなる偶然の一致以上のものであったと思われる。

第三章　プラトンのイデア論

第一節

プラトンは、戦争と政治的激動の時代を生きた。知られているかぎり、それは、ヘラクレイトスを苛んだ時代よりもはるかに荒々しい時代であった。かれが育ちつつあったとき、生まれ故郷アテネにおけるギリシア人たちの部族生活は崩壊し、僭主政の時代へと向かい、その後は民主政の樹立へと進んでいた。だが、この民主政は、ふたたび僭主政あるいは(有力な貴族家系による支配としての)寡頭政[1]へ立ち還ろうとするいっさいのこころみから、必死になって身を守らねばならなかった。かれの青年期、民主政のアテネはスパルタとの生死をかけた戦争に巻き込まれた。スパルタはペロポネソス半島における領導的な都市国家であり、古い貴族政的な法と慣習を数多く保持していた。ペロポネソス戦争は中断を挟んで二八年の長きにわたった。(第一〇章でこの戦争の歴史的背景について詳細に論じるつもりである。そこではこの戦争が、しばしばなされる主張とはうらはらに、紀元前四〇四年におけるアテネの降伏をもって終了したわけではないことを示すつもりである。)(2) プラトンはこの戦争のさなかに生まれ、戦争が終わったときおおよそ二四歳であった。戦争は、恐ろしい伝染病をもたらしたし、最後の年には、飢饉、都市国家アテネの凋落、内乱、そしてふつう三〇人僭主政と呼ばれている恐怖政治をもたらした。三〇人僭主政はプラトンの二人の叔父によって指導されたのだが、二人の叔父とも、民主政に対してみずからの支配体制を維持しようとするこころみが水泡に帰すなかで命を落とした。民主政と平和は再建されたが、プラトンは緊張から解放されたわけではなかった。かれは、師ソクラテスを敬愛し、のちにみずからの多くの対話編のなかで主要な話し手としたのだが、そのソクラテスは告発され、死刑に処せられた。プラトン自身も危険にさらされたらしく、ソクラテスの他の仲間たちと一緒にアテネを離れたのであった。

のちにシチリアをはじめて訪れたとき、プラトンは大ディオニュシオス(前四三二年—前三六七年)の宮廷でつむがれていた政治的紛糾に巻き込まれた。さらに帰国し、アテネにアカデメイアを設立したあとでさえ、弟子たちとともに、シラクサの政治につきものの陰謀と革命[3]において、活発なそして最後には命さえ危うくなるほどの役割を演じたのであった。

このように、政治的出来事について簡単に要約しただけでも、なぜ（ヘラクレイトスの著述と同様）プラトンの著作のうちに、時代の政治的不安定性と不確実性に深く巻き込まれたことを示唆するものがあるのかの説明がつくであろう。プラトンは、ヘラクレイトスとおなじように、王家の血筋を引く者であった。伝承によれば、父親の家系は、アッティカの最後の部族王コドロスにまでさかのぼるという。[4] プラトンは母方の家系も非常な誇りにしていた。かれがその対話編（『カルミデス』と『ティマイオス』）でことこまかく述べているように、この家系はアテネの立法者であったソロンの家系に連なっていた。叔父のクリティアスとカルミデスは三〇人僭主政の指導者であったが、かれらもまたおなじようにこの家系に属していた。家系についてのこのような伝承からすれば、プラトンが公的なことがらに大きな関心を示すことは予期されるところであった。じっさい、かれの大部分の著作はこの予期を験証する。（『第七書簡』が本物であればということになるが、）かれは「当初から政治的活動を強く望んでいた」のだが、青年期に激動を体験したことにより熱を冷まされたとみずから書いている。「いっさいが揺れ動き定めなく変わっていくのを見て、わたくしはめまいを覚え絶望に沈んだ。[5+]」社会秩序のみならず事実上〈万物〉が流転するという感情から、ヘラクレイトスの哲学とおなじように、プラトンの哲学の根本の考えが生まれたのだと思われる。かれもまた、先行したヒストリシストたちとおなじく、歴史の発展法則を立てることで自分の社会的経験を概括したのであった。次章でくわしく論じるつもりだが、その法則にしたがえば、あらゆる社会的変化は、退廃、腐敗、退化に至るのである。

この根本的な歴史法則は、プラトンの考えでは、あらゆる作り出されたもの、生み出されたものにあてはまる宇宙的法則の一部である。生成流転するものはすべて腐敗すべく定められている。プラトンは、ヘラクレイトスにならって、歴史のなかで作用するもろもろの力は宇宙的な規模のものであると感じていた。

ほぼたしかだと思うのだが、プラトンは、腐敗の法則をまったき真理と見なしていたわけではなかった。ヘラクレイトスには発展法則を円環的な法則と見る傾向があった。それは、四季の円環的継起を支配する法則をモデルとして生き生きと把握されていた。おなじように、プラトンのいくつかの著作のなかには（長さは通常の年の三六〇〇〇年に相当する）大年——ここには、おそらく春と夏に対応すると思われる回復と生成の時期、ならびに（秋と冬に対応すると思われる）衰退と腐敗の時期がある——の想定もある。プラトンの対話編のひとつ（『政治家』）によれば、われわれ自身の時代はゼウスの時代であるが、これにはクロノスの時代である黄金の時代が先行した。その時代においてはクロノスが世界を支配し、人間は大地から生まれていた。この時代が去ったあとで、世界は神々の束縛を離れ、世界自身の手に委ねられたのであり、それゆえ腐敗はとめどなく進行したのである。『政治家』の叙述のなかでは、神はまったき腐敗の極限でふたたび宇宙という船の舵を取り、すべてをふたたびよきものに向かわせると示唆されている。

プラトンが『政治家』の叙述をどこまで信じていたかはさだかではない。かれは、叙述の全体を文字どおりの真実と見なしていたわけではない。この点はかれ自身が明確に理解していた。他方で、ほとんど疑いはないのだが、かれにとっては人間の歴史は宇宙的な枠組みのなかでつむぎ出されるのであり、自分たちの時代はより深い――もしかすると、およそ達しうるかぎりでもっとも深い――退廃の時代であると見ていたのであり、そしていままでどんな歴史時代であっても、歴史に内在する傾向によって、すなわち、歴史と宇宙の発展に共通する傾向によって、腐敗するのだと信じていた。[(6)+] しかしかれが、この傾向は退廃の極に達するやいなや*必然的*に静止へと反転せざるをえないと信じていたかどうかは判然としない。しかしかれは、人間の、あるいはむしろ超人間的な努力によって、この宿命的な歴史の流れを打ち破り、そして腐敗の過程に終止符を打つことは*可能*であると確信していた。

第二節

プラトンとヘラクレイトスとの類似性がどれほど大きいにせよ、そこには重要な相違点がある。プラトンは、歴史的宿命の法則、つまり腐敗の法則は、知性の力に支えられた人間の道徳的意志によって打破できると信じていた。プラトンは、こう考えていたわけだが、それをみずからが信じていた運命の法則とどう調和させたのかは、じゅうぶんに明らかというわけではない。しかしながら、おそらくこの事態を説明すると思われるいくつかの示唆はある。

プラトンは、歴史の腐敗法則は結果として道徳の腐敗をもたらすと信じた。ともあれ、かれは、政治が腐敗するのは主として道徳が腐敗(および知識が欠如)したからだと考える。そして道徳の腐敗は、これはこれでおおはばに人種の退化に由来するのだという。このようにして、一般に宇宙的規模で成立する腐敗法則は人間的事象の領域でもあらわれ出てくるのである。

ここからして、宇宙的な大転換点は人間的事象の領域――道徳の領域と知性の領域――における転換点と一致することがあきらかになる。だから、転換点は、あたかも人間が道徳的あるいは知的に努力すれば、もたらされるかのように見えてくる。プラトンは、一般的な腐敗法則は道徳が腐敗することのうちにあらわれ、それが政治の腐敗をみちびくのとおなじように、宇宙的転換点もまた偉大な立法者の到来とともにあらわれ、その立法者の知性の力と道徳的意志によって政治の腐敗の時期は終焉させられると信じていたのかもしれない。『政治家』のうちには新しい千年王国としての黄金期が再来するという予言があるが、おそらくそれはこの種の信仰を神話的に表明したものであろう。ともあれ、プラトンが二つのことを信じていたのははたしかである。——〔ひとつは〕腐敗へと向かう歴史の一般的な傾向であり、〔もうひとつは〕**政治上の変遷を阻止**しさえすれば、政治領域でのさらなる腐敗を回避できるというものである。したがって、こうしたことが、かれの希求する目的となった[7]。かれは、腐敗も変化もせず、したがって他のあらゆる国家に見られる悪からは解放された国家を樹立しようとした。変化や腐敗とは無縁の国家が最善にして完全な国家なのである。それはおよそ変化ということを知らない黄金時代の国家である。それは**静止状態におかれ、石となってしまった**国家でもある。

第三節

プラトンは、いかなる変化をも免れている理想国家の存在を信じていたから、ヘラクレイトスにおけるようなヒストリシズムの根本法則からは徹底的に距離をとった。この相違はなるほど重要であろう——とはいえ、そこにはプラトンとヘラクレイトスとのさらなる接点もあるのだ。

ヘラクレイトスは大胆な思考を展開したが、コスモスに代えてカオスを立てようとまではしなかった。すでに示しておいたように、かれは、変化を支配する不変の法則があると考えることで、安定した世界を失った埋め合わせにしたように見える。安定した世界の喪失というヒストリシズムの最終的帰結をなんとしても免れようとする傾向は、多くのヒストリストを特徴づけるものである。

この傾向はプラトンにおいては他を圧していた。（この点において、かれはヘラクレイトスに対する偉大な批判者であったパルメニデスの哲学の影響下にあった。）ヘラクレイトスは社会変化についてのみずからの経験を一般化し、それを〈あらゆるもの〉の世界にまで拡張した。すでに示唆しておいたが、プラトンもおなじことをしたのである。

つまり、完全なそして変化することのない国家が存在するというプラトンの信念も一般化され、〈あらゆるもの〉の世界におよんだのである。プラトンは、あらゆる通常の腐敗する対象にはそれ自体は腐敗することのない完全な対象が対応していると考えたのである。完全なそして変化しないものを信じることは、ふつう、形相とかイデアの理論、簡略化して、イデア論と呼ばれているが、それがかれの哲学の中心的教義となった。[8]

プラトンは、冷酷な運命の法則を打ち破り、あらゆる変化を停止させることによって腐敗を阻止できると考えた。だが、ここには、かれのヒストリシズム的傾向には明確な限界が存在することが示されている。というのも、妥協なしの完全に展開しきったヒストリシズムならば、人間のなんらかの努力によって歴史的宿命の法則を――その法則を発見したあとであれ――変えられるという考えを承認することなどありえないであろう。つまり、こうした法則に対抗できるということを否定するであろう。なぜなら、どんな計画、どんな行為であっても、それらは無慈悲な発展法則が人間の歴史的宿命を実現するための手段でしかないからである。エディプスを考えてみよ。予言のゆえに、また父親がそれを回避するためにとった手段のゆえに――にもかかわらずということではなく――運命はエディプスを襲ったのである。ここでは、こうした徹底したヒストリシズム的態度をよりよく理解したいと思っている。ところで、プラトンは運命に影響を与えることができると信じていたわけであるから、そこには徹底したヒストリシズム的態度に立ち向かう傾向もあったわけである。理解を進め、またそうした傾向も分析するために、プラトンのヒストリシズムを、かれのうちにも見出されるのだが、社会工学的な態度(sozialtechnische Einstellung)[9]+と呼べる正反対の態度と対比してみたいと思う。

第四節

社会工学者は、歴史の傾向とか人間の運命といったものを問いはしない。かれは、人間はみずからの運命の主人公であると考えているし、われわれが大地の姿かたちを改変してきたように、自分たちの目標に合わせて、人間の歴史に影響を与え、変革できると信じている。社会工学者は、そうした目標はわれわれの歴史的背景とか歴史的傾向によってわれわれに課せられたものだとも信じていない。むしろかれは、それらはわれわれ自身が選んだもの、あるいは、まさにわれわれが新しい思考、新しい芸術作品、新しい家屋、新しい機械を生み出すのとおなじように、作り出したものだと考えている。こうした考えは、ヒストリシストの考えとは対立するものである。というのも、ヒストリシストは、政治行動が理解可能になるのは歴史の将来の成り行きがまずもって定められているところにおいてのみだと考えているからである。ところが、社会工学者は政治の科学的な基礎についてまったくべつなイメージをもっている。かれにとっては、そうした基礎は、〔歴史の将来の成り行きを知ることにあるのではなく〕われわれの願望とか目標に合わせて社会の諸制度を作り変革するに必要な事実的知識のうちにある。その種の科学は、たとえば不況を回避したり、あるいは逆に作り出すためには、また、多少とも富の均等な分配を作り出すためには、どんなステップを踏まねばならないかを教えてくれる。ことばを換えれば、社会工学者は一種の社会技術こそ政治の科学的な基礎であると見なしている（のちに見るように、プラトンはこうした基礎を医学の科学的背景と比較した）。ところが正反対なことには、ヒストリシストは、政治のうちに不変の歴史的傾向についての科学を見つめるのである。

社会工学者の態度についてこのように述べたが、ここから、社会工学者たちのあいだに重要な相違はないと結論してはならない。反対に相違はあるのだ。その相違、つまりわたくしが「ピースミール社会工学」と呼ぶ方向と、「ユートピア社会工学」と名づけた方向とのあいだの相違が本書の主要テーマのひとつを構成する。（参照、とりわけ第九章。そこでわたくしはなぜ前者に賛成し、後者を拒絶するのかの理由を述べておいた。）しかし、目下のところはヒストリシズムと社会工学とのあいだの対立点にのみ触れておくことにしたい。この対立点はおそらく、保険会社、警察、政府あるいは雑貨店といった社会の諸制度に対して、ヒストリシストと社会工学者がどのような態度をとるのかを考察してみるならばいっそう明確になるだろう。

ヒストリシストは社会のもろもろの制度を、主としてその歴史という観点から、つまり、その起源、発展、現在および将来における意義といった観点から見ようとする。だから、ヒストリシストによって、たとえば、もろもろの制度の起源は、明確なプランとか企てのうちにあるとか、または、人間や神の定めた目標の追求のうちにある、と強調されたり、あるいは、なんらかの明瞭に把握された目的を実現するために企てられたのではないにしても、ある種の本能とか情熱の直接的な表現として把握されねばならない、と主張されたり、さらには、それらはかつて一定の目的のための手段として役立ったのだが、のちにはそうした性格を失った、と主張されることもあろう。それに対して、社会工学者は制度の発生とか制度を作り出した人たちの当初の意図にはほとんど関心をもたない。(もっとも、社会工学者が、「ただごくわずかの社会的制度のみが意識的に作られたのに対し、大多数の制度はただ単純に人間の諸行為から意図されなかった結果として〈成長してきた〉という点を」承認してはならない理由はないけれども。[10]) 社会工学者にとっての問題はむしろ、目標をかくかくとしたとき、この制度はそれに役立つようによく設計され組織されているだろうか、ということである。一例として保険制度を考えてみよう！　保険は営利事業として発生したのだろうか。それとも保険の歴史的使命は公共の福祉に役立つことにあるのだろうか。社会工学者はこうした問題にはほとんど頭を悩まさないだろう。そうではなく、かれは一定の保険制度について、たとえばその収益を最大化するにはどうすればよいかとか、あるいはこれとは非常に異なったことではあるけれども、保険制度の公共に対する利益はどうすれば最大化できるかといった点を示すことで、批判的考察の対象にするであろう。さらには、その効率をあれこれの方向で最大化するにはどんな手段がとられねばならないかを述べることもあろう。警察は社会的制度についてのもうひとつの例である。多くのヒストリシストはそれを自由と安全を守るための道具と呼ぶが、べつな者たちはそこに階級支配と抑圧の道具を見る。社会工学者は、たとえば警察を自由と安全を守るための適切な手段とする方途を提案するであろうし、またおなじようにして警察を階級支配の強力な道具に変える手段を考えだすこともあろう。(社会工学者は、市民としての役割においては、みずからの信じるなんらかの目標を追い求めているわけであり、そのなかで、ふさわしい目標や手段がとられるべきであると要求できる。しかしながら、技術者としてのかれは、一方の側における目標選択の問題と、他方の側にある事実問題、つまり、なんらかの実施された手段から生じる社会的諸影響についての問いとを注意深く切り分けるであろう。)[11]

一般的に言えば、工学者とか技術者は、理にかなったことながら、制度を一定の目的に役立つ手段と見るし、技術者としては制度を全面的にその適切性、現実性、単純性などの観点から判断すると言える。他方で、ヒストリシストは、むしろ制度が歴史の経過のなかで演じる〈真の役割〉を評価しようとして、そうした制度の起源や使命を発見しようとこころみるであろう――たとえば、そうした制度を〈神によって欲せられた〉とか〈運命によって欲せられた〉とか〈重要な歴史的趨勢に奉仕する〉などとして特徴づけることであろう。とはいえ、社会工学者は、制度は一定の目的のための手段あるいは道具で、あるとしか言わないということではない。かれは、多くの重要な点で制度が機械的な道具とかマシーンから区別されることを十分すぎるほど意識している。たとえばかれは、それらがある意味で〈成長してくる〉こと、(まったくおなじとは言えないにしても)有機体の成長に類似していること、そしてその状況は社会工学にとって大きな意味があることを忘れないだろう。かれは、社会的制度についての〈道具主義〉の哲学をしいられるわけではない。(オレンジが道具であるとか、あるいは目的のための手段であると言ったりする者はいないだろう。だが、われわれはしばしばオレンジを目的にとっての手段と見なす。たとえば、われわれがそれを食べようとするとき、あるいはそれを売って生活の糧を得ようとするときがそうである。)

ヒストリシズムと社会工学という二つの立場はしばしば典型的なかたちで結びついて出現してくる。そうした結びつきのもっとも初期の、そしておそらくはもっとも影響力にとんだ例は、プラトンの政治哲学であり社会哲学である。それは、いわば、前面ではあきらかに技術主義的な要素を押し出し、背後には典型的なヒストリシズム的特徴を山積みした結合体である。この結合は、のちにその教義体系がユートピア的体系と呼ばれたかなりの数の社会哲学や政治哲学を特徴づけるものである。こうした体系は、すべて、一種の社会工学を推奨する。なぜなら、それらは、目標を達成するために、ある種の、たとえ必ずしも現実に適合したわけではないにしても、制度的な手段をとるべきことを要求するからである。だが、そうした目標をくわしく考察してみると、しばしばそれらはヒストリシズム的な考察によって規定されていることがあきらかになる。とりわけ、プラトンの政治目標はおおはばに自身のヒストリシズム的教義に依存している。第一に、かれの目標は、社会革命や歴史過程の腐敗において出現してくるヘラクレイトス的流転を免れようとする点にある。第二に、かれは、それを成し遂げることができるためには、歴史における腐敗という一般的な成り行きには染まらない完全国家を樹立すればよいと信じている。第三に、かれは、完全国家のモデルもしくは原型は、はるかな過去、つまり歴史の黎明期である黄金時代に見出される、と考えている。というのも、世界が時の経過とともに腐敗するのであれば、過去にさかのぼればさかのぼるほど、いやました完全性を見出せるはずだからである。完全国家とは、言ってみれば、後世の国家の第一の先祖、始祖である。後世の国家は、いわばこの完全な、あるいは最善の、あるいは〈理想〉国家の退化した子孫なのである。[12] ここで、理想国家とは、たんに空想されたとか、夢見られたとか、〈われわれの精神において考えられた〉にすぎないものではない。それは、安定性という点から言えば、あらゆる社会秩序が腐敗を免れることができずいかなる瞬間にも消滅し変化しうるのに対し、はるかに高度な現実性をもった国家なのである。したがって、最善国家というプラトンの政治目標はその大部分を自身のヒストリシズムに負うている。またかれの国家哲学について言えることは、すでに示唆しておいたように、〈万物〉についてのかれの一般的な哲学、形相あるいはイデアの説にも敷衍できる。

第五節

変化する事物は、退化し腐敗する。それらは（国家がそうであるように）、完全なものの子孫であり子供である。それらは、子供がそうであるように、始祖の写し〔コピー〕である。プラトンは、変化するものの父、言ってみればオリジナルにあたるものを、ものの〈形相〉とか、〈モデル〉とか、〈イデア〉と呼んだ。すでに注記しておいたが、またここでも強調しておかねばならないのだが、形相ないしイデア(Idee)は、その名前にもかかわらず、心のなかの〈観念〉ではない。それは、心中の像でも、夢のなかで見られるものでもなく、実在する。じっさいそれは、堅固に見えても腐敗せざるをえない通常の変化する事物すべてよりも、一段と高い実在性をもつのである。というのも、形相ないしイデアは完全であり変化することはないからである。

形相やイデアは、変遷する事物とおなじように、時空間の内部にその居所をもっていると考えてはならない。それらは、空間の外、時間の外に存在する。なぜなら、それらは永遠だから。とはいえ、それらは空間と時間に結びつく。というのも、それらは、空間と時間のうちにおいて生成し腐敗する被造物の先祖あるいはモデルだからである。したがって、それらは時間の始端において空間と接していなければならない。それらはわれわれと一緒にわれわれの空間、われわれの時間のうちにとどまるものではないから、通常の変化する事物、すなわち、〈知覚対象物〉とおなじようにわれわれの感覚器官で把握されるわけではない。知覚対象物は、同一のモデルあるいはオリジナルから生み出されたコピーもしくは子供なのであって、形相とかイデアとしてのそのオリジナルに、ちょうどおなじ家族の子供が類似するように、相互に類似する。そして、子供が父の名によって呼ばれるように、知覚対象物はその形相とかイデアの名をもつのであり、アリストテレスの言うところによれば、〈形相とかイデアによって呼ばれる〉のである。[13]

子供が父を仰ぎ見るように、子供は父のうちに理想、唯一の模範、自分自身の希求が神のごとき姿をとって顕現しているのを見る。ことばを換えれば、完全性、知恵、頑強さ、栄光そして徳の体現を見る。自分の世界が始まる前に自分を生み出してくれ、そしていまや保護してくれるとともに支えてもくれ、「そのおかげで」生存させてくれる力を見る。——こう、プラトンは形相とかイデアを見ている。プラトンにとってのイデアは、もののオリジナルであり、起源である。それはものを理解させてくれるもの、ものがそうあることの知的根拠、ものを〈そのおかげで〉存在できるようにする堅固な下支えとなる原理である。それは、ものに内在し、それをよきものに向かうように規定する力、その理想、その完成態である。

プラトンは、晩年の対話編のひとつ『ティマイオス』において展開するのだが、知覚対象物のまとまりを統括する形相とかイデアを家族の父になぞらえる。それは、プラトンの以前の著作の多くと十分に整合的であるし、[14]またそれらの著作に対して注目にあたいする光を投げかけもする。しかし、かれは『ティマイオス』においては以前の教義を一歩踏み越えている。この書でかれは、みずから考えた直喩を拡張して、形相とかイデアが時空間内の世界と接触すると述べるのである。かれは、知覚対象物が動き回る抽象的な〈空間〉（もともとは天と地のあいだに広がる鋳型）を容器と呼び、事物の母になぞらえる。そこから時間が始まるときに、形相の媒介によって知覚対象物が生み落とされるのである。形相はこの純粋な空間にみずからを刻印し、それによって後続者にその形態を与える。プラトンはこう書いている。「ものについては三種類が区別されねばならない。第一は生成されるもの。つづいて生成をおこなうもの。第三に生成されたものが模範にする原型。形態を受容する原理は母親に、原型は父親に、生成されたものは子供になぞらえてよいであろう。」つづいてかれはまず、不変の形相もしくはイデアであるとともに父親でもある原型について詳細に記述する。「それは、生成されることも破壊されることもない不変の形相であり、見ることもできず、いかなる感覚器官によっても知覚されず、ただ純粋な思考によってのみ近づくことができる。」こうした形相もしくはイデアのおのおのに帰属しているのが、子孫、つまり感覚的に知覚可能な対象物の群れである。これらは「別種のものであって、その形相とおなじ名前をもち、類似しているが、感覚的に把握できるのであり、生成され、たえまなく動き、ある所で生成し、またふたたびそこから消滅するが、知覚にもとづく思いこみによって把握される」のである。

そして、母親になぞらえられた抽象的な空間についてはつぎのように言われている。「しかしながら、第三のものは空間である。それは永遠にして破壊されず、生成するいっさいのものにその場所を与える。[15]+」

イデア説を理解するには、それをギリシアにおけるある種の宗教的な考えと比較してみるのが役立つかもしれない。多くの原始的宗教とおなじように、少なくともギリシアの神々の一部は、部族の始祖たる父とか英雄の理想化――部族の有する〈卓越性〉とか〈完全さ〉の人間化――以外のなにものでもない。だから、ある部族とか家族の家系をたどっていくとなんらかの神にたどりつく。（プラトン自身の家はポセイドン神に由来すると伝えられている。[16]）こうした神々が不死であり永遠にして完全――もしくは、ほとんど完全――であるのに対して、通常の人間は生成流転に巻き込まれており、腐敗にさらされている。この点を考えてみさえすれば、神々の人間に対する関係は、プラトンの形相とかイデアがそれらを模倣した知覚対象物に対する関係と、おなじであることはすぐわかる。（プラトンの語る完全国家もまた、現実のさまざまな国家に対しておなじような関係に立つ。[17]）だがギリシア神話とプラトンのイデア説とのあいだには重要な相違がある。ギリシア人たちは、多くの神々をさまざまな部族や家族の先祖として敬ったのに対し、イデア説は人間にはただひとつの形相とかイデアがあるのみであるという想定から出発している[18]。というのも、もののどんな〈族（Rasse）〉や〈種（Art）〉もただひとつの形相しかもたないというのが、この理論の中心的主張のひとつだからである。形相の唯一性——これは始祖の唯一性に対応する——は、理論の必要不可欠の要素である。というのも、それは、相互に類似したものはどんなものでも唯一の形相のコピーであるか模倣物であると想定することで、知覚対象物間の類似性を説明するというもっとも重要な機能をになうからである。同一の、あるいは類似した形相が二つ存在することになったら、まさにそのことから、それら二つはもとになる第三の原像を模倣しているからであり、しかもそれが唯一の真にして単一の形相であるという想定を強いられてしまう。換言すれば、プラトンが『ティマイオス』で述べているように、「このようにして、類似性とは、二者のあいだの類似性としてではなく、正確に言えば、原像でありそれらにかぶさるものとの関係において説明されるであろう[19]。」『ティマイオス』以前に書かれた『国家』においてプラトンはこの間の事情をよりいっそう明瞭に述べている。そこでかれは一例として〈本質的なベッド〉、すなわちベッドの形相あるいはイデアを用いる。「神は……したがって……かの本質的なベッドをただひとつ作ったのみである。神がその種のものを二つとか、あるいはそれ以上たくさん作ったことはないし、そもそも作ることもないだろう。……かれが二つ作りそしてそれ以上は作らなかったとしても、やはりそのときでもあるべつなものが浮かび上がってくるであろう。つまり、それら二つに体現されているある共通の形相が。そしてそれこそが、もちろんかの二つではなく、本質的なベッドであろう。(20)」

こうした議論は、プラトンにとって形相とかイデアは、時空間におけるあらゆる発展（わけても人間の歴史）の起源や出発点を表わすばかりでなく、おなじ種に属する知覚対象物のあいだの類似性を説明するためにも役立つことを示している。ものは、なんらかの力とか属性、たとえば白さ、硬さ、よさといったものを共有しているから、相互に類似するのだとすれば、そうした力とか属性はそれらすべてのものにおいて同一であらねばならない。そうでないとしたら、類似することもないからである。プラトンにしたがえば、すべての白いものは白さの形相とかイデアを分有し、すべての硬いものは硬さのイデアを分有する。子供が父親の財や才能を分有するのとおなじ意味で、ものはそのイデアを分有する。それは、銅版画の一枚一枚の複製が、すべて同一の原版から刷られたものであり、それゆえに相互に類似し、オリジナルの輝きを分有するというのとおなじ意味で、そうなのである。

この説は知覚対象物のあいだの類似性を説明するために立てられたのであるが、一見のかぎりではヒストリシズムとの結びつきはまったくわからないであろう。だが、そうした結びつきは存在するのであって、アリストテレスが語っているように、まさにそれこそがプラトンをしてイデア説の展開へと向かわせたのである。それがどのような展開であったのかをてみじかに述べてみたい。そのさい、わたくしはアリストテレスの叙述ならびにプラトン自身のいくつかの著作における示唆を利用するつもりである。

万物がとどまることなく流転しつづけるのだとすれば、どんなものについてもなにひとつ確定的なことを言えないであろう。それらについてほんとうの知識をもつことはできず、たかだか漠然とした、欺かれやすい「思いこみ」をもちうるのみである。それは、プラトンやアリストテレスからもわかることだが、[21]あまたのヘラクレイトス追随者たちを悩ませた。パルメニデスは、プラトンの先行者の一人であり、かれに本質的な影響を与えたが、つぎのように説いた。たんに経験からえられる見解とは対立する純粋に理性からえられる認識は、不変の世界を対象としてもつことができ、じっさいにそうした世界をあらわにする、と。パルメニデスは過ぎ去ってゆくものの世界の背後に不変の分割不可能な実在を[22]+発見したと信じたわけだが、それはわれわれが生きそして死ぬこの世界とはいかなる関係ももたず、説明されえないものであった。

プラトンはこれに満足できなかった。プラトンは、この変化する経験的世界を愛おしむのではなく、たいへんに侮蔑していたとはいえ、根本においては抵抗しえないほどに魅了されていた。かれは、この世界が腐敗し荒々しく変動しそして不運を重ねていく秘密をあらわにしたかった。かれはこの世界を救済する手段を発見したいと望んだ。かれは、否応なくみずからを苦しめるこの幽霊のような世界の背後に、不変のほんとうの堅固なそして完全な世界があるというパルメニデスの説に深い感銘を受けていた。だがそうした考えでは、ほんとうの完全な世界が知覚対象物の世界となんの関係ももたずに対置されただけであり、プラトンの問題が解かれることはなかった。かれは、思いこみではなく、知識を、変化することのない世界についての知識を求めた。と同時にかれは、この変化する世界の探求に、とりわけ変化する社会秩序の探求に、つまるところ、奇妙な歴史的法則をともなう政治的変動の探求に、役立つ知識をえようとした。プラトンは、政治の帝王学、すなわち人びとを支配する秘法の発見を目的とした。

とはいえ、変遷する世界についての厳密な知識が不可能であるように、政治についての厳密な知識もまた不可能であるように思われた。政治の領域には確固とした対象は存在しないからである。〈政府〉〈国家〉〈都市〉といったことばの意味が歴史発展の新しい相とともに変化するのだとしたら、いかにして政治的な問いを論じることができるだろうか。政治の理論は、かれがヘラクレイトスの影響下にあった時期には、政治的実践とおなじように、欺瞞的で変わりやすく謎めいたものと見えたにちがいない。

こうした状況のもとで、プラトンは、アリストテレスの報告にあるように、ソクラテスからたいへん有意義なヒントを得た。ソクラテスは倫理にかかわる問題に関心をもっていた。かれは、倫理の改革者、モラリストであったので、どんな人にも考えさせ、自分の行動の原則を説明し、正当化するように、煩わせていた。かれはしじゅう問いを投げかけ、帰ってくる答えに満足することはほとんどなかった。かれが得た典型的な答えは、われわれが一定の仕方で行動するのは、そう行動するのが〈賢明である〉から〈あるいは〈現実的である〉からとか〈ただしい〉からとか〈敬虔である〉から〉というものであった。だが、こうした答えは、ソクラテスをさらに探求に駆り立てさせ、賢明であるとか、現実的であるとか、ただしいとか、敬虔であるとはいかなることなのかと問いつづけさせるのみであった。ことばを換えれば、かれは、ものの内的な〈力〉の探求にみちびかれていた。だからかれは、たとえば、さまざまな手仕事や職業にあらわれる賢明さを論じ、すべての千種万葉にして変化する〈賢明な〉行動形態に共通なものを見つけ出し、そこから賢明であるとは本来いかなることなのか、〈賢明である〉とは本来なにを意味するのか、〈あるいはアリストテレスの言い方をすれば〉その本質はいかなるものであるのかを取り出そうとした。アリストテレスは「ソクラテスが本質を」、つまり、ものの内的な力、ものの理にかなった内容、また概念の現実的な、変わらざる、あるいは本質的な意味を

「探求すべきである」としたのは当然であったと言っている。「この文脈において、かれは普遍的定義の問題を提起した最初の者となった。」[23]

〈正義〉〈節制〉〈敬虔〉といった倫理的概念を論じるソクラテスのこころみは、まったくただしいことながら、自由（たとえば、ミル）[24]、権威、個人や社会（たとえば、カトリン）を論じる近代の議論と比較できよう。ソクラテスが、そうした概念の不変の、あるいは本質的な意味を探求するにあたって、それらの概念を擬人化したり、あるいはもののごとく扱ったりしたと見なす必要はない。少なくとも、アリストテレスの報告からあきらかなように、ソクラテスはそのようなことはしなかったのであり、意味とか本質を追求するソクラテスの方法を、ものの真実の本性、形相、イデアを規定するための方法に発展させたのはプラトンであった。プラトンはヘラクレイトスの教義、つまり「あらゆる知覚対象物は絶えざる流転状態にあり、それらについてはいかなる知識も存在しない」という教義を保持していたが、かれはソクラテスの方法のなかにこの困難から逃れる道を見出したのである。「知覚対象物についての定義はありえない、なぜなら、それらはたえず変化しているから」であるが、とはいえ、異なった種類のものについては、つまり知覚対象物の内部にある諸力については、その定義とか真なる知識をえることは可能である。「知識や思考が、客体つまり対象をもつべきだとしたら、知覚対象物とは異なった別種の不変の本質的なものが存在しなければならない」とアリストテレスは語り、プラトンは「この別種のものを形相とかイデアと名づけたのであり、知覚対象物はそれらとは異なるが、それらによって呼ばれるのであり、一定の形相とおなじ名前を有する多くのものは形相を分有することによって存在する」[(25)]と報告している。

アリストテレスのこうした叙述は、『ティマイオス』[(26)+]におけるプラトン自身の議論と広範に一致するし、プラトンの根本問題が知覚対象物を論じるための学問的方法の発見にあったことを示している。かれはたんなる思いこみではなく、純粋に合理的な知識を要求した。知覚対象物についての純粋な知識そのものをえることは不可能であったから、かれは、すでに言及しておいたように、少なくとも、なんらかの仕方で知覚対象物にかかわり、そしてそれらに適用されもする別種の純粋な知識の獲得を主張したのである。形相とかイデアにかんする知識はこうした要求を満たした。なぜなら、形相は、ちょうど父親がその未成年の子供にかかわるのとおなじように、知覚対象物にかかわるからである。形相は知覚対象物を説明できるとともに、それに対して責任をもつ代表者であるからこそ、変遷する世界にかかわる重要な問いにおいて参照されるのである。

以上の分析からすれば、プラトン哲学において形相とかイデアの理論は少なくとも三つの異なった機能をもつことがわかる。(1)この理論は、純粋な学問的知識を可能にするのみならず、直接的には知りえずただたんなる思いこみしかもちえない変化するものの世界へも適用可能な知識を可能にするから、最高度に重要な方法論上の補助手段である。そこからして、生成流転する社会を探求し、政治学を構築することが可能になる。(2)それは、喫緊の課題である変化の理論と腐敗の理論への、換言すれば、生成と没落の理論への、とくに歴史への鍵を提供する。(3)それは、社会的領域においてはある種の社会工学への道をきり拓く。それは、政治的変化を阻止する道具を鍛えあげることを可能にする。というのもそれは、国家の形相とかイデアに類似しているために変化せず、したがって腐敗することもありえない「最善国家」を示唆するからである。

(2)の問題、つまり変化の理論と歴史の理論についてはつぎの二章、つまり第四章と第五章で論じることにしよう。そこでは、変動する社会的世界——まさにそのなかにプラトン自身は生きていた——を記述し、説明するかれの記述社会学を論じるつもりである。いかにして社会的変動を阻止するかという(3)の問題は、第六章から第九章にかけて解明することにしたい。そこでは、プラトンの政治綱領を叙述し論じることになるだろう。プラトンの方法論の問題である(1)の問題については、プラトン理論の歴史にかかわるアリストテレスの報告を利用して、本章でてみじかに概観したところである。以下では、その概観的な議論に若干のコメントをつけ加えておこう。

第六節

　プラトンやかれの数多の後継者たちによって主張された見解を特徴づけるために、方法論的本質主義（methodologischer Essentialismus）（あるいは本質論（Wesenslehre））という名前を用いたいと思う。この見解によると、純粋な知識あるいは〈学問〉の課題は、ものの本性の発見と記述、つまり、隠されているほんとうの姿（Realität）とか本質を発見し記述することにある。知覚対象物のうちにある本質は、他の、より強い度合で現実的であるもの、つまりそれらの始祖とか形相のうちに発見されるという考えは、プラトン特有のものである。数多くの後世の方法論的本質主義者、たとえばアリストテレスは、この点でかれに全面的に追随したわけではない。だが、かれらはすべて、ものの隠された本性とか形相とか本質の発見をもって純粋な学問の課題とする点では一致している。また方法論的本質主義者は、そうした本質を知的直感の助けによって認識し識別することが可能であると見なす点において、そしてまたどんな本質もそれに固有の名前、すなわちそれによって知覚対象物が呼ばれるところの名前をもつと見なす点で、またそれらはことばで記述されうると見なす点でもプラトンにしたがっていた。そしてかれらはすべて、ものの本質の記述を〈定義〉と呼んだ。方法論的本質主義にしたがえば、ものを知るには三とおりある。「思うに、われわれは第一にものの変わらざるほんとうの姿、あるいはその本質を認識することができるし、第二に本質の定義、そして第三にその名前を知ることができる。だから、どんな実在物についても二つの問いが生じてくるだろう……名前をあげてその定義を求めることもできるだろうし、あるいは定義をあげてその名前を問うこともできるだろう。」この方法の例としてプラトンは（〈奇数〉とは対立する）〈偶数〉の本質を用いている。「ある数は、……ひとしい部分に分割されるようなものであろう。数がそのように分割されうるならば、それは〈偶数〉と呼ばれる。だから、〈偶数〉という名前の定義は〈ひとしい部分に分割される数〉ということになる……名前を与えられてその定義が問われるならば、あるいは、定義を与えられてその名前が問われるならば、これら二つのばあいでは、〈偶数〉と呼ばれようが、〈ひとしい部分に分割されうる数〉と呼ばれようが、一にしておなじことが語られている。[27]」こうした例のあとで、プラトンはこの方法を魂の真実の本性の〈証明〉に適用しようと努めている。この点については後段でさらにプラトンの考えを聞くことになるだろう。

方法論的本質主義とは、学問の目的はもろもろの本質をあらわにし、定義によってそれらを記述することにあるという理論であるが、これはそれとは反対の理論、つまり方法論的唯名論(methodologischer Nominalismus)に対比してみれば、よりよく理解できるであろう。方法論的唯名論は、対象の真なる本性を見出し記述することを課題とはしてはいない。その目的はむしろ、対象がさまざまな状況下でどのように振る舞うかを記述すること、とりわけそうした振る舞いがなんらかの規則性を示すかどうかを記述することにある。ことばを換えれば、方法論的唯名論は学問の目的をわれわれの経験する対象や出来事の記述、またそうした出来事の説明、つまり普遍法則の助けを借りてそれらを記述することにあると見る[28]。言語、とりわけ適切に構成された言明や推論をたんなることばの集積から区別する規則をもった言語は、かれにとっては科学的記述のための有力な道具である[29]。かれは、ことばをこうした課題を達成するための補助手段と見なすのであって、もろもろの本質の名前であるとは見なさない。方法論的唯名論者は〈エネルギーとはなにか〉〈運動とはなにか〉〈原子とはなにか〉といった問いを物理学にとって意味がある問いとは見なさない。むしろ、〈太陽のエネルギーはどうすれば利用できるか〉〈惑星はどう動いているか〉〈どのような条件下において原子は光を放射するのか〉といったことこそ重要と考える。〈とはなにか〉という問いに答えてしまわないかぎり、〈どのようにして〉という問いに正確に答えることは望めないと語る哲学者がいる。だが、そうした哲学者に対してかれは、応答するとしてのことだが、みずからの方法で達成しうる正確さの度合いは慎ましいとはいえ、そうした哲学者たちがその方法によって達成したと称する傲慢なガラクタよりは選ぶにあたいすると反論するであろう。

ここで使った例が示唆しているように、こんにち方法論的唯名論は自然科学においてかなり一般的に受け入れられている。他面で、社会科学の諸問題は依然としてその大部分が本質主義的な方法によって取り扱われている。わたくしの見るところ、これが社会科学の後進性の主要原因のひとつである。しかし、この状況に気づいた多くの思想家たち[(30)+]はべつの判断をくだしている。かれらは、こうした方法の違いは必然であると考え、これが二つの探求領域の〈本性〉間の〈本質的な〉違いを反映していると信じているのだ。

こうした見方を支えるために、ふつうにはつぎのような議論が用いられている。それは、社会のなかでの変化の意味を強調し、そこからヒストリシズムのもつさらなる側面をあらわにするものだが、その典型的な議論はつぎのように語る。物理学者は、それ自身変化するとはいえ、ある程度までは恒常的なエネルギーとか原子といった対象にかかわっている。かれは、この相対的に変化しない本質的なものがこうむる変化も記述することができるし、一定のことを主張しえるようなある持続的なものをえるために、特殊な形相とかなにかそれに似た不変の本質を構成したり発見したりする必要もない。これに反して、社会科学者はまったく異なった状況におかれている。かれの関心領域の全体は変化に巻き込まれている。社会的領域においてはいっさいが歴史的流転の支配下にある。そこには不変の本質といったものは存在しない。たとえば統治形態を取り上げてみよう。それはどのように研究されるか。さまざまな国家そしてさまざまな歴史的時代において見られるように統治形態はさまざまである。そうした多様性のなかにあっても統治形態はある本質的なものを共有していると仮定しなかったら、いったいどのようにして統治体を同定できるというのか。われわれがある制度を統治体〔政府〕と呼ぶのは、それがその本質からして統治体と見なせるとき、つまり、それが統治体についてのわれわれの直感的な考えと合致するときである。そしてこの直感的な考えは定義において定式化される。おなじことは、他の社会学上の本質的なもの、たとえば〈文明〉についても言えるであろう。われわれは文明の本質を把握しなければならないのであり、そしてそれは定義のかたちで記録される、とヒストリシズム的議論は結論するのである。

この現代の理論は、さきにアリストテレスの報告にしたがって、プラトンが形相とかイデアの理論へみちびかれたさいの議論と記しておいたものによく類似しているように思われる。唯一の違いは、(原子論を受け入れず、エネルギーについてはなにも知らなかった)プラトンが、この理論を物理学の領域にも、したがって世界全体にも適用したという点にある。ここには、プラトンの方法を論じることが社会科学にとってこんにちでもなおアクチュアルな意味をもっていることが示唆されている。

わたくしは、プラトンの社会学を記述し、またかれがその方法論的本質主義をそうした〔社会的な〕領域にどう適用したかをこまかく分析するつもりである。だがその前に、つぎの点を明確にしておきたい。プラトンを論じるにあたっては、論をかれのヒストリシズムおよび〈最善国家〉に限定したということだ。だから読者は、プラトン哲学の全体についての叙述とか、プラトン主義についての〈公正かつ適正な〉論述といったものを期待してはならない。ヒストリシズムに対してわたくしは公然と敵対する。この敵対は、ヒストリシズムは無用であるばかりでなく、まさに有害でもある、という確信にもとづいている。したがってプラトン主義のヒストリシズム的特徴にかんする記述はきわめて批判的なものとなろう。わたくしは多くの点でプラトンを称賛している。とりわけわたくしの見るところソクラテスの影響下に書かれたと思われる作品中の部分についてはそうである。かれの多くの作品についてはかれの天才に当然の敬意が払われてしかるべきであるが、そうした作品にさらに讃辞をささげることがわたくしの仕事であるとは思わない。むしろわたくしの仕事は、かれの哲学のうちわたくしの見るところ有害である要素を破壊することにある。プラトンの政治哲学における全体主義的傾向こそ、わたくしが分析し批判しようとする当のものである。(31)

プラトンの記述社会学

第四章　静止と変化

　プラトンは、最初の社会科学者の一人であり、もっとも影響力にとんだ人物であった。かれは、〈社会学〉ということばがコント、ミルそしてスペンサーによって理解された意味において、社会学者であり、人間の社会生活、その発展の法則、ならびにその安定性の法則や条件の分析にみずからの観念的方法を適用し成功をおさめた。プラトンのおよぼした大きな影響にもかかわらず、かれの教養のこうした側面はほとんど注目されてこなかった。それは二つの要因にもとづくと思われる。第一は、プラトンがその社会学の大部分をみずからの倫理的ならびに政治的要請と緊密に関連づけていたために、記述的要素の大部分が見過ごされたということである。第二は、かれの思想の多くはあまりにも自明なものとして受けとめられたので、ただ意識されず、したがって批判されることもなく受けとめられたということである。主にこうしたかたちで、かれの社会学的理論は大きな影響をふるったのであった。

プラトンの社会学は、大胆な思考と正確な事実観察との独創的な混合である。形相、一般的な変化と腐敗、生成と没落についての理論は、いうまでもなく、大胆な思考のための枠組みを与えている。とはいえ、プラトンは、そうした観念を基礎にして驚くほど現実的な社会構造論を構築した。それは、ギリシア都市国家の歴史発展の主要方向ならびにかれの時代に作用していた社会的政治的諸力を説明しうるものであった。

第一節

社会変化についてのプラトンの理論は、思弁的で形而上学的な枠組みのもとに包摂されているが、これについてはすでに素描しておいた。この枠組みは、形相やイデアといった変わらざるものからなる世界であり、そこではそれらの子孫が空間と時間において変化していくのであった。形相とかイデアは、変化することも壊されることも消えてゆくこともなく、完全であり真であり実在もすれば善でもある。じっさい〈善〉は、かつて『国家』においては、〈保全するものすべて〉と、そして〈悪〉とは〈破壊し腐敗させるものすべて〉と説明されていた。[1] 完全で善なる形相とかイデアは、そのコピーである知覚対象物に先行するのであって、いわば流転する世界の始祖であり原型である。[(2)+] こうした考え方を用いると、知覚対象物からなる世界での一般的な経過やあらゆる変化の主要方向を評価することができる。すなわち、あらゆる変化の出発点が完全にして善であるならば、変化はただ、完全なるもの、また善なるものから離れていくこととなるわけである。それは、必然的に不完全と悪、腐敗に向かって行かざるをえないのである。

この理論は詳細に展開できよう。知覚対象物は、その形相とかイデアに類似すればするほど、それだけ堕落は少ない。なぜなら、形相そのものは堕落しないからである。ところが、知覚されうるもの、あるいは生成されたものは、完全なコピーではない。じっさい、いかなるコピーも完全ではありえない。なぜなら、それらはただ真なる存在の模倣でしかないからである。それら〔対象、もの、事物、物体〕はただ見えるだけであって幻影にすぎず、決して真実ではない。したがって、知覚対象物のどれひとつとして（最高度に卓越したものはおそらく例外であろうが）、不変となるほど十分にその形相に類似することはない。「絶対の永遠の不変性は、あらゆるもののうちでももっとも神的なものにのみ帰属する。物体はこの序列に属しはしない」[(3)+] とプラトンは言っている。知覚対象物、あるいは生成されたもの――要するに、物体とかあるいはおそらく人間の魂のことであるわけだが――は、よき模倣であるならば、初めはごくわずかに変化したにすぎないものであろう。そして最古の変化とか運動といえる魂の運動は（二次的、三次的変化とは反対に）、依然として〈神的〉である。しかしあらゆる変化は、たとえそれがどれほど小さなものであろうとも、それに配属されている形相との類似性を少なくせざるをえないのであって、当のものをべつなものに、完全さのより少ないものにせざるをえない。かくして、ものは変化するたびにますます変わっていき、そして衰退していく。それは、アリストテレスが述べているように、たえずその形相――ものが「不動であり静止のうちに存在すること」の根拠――から遠ざかっていく。アリストテレスはプラトンの教義をつぎのように言い直している。「ものは、形相を分有することによって生成され、形相を喪失することによって腐敗する。」この腐敗の過程は、最初はゆっくりと、のちにはより早く進行する。下降と没落のこの法則をプラトンは、最後の長大な対話編『法律』においてドラマティックに記述した。そこで扱われているのは、とりわけ人間の魂の運命である。プラトンは、腐敗の過程は「魂を分有する」あらゆるものに、すなわち、すべての生あるものにあてはまることを明言している。「魂を分有するすべてのものは変化にさらされる」と書き、かれはつぎのように言う。「……ものは変化するが、それは運命によって定められた秩序と合法則性にしたがう。ものの性格の変化が少なければ少ないほど、始まりゆく腐敗がものの序列においてもつ意義は小さい。しかし、変化とそしてそれにともなう堕落が増大するならば、それらは落下する——底知れぬ深き淵のなかへ、そして地下の世界として知られている空間へ、と。」（この一節につづいてプラトンは、「並外れて徳を分有している魂は、自分自身の意志の力によって……さらにそれが神的な徳そのものと結びついているときには、最高度に徳のある者となり、他の、よりよい領域に上昇しうる」可能性に言及している。自分自身のみならず、おそらくは他の者をも運命の一般法則から救済できる並外れた魂にかかわる問題は、第八章で論じることにしよう。）『法律』の先行する箇所において、プラトンは変化についての自説をつぎのように要約している。「変化というものは、もとより悪が変化することは除くが、季節の変化であれ、風の変化であれ、身体の栄養の変化であれ、あるいは魂の性格の変化であれ、裏切りにともなうあらゆる危険のうちでももっとも重大なものである。」そしてこのような考えを強調するためにかれはつぎのようにつけ加えている。「この主張は、すでに述べておいたように、悪という唯一の例外はあるものの、すべてにあてはまる。」簡単に言えば、プラトンは、変化は悪であり、静止は神聖であると教えている。

あきらかに、形相やイデアについてのプラトンの教義は、流転する世界の発展は一定の方向をたどることを前提としている。そこからは、この世界のものはたえず堕落の度をくわえていくという法則がみちびかれる。ところがこの法則は、腐敗が必然的に深化していくとは主張せず、腐敗化の傾向がひきつづき大きくなり、腐敗の危険やその可能性が増大するとはいえ、それらとは対立する方向での発展も極大化することを排除していない。したがって(最後の引用文が示唆しているように)、傑出した魂が変化や腐敗に抵抗し、たとえばはなはだ悪しき都市といったはなはだ悪しきものが変化によって改良されることもありうるのである。(この種の改良になんらかの価値があるようにするには、その改良が堅牢であるように、つまり、いずれにせよそれ以上の変化は静止するように努めねばならないであろう。)

プラトンが『ティマイオス』で種の起源について語っていることは、この一般的な理論と完全に一致する。生物界で最高の位置を占める人間は神々によって創造された。他の種は腐敗と退化の過程によって人間から作られたのである。最初に、腰抜けとか悪人といったある種の男どもが退化する。そこから女どもが生じてくる。知識に欠ける者がおなじように退化し、少しずつより下の動物に変化していく。鳥類は、あまりにも安易に生きている人間、つまり自分たちの感覚に頼りすぎている人間が転化して生じた。「陸棲動物は哲学になんの興味ももたなかった者から生じた」のであり、そして貝類を含めて魚類は〈無知きわまりない〉人間、つまり「なにも理解しない愚鈍な者から退化した」[4]と言う。

あきらかに、この理論は人間社会およびその歴史に適用されうるものである。そのばあい、この理論はヘシオドス[5]の悲観主義的な発展法則、つまり歴史は腐敗していくという法則を説明するだろう。(前章で素描した)アリストテレスの報告が信頼できるとしたら、形相とかイデアの教義は、もともとは、方法論上の要求、すなわち純粋なあるいは合理的な知識をもちたいという意図のもとに導入されたのであった。というのもそのような知識は、知覚対象物、あるいは変化する事物のばあいには、不可能であるとされていたからである。いまや、この理論はそれ以上のことを果たすことがわかるだろう。この理論は方法論上の要求を満たすばかりでなく、変化の理論を提供するからである。それは、あらゆる知覚対象物が変化するときの一般的方向を説明するとともに、人間やその社会において示されているような歴史の腐敗傾向も説明する。(またそれはそれ以上のこともする。第六章で見るつもりだが、イデア論はプラトンの政治的要求の基本的特徴のみならず、それを実現するための手段をも規定している。) わたくしの見るところ、プラトンの哲学は、ヘラクレイトスの哲学と同様、これら二人の思想家がこうむった社会的体験、とりわけ、階級闘争の体験と自分たちの社会的環境が解体に瀕しているという気の滅入るような感情に由来している。もしこの想定がただしいのであれば、プラトンがこの理論で一般的な腐敗化の傾向も説明できると自覚したときに、イデア論がプラトン哲学でかくも大きな役割を果たした理由も理解されよう。プラトンはこの理論を混迷きわまる謎の解決策として歓迎したにちがいない。ヘラクレイトスには、政治の成り行きを直接に倫理的に弾劾することができなかった。それに対してプラトンは、イデア論をもったがゆえに、ヘシオドスの流儀で悲観的判断をくだす理論的基礎を見出したのであった。

しかし社会学者としてのプラトンの偉大さは、社会の腐敗法則についての一般的かつ抽象的な思弁にあるのではない。偉大さはむしろ、観察の豊かさと詳細さ、ならびに社会学的直感の驚くべき鋭さにある。かれは、以前には誰も見たことのない、そしてわれわれの時代にいたってやっと再発見されたものを見たのだ。その例としてわたくしは、社会の原初についての、つまり族長政治についてのかれの理論、および、まったく一般的になるが、社会生活の発展における典型的な時期を描こうとするかれのこころみを挙げておきたい。もうひとつの例は、政治の営為ならびに歴史発展の経済的背景を強調するプラトンの社会学的経済学的ヒストリシズムである。これはマルクスによって〈史的唯物論〉という名のもとでさらに発展させられた理論である。第三の例は、あらゆる革命は支配階級（あるいは〈エリート〉層）における分裂を前提するという、政治革命についてのきわめて興味深い法則である。かれはこの法則を基礎にして、政治の変化を統一的に捉えるとともに社会に均衡を生み出す手段を分析した。これは、最近になって、全体主義の理論家、とりわけヴィルフレド・パレートによって再発見された法則である。

さてわたくしは、これらの点についてくわしく論じたいと思う。そのさいには、とりわけ第三点、つまり革命と均衡の理論について語るつもりである。

第二節

プラトンがこれらの問題を論じている対話編は年代順に並べるとつぎのようになる。『国家』『政治家』と呼ばれるかなり後期の対話編、そして最晩年の、かれの作品のうちでももっとも包括的な『法律』。これらの対話編は、いくつかのこまかな違いはあるが、相互によく一致し、多くの点で平行するとともに、他の点では相互に補い合っている。たとえば『法律』(6)+は、人間社会の下降と没落をあたかもギリシア前史——このあとで途切れることなく歴史に移行する——であるかのように物語っている。これに対して『国家』の対応する箇所には、統治形態の発展についてきわめて抽象的にして体系的な叙述が見られる。『政治家』は、さらに抽象的に、歴史上の出来事についてはいくつかの示唆を含むにすぎないが、統治類型についての論理的な分類を含んでいる。おなじように『法律』は問いを発するにあたってのヒストリシズム的側面を非常に明確に述べている。そこでプラトンは「国家の原型あるいは起源はなんだろうか」と問い、そしてこの問いを「この問いに対する答えを求める最良の方法は、……国家が善あるいは悪に変わってゆくさまを探求することにあるのではないかね」という主張と結びつけている。(7)+ 社会学の諸説とくらべて唯一の大きな相違点は、プラトンを悩ませたと思われる純粋に思弁上の困難に帰せられるように思える。かれは、発展の出発点として、完全でそれゆえ不変の国家を想定していたので、すべてのものを変化へと歩ませる最初の運動、言ってみれば人間の堕罪を説明するのに困難を覚えたのだ。プラトンがこの問題をどう解決しようとしたのかについては次章で見ることにしよう。さしあたりは、かれの社会発展論をおおまかに概観しておきたい。

『国家』の叙述にしたがえば、国家の形相とかイデアにもっとももよく類似するとともに社会の起源を示す、あるいは原初を示す形態は、〈最善国家〉であって、もっとも賢くもっとも神に似た人間が統治する王国である。この理想の国家は、完全と言っていいものなので、なぜこれがそもそも変化するのかは理解しがたい。とはいえ、変化は生じる。そしてそれとともにヘラクレイトスの言う、運動の原動力としての不和が入り込んでくる。プラトンによれば、私欲、とりわけ物質的経済的な自己利益の追求から生じてくる内部抗争、階級闘争が、〈社会のダイナミズム〉のもっとも重要な力である。「これまでのあらゆる社会の歴史は階級闘争の歴史である」[8]というマルクスの定式は、マルクスのヒストリシズムとほとんどおなじように、プラトンの定式もまた語るところである。プラトンによれば、「政治的腐敗の歴史における里程標」としての四つのきわだった時期が存在するという。同時にそれらは「現存する国家のもっとも明瞭なそして明確に輪郭をくぎられた様態」[9]であって、プラトンによってつぎの順序で語られている。完全国家に直接つづくものは〈名誉政（Timarchie あるいは Timokratie）〉であり、これは名誉や名声を求める貴族の支配である。これにつづくのは富裕な家族群の支配としての〈寡頭政（Oligarchie）〉である。「この系列においてすぐつづいて生じてくるのが民主政（Demokratie）である」が、これは自由（放縦）、つまり無法の支配である。最後に、「第四の、国家の最終的な病としての僭主政（Tyrannei）が到来する。」[10]

最後の文言から見て取ることができるように、プラトンにとって歴史とは社会が腐敗していく歴史である。それはいわば病の歴史である。社会は患者であり、そして政治家は、のちに見るつもりだが、医者であり（逆も成立する）、治療者であり、救済者であるべきなのである。病気の典型的な経過は、必ずしもすべての個々の患者にあてはまるわけではないように、歴史における腐敗についてのプラトンの理論は、あらゆる個々の国家の発展に適用されることを意図したものではない。しかしそれは、国制が腐敗していくときに主要な形態が順次あらわれてくる根源的な展開過程のみならず、社会変化の典型的な道筋をも記述している。(11)+ プラトンは、歴史上の各時代について発展法則にみちびかれた体系を立てようと意図していた。ことばを換えれば、かれは社会についてのヒストリシズム的な理論を目指していた。こうしたこころみはルソーによって新たに息を吹き込まれたし、コント、ミル、ヘーゲルそしてマルクスによって現代的な衣装を着せられた。しかし、当時プラトンが利用できた歴史上の資料を考慮に入れると、歴史上の各時代についてのプラトンの体系が、現代のどんなヒストリシストが提出した体系にもおとらず、優れたものであることがわかるであろう。(主たる差異は歴史の成り行きをどう評価するかという点にある。貴族であったプラトンはみずからが叙述した発展を弾劾した。それに対して現代の著者たちは、歴史の進歩の法則を信じていたので、それを喝采して迎え入れたのである。)

わたくしはすぐプラトンの完全国家についてこまかく論じるつもりである。だがその前に、プラトンの分析では、国家が崩壊するとき四つの形態をとるとされているので、その間の移行にかんして経済的動機や階級闘争がどのような役割を演じるのかをてみじかに概観しておきたい。完全国家が退化していく最初の形態は、ほとんどあらゆる点で完全国家そのものに類似しているという、野心的な貴族たちの支配する名誉政である。プラトンが、現存する国家のうちこのような最善にして最古の国家をスパルタやクレタのようなドーリア的国制と同一視したこと、また、これら二つの部族的貴族政が実際のところギリシアにおける政治的生活の最古の存続形態であったことに注意を払うことが大切である。プラトンはこれら二つの国家制度を卓越したものと記述した。その記述は、最善国家あるいは完全国家――名誉政はそれによく類似したものである――の特徴づけの一部にほとんどそのまま含まれている。プラトンは、スパルタを完全国家になぞらえたことによって、わたくしが〈偉大なスパルタ神話〉と名づけたいと思っているもののもっとも成功した代弁者の一人となった。それはスパルタの国制とその生活様式の優越性についての永続的なそしてもっとも影響力にとんだ神話であった。

最善国家あるいは完全国家と名誉政とのあいだの主たる相違は、後者が不安定な要素を含んでいるという点にある。つまり、かつては団結していた族長たち支配階級はいまや分裂しているということである。この分裂が、つぎの段階、つまり寡頭政をみちびく。分裂の原因は野心である。プラトンは若い名誉政政治家についてこう書いている。「まず、かれは母親が、夫は支配者に属していないと怒っているのを聴く……。」そこでかれは野心を燃やし栄誉を追求する。だが、つぎの変化が生じるうえで決定的に重要なのは、競争や致富に向かう社会の風潮である。プラトンはつぎのように言う。「さて、名誉政から寡頭政への移行を述べねばならない。……目の見えない者にとってさえ、この激変のありさまは明白である。……宝物の倉、それがこうした国家を衰亡させるのだ。」かれら（名誉政政治家）は、「なにかと工夫を凝らして、華美に振る舞い、浪費の機会を求める。そのために法を捻じ曲げる。妻ともども国の掟にしたがうことはない。……誰もが他を凌駕しようとする。」このようにして最初の階級闘争が生じてくる。徳と金との、あるいは古くからの封建的素朴さと新興金満との闘争である。この寡頭政への移行は金満が法を立てるや否や完了する。その法は「財産が所定の額に達していない者をすべて公職から排除する。この要求は脅迫と強請が成功しないことがあきらかになるや武力をもってなされる。」[12]

寡頭政の確立とともに、寡頭政の側の人間と貧困階級とのあいだでの内乱寸前の状態が生じる。「病気の身体は、ときとして外部の要因がなくても自分自身と戦うように……都市もまたおなじような病の状態に陥る。……取るに足らない口実をもって、たとえば、寡頭政の側の人間が他の寡頭政の都市から、あるいは民主政の側に立つ人間が他の民主政の都市から仲間を引き入れるといった時に、都市は自分自身に対する戦争に立ち至る。この種の病んだ都市においては、こうした外部からの援助がなくても時として内乱が勃発するのではないだろうか。」こうした内乱から民主政が生まれてくる。「貧しい者たちが勝利すると、民主政が成立し、寡頭政の側に立つ人間を一部には殺害し、一部は追放し、残りの者たちとともに同等の基礎のうえで市民権や国政への参加権が要求されるようになる(13)……。」

民主主義についてのプラトンの記述は生き生きとしているが、激情的なまでに反民主的であり、アテネにおける政治的生活と、ペリクレスがプラトンの誕生のおよそ三年前に卓越した仕方で定式化した民主主義的信条の不当なパロディである。(ペリクレスの綱領についてはのちに第一〇章で論じるつもりである(14)。)プラトンの記述は政治的プロパガンダの傑作である。たとえば、卓越した学者であり『国家』の校訂者でもあるジェームズ・アダムのごとき人物でさえ、プラトンが自分の生まれた都市に対して雄弁をもって投げつけた誹謗中傷に抗しきれないでいるさまを思えば、プラトンの政治的プロパガンダがいかなる害をおよぼさざるをえなかったのかが、よくわかるというものであろう。アダムはこう書いている。「民主主義的人間がどのようにして誕生したかについてのプラトンの記述は、古代のそしてまた現代のあらゆる文芸領域において、もっとも威厳があり光輝く作品である(15)」と。つづけてこのおなじ著者が、「民主主義的人間を人間社会におけるカメレオンとして描いたのだから、プラトンはあらゆる時代をこえて抜きん出ている」と言うとき、プラトンは少なくともこの思索家を民主主義の敵に仕立てることに成功したわけだ。プラトンの毒を含んだ著作が、抗弁することのできない、知性のより劣った人に提示されたならば、どれほどの害をおよぼしていただろうか、こうした問いを禁じえない……。

プラトンの文体は――アダムの表現を使わせてもらうが――「高揚した思想、イメージ、ことばが最高潮」(16)に達すると、議論の欠陥、あるいはいまのばあいで言えば、合理的な論証の完全な欠落をおおい隠すために、しばしば火急に外套を必要とするように見える。議論の代わりにかれは罵詈雑言を用い、自由を無法状態と、個人の自由を放縦と、法のもとの平等を無秩序と同一視する。民主主義者は、だらしなくケチで厚かましく気ままで恥知らずな者として、まったく気まぐれで、不要で不潔な欲望を満たすためにだけ生きる兇暴で恐ろしい猛獣として描かれる。(かれらは野獣のごとくその胃袋を満たす――こうヘラクレイトスは表現していた。) 民主主義者には「羞恥を間抜けと呼び、……自己抑制を女々しさと、……分別と節度のある出費をいやしくてよき慣習に欠けたものと呼んでいる」などなどといった非難が投げつけられる(17)。かれの罵詈雑言の潮が引き始めたとき、プラトンはこう言っている。「この種の細々としたことはさらにある。

教師は生徒を恐れて媚びへつらう……老人は、不機嫌で横柄な古い人間と見なされないようにとへりくだる。」（こうしたことばをソクラテスに語らせているのはアカデメイアの教師プラトンである。このときプラトンはソクラテスが決して学校教師ではなかったこと、そのうえ、不機嫌で横柄な老人でもなかったことを忘れている。かれは決して〈卑下〉したりはしなかったのであり、たとえば若いプラトンに対してもそうであったのだが、若者を仲間として友だちとして扱うことを好んだのだ。プラトン自身はと言えば、〈みずからへりくだって〉生徒たちと議論する気はなかったと見なすあらゆる理由がある。）「しかしこうした自由の過剰が頂点に達するのは」とプラトンはつづける。「市場で購入された奴隷が、男女を問わず、なんとその所有者なみに自由になるときである。……だが大事なことは、こうしたことから市民たちの心根が優しくなってしまい、奴隷を見ただけでいら立つようになり、誰かが奴隷化されることや、それがもっとも穏やかなかたちでなされることでさえ許せなくなることを見ることだ。」ここでプラトンは、結局のところ、みずからの生まれた都市に対して、知らずして、しかるべき敬意を払っていることになる。すなわち、アテネが奴隷を人間的に扱い、プラトンやアリストテレスといった哲学者たちの非人間的なプロパガンダにもかかわらず、奴隷制の廃止に非常に近づいたことは、永遠にアテネの民主主義のもっとも大きな勝利のひとつであろう。

ここではプラトン自身がその証言をしているわけだ[18]。

またおなじく憎悪から書かれたとはいえ、僭主政、とりわけ、それへの移行についてのプラトンの記述にはそれ以上の大きな功績がある。かれは、自分で見たもの[19]を記述したのだと強調してつぎのように言っている。語られているのは、疑いもなく、シラクサの僭主、大ディオニュシオスの宮廷での自身の体験である。プラトンは、民主政から僭主政への移行は、民主政国家における富者と貧者との階級的敵対関係を利用し、親衛隊とか私兵を作るのに成功した大衆受けのする指導者にとってはいとも簡単である、と言っている。最初はそうした指導者を自由の擁護者として拍手喝采した人たちも、まもなく隷属させられ、ほどなく「国民に最高指揮官なしではやっていけないと感じさせねばならないゆえに……かれが矢継ぎ早にひき起こすあらゆる戦争において[20]」かれのために戦わざるをえなくなる。僭主政とともに最悪の国家形態が達成される。

『政治家』もさまざまな統治形態について類似の概観をしている。ここでプラトンは「僭主政、王政、寡頭政、貴族政、民主政の起源」について論じている[21]。ここでもふたたび現存するさまざまな統治形態は、完全国家という真なるモデル、あるいはその形相の退化したコピーとして説明されている。その国家は、ゼウスの父であるクロノスの支配した古い時代に存在した国家であり、あとにつづくすべての国家にとっての規準であった。『国家』とは異なって、プラトンはここでは六つの異なった退化した統治形態を数え上げるが違いは重要ではない。とりわけプラトンが、『国家』[22]で、一連の、すなわち四つの類型はすべてを尽くしているわけではないと言っていたこと、中間的形態の存在も承認していたことを思い出すならばそうである。『政治家』における六類型はつぎのような仕方であきらかにされる。最初に三つの統治形態が区別される。一人の支配、少数者の支配、多数者の支配である。こうした形態のそれぞれは、古代の法の模倣や保存をつうじて「唯一の真なるオリジナル[23]」に類似しているか、していないかに応じて、さらに二つの類型に区分される。一方は比較的よいものであり、他方はより悪いものである。かくして保守的あるいは本来的な三形態と、極端に堕落したあるいは無法な三形態が区別される。すなわち、比較的よい方の側でならべたときの、君主政、貴族政、保守的形態の民主政はまともなコピーである。だが民主政は法なき形態へと変化し、さらに少数者の法なき支配である寡頭政へと、一人の法なき支配である僭主政へと展開していく。これは、プラトンが『国家』で述べたように、最悪の国家形態である。

最悪の国家である僭主政は必ずしも発展の終端ではない。この点は、『法律』のある箇所で示唆されている。その箇所は部分的に『政治家』の叙述をくりかえし、また部分的にそれに結びつくものである。そこでプラトンは、「わたくしに若い僭主の支配する国家を与えてくれ」と叫ぶ。「その僭主は、幸いなことに、偉大な立法者と同時代者となり、幸運に恵まれてその立法者に出会うのだ。神は、幸福にしようと望んだこの国家に、これ以上なにをなしえるだろうか。[24]」最悪の国家である僭主政はこのようにしておそらくは改革されるのである。(これは先に引用した『法律』のなかの文言、すなわち「あらゆる変化は悪しきものの変化を除いて」すべて悪であるに一致する。プラトンが偉大な立法者と若き僭主について語るとき、自分自身のことを、また若き僭主とのさまざまな実験を、とりわけシラクサにおける小ディオニュシオスの僭主政を改革しようとしたみずからのこころみを思い浮かべていたことにはほとんど疑いの余地はない。この不幸な実験についてはのちに述べよう。)

プラトンは政治的発展を分析した。その主要目的のひとつは歴史上の変化すべてにおける原動力を突きとめることであった。『法律』における歴史の概観はあきらかにこの意図のもとに企てられている。「この時代には何千もの国家が生まれたのではないかね。そしてそのおのおのはありとあらゆる国制をとったのではないかね。……だから、できることなら、かくも数多くの変化の原因を捉えるようにこころみてみよう。おそらく、そのためには国家が生まれた秘密と国制が変わってきたさまを一瞥すればよいだろう。[25]」その研究成果としてプラトンが発見したのは、経済上の階級的利害の敵対関係によって煽り立てられる内的不統一、階級闘争こそがあらゆる政治革命の原動力である、という社会学的法則である。しかしながら、この根本法則についてかれが述べていることはさらに深くまで達している。かれは、支配階級内部における内部分裂が、唯一、この階級をはなはだしく弱体化させ、ついにはかれらの支配を転覆させるのだと強調している。「どんな国制においても騒動が発生するのは、例外なく、支配階級そのものの内部においてであり、そしてこの階級が分裂の巣となる時のみである[26]」——と『国家』におけるかれの公式は語っている。そして『法律』においては(おそらく『国家』におけるこの箇所と関連をとりながら)つぎのように語られている。「さて、王政であれ、あるいは他のなんらかの支配体制であれ、それが腐敗するとき、その原因は支配者たち自身の外部にあると言えるだろうか。支配者をおいて、他に誰が倒せるというのか。あるいは、われわれはほんの少し前に述べたことをふたたび忘れてしまったのだろうか。つまりだね。この問いを解き明かすなかで真実を確定したというのに。」こうした社会学的法則は、経済的利害こそが不和を頻発させる原因であるという観察と結びついて、プラトンにとっては歴史を読み解く鍵であった。だが、それはそれ以上でもある。それは、政治的均衡を作り出すにあたって必要な諸条件、言い換えると、政治的腐敗を阻止するために必要な諸条件の分析にとっても鍵なのである。プラトンはそうした諸条件は古代の最善国家あるいは完全国家において実現されていたと見なしていた。

第三節

完全国家あるいは最善国家についてのプラトンの記述は、通常、進歩主義者の抱くユートピア志向的な綱領であると解釈されてきた。かれははるかな過去を記述しているのだと(『国家』『ティマイオス』『クリティアス』において)くりかえし断言したにもかかわらず、そしてまた、『法律』の平行する箇所があきらかに歴史を意図しているのは明白であったにもかかわらず、しばしばプラトンは未来についての秘密の記述を与えようとしたのだと見なされてきた。しかしわたくしは、プラトンはみずからが語ったことをそのとおりに意味していたのだと、そしてまた最善国家のもつ多数の特徴、とりわけ『国家』の第二巻から第四巻までにおいてくわしく述べられた特徴は(『政治家』および『法律』における原始社会の記述と同様に)歴史についての、それどころか先史時代についての記述たることを目指していたのだと考える。(27)+ だが、最善国家の特徴すべてについてはそうは言えないかもしれない。たとえばプラトン自身は、(『国家』の第五巻から第七巻で記述された)哲学者の王国はおそらく形相とかイデアといった時間のない世界、つまり「天上の国家」でのみあてはまると示唆しているからだ。プラトンの記述にはこのように意図的に無歴史的な要素が入っているのだが、これについてはのちにプラトンの倫理的‐政治的要請と一緒に論じることにしよう。言うまでもないことながら、プラトンは、原始の、あるいは古代の国制を記述するにあたり決して正確な歴史記述を与えようとしていたわけではなかった。かれはそのために必要な資料をもっていないことを知っていた。だがわたくしは、プラトンは古代における社会生活の氏族的形態を可能なかぎり再構成しようと真剣にこころみたのだと信じる。この点を疑う理由はない。とりわけそのこころみは、注目にあたいするほど多くの細部で非常な成功をおさめた。成功しないはずはなかった――プラトンはクレタやスパルタといった古い部族的貴族政を理想化して記述することで古代社会のイメージを得たのだから。鋭い社会学的直感によってかれは、これら二つの都市国家が古いばかりでなく、硬直して動きを奪われており、石のようになっていることを見抜いた。つまり、それらがはるかに古い形態の遺物であることに気づいたのである。そしてかれは、こうしたより古い形態はさらに安定させられ、より強化されねばならないという結論を引き出したのである。こうした非常に古く、それゆえに非常によきものでもあり、また非常に安定した国家を再構築するにあたり、かれは、そこから、国家の分裂を免れることにいかにして成功したのか、いかにして階級闘争を回避しえたのか、いかにして経済的利害の影響を最小におさえコントロールしえたのか、こうしたことをあきらかにしようとした。プラトンが最善国家を再構築しようとしたとき、頭に浮かべていたのはこうした問題であった。

階級闘争の回避という問題をプラトンはどのように解いたのであろうか。もしかれが進歩派であったならば、市民間における富と義務との平等な配分による階級なき社会を考えたことであろう。なぜならアテネにおいては、たとえばアテネ民主政についてのかれ自身のパロディから見て取ることができるように、平等化への強い傾向が働いていたからである。しかしプラトンには未来の国家を構築しようとする意図はなかった。むしろかれは、無階級社会という形態は取っていなかったが、過去の――スパルタ国家の父親にあたる――国家を再建しようとしたのだ。それは奴隷制国家であり、したがって階級間の硬直した峻別に立脚したプラトンの最善国家であった。要するに、カースト制〔身分制〕国家であった。階級闘争をいかにして回避するかという問題は、階級の廃絶によってではなく、支配階級が打倒されることのない圧倒的力をもつことで解かれたのであった。スパルタにおけるように、支配階級に属する者にのみ武器の携行が許されたのであり、かれらのみが政治上および他の権利をもったのであり、かれらのみが教育を受けたのである。だが、その教育とは、かれらが所有する人間という羊あるいは人間という家畜を打ちのめす技術にかんする特別の訓練のことに他ならなかった。（じっさい、かれらの圧倒的な優位はプラトンをいささか不安にさせた。かれらが、たんに羊毛を刈りこむ代わりに「羊を責め苛み」、「牧羊犬ではなく狼にひとしくなる」[28]ことを恐れたのである。この問題については本章の後段で論じよう。）支配階級が一体であるかぎり、かれらの権威が攻撃されることはなく、したがって階級闘争も生じえないのである。

プラトンは最善国家に三つの階級を区別する。統治者の階級、その武装した補助部隊や戦士の階級、労働者の階級である。しかし現実にはただ二つのカースト、軍事に従事する階級――武装し教育を受けた支配者――と、武装してもいなければ教育も受けていない被支配者、すなわち人間という羊のカーストが存在するのみである。なぜなら、統治者は決して特別のカーストを形成しているわけではないからである。かれらはただたんに補助部隊の地位から統治者の地位に昇格した年老いた賢明な戦士にすぎない。プラトンは、支配者のカーストを二つの階級、つまり統治者の階級と補助者の階級に分け、労働者の階級内部にはそのような区分をもちこまなかった。これは主としてかれがただ支配者にしか関心を払っていなかったからである。労働者や商人などはいささかもかれの関心をひかなかった。かれらは人間という家畜にすぎず、その唯一の役割は支配階級の物質的必要を満たすことであった。さらにプラトンは一歩を進めて、支配者がこうした階級の人間に対して、かれらのつまらない問題を解決するための法律を作ることを禁じた。それゆえ下層階級についての情報はきわめて乏しい。しかしプラトンは完全に口を閉ざしているわけではない。かれはあるときこう尋ねている。「知性のひらめきをまったくもたず、それゆえ共同体に受け入れられるほどの品位をもたないロバのような者がいはしないか。あの者たちは、過酷な労働をおこなう体力をもつにすぎない。[29]+」この憎々しい注釈が、プラトンはみずからの国家に奴隷を許容しなかったという注釈を生むきっかけとなったのだから、ここではそうした見解の過ちを指摘しておきたい。たしかにプラトンは、最善国家における奴隷の地位をどこにおいてもはっきりとは論じていないし、それどころか〈奴隷〉という名前は避けた方がよい、つまり労働者をむしろ〈補助員〉あるいはそれどころか〈従業員〉とさえ名づけるべきであると言っている。だが、このような物言いは宣伝上の理由からなされているのだ。奴隷制という制度は廃絶もしくは緩和されるべきだというわずかな示唆さえ、どこにも見出せない。反対にプラトンは奴隷制廃絶運動を支えていた〈心優しい〉アテネの民主派の人びとを軽蔑しさえする。そしてかれはそのような意図を、たとえば、最善国家に直接ひきつづく二番目によい国家である名誉政を記述するさいに余すところなくさらけ出している。ここでかれは名誉政下の人間についてつぎのように言う。「かれは奴隷を残酷に扱いがちであろう。なぜなら、かれはほんとうに教育ある者なら奴隷を軽蔑するのだが、そのようには軽蔑していないからである。」というのも、名誉政下での教育をしのぐ教育は、ただ最善国家にしか存在しないのであるから、プラトンの最善国家においても奴隷は存在し、奴隷たちは残酷に扱われるのではなく、あいふさわしく軽蔑されていたのだと結論しなければならないわけである。プラトンは奴隷をそれ相応に軽蔑しているのだが、その点にくわしく立ち入っているわけではない。このような結論は『国家』のなかのある箇所によって完全に裏づけられる。そこでは、当時ふつうであったギリシア人がギリシア人を奴隷にすることが批判され、プラトンが外国人(Barbaren)の奴隷化をはっきりと是認するのみならず、〈われわれの市民〉(つまり、最善国家の市民)に対して「目下のところギリシア人がギリシア人に対しておこなっているものを外国人にもおこなう」ことを勧告して結ばれている。くわえてこうした結論は、『法律』の内容によって、またここでプラトンが奴隷に対してあからさまにしているきわめて非人間的な態度によっても裏づけられる。

支配階級のみが(人間という家畜の数を危険にならない限界内にとどめておく権力を含めて)政治権力を所有する。だから、国家の維持という全問題は、支配階級の内部統一の維持という問題に還元される。この統一はどのようにして維持されるのか。訓練と心理的な補助手段によってであるが、基本的には、不統一をもたらしかねない経済的利害の排除によってである。こうした経済的節制は共産主義の導入によって達成され統制される。私的所有、とりわけ高価な貴金属の所有は禁止される。（高価な金属の所有はスパルタでは禁止されていた。）こうした共産主義は支配階級に限定されていた。この階級だけは分裂から守らねばならなかったからである。被支配者間の争いは一顧だにされない。あらゆる種類の財産が共有財産なのであるから女子供も共有財産であらねばならない。支配階級のメンバーは自分の子供あるいは自分の親が誰であるかがわかってはならない。家族は解体される、あるいはむしろ、家族は戦士階級全体をおおうまでに拡張される。そうでないとしたら家族への忠誠が不統一の源になりかねないだろう。それゆえ「各人はひとつの家族に属しているかのように他のすべての人を見るべきなのである。」(30)（この提案は、耳に響くほど目新しくもなければ革命的でもない。思い出されるのは、スパルタにおける私的家族生活の制限、ならびに、これはプラトンが〈共同食事〉制としてくりかえし示唆していたものだが、私的に食事時間を取ることの禁止である。）しかし女子供の共有でさえ、支配階級をあらゆる経済的危険から守るにはまったくもって十分ではない。大事なのは、富も貧困も存在しないことである。両者は統一を脅かす。すなわち、貧困は人間をして欲求充足のためにいかがわしい手段に走らせ、富は、その過剰から、つまり、危険な企てを可能にするほどの集積から、多くの変化を惹起するからである。大きな欠乏も大きな富も発生させない共産主義的体制のみが、経済的利害を最小にし、そして支配階級の統一を保障しうる。

したがって、最善国家における支配階級の共産主義は、プラトンの根本的な社会学的変化の法則からみちびかれているわけである。それ〔共産主義〕は、こうした国家の根本を特徴づける政治的安定性にとっての必要条件なのである。とはいえ、この条件は、その重要性にもかかわらず、十分条件ではない。支配階級が、現実にみずからを統一体として、部族として、つまりひとつの大家族として感じるべきだとしたら、メンバー間の内的な結束と同様に、この階級への外的圧力も必要である。その圧力は支配者と被支配者との断絶を強調し拡大することでもたらされる。非支配者が、別種の、そうじて劣等人種であるという感情を強くもつようになればなるほど、支配者たちの統一感は強化される。このようにして、若干のためらいのあとで表明されるのだが、階級間での通婚は許されないという根本原則が獲得される。「ある階級からべつな階級への混入あるいは移行は、共同体に対する最大の侵犯であり、当然にも最悪の忌事である」(31)とプラトンは言っている。階級をかくも硬直したかたちで分離することには正当化が必要であろう。そして正当化のこころみは、支配者は被支配者に優越しているという主張によってのみなされるにすぎない。そこからプラトンは、階級を分割したことを三重の仕方で正当化しようとする。支配者は三つの観点――人種、教育およびその価値判断――から途方もない優越性を所有していると主張するわけである。プラトンの道徳的価値判断――これはもちろん最善国家における支配者のそれと合致するわけだが――については第六章から第八章にかけて論じることにしよう。それゆえここでは、支配階級の起源、血統保存〔原語は Aufzucht であって飼育とか育種を意味する〕、教育にかんするかれの考えのいくつかを述べるにとどめておこう。(だがその前にわたくしの確信を述べておきたい。個人的な卓越性というものは、それがたとえ、人種の優越性に、知力に、慣習に、あるいは教育にもとづくのであれ、決して政治的な特権を要求する基礎にはなりえない――そうであると確定される時においてさえ――ということだ。文明諸国の大多数の人間はこんにち人種的優越性がひとつの神話であることを認めている。だがそれが確定された事実であったとしたところで、卓越した人間には特別の道徳的な責任が生じるかもしれないだけで、かれに特別の政治的権利がもたらされるわけではない。おなじような要請は、知的、道徳的あるいは教育のゆえに卓越した人びとにも提起されるべきである。ある種の知識人とか道徳家がこれとは正反対の要請をたてるとしたら、わたくしは、かれらの教育はいかにまずいものであったかという感情を抑えることができない。というのもその教育は、かれらに自分自身の限界およびパリサイ主義に気づかせることができなかったのだから。）

第四節

支配階級の起源、血統保存、教育にかんするプラトンの考えを理解しようと思うならば、分析にさいしては二つの主要点を見失ってはならないだろう。まず念頭におく必要があるのは、プラトンは、現在の国家とかたく結びつく過去の国家を再構築しようとしたのだということ、換言すれば、その特徴のいくつかを依然として現存させている国家、たとえばスパルタとかたく結びつけたということである。第二にかれは、その国家の安定性の条件を考慮して国家を再構築したのであり、そうした安定をになう市民層をひたすら支配階級そのものの内部に、とりわけかれらの統一と強さに求めたのであった。

支配階級の起源にかんして言えば、プラトンが『政治家』において最善国家の時代に先行する時代、つまり「神そのものが、人間の牧者であり、いま人間が……あいかわらず動物を支配しているのとおなじように、人間を支配しており、女子供は所有物とは見なされていなかった」時代について語っていることに言及しておく必要がある[32]+。これはたんによき牧者についての比喩といったものではない。プラトンが『法律』で語っていることに照らせば、文字どおりに解釈されなければならない。なぜならそこでは、最初の最善国家に先行するこの原始的な社会は族長の支配する山岳遊牧民の社会であったと言われているからである。プラトンはこの最初の定住に先立つ時代についてこう語っている。「統治というものは……集団の最長老の支配として成立した。かれはその権威を父からあるいは母から受け継いだ。他のすべての者は、鳥の群れのように、かれにしたがった。そのようにして個別の集団が形成されたのであり、これはあらゆる支配のうちでももっとも正当なものであって、家父長の支配下にあった。」こうした遊牧民的部族がペロポネソス半島の諸都市、とりわけスパルタに〈ドーリア人〉として定住したのだという。これが生じた次第についての正確な説明はない。こうした〈定住〉はじっさいには暴力的征服であったという暗示もなされているので、それを思うとプラトンの躊躇も理解できるというものである。知られているところからすれば、これがペロポネソス半島においてドーリア人の定住がなされた実態であった。これからすれば、プラトンはみずからの描写によって先史時代の出来事についてのまともな記述を与えようとしたのだと見なしてもよいであろう。それは、ドーリア人という支配人種の起源についての記述であったばかりでなく、もともとは原住民にすぎなかったかれらの〔神に飼われていた〕人間という家畜の出自についての記述でもあったわけである。これに対応する『国家』の箇所――地から生まれた者の起源を扱っている箇所――でプラトンは、征服について神話的な、しかしながら意味深長な描写を与えている。（地から生まれた者とは、最善国家における支配階級である。地から生まれた者の神話については第八章でべつな観点から論じるつもりである。）手工業者や労働者が築いた都市に向けての勝利に満ちた行軍はつぎのように記述されている。「地から生まれた者に武装を施し格闘で訓練したあとで、原野につれていき、統治者の命令のもとで、都市に到るまで進ませる。そこで辺りを見回し野営のための最適地を見つける。そこは、原住民を――法にしたがわない意思を示すならば――押さえつけ、また、狼のように集団に襲いかかる外部の敵を阻止するうえで最適の場所であるべきである。」これは短いが、征服をおこなう戦闘集団――『政治家』では定住以前の時期における狩猟的山岳民の集団と見なされている――が、居住民の群れを屈服させていく様子についての勝ち誇った描写であり、しっかりこころに留めておくにあたいする。それはまたプラトンのしばしばくりかえされた主張を理解するうえでも必要である。つまり、プラトンは、よき支配者とは、それが神であれ、半神であれ、あるいは統治者であれ、人間の家父長的な牧者なのであると、そして政治的な技術、つまり支配の技術とは、一種の牧羊犬的技術であって、人間という家畜を扱い押さえつけておく能力であると主張したのであった。こうした観点のもとで、〈牧羊犬が、群れの牧人に服するように、支配者に服する〉〈補助部隊〉の血統保存と訓練にかんする描写を理解しなければならない。

プラトンの最善国家においては、補助部隊および支配階級の血統保存と教育は、武器の携行がそうであるように、階級の象徴であり特権である(33)。規律と教育は空虚なシンボルではなく、武器とおなじように、階級支配の道具であって、その支配の安定を確実にするために必要なのである。こうした観点のもとでのみプラトンはそれらを、強力な政治的武器として、人間という家畜を監督し、支配階級の統一を保つために必要な手段として考察しているのである。

この〔人間という家畜を監督し、支配階級の統一を保つという〕目的にとって大事なのは、支配階級がみずからを優越階級として感じることである。プラトンは〔幼児殺しを擁護するために〕「監視者の種族は純粋でありつづけなければならない(34)」と言い、われわれは、動物については大変な注意を払って飼育しているのに、自分自身の種族は放置していると論じている。これは、口にされて以来、たえずくりかえされた議論である。〔幼児殺しはアテネの制度ではなかった。プラトンは、それがスパルタにおいて優生学的理由から実行されているのを見て、ここでは古くからあるのだからよい制度であるにちがいないと結論したのだ。）かれは、経験にとんだ飼育家が犬や馬や鳥の飼育にさいして利用するのとおなじ原則を支配者種族の血統保存にさいしても守るべきであると要求する。「もし君がこうした観点から飼育をおこなわなかったら」とプラトンの議論はつづく、「君の鳥や犬の種族はすみやかに退化してしまうとは思わないかね。」そしてかれは、こうした原則は人間種族にも適用されるべきであるという結論を引き出すのである。いまや統治者に、あるいは補助部隊に属する者に要求される種族としての特徴は、より正確に言って、牧羊犬のそれなのである。「われわれの戦士でもある競技者は……番犬とおなじように見張るのでなければならない」とプラトンは要求し、そして「見張ることにかんして言えば、有能な若い犬と優れた若者とについては、生まれつきの才能にかんするかぎり差はないのではないかね」と問う。プラトンは、犬を熱烈に称賛するあまり、犬のなかに真実の哲学的本性を発見するほどである。なぜなら「学習への愛は哲学的な態度とおなじではないかね」というわけだ。

　プラトンは主要な困難をみずから作り出した。統治者や補助部隊は獰猛にして柔和な性格をもっていなければならないということだ。あきらかに、かれらは獰猛であるように教育されねばならない。なぜなら、かれらは「あらゆる危険に対して臆することなく怯（ひる）まずに立ち向か」わねばならないからである。だが、「これがかれらの本性であるとしたら、かれらが仲間に対して相互に牙をむくのをどうしたら避けることができるだろうか。[35]」じっさい、「羊飼いが、……犬というよりは、むしろ狼にひとしいほど羊を苦しめる犬を飼うとしたら、まったくもってとんでもないことであろう。」この問題は、政治的均衡あるいは国家の安定性の観点からすると重要である。なぜならプラトンは諸階級間の力の均衡に頼っているわけではないからである。そうした均衡はそもそも不安定であるだろうから。被支配者たちの対抗をもって支配階級を統制する、つまり、支配階級の恣意的な暴力や獰猛さを統制するといったこともそもそも問題にならない。支配階級の優越性への挑戦などあるはずもない。そこからして支配階級が唯一容認できる統制は自己統制である。支配階級は経済的な節制を実行しなければならない、つまり、非支配者を経済的に過剰なまでに搾取することは控えねばならないのであって、被支配者の扱いにおいて苛酷であってはならないのである。だがそれは、かれらの本性の獰猛さが優しさによって緩和されるときのみにしか達成されない。これは、プラトンにとっては熟考されるべき問題であった。なぜなら「獰猛さは優しさとは正反対のもの」だからである。かれの代弁者ソクラテスは当惑する。――そしてふたたび犬のことに思い至る。「よく躾けられた犬は、その本性からして、友や見知っている者に対しては非常に柔和であるが、知らない者に対してはまったく正反対である」とかれは言う。そしてこれをもって「われわれが統治者に与えようとしている性格は本性に矛盾するものではない」ことが証明されたというのである。それゆえ主人種族の飼育という目標は、可能であると示されたことによって、達成されたこととなる。それは国家の安定性獲得のために必要な条件の分析からあきらかになったのである。

プラトンは教育でもまったくおなじことを目論んだ。ここでもかれの目標は政治的性質のものである。つまり、支配者の性格のなかに獰猛な要素と柔和な要素とを混入することによって国家を安定させるということである。ギリシアの上流階級の子弟が教育された科目は、体育と音楽であった。（後者には、ことばの広い意味において、あらゆる文芸的勉学も含まれる。）これらはプラトンによって性格の二つの要素、すなわち獰猛さと柔和さとに関係づけられている。「君は観察しなかっただろうか」とこうプラトンは尋ねる。「音楽ではなくもっぱら体育の活動によって訓練された人間の内面がどうなっているかを。またこれとはまったく逆のばあいについて。……ただ体育術においてのみ教育された者は通常よりもより獰猛になり、そしてただ音楽においてのみ育った者は軟弱となり、麗しくなる……われわれはまた、監視者はこれら二つの性質を結合しなければならないと主張する。……だからわたくしは、神は人間にこれら二つの術、音楽と体育とを贈ったにちがいないと言いたい。その目的は魂と身体への奉仕にあるというよりは、かの二つの主要な弦をただしく調節することにある」[36]、すなわち魂の二つの要素、柔和さと獰猛さを調和させるということだ。「これが人間形成と教育についてのわれわれの体系の概要ということになろう」とプラトンはその分析を結ぶ。

プラトンは、魂における柔和な要素を哲学の才能と同一視しているにもかかわらず、そしてまた『国家』の後段においては哲学に顕著な役割を演じさせているにもかかわらず、いかなる仕方においても、魂の柔和な、あるいは哲学的な要素、すなわち音楽的な、文芸的な教育をよしとはしていない。二つの要素を比較考量するにあたってこのような公平さは注目にあたいする。というのも、かれは、文芸的教育に当時のアテネでの慣例とくらべても最強度の制限を課そうとしたのだから。これはもちろん、アテネの慣習よりもスパルタの慣習を選ぶというかれの一般的な傾向の一部でしかない。（かれにとってのもうひとつの模範であったクレタは、スパルタよりも音楽に対してさらに敵対的な感情をもっていた[37]。）文芸教育についてのプラトンの政治的な諸原則は単純な比較にもとづいている。プラトンの見るところ、スパルタはその人間という家畜を扱うにあたりいささか粗雑であった。これは衰弱しつつあるという感情の兆候であるうえにその承認[38]でもあり、支配階級の退化が始まる兆候でもあった。他面で、アテネは奴隷の扱いにおいてあまりにも自由でありいい加減であった。これは、プラトンにとっては、スパルタが体育に少しばかり重きをおきすぎており、アテネが言うまでもなく音楽を重視しすぎていることの証明であった。こうした単純な評価から、かれはただちにみずから考えるところの、最善国家における教育の二要素の真なる割合、真なる混合を再構成し、教育政策の諸原則を確定することができた。アテネの観点から判断すれば、いきつくところこれらすべては、スパルタの例、およびそこでなされている文芸との接触いっさいに対する厳格な国家監視という例をかたく見習って、〈音楽〉教育の抑止という要請に帰着せざるをえないわけである。(39)+ 詩のみならず、ことばの通常の意味での音楽も厳格な検閲によって監視されるべきであり、両者はただ国家の安定性強化のために奉仕すべきであるとされる。これら二つの課題は、若い世代の階級意識および階級的規律を強化し、(40) もって階級利害に奉仕する覚悟をもたせる点にあるとされる。そのうえプラトンは、音楽の機能が若者の柔和化にあることを忘れ、若者たちの勇敢さ、つまり獰猛さを拡大強化する音楽形式を要求している。（アテネ人であったにもかかわらず、プラトンがこのように迷信的で非寛容な態度で音楽について語りえたことをわたくしはほとんど信じることができない。当時にあっては、開明的な批評が進んでいた(41)+ことを思うと、とりわけそうである。だがこんにちにおいてさえプラトンは多くの音楽家をひきつけている。おそらく音楽家たちはプラトンが音楽について［すなわち、その政治的な力について］抱いた高邁な意見にわが意をえたりと思っているのだ。おなじことは教育者、そしてそれ以上に哲学者についても言える。なぜなら、プラトンはかれらが支配すべきであると要求しているからである。この要求については第八章で論じるつもりである。）

魂の教育を規定しているこの政治的原則――国家の安定性の維持――は、身体の教育にとってもまた決定的に重要である。この目標は文字どおりスパルタの目標であった。アテネの市民は、生活のあらゆる状況にただしく対応できるように教育されていた。それに対してプラトンは、支配階級を国家の内外の敵に対して打撃を加えることのできるような職業的戦士の階級に向けて形成しようとした。男女を問わず子供たちは「馬に高く乗せて実戦を見ることができるように戦場に連れて行かねばならない。危険でなければ戦いのすぐ近くに連れて行き、若犬に対してするのとおなじように血を味わわせるべきである」(42)と二度も言われている。現代の全体主義的教育を「強化された継続的な総動員体制」と呼ぶ現代の著述家たちの記述は、まったくもってプラトンの教育体系全体にぴったりと適合する。

これが、最善の、あるいは最古の国家、すなわち、賢明で鍛錬された羊飼いが羊を扱うように、人間の群れを――残酷すぎず、しかしそれ相応の軽蔑をもって――扱う国家についてのプラトンの理論の概要である。スパルタの社会制度、およびその安定性と不安定性の条件についての分析と見るならば、また部族生活の堅固な原初的な形態を再構成するこころみとしてみるならば、プラトンの記述はじつに卓越している。(本章では記述的側面のみを扱ったわけであり、それと結合している倫理的問題についてはのちにまわした。)プラトンの著作中の多くの箇所は、通常は神話的な、あるいはユートピア的な思弁と見なされてきたとはいえ、こうした解釈の仕方をすればひとつの社会学的な記述および分析として解釈できると思われる。たとえば、勝ち誇る戦士の群れが定住民を征服したという神話は、記述社会学の観点から見るならば、じつに成功した記述であることを承認しなければならないであろう。事実それは(たぶんに大雑把であるとはいえ)集中され組織化された政治権力はふつうこうした征服から生じてくるという現代における興味深い国家起源論の先取りと見なすことができるであろう。(43)+ プラトンの著作中には、現在われわれが挙げることができる以上に、こうした記述が存在するかもしれない。

第五節

要約しておこう。プラトンはみずからが経験した変転する社会的世界を理解し解釈しようとした。そのこころみからかれは、体系的なヒストリシズム的社会学をじつに詳細に発展させた。かれは現存する国家を不変の形相とかイデアの腐敗したコピーであると考え、そうした国家の形相とかイデアを再構成する、あるいは、少なくともそれに可能なかぎり類似する社会の記述をこころみた。再構成の素材としてかれが利用したのは、古い伝統とか、ギリシアで見出しうる最古の社会生活形態であったスパルタやクレタの社会諸制度にかんするみずからの分析結果であった。それらのうちにかれはより古い部族社会の凝固した形態を認めたのであった。しかし素材を適切に利用するためには、かれは一方で、現存する諸制度のよき、あるいはもとからの、もしくは古風な特徴と、他方で、それらが腐敗しつつあるときに示す兆候とを区別する原則を必要とした。そしてかれは、そうした原則を政治革命の法則のうちに見出した。その法則によれば、社会の変化は支配階級内部の不一致、ならびにその階級が経済に熱中し過ぎることに萌すのであった。したがって最善国家の再構築にあたっては、不一致や腐敗のどんな兆候や萌しであっても可能なかぎり根本から取り除かねばならないことになる。要するに、そうした最善国家はスパルタ流の国家からの発展であらねばならず、しかも支配階級の統一を保障するために必要な条件を考慮に入れたものであらねばならない。それは、この階級の経済活動の節制、血統保存ならびに教育によって保障されるのである。

プラトンは現存する社会形態を理想国家の退廃したコピーと解釈した。それによってかれは、人間の歴史の成り行きについてのヘシオドスのいくぶん未熟な見解に一挙に理論的バックグラウンドを与えるとともに、豊富な実際上の適用例を提供したのであった。かれは、社会変化の根拠はヘラクレイトス的な不一致また階級闘争のうちに探究されるべきであるという注目すべき、また現実にそくしたヒストリシズム的理論を展開した。そこにかれは歴史の原動力を認識した。だがそれは腐敗に至る力でもあった。かれはこうしたヒストリシズムの諸原則をギリシア都市国家の起源と衰退の歴史に適用したのであり、とりわけかれが虚弱で堕落していると呼んだ民主主義を批判するために利用した。つけ加えて、かれはのちには『法律』(44)においてそれをペルシア帝国の没落と腐敗を描くために適用したと述べておくこともできよう。それによってかれは、世界帝国や文明の歴史の没落と腐敗をドラマ化して語る一連の長い系譜をみちびいた。(オスヴァルト・シュペングラーの悪名高い『西洋の没落』はおそらくその最悪の、だが最後ではない例であろう。)(45)+ 思うに、これらは、ヘラクレイトスが変化についての最初の哲学を発展させることになったあの体験に類似したプラトンの体験――つまり、部族的社会の崩壊についての体験――を説明し合理化しようとするきわめて印象的なこころみとして解釈できよう。

プラトンの記述社会学についてのわれわれの分析は依然として不十分である。かれは、下降と没落、またそれにともなう後世のこの種の物語のほとんどすべてを描き出したが、そこにはまだ論じられていない少なくとも二つの独自性がある。プラトンは、このような没落に委ねられた共同体を一種の有機体として、そして腐敗を老化に類似した過程として考えたということだ。そしてかれは、魂の道徳的腐敗、堕罪、没落は社会的身体の腐敗と手を携えているという意味において、没落はみずから招いたものであると信じた。これらすべては、最初の変化についてのプラトンの理論――数と人間の堕罪についての神話――において重要な役割を演じている。こうした理論とイデア論との結びつきについては次章で論じよう。

第五章　自然と協定

プラトンが社会現象を学問的な仕方で捉えた最初の者であったわけではない。社会科学の発端は、少なくとも、みずからをソフィストと称した、かの最初の偉大な思想家であるプロタゴラスの世代にさかのぼることができる。かれは、人間を取り巻く環境のなかでは二つの異なった要素、自然環境と社会環境とを区別する必要があると認識したことできわだっている。この区別は、おこなうのも把握するのも困難なものである。それは、いまに至るもわれわれが完全にはわがものにしていないという事情から見て取ることができよう。この区別はプロタゴラスの時代以来たえず疑問に付されてきた。われわれの大部分は、社会環境の特性をあたかもそれが〈自然〉であるかのように受け取る強い傾向をもっているように思われるからである。

原始的な〈閉じた〉社会、あるいは部族社会の特徴をなしているのは呪術的態度である。

それは、タブーや掟や慣習といったものを、日の出、季節の循環的推移、あるいは自然過程の明確な規則性とおなじように、変更不可能なものとして受けとめる呪縛された生活圏(1)で存続している。こうした魔法にかけられた〈閉じた社会〉が崩壊してはじめて、〈自然〉と〈社会〉との区別についての理論的な理解は発展できるのである。

第一節

この発展を分析するには重要な区別、すなわち一方における(a)自然法則(太陽、月、惑星の運行や季節の継起を記述する法則とか、重力の法則、あるいはたとえば熱力学の法則)と、他方における(b)規範としての法律とか規範――ある種の行動様式を禁止したり要請したりする禁止や命令――との区別を明確に把握する必要がある。後者の種類の例としては、十戒や下院議員の選出過程を規定する法規とかアテネの国制を定める法律といったものを挙げることができよう。〔1〕

ここに述べた区別を消し去ってしまおうとする傾向があるので、こうしたことがらについて議論することがしばしば不可能に近くされている。それゆえ、もう少し注釈を述べておいた方がよいであろう。種類(a)の法――自然法則――は、自然において事実として成立しているか（このばあい、その法は真なる言明である）、成立していないかである（このばあい、それは偽である）という厳密で不変の規則性を記述している。その真偽が不明なとき、または、それが不確実であることを指摘しようとするときには、自然法則はしばしば〈仮説〉と呼ばれる。自然法則は不変であり例外を許容しない。というのも、それに矛盾する出来事の出現が納得された時、そこで例外が生じたとか法則の変更が生じたとは言わないのであって、仮説は反駁されたと、なぜなら仮定された厳密な規則性は存在しない、ことばを換えれば、想定された自然法則なるものは真の自然法則ではなく、偽の言明であることがあきらかになったと言うからである。自然法則は不変であるから違反されることも無理強いされることもありえない。自然法則は、技術的な目的のために利用できるとはいえ、理解されないとか無視されるとかすると、われわれを困難に陥らせるであろう。それは、人間がいいようにできるものではない。

種類(b)の法、つまり規範としての法律に向かうならば、以上とはまったくべつの関係が支配していることがわかる。規範としての法律は、法規にもとづく命令であれ、道徳上の命令であれ、人間が貫徹しうるものである。それは変更できる。それについては、よいとか悪いと、ただしいとかただしくないと、受け入れられるとか受け入れられないと言える。しかし〈真〉とか〈偽〉であるとは比喩的な意味においてしか言えない。なぜなら、規範としての法律が記述しているのは事実ではなく、われわれの行動に対する規準であるからである。それになんらかの意味があるとしたら、違反できるということである。それに逆らって行動する可能性が皆無であるとしたら、それ〔法律を制定すること〕は余計であり意味がない。〈所有している以上の金は使うな〉というのは重要な規範としての法律である。これはしばしば破られてしまう。だから、重要な道徳的あるいは法的規則たりうるのである。〈財布にある以上の金をつかみ出すな〉は、字面だけ見ると、おなじく規範としての法律と言えるかもしれない。だがこうした規則を道徳的もしくは法的体系における有意味な構成要素であると真面目に考える者はいないであろう。なぜなら、これに違反して、はいっている以上につかみ出すことはできないからである。有意味な規範としての法律が守られるとしたら、そこにはいつでも人間の働きかけ、つまり人間の行為や決定に由来するもの、つまり、通常はこの法に違反した者を処罰するとか、抑え込むために制裁を科すという決定に由来するものが存在している。

そしてわたくしは——この点では大多数の思想家、とりわけ多数の社会科学者と同意見であると承知しているが——(a)のような法、つまり自然の成り行きの規則性を記述する法則と、(b)のような種類の法——禁止とか命令のような規範——との区別は根本的であり、二つの種類の法はたんに名前以上のものはほとんど共有していないと考える。

ところが、こうした考え方は一般には決して受け入れられていないのである。それどころかまったく反対なのである。多数の思想家が、〈自然の〉規範——禁止とか命令——が存在する、すなわち(a)の種類の自然法則とならぶ規範が存在すると考えているのだ。かれらの考えでは、たとえばある種の法律としての規範は、人間の本性に適合する、つまり、種類(a)である心理学的自然法則と合致するが、他の法律としての規範は人間の本性と対立するのである。人間の本性に即応していると示すことのできる規範は、じっさいには種類(a)の自然法則からは大きく異なるわけではないと言うのである。種類(a)の自然法則は、宇宙の創造主の意思とか決定によって定められたのであるから、規範としての法律によく類似している、と言う者もいる。これは、疑いもなく、〈法〉というもともと規範的なことばを種類(a)の法則に適用するさいの土台となる考え方である。こうした考えは論じるにあたいするものであろう。とはいえ、論じようと思うならば、議論の対象を誤ったことばによって混乱させないためにも、まずもって、種類(a)の法と、種類(b)の法とを区別しておく必要がある。したがって、〈自然法則〉という語はもっぱら種類(a)の法則のためにとっておきたい。そこからして、ことばのあれこれの意味で〈自然〉であると主張されるようななんらかの規範にそれを適用することは拒否したい。混同するいわれはまったくないはずである。なぜならタイプ(b)の法のもつ〈自然な〉性格を強調したいと思ったら、〈自然な権利とか自然な義務〉あるいは〈自然な規範〉と言うことが簡単にできるからである。

第二節

プラトンの社会学を理解しようと思うなら、わたくしの考えでは、自然法則と規範としての法律との区別が成立してきた過程を考えてみる必要がある。最初にわたくしはこの発展の出発点と思われるものと最終段階とについて語り、それから、それなりの意味をもったと思われる三つの中間段階について語りたい。それらすべてはプラトンの理論において一定の役割を果たしている。出発点は素朴一元論と呼んでおこう。素朴一元論は〈閉じた社会秩序〉の特徴である。最終段階は批判的二元論あるいは批判的協定主義(kritischer Konventionalismus)〔2〕と呼ぶことにしよう。それは〈開かれた社会〉の特徴である。いまなお多くの人びとが批判的二元論へ向けての一歩を踏み出せずにいるという事情は、われわれが依然として閉じた社会から開かれた社会への移行の真っ只中にいることを表わしていると見ることができるだろう(参照、第一〇章)。

出発点と呼んだ〈素朴一元論〉は、自然法則と規範としての法律との分離をまだ完全に成し遂げてはいない。人は不快な経験をつうじて環境への適応を学ぶ。〔この観点から見たとき、この段階ではまだ〕規範としてのタブーに違反したときに他者によって課せられる制裁と、自然の環境でこうむる不快さとは区別されていない。この段階ではさらに二つの可能性が区別されてよい。素朴自然主義はそのひとつである。ここでは、もろもろの規則性は、それが自然のものであれ、慣習にもとづくものであれ、完全に変更不可能なものと見なされている。この段階は抽象的な可能性であるにすぎず、おそらく決して実現したことはなかったであろうと思われる。より重要なのは、素朴慣例主義と呼ぶことができる段階である。この段階では自然の規則性も規範としての規則性もともに、人間に類似した神々とか霊が決めたものとして、またそれに依存するものとして受けとめられている。季節の円環的な推移、太陽や月や惑星の運動の特殊性といったものは、〈天と地を支配し〉〈創造神が原初に〉定め〈発令〉した〈法〉とか〈布告〉とか〈決定〉に服すると見なされるだろう。[2] こうした考え方からは、自然法則でさえ尋常ではない状況下では変更されうる、つまり、魔術をとりおこなえば人間の側からしばしばそれらに影響を与えることができる、また自然の規則性は、それがあたかも規範であるかのように、制裁をくわえることで維持されるといった考えが出てくるであろう。ヘラクレイトスはつぎのように要求したが、それは、こうした考えを的確に説明する。「太陽は、その進むべき道という定め〔規矩〕を踏み外すことはないであろう。踏み外したら、運命の女神や正義の侍女である復讐の女神エリニュスが連れ戻すであろう。」

魔術的な部族社会は崩壊した。その崩壊に深くかかわっていたのはつぎのような認識であった。タブーは部族ごとに異なる、タブーは人間によって定められ貫徹される、仲間からの制裁をうまく逃れることができるなら不快な反作用を受けることなくタブーを踏み越えていける。こうした認識のひろがりを加速させたのは、法は人間である立法者によって作り出されるのであり、変更されうるという観察である。このときわたくしの念頭にあるのはソロンのような立法者ばかりではなく、民主主義国家の市民によって作り出され貫徹される法でもある。こうした体験は、決定と合意に基礎をおき人間によって強制される規範としての法律と、人間の力のおよばない自然の規則性との意識的な区別をみちびくだろう。批判的二元論（あるいは批判的協定主義）については、この区別が明確に理解されたらすぐ語ることにしよう。ギリシア哲学の発展のなかでは、事実と規範とのこのような二元論は自然と協定(Konvention)との対立として語られている。(3)+

この立場には、ソクラテスの年長の同時代者であるソフィストのプロタゴラスがすでに早くから到達していた。だが、それにもかかわらず、それはほとんど理解されていないように見える。とすれば、正確な説明を与えておくことが妥当というものであろう。

さしあたり批判的二元論に規範の歴史的起源にかんする理論が含まれていると考えてはならない。規範というものは、まずもって人間によって意識的に作られたか導入されるかしたのであるから、（人間がこの種のものをはじめて発見できたのがいつのことであれ）人間によってすでに存在するものとして発見されたわけではないという主張がある。だが、これは歴史的にみてもあきらかに支持できない主張であり、批判的二元論はこれとはなんらかかわりをもたない。それゆえ、批判的二元論は、神ではなく人間が規範の最初の創始者であったという主張とはまったく無縁である。批判的二元論はまた規範としての法律の意味を過小評価しているわけでもない。また批判的二元論は協定の類であるから人間によって作られたものであり、したがって〈たんに恣意的なものにすぎない〉などとはいささかも主張するものではない。批判的二元論はただつぎのように主張するにすぎない。規範や規範としての法律は人間によって作られたのであり変更されうるものである、しかもそれらを守ったり修正しようとしたりする決定とか合意によってそうされうるのであり、それらに対して道徳的に責任を負うのは人間である、と。おそらく責任を取らなければならないのは、社会のなかにすでに存在していてその手直しをかれがはじめて考慮に入れた規範に対してではないのであって、変更できると認識したにもかかわらず、黙って耐えている規範に対してであろう。規範は、自然でも神でもなく、われわれのみがそれに対して責任をもつという意味において人間の作り出したものである。そうした規範に異論のないわけではないことがわかったら、可能なかぎりそれらを改善するのがわれわれの責務である。規範は取り決めにもとづくというわたくしの主張が意味するのは、それらは恣意的であるとか一群の規範的な法は他のものと同等によいということではない。こう述べたならば以下のことは自明であろう。ある種の法体系は改善される、他のものよりもよりよい法律が数多くあると言うとき、意味されているのは、現存する規範としての法律(もしくは社会的制度)は、われわれによって実現されるにあたいすると見なされたより高い規準としての規範と比較しうるということだ。だが、そうしたより高い規範でさえわれわれが作り出したものである。われわれは自由意志でそれらを受け入れるか否かを決定したのであり、そしてわれわれのみがその決定に対する責任を負うのである。自然においてはそうしたことは生じない。自然は事実と規則性から成り立っているのであって、道徳的なわけでも非道徳的なわけでもない。自然に対してわれわれの規矩を課すのはわれわれなのであって、われわれはこうした仕方で自然の世界に道徳を導入するのである(4)——たとえわれわれ自身がこの世界の一部であるとしても。われわれ自身は世界によって生み出されたのだが、自然はわれわれに、世界を変革し、予測し、未来を計画し、道徳的に責任のある広範な決定をくだす能力を与えてくれた。なんといっても、責任と決定はこの世界にわれわれとともにはじめて登場したのである。

第三節

こうした立場を理解するためには、決定は、事実にかかわるとはいえ、決して事実（あるいは事実についての主張）から導出されはしないことを理解しなければならない。たとえば奴隷制に対して戦うという決定は、すべての人間は自由かつ平等に生まれてきておりなんぴとも鎖につながれて生まれてくるわけではないという事実に依拠するのではない。なぜなら、われわれすべてが自由な人間としてこの世界にあらわれてきた時でさえ、ある者たちは他の人間を鎖につなごうとするかもしれないし、さらにはそうすることを義務と考えるかもしれないからである。逆に人間はじっさいに鎖につながれて生まれた時でさえ、多くは鎖の撤去を要求するかもしれない。もう少し正確に述べてみよう。（これは、多くの人間が病気で苦しんでいるという事実にこそあてはまることであろうが）事実は変更可能であると信じられているとき、われわれはそれに対してじつにさまざまな態度をとることができる。たとえば、そうした事実を変更するこころみをしようと決定するかもしれない。あるいは、そうしたこころみにはなんであれ抵抗しようと決定するかもしれない。あるいは、なにもしないと決定することもあるだろう。

あらゆる道徳上の決定は、このように、あれこれの事実、とりわけ社会生活上の事実にかかわっているのであり、逆に人間にとって変えることのできるあらゆる社会生活の事実は多くの異なった決定にきっかけを与えるということである。ここに示されているのは、決定は決して事実あるいは事実についての記述から導出されはしないということである。

とはいえ、これらとは別種の事実もあり、決定がそうした部類の事実から導出されることもまたありえない。ここでわたくしの念頭にあるのは自然法則の助けによって記述される自然の規則性のことである。言うまでもなく、決定がそもそも実行可能だとしたら、それは(人間の生理や心理にかかわる法則を含めて)自然法則に即応していなければならないだろう。決定がこの種の法則に適合しないとしたら、端的に実行しえないだけである。たとえば、どんな人もより多く働いてより少なく食べるべきであるという決定は、生理学的な理由からして一定の範囲内でしか実現できない。それをこえたならば、そうした決定はある種の生理学的自然法則に矛盾するであろう。おなじような限界は、どんな人でもより少なく働いてそしてより多く食べるべきであるという決定についても言えるだろう。それには経済学の自然法則を含めてさまざまな理由があるわけだ（のちに、本章第四節で社会科学にも自然法則が存在することを見ることになるだろう。それらは〈社会学的法則〉と呼ぶつもりである）。

このように考えると、ある種の決定はそれが自然法則（あるいは〈変更不可能な事実〉）に矛盾するという理由で排除できることになる。だからといって、なんらかの決定がこうした〈変更不可能な事実〉から論理的に導出されるということにはならない。むしろ事情は、なんらかの事実——変更可能であれあるいは不可能であれ——に対して、さまざまな決定をなしうるということである。たとえば、事実を変更しようとする決定、あるいは変更しようとする人びとからそうした事実を守ろうとする決定、さらには介入しようとはしないといった決定などがなされうるということだ。当該の事実が——現存する自然法則にもとづけば変更は不可能であるとか、あるいは、変更しようとしている人びとにとって変更はその他の理由から困難であるといった理由で——変更不可能であるときには、変更を目的としたどんな決定も、実行できないわけであるから、興味をひかない無意味なものとなろう。

したがって批判的二元論は、決定や規範を事実へ還元することの不可能性を強調する。だからそれは事実と決定の二元論と呼ぶこともできよう。

しかしこうした二元論はさまざまな攻撃にさらされるだろう。たとえば決定も事実であると反論されることがある。ある規範を受け入れるという決定がなされたなら、この決定自体は心理学的なあるいは社会学的な事実であるわけだから、それと他の事実とのあいだになんの共通性もないと主張するのは愚かなことであろう。他方で、規範――ここでは、言うまでもなく、われわれが受け入れている規範のことだが――を受け入れるという決定は、疑いもなくたとえば受けた教育からの影響といったある種の心理学的事実に依存するであろう。としたら、事実と決定の二元論を要請したり、決定は事実から導出されないと主張することは愚かなことであるというわけである。こうした反論に答えるには、〈決定〉は二つの仕方で語ることができると指摘すればこと足りる。ある種の決定については、提出されたとか、熟慮されたとか、到達されたとか、思いつかれたと言えるが、その一方で、決定するという行為を念頭において、それを〈決定〉と呼ぶこともできるだろう。事実と言えるのは、この第二の種類の決定のみであろう。おなじように、一方で、ある決議が審議会に提出されたと語ってもよいし、他方で、審議会がそれを受け入れたという行為を指して審議会の決議とも呼べるだろう。念頭においている提言とか提案について語りながら、他方で提言するとか提案するという行為について語ることができる。そしてこれらもおなじように「提言」とか「提案」と呼ぶことができるわけである。おなじような二義性は記述言明についてもよく知られている。たとえば、〈ナポレオンはセント・ヘレナで死んだ〉という言明を考えてみよう。ここでの目的にとっては、この言明を、それが記述している事実から区別することが適切なことであろう。これ、つまりナポレオンがセント・ヘレナで死んだという事実は、一次的事実と呼べる。歴史家――A教授としておく――が、ナポレオンの伝記を編むとしよう。かれは、文脈次第ではいま言及した言明を用いることもあろう。そのばあい、かれは一次的事実を記述している。それとならんで一次的事実からは完全に区別される二次的事実が存在する。すなわちA教授がこうした言明を書き下ろしたという事実である。第二の歴史家――B教授としておく――が、A教授の伝記を書くさいに、この二次的事実を〈A教授は、ナポレオンはセント・ヘレナで死んだと主張した〉というように書くこともあろう。このように記述された二次的事実は、たまたまとはいえ、それ自体としては記述である。とはいえ、それは「ナポレオンはセント・ヘレナで死んだ」という言明とはまったく別種の記述である。主張をこのように編集すること、もしくはある主張について語ることは、社会学的あるいは心理学的事実である。しかし、編集されたところの記述は、それが編集されたという事実から区別されねばならない。編集されたところの記述をこの編集されたという事実から導出することはできない。なぜなら、区別しなかったなら、「A教授は、ナポレオンはセント・ヘレナで死んだと主張した」という言明から〈ナポレオンはセント・ヘレナで死んだ〉がただしくも導出されることになってしまうからである。そんなことをしてはならないのは自明である。

決定の領域でも事情は似たようなものである。決定をくだすということ、規範とか方針を受け入れるということは事実である。だが、受け入れられた規範とか方針は事実ではない。多くの人びとが〈盗みをすべきではない〉という規範に同意しているというのは社会学的事実である。しかし〈盗みをすべきではない〉という規範は事実ではないのであって、事実を記述している言明から引き出すことはできない。この点は、与えられた事実にかんしては、いつでもさまざまな、それどころか相対立する決定さえ可能であるということを思い出してみさえすれば、明々白々であろう。だから、たとえば多くの人間が〈盗みをすべきではない〉という規範を受け入れているという社会学的事実があるにもかかわらず、この規範を受け入れると決定するとか、あるいはその逆をするといったことが可能なのである。この規範を受け入れてしまった人たちを勇気づけることも可能であるし、それどころか、落胆させるとか他の規範を受け入れるように説得することも可能である。要約しておこう。**事実の確定からは、決して規範、決定、あるいは一定の行動のための提案を語る言明を引き出すことはできない**。そしてこれは規範とか決定とか

提案を事実から導出することはできないということのべつな言い方でしかない。(5)+

規範は人間の作ったものであるという主張はしばしば誤解された。(人間が作ったものという意味は、それが意識的に打ち立てられたということではないのであって、人間はそれらを判断し変更できるということ、すなわち、それに対してはわれわれが全面的に責任を負うということである。) ほとんどすべての誤解は、根本的な誤り、すなわち〈協定〉とは〈恣意〉を意味するという思いこみにさかのぼる。規範とか協定の体系は、われわれに任意の規範体系を選択する自由がありさえすれば、他のすべての体系と同等によいという意味で完全な恣意を意味すると思いこまれているのだ。当然のことながら、規範は協定であり人為の産物であるという考えは、ある種の恣意の要素を示唆しているのであって、承認されねばならないであろう。ことばを換えると、さまざまな規範体系が存在するのであって、それのあいだでの選択は困難になるということだ。(この状況はプロタゴラスがしかるべく強調していた。) だが、人為の産物であるということは、完全な恣意を意味するわけではない。たとえば数学の演算、交響楽、演劇といったものは高度に人為の産物である。だが、そこからあるひとつの演算とかあるひとつの交響楽とかあるひとつの演劇が他のすべてと同様によいとなるわけではない。人間は新しい世界——言語の、音楽の、詩の、科学の世界——を創造した。それらのうちでももっとも重要なものは、道徳的要請——平等、自由、そして弱者への援助の要請——の世界である。(6)+ここでわたくしは道徳の領域を音楽とか数学の領域と比較しているが、だからといってこうした類似が遠くまでおよぶわけではない。とりわけ道徳上の決定と芸術の領域における決定とのあいだには大きな相違が存在する。多くの道徳上の決定は他者の生と死にかかわる。芸術の領域における決定はおおはばに緊急でも重要でもない。としたら、奴隷制に対する賛否の表明は、音楽とか文学のなんらかの作品に対する賛否の表明とおなじだと言ったら、ことばを換えて、道徳的決定は純粋に趣味の問題であると言ったら、それはとことん間違っている。それらは、いかにして世界を美しくすべきであるかにかんする決定、あるいは贅沢にかんする決定ではない。緊急性がおおはばに違うのだ(この点については、参照、第九章)。こうした比較をしたのはただ、道徳上の決定は、それがわれわれに依存することを承認するや否や、完全に恣意的であることも受け入れなければならないという考えを否定するためである。

規範は人間が作ったものであるという考えは、まったく奇妙なことながら、そこには宗教に対する論難があると主張する思想家たちによっても攻撃された。言うまでもないことながら、そこにある〔規範は人間が作ったものであるという〕考えは、一定の原始的な宗教形態、たとえば権威に盲従する宗教、呪術、タブーへの服従といったものと矛盾するだろう。だが思うに、その考えは、個人の責任という思想と、また良心の自由という考えに立脚する宗教と対立するわけではない。このときわたくしが思い浮かべているのは、なかんずくキリスト教、少なくとも民主主義諸国においてふつうに解釈されているかたちでのキリスト教であって、タブーへの服従に対して「汝らは、遠い昔にかれらが語ったことに聴従した、……だがわたしは汝らに告ぐ……」と説き、どんなばあいにも、たんなる型どおりの服従や戒律の執行に対して、良心の声を対置するキリスト教のことである。

ここに述べてきたような意味で、倫理的な戒律は人間の作り出したものであると見なす人は、それらは神によって与えられたのだという宗教の考えとぶつからざるをえまいという見解がある。しかし、わたくしは、そうした見解を共有するものではない。歴史的に見れば倫理は疑いもなく宗教から始まった。とはいえ、ここで歴史的な問題にかかわるつもりはない。誰が最初の立法者であったかという問題にかかわりたいとも思わない。わたくしはただ、われわれのみが提起された道徳上の戒律の諾否にかんして唯一責任をもつのだと主張したいのである。われわれこそが、真の予言者と偽りの予言者を区別しなければならない。さまざまな種類の規範が神の掟として伝えられてきた。平等、寛容、良心の自由といったキリスト教倫理を、それらが神の権威にもとづくと主張されているからといって受け入れているだけの人は、薄弱な根拠の上に倫理を立てている。というのも、あまりにもしばしば不平等は神が欲したのだとか、不信心者を容赦してはならないといったことが主張されてきたからである。だがあなたが、キリスト教倫理を受け入れるように命じられたからではなく、受け入れるという決定がただしいと確信して受け入れたのであれば、決定したのはあなたである。わたくしは、われわれが決定をくだすのであり、その責任をになうのだと主張した。だが、この主張は、信仰によって助けられることはありえないし、そうあってはならないことだと、またわれわれは伝統とか偉大な模範的人物に鼓吹されることはありえないし、そうあってはならないと言っているものとして解釈されてはならない。さらには、道徳上の決定をくだすことはたんに〈自然の〉過程、すなわち物理－化学的過程であると言っているのでもない。じじつ最初の批判的二元論者プロタゴラスは、自然は規範を知らないと、規範の導入は人間にさかのぼるのであり、人間の成し遂げたもっとも意味のある成果として解釈されねばならないと説いた。かれはまた、バーネットの表現によれば、「制度と協定こそが人間をして獰猛な野獣をこえるほどに高めた」(7)+とも主張した。プロタゴラスは規範を作ったのは人間であり、人間こそがあらゆる事物の尺度と見なされねばならないとくりかえし指摘した。だが、かれの考えでは、人間は超自然的なものの助けを借りてはじめて規範をもちこむのである。かれの説くところでは、規範は、もともとの自然の状態に人間が押しつける――ゼウスの助けが必要であるが――ということなのである。ヘルメスが、ゼウスの命を受けて、人間に正義と栄誉を理解できるようにしたのであり、またすべての人間にこの贈り物をひとしく分配したのである。だから批判的二元論が最初にこのように明確に述べられた時においても、われわれの責任感を宗教的に解釈する余地があったわけである。それはまたこの教えが宗教的立場と矛盾することがいかに少ないかを示してもいる。おなじような立場は、歴史上のソクラテスにも認められよう(参照、第一〇章)。かれはみずからの良心および宗教的信仰からしてあらゆる権威を問いに付さざるをえなかった。かれはみずからがそのただしさを信じられるような規範を求めた。倫理は自律的であるという教えは宗教の問題とは無縁である。だが、それは個人の良心を尊重するすべての宗教と両立する。またこの教えはそうした宗教にとって必要でもある。

第四節

プロタゴラスとソクラテスによって最初に主張されたような、事実と決定の二元論や倫理の自律を説く教えについてはこれくらいにしておこう(8)。こうした教えは、思うに、社会的環境をただしく理解するためには欠かせない。とはいえ、あらゆる〈社会的法則〉、すなわち社会生活の規則性すべてが、規範にもとづき、人間によって創造されたわけではない。反対である。社会生活にも重要な自然法則が存在する。それらに対しては〈社会学的法則(soziologische Gesetze)〉という表現が適切であるように思われる。社会生活には二種類の法則、すなわち自然法則と規範的法とが存在する。まさにこの状況こそが両者の明確な区別を重要にする。

社会学的法則とか社会生活の自然法則ということばのもとで理解したいのは、プラトンのようなヒストリシストならば関心をもつかもしれない、いわゆる進化の法則のことではない。もっとも歴史的発展についてのその種の規則性——あったとしてのことだが——の定式化は、たしかに社会学的法則のもとに属するであろうが。またわたくしは「人間の自然〔これはふつう人間本性と訳される〕」、すなわち人間行動の心理学的また社会心理学的規則性のことを考えているわけでもない。わたくしの念頭にあるのは、むしろ現代の経済学的理論、たとえば国際貿易の理論において、または景気循環の理論において定式化されるような種類の法則である。これらの重要な社会学的法則は社会の諸制度のもつ諸機能と結びついている(参照、第三章および第九章)。それらは社会生活において、機械を作るときの梃子の法則と似たような役割を演じる。というのも、なにかしら筋肉の力をこえたものを作ろうとするならば、梃子といったものが必要であるように、制度もまた必要だからである。機械とおなじように制度はわれわれの力をよきにつけ悪しきにつけ何倍にもする。機械とおなじように、制度はその働き方やなかんずくさまざまな目的を理解している人間による賢明な監視が必要である。というのはどんな制度であっても利用も誤用もされるからである。それらを隅から隅まで自動的に機能するように作ることはできない。作るためには、その機能のあり方に限界を設ける社会的規則性についてのなんらかの知識が必要である。[9]（そうした制約はある点からするとエネルギー保存則に類似している。この法則によれば、エネルギーの補給なしに恒久的に動く機械を作ることはできない。）原則として制度は一定の規範を考慮して作られる。つまり制度は十分に規定された目的を視野に入れて企画される。これは言うまでもなく意識的に作られた制度一般について言えることである。だが、人間の諸行為からの意図されなかった結果として生じた制度（参照、第二巻第一四章）——大部分はこうしたものであるわけだが——もまた、あれこれの種類の目的をもった措置からの間接的な成果であり、そしてそれらが機能するのは大部分、なんらかの規範が守られていることに依存している。（機械でさえ鉄からのみ作られているわけではない。それらはいわば鉄と規範との結合から、すなわち物理的なものをなんらかの規則——計画とか企図——にしたがって変形することで作られている。）規範的な、また社会学的な法則は、自然法則でもあるわけだが、制度において緊密に織りあわされている。したがって両者を区別できないならば、制度の機能を理解することは不可能であろう。（こうした注釈は、ある種の問題の解決であるよりはむしろ示唆である。より正確に言えば、制度と機械についてここで述べたアナロジーは、本質的な意味で制度は機械であるという理論を提案するものとして理解されてはならない。制度は当然のことながら機械ではない。ここでは、制度の目的を問うならば、あるいは、それがそもそもなんらかの目的に役立っているかどうかを問うならば、重要で興味深い成果がえられることを主張しようとしたにすぎない。とはいえ、くりかえすが、どんな制度でも一定の目的を、ある程度までその本質的な目的を、充足していると主張したわけではない。）

第五節

素朴一元論あるいは呪術的一元論は、規範と自然法則との区別を明確に認識した批判的二元論へ発展していくわけだが、その過程には多数の中間段階が存在する。それについてはすでに指摘しておいた。そうした中間段階の多くが発生してくるのは、規範はその性格からして協定であったり人為の産物であったりするのでまったくもって恣意的である、という誤解からである。プラトンの立場にはこうした段階すべてから生ずる要素が含まれている。それを理解するためには、こうした中間段階のうちでももっとも重要な三つの段階について語る必要がある。(1)生物学版自然主義。(2)倫理的あるいは法的実定主義(Positivismus)〔3〕。(3)心理学的、あるいは精神版自然主義。興味深いのは、こうした立場のいずれもが、根本的に対立する倫理的観点を擁護するために、とりわけ権力の崇拝を擁護するためにも、弱者の権利を擁護するためにも、用いられたということである。

(1)　生物学版自然主義、あるいは、より正確に言って、倫理版自然主義の生物学的形態とは、倫理上の戒律や国家の法律は恣意的性格をもつとはいえ、それらの導出を可能にする永遠不変の自然法則が存在すると主張する理論のことである。生物学版自然主義者はざっとこう論じる。食習慣、すなわち食事の回数とか摂取する栄養の種類といったものは協定のもつ恣意性を表わす一例である。だがこうした領域においても疑いもなく自然法則が存在する。人間はあまりにも少なくあるいは逆にあまりにも多く栄養をとるならば死に至る。だから、現象としてあらわれる世界の背後にある真実界に類似して、われわれの恣意的な協定の背後には不変の自然法則、とりわけ生物学的法則が存在するように見える、と。

生物学版自然主義は、法のもとでの人間の平等という教えを擁護するためばかりでなく、強者の支配というそれとは真っ向から対立する主張を支えるためにも利用された。かれは詩人のピンダロスはそうしたかたちでの自然主義の最初の提唱者の一人であった。かれはこの理論を用いて、強者には支配者になる使命があるという理論を擁護した。強者は弱者に対してほしいままに振る舞う、これが自然において一般に成立する法則である、というのである。[10] 弱者を守る法律は、だから恣意的に作られたものであるばかりでなく、強者は自由にそして弱者は奴隷に生まれた、という真の自然法則を人為的に逆転させている、というのである。プラトンはこの主張をかなり詳細に論じた。『ゴルギアス』は、かれがまだソクラテスの強い影響下にあったときの対話編であるが、かれはそこでこの主張を攻撃している。『国家』では、この主張をトラシュマコスの口にのせており、倫理的個人主義と同一視している(参照、次章)。プラトンは『法律』ではピンダロスの観点にかなり近づいているが、依然としてかれに対して賢者の支配を対置している。それが、かれの言うところでは、自然といっそうよく合致したよりよい原理なのである(参照、本章の後半における引用)。

人道主義的な、あるいはわれわれには同等の権利があることを強調するかたちでの生物学版自然主義を最初に主張したのは、ソフィストのアンティポンであった。自然と真理との等置、協定と思いこみ(人を欺く意見)との等置はかれにさかのぼる。アンティポンはラディカルな自然主義者であった。[11] かれの考えからすると、大部分の規範は恣意的であるばかりでなく、まさに自然とは対立する。かれは、規範は外部からわれわれに押しつけられたものであるのに対し、自然法則は避けられないものである、と言う。人間の課した規範に違反したら、その規範を作った者に見張られているのだから、不利益になるどころか危険でさえある。だが、違反すれば必然的に危険にさらされるというわけではないのだから、規範に違反したからといって恥じ入る必要はない。恥と罰とは外部から恣意的に課せられた制裁である。協定としての道徳をこのように批判してアンティポンは功利主義的な倫理を基礎づけた。「ここに取り上げた行為の多くが自然に反することがわかるであろう。なぜならそれらは、苦しみがより少なくあってよいところで、より多くの苦しみを与えるし、ほんらい楽しみが多くあってよいところで、少ししか与えず、必要ないところで害をなすのだから。[12]」同時にかれは節制の必要性も説いている。人間は同等の権利をもつという自説をかれはつぎのように述べる。「われわれは高貴に生まれた者を崇拝し崇めるが、低く生まれた者に対してはそうではない。これは野蛮な風習である。なぜなら、自然から授かったものにかんして言えば、われわれのすべては、たまたまギリシア人に生まれようがあるいは野蛮人に生まれようが、あらゆる点において同等に作られているのだから……われわれすべてはなんといっても口と鼻で息をするのだ。」

おなじような考えはソフィストのヒッピアスにも見られる。プラトンによれば、かれは聴衆に向かってつぎのように語ったという。「同胞の諸君！　わたくしは、ここに集われたあなた方をすべて縁者と、友人と、そして同胞と見なします。たしかに協定としての法律にもとづけばそうではないでしょうが、自然からするならばそうなのですから。というのも、自然からすれば、似ていることは縁者であることのしるしですから。ところが、慣習としての法が、人間に対する僭主となり、自然に反する多くのことをするように強いているのです。[(13)+]」おなじ精神は、アテネにおける運動、すなわち当時のアテネにおいて奴隷の解放を目標とし、強く自由主義的な傾向をもっていた運動にもあった。（これについては第四章で言及しておいた。）エウリピデスも「奴隷を辱めているのはその奴隷という名前のみにすぎない。それ以外のすべての点において、高貴な従僕は自由な人間にくらべて少しも劣らない」と言うとき、この精神を表現していた。他のところでかれは「平等は人間の自然法則である」と言っている。またアルキダマスはゴルギアスの弟子でありプラトンの同時代者であったが、「神はすべての人間に自由を贈った。

自然はなんぴとをも奴隷とはしなかった」と書いている。ゴルギアス学派のもうひとりのメンバーであったリュコフロンもおなじような考えをもっていた。「高貴な生まれという輝きは幻想であり、かれらの特権はことばだけにもとづく。」

こうした偉大な人道主義的運動――のちに第一〇章で「偉大な世代」として叙述するつもりである――に対する反動であったのが、人間は生物学的にも道徳的にも不平等であるというプラトンやその弟子のアリストテレスが提起した理論であった。この理論によれば、ギリシア人と野蛮人は自然からして〔生まれつき〕不平等なのであり、そしてこの対立は、生まれつきの主人と生まれつきの奴隷との対立に対応する。人間が生まれつきの不平等であることが、かれらが共同生活をする理由のひとつである。なぜなら、かれらの生まれつきの天分は相互に補い合うからである。社会生活は自然の〔生まれついての〕不平等に始まり、そのあともずっとそれにもとづいていかざるをえない。この説についてはのちにくわしく述べることにしよう。ここでは、生物学版自然主義がじつに相異なる倫理的な教義を支えるために、どう利用されるかを示そうとしただけである。規範を事実にもとづけることは不可能であると先に分析しておいたが、それに照らせば、こうした結果は予期されないものではなかった。

だが、生物学版自然主義ほど人気のある理論をこの世界から消し去るには、このような考察ではおそらく十分ではないだろう。それゆえ、批判的な反論を二つ提起しておきたい。たしかに多くの行動様式（たとえば、着衣しないとか、生のまま食べるといったこと）は、ある意味で他の行動形式よりも〈自然である〉ことは認められねばならない。さて、多くの人は、そうであるとしたら、いま言及したような行動形式をとることも正当化されると信じている。しかしながら、芸術、科学に対する関心、それどころかこの自然主義的論証への関心は、ここに述べたような意味では自然なものではない。最高の規範としての〈自然〉と合致して生きるという選択が、結局のところみちびくものを直視する者はほとんどいないであろう。[14] なぜなら、それは自然な文明形態ではなくして粗暴な生活をみちびくからである。より重要なのは第二の反論である。生物学版自然主義者は、どんな規範も仮定する必要はなくただ〈自然法則〉にそくして生きればいいと素朴に信じているからこそ、健康の条件などを述べる自然法則からみずからの規範を引き出せると思っているのだ。かれは自分が選択をしていること、すなわち決定をくだしていることを見落としている。かれは、多くの人間がある種のことを状況次第では自分の健康よりも高く評価することを見落としている。（医学の研究を前進させるために意識的に自分の命を賭けた多くの人がいることが思い出されてよい。）だからかれが、いかなる決定もくだしていないとか、自分の規範を生物学的法則から演繹することに成功したと考えているならば、誤っている。

⑵　倫理的実定主義は、倫理についての生物学版自然主義とおなじように、規範は事実に還元されねばならないと信じている。そのばあいの事実とは社会学的な性質のものであって、事実として存在している規範のことである。実定主義の考えからすれば、国家において実効性をもち、したがって実定的に存在している実定的な法以外に規範は存在しない。それ以外の規準は現実とは無縁な想像の産物と見なされる。現存する法が、徳があるかどうかをはかる唯一可能な規準なのである。存在するものは善である。（力は正義なり。）この理論のある形態からすれば、個人が社会の規範を判断できると信じるのは途方もない誤解であって、むしろ社会が規準を提供しているのであり、個人の方がそうした法や規準にしたがって判断されねばならないのである。

倫理的（あるいは道徳的、法的）実定主義は通常は保守的であり、くわえて権威主義的でもあった。これは歴史上の事実である。神の権威もしばしば引き合いに出された。こうした理論の論法は、思うに、いわゆる規範の恣意性にもとづいている。他によりよい規範を見出すことができないのだから、われわれは現存する規範を信じなければならないというわけである。では「われわれは……信じなければならない」という規範自体は、どのようにして立てられたのかが問われることになろう。これがたんに現存する規範であるとしたら、これをもってこの〔「われわれは……信じなければならない」という〕規範のための論証とすることはできない。他方で、それがわれわれの洞察に訴えるものであるとしたら、やはりわれわれ自身が規範を発見しているのだということになろう。他面でわれわれは、規範をみずから判断できず、したがってより高い命令に応じてそれを受け入れるべきだとされるなら、そうした権威が求めていることはただしいのかどうかを判断できないし、偽りの予言者にしたがっていないかどうかも確定できないことになる。また最後に、法はいずれにしても恣意的であるのだから、偽りの予言者など存在すべくもないのであり、したがって法というものがありさえすればそれで十分なのだと主張されるとしたら、それではなぜ法があるということがそれほど重要なのかという問いが残るであろう。なぜわれわれはいっさいのそれ以上の規準のないところで、つまり単純に法なしで生きてはならないのか。(こうした批評を述べることでわたくしは、権威主義的な、あるいは保守的な原理は、通常は倫理的ニヒリズムの表明である、つまり人間とその可能性への不信という極端な道徳的懐疑主義の表明であると見なす根拠を示唆しているつもりである。)

自然の法があると語る理論は、歴史を見ると、しばしば平等主義的にして人道主義的な考えを支えるために用いられたのだが、実定主義の学派は通常はその反対側の陣営にいた。しかしこれはたんなる偶然以上のものではない。というのも、すでに示したように、倫理についての自然主義はさまざまな意図のもとに利用されるからである。(最近では、ある種のいわゆる〈自然な(生まれついての)〉権利や義務を〈自然法〉と語ることで問題の全体を混乱させるために用いられた。) 他面で、人道主義的で進歩主義的な実定主義者も存在する。あらゆる規範が恣意的であるとしたら、なぜに寛容であってはならないというのか、というわけである。これは人道主義の立場を実定主義のやり方で正当化しようとする典型的なこころみである。

(3)、心理学主義的あるいは精神版自然主義は、ある程度まで、すでに述べた二つの考え方の結合であり、それらの一面性に対する反論を手がかりとしてもっともよく展開されてきた。その議論はつぎのようになる。倫理的実定主義者は、あらゆる規範は協定であるという性格を強調し、それらを人間および人間社会の作り出した産物と捉える点ではただしいが、まさにそれゆえに、それらが人間の心理学的なあるいは精神的な側面、および人間社会の本性(自然)の表現であることを見落としている。おなじように生物学版自然主義者も、自然な(生まれついての)規範の演繹を可能にするある種の自然な(生まれついての)目標とか目的が存在すると考える点ではただしいとはいえ、われわれにとって自然な目標は必ずしも健康、楽しみ、食べること、寝ること、繁殖といったものに制限されるわけではないことを見落としている。人間、あるいは少なくとも何名かの人間は、パンのみにて生きようとはしておらず、より高く、より精神的な目標を目指して奮闘している。人間の本性〔自然〕はそのように作られている。とすれば、人間の真なる、自然な目標は人間固有の真なる本性〔自然〕からみちびき出すことができよう。それらは精神的なものであり社会的なものである。さらに、生きることの自然な規範は、自然な〔生まれついての〕目標から演繹できるだろう。

このもっともらしい立場は、思うに、プラトンによってはじめて述べられた立場である。ここでかれは、ソクラテス的な魂の理論、すなわち、精神は身体よりも重要であるというソクラテスの教えの影響下にいる(15)。この教えはすでに述べた二つの立場よりも疑いもなくはるかに強くわれわれの感情に訴えてくる。しかしそれは、それら二つの立場とおなじように、どんな倫理的決定とも、すなわち、人道主義的態度と結合されもすれば、権力賛美とも結合されるのである。つまり、すべての人間はあたかもそうした精神的な人間本性を分かちもたされているかのように扱うべきだと決定することもできるし、あるいはヘラクレイトスと一緒に「多くの者は野獣のごとくその胃袋を満たす」と主張することも、さらには、かれらは本性〔自然〕が劣っているのであり、人間の精神的共同体にあたいするのはただ少数の選ばれた者のみであると主張することもできるだろう。

それに応じて、精神版自然主義は多様に――とりわけプラトンによって――〈優れた者〉〈選ばれた者〉〈賢者〉〈自然な〔生まれつきの〕指導者〉などの自然な〔生まれつきの〕特権を正当化するために利用された。（プラトンの立場については次章で論じることにしよう。）他方で、この立場はキリスト教的なまた他の[16]人道主義的な形態をとった倫理において、たとえばトマス・ペインやイマヌエル・カントにおいて、あらゆる人間個人の〈自然な権利〉を承認するためにも用いられた。精神についての自然主義の基礎のうえであらゆる〈実定的な〉、つまり現存する規範の擁護がなされるであろう。というのも、いつにせよ、そうした規範は人間本性〔人間の自然〕のなんらかの特徴を表現していないとしたら、実効性をもつことはないであろうと言えるからである。こうした仕方で精神版自然主義は、実際的な諸問題において、実定主義と伝統的には対立していたにもかかわらず融合した。じっさい、こうしたかたちをとった自然主義はどんな倫理的立場でも擁護できるほどにはば広くかつ曖昧である。人間に生じることはどんなことでも〈自然なもの〉と呼ぶことができるであろう。なぜなら、それが自然のうちにないとしたら、どうしてそれが起こりえたと言えるであろうか。

このてみじかな概観を振り返ってみるならば、批判的二元論の考えるところとは対立[17]する二つの主要な傾向を区別することができるであろう。第一は、一元論に向かう一般的な傾向、つまり規範を事実に還元しようとする傾向である。第二の傾向は、より根深く、第一の傾向の背景となっているのかもしれないが、つぎのような考えを認めまいとするものである。すなわち、われわれのみがわれわれの倫理的決定に対する責任を負うのであり、神であれ、人間であれ、社会であれ、歴史であれ、他のなにものもこうした責任を引き受けることはできないという考えである。ここに述べてきたすべての倫理的理論は、われわれからこうした責任を取り除いてくれるはずの主体とか論証を見つけようとしている。[18]+ だが、われわれはこうした責任を前にしてたじろぐことはできない。たとえどのような権威が問題になろうとも、権威を承認するのはわれわれである。この単純な事実が理解されないとしたら、われわれは自分自身を欺いている。

第六節

ところで、プラトンの自然主義とかれのヒストリシズムとはどう関係しているのだろうか。われわれはその関係を立ち入って分析すべき地点に到達している。当然のことながら、プラトンは〈自然〔ピュシス physis〕〉という語を必ずしも一義的に使っているわけではない。この語に結びつくもっとも重要な意味は、思うに、かれが〈本質〔Wesen この語には、存在するものという意味もある〕〉という語に帰した意味と一致する。だからこんにちでも本質主義者は〈本性〔本質 Natur〕〉という語を用いる。数学の自然〔本性、本質 Natur〕とか、帰納的推理の自然〔本性、本質 Natur〕とか、または「幸福と悲惨の自然〔本性、本質 Natur〕」といったことが依然として語られているわけである。[19] こうした意味においてこの語はプラトンにとっては「形相」とか「イデア」とほとんどおなじである。というのも、すでに示しておいたように、ものの形相とかイデアはものの本質でもあるからである。本質と、形相やイデアとのもっとも重要な区別はつぎのようになると思われる。すでにみたように、知覚対象物の形相とかイデアは、そうしたもののうちにあるのではなく、それとは分離されて存在している。それは先祖、始祖である。だがこうした〈形相〉は、知覚対象物に、つまりそこから生み出された〈種族〉としての後裔に、あるもの、つまり、その本質を引き渡すのである。それゆえ、こうした本質は、ものの生まれついての、あるいはもともとの性質であり、そのかぎりでものに内在する本質（Wesen）である。それは、もののもともとのあり様とか潜在的性質であり、形相とかイデアとの類似性を条件づけるのみならず、それらに所属するものである。

したがって〈自然な〉というのは、ものに備わっているもの、あるいはもともと割り当てられたものということになる。それに対して〈人為的な（Künstlich）〉というのは、のちになって人間が外部から強いたり、変更したり、つけ加えたり、課したりしたものである。プラトンはたえず強調しているのだが、人間の〈人為〔技術、芸術 Kunst〕〉から生まれるすべてのものは、せいぜいのところ〈自然な〉知覚されるもののコピーでしかない。それらは神的な形相とかイデアの模倣でしかないのだから、人為の産物はコピーのコピーとなり、二重の意味で真実から遠ざかり、したがって不変の（自然の）ものとくらべれば、よいことより少なく、実在的であることより少なく、真であることより少ない[20]。プラトンとアンティポン[21]は少なくともひとつの点で一致している、つまり、自然と、協定や人為との対立は、真と偽との対立に、真実にあるものと現象にすぎないものとの対立に、一次的あるいは元来的なものと二次的あるいは人工的なものとの対立に、ならびに合理的な知識の対象と人を欺く思いこみの対象との対立に、対応していると考える点で、一致していることがわかる。それはまた、一方における〈神の巧みさから生まれてきたもの〉あるいは〈神の技の産物〉と、他方における「人間がその技から作るもの、すなわち人間の人為の産物[22]」との対立にも対応する。そこからしてプラトンは、なんらかの事物の内的価値に目を向けさせようとするとき、そうした価値は自然のものであって人為のものではないという点を強調する。そこからしてかれは『法律』では、魂こそが最初の、あらゆる物体的なものに先立つと見なされねばならないのであり、それについては本性

〔自然〕から存在すると言わねばならないと主張している。「ほとんどの人が魂に内在する力と、とりわけその起源とを知らない。それは最初にあるもののひとつであり、あらゆる物体的なものに先立つものであることを知らないのだ……「自然」という語で言いたいのは、その生成の仕方からすれば最初にそこにあったもののことである。魂こそが最初のものであり、それは炎とか空気のようなものではないことがあきらかになれば……当然のことながら、魂には本性からして(von Natur aus)存在するという特別の優位が認められねばならないだろう。(23)」(プラトンはここで、魂は身体よりも形相とかイデアに類似しているという自分のかつての説をくりかえしている。この説はまたかれの不死の教えの基礎も作っている。)

プラトンは、魂が〈最初のもの〉であり〈本性から〉して存在しているとだけ説いているのではない。かれは「ピュシス〔自然〕」という表現を、人間に使うとき、人間の精神的な諸能力、天分、あるいは生まれついての力量を表わす名称としても使っている。こうした意味において人間の〈本性〔自然〕〉はかなりの程度まで〈魂〉と同一である。それは、かれが形相とかイデアにあずかる、つまりかれの種族の神的な始祖にあずかるための神的な原理なのである。〈種族〉という表現もまたよく似た意味で頻繁に用いられている。〈種族〉は、おなじ始祖からの後裔として単一である。そこからして種族は、同一の本性によって結合されねばならない。したがって〈種族〉と〈本性〉とは、プラトンにおいては、しばしば同義語である。それは、たとえばかれが〈哲学者の種族〉とか、〈哲学的本性〉をもっている者について語るときがそうである。二つの概念はその使い方からすれば、〈本質（Wesen）〉と〈魂〉という語によく類似している。

〈本性〉についてのプラトンの教義は、かれのヒストリシズム的方法論へさらに接近する道を開いている。学問にとっては、対象の真の本性〔本質、自然〕を探求することが課題であるわけで、社会学あるいは政治学にとっては、人間社会の、また国家の本性〔本質、自然〕を研究することが課題である。しかしプラトンによれば、ものの本性〔本質、自然〕とはその起源であり、少なくとも、その起源によって決定されているものである。したがってあらゆる学問の方法は、事物の起源の探求に、すなわちそれらの〈原因〉の探求にある。この原理が、社会科学や政治学に適用されるならば、それは社会や国家の起源を探求すべしという要請になるだろう。それゆえ歴史は、それ自身のために研究されるのではなくして、むしろ社会科学の方法そのものとして役立つのである。これがヒストリシズムの方法論である。

人間社会、国家の本性とはなにか。これが社会学にとっての根本的な問いであるわけだが、ヒストリシズムの方法論にしたがえば、これはいまや社会および国家の起源はなにかという問いに変わらざるをえないのである。これに対して、プラトンが『国家』や『法律』[24]で与えた答えは、すでに述べた精神版自然主義の立場と合致する。社会の起源は、協定、社会契約(Gesellschaftsvertrag)なのである——だが、それにすぎないのではない。それはむしろ自然な取り決め、人間の本性に、正確に言えば、人間の社会的本性にもとづく取り決めなのである。

人間の社会的本性は人間個人の不完全性から生じてくる。プラトンは、ソクラテスとは反対に[25]、人間個人はその人間としての本性に内在する制約のために、おのずからにして十分というわけではないと説いた。プラトンは人間の完全性の度合いはさまざまであると主張した。だから、比較的完全な少数の人間でさえなお依然として他者〈より完全でない者〉に依存する——汚れ仕事や手仕事をやってもらうためにだけでも——ということがあきらかになるというのだ[26]。そのうえ、完璧さに近づいた〈類まれな並外れた本性をもった者〉でさえ社会に、つまり国家に依存する。かれらはただ国家をつうじてのみ、そして国家においてのみ完全になりうる。したがって、完全国家はかれらに適切な〈社会的居場所〉を提供しなければならない。それなくしてかれらは必然的に堕落し没落するからである。それゆえ、国家は個人よりも高い位置に立つ。というのも、国家はそれ自体で十分(〈完全に自立している(autark)〉)にして完璧であり、個人の必然的な不完全性をより高いものに統合しうるからである。

したがって、社会と個人は相互に依存し合っている。一方は他方があってはじめて存在する。社会は人間本性に依存して存在するが、その人間本性はそれ自身としては十全でなく他方を必要とする。そして、個人は自己充足的ではないから、その存在を社会に負うている。とはいえ、相互に依存し合っている領域内部においても、個人に対する国家の優越がさまざまな仕方であらわれてくる。たとえば、完全国家が腐敗し分裂していく萌芽は国家自体のうちにあるのではなく、個人のうちにおいて育ってくるというのである。それは人間の魂、つまり人間本性の不完全性に根を張っているのであり、より正確に言えば、人間という種族が腐敗にさらされているという事実のうちにある。こうした点——政治的腐敗の起源とか、それが人間本性の腐敗にもとづいているといったこと——については、すぐに立ち戻るつもりである。当面は、プラトン社会学の特徴——とくに、社会契約論にかんするプラトンの理解の仕方、また、生物学的、あるいは有機体論的な国家理論といえるのだが、国家を超個人的なものとして描くかれのやり方について、若干のコメントをつけておきたい。

法律は社会契約をつうじて成立したという理論が、プロタゴラスあるいはリュコフロンによってはじめて提起されたのかどうかは定かではない(リュコフロンの理論については次章で論じたい)。いずれにしてもこの考えはプロタゴラスの協定主義と非常な親和性がある。プラトンは、自分の自然主義に、意識して協定主義的な考え、それどころかあるタイプの契約論を結びつけた。ここには、協定主義はもともとのかたちにおいては決して法律の全面的な恣意性を主張しえなかったことが示唆されている。プロタゴラスについてのプラトンのコメントはその証拠となる。[27]プラトンが自分の自然主義理解のなかに協定主義的要素があることをどれほど意識していたかは、『法律』のある箇所から見て取ることができる。そこでプラトンは政治的権威が基礎をおくさまざまな原理のリストを掲げ、ピンダロスの生物学版自然主義(さきに述べたところを参照されたい)に言及している。それは「強者が支配し、弱者は支配されるべきであるという原理」であり、かれはこれを「テーベの詩人ピンダロスがかつて述べたように」〈自然にそくした〉原理と呼んだ。それに対してかれはもうひとつの原理を対置し、それは協定主義と自然主義とを結合するものであると指摘し勧めている。「だが、ある要請もある……それは、賢者が指導し支配し、無知なる者はしたがうべきであるというより重要な原理である。詩人のうちでも賢者であるピンダロスよ、たしかにこれは自然と矛盾するものではなく、自然に合致するものである。なぜなら、要求されているのは、外からの強制ではなく、相互の取り決めにもとづく法の真実にして自然な支配だからである。[28]」

おなじように、『国家』には自然主義的な（そして功利主義的な）特徴と結びついた協定主義的な契約論の要素が見られる。そこにはつぎのように書かれている。「われわれは一人ですべてを満たせるわけではないから、国家なるものが生じてくる……それとも国家を建設するべつな理由があるだろうか……人びとは共同の定住地に多数の……協力者を集める。かれらは多くのものを必要とするからである……そしてかれらが自分たちの財物を、ある者には与え、あるべつな者は受け取るように分けるならば、誰もがそうした仕方で自分の利益を促進できると期待するのではないだろうか。(29)+」こうして住民たちは自分自身の利益を促進するために集まってくる。これは契約論の要素である。しかしその背後にはかれらは一人ではやっていけないという事実、すなわち人間本性の事実がある。これは自然主義の要素である。この要素はさらに展開されている。「自然からすれば、どんな人間も他の人間といかなる点においてもひとしくない。各人にはその固有の本性がある。ある者はかくかくの仕事に適しており、他の者はしかじかの仕事に適している……さて個人がよりよいものを生じさせるのは、かれが同時に多くの仕事に従事するときか、それともただひとつの仕事に従事するときであろうか……たしかにより多くよりよいものが生産されるとしたら、単純なことながら、各人がその天分に応じて働くときであろう。」

したがって分業という経済原理が導入される（これはプラトンのヒストリシズムと史的唯物論との類似性を思い出させる）。この原理は、ここでは生物学版自然主義の要素、すなわち人間の自然の〔生まれつきの〕不平等性に基礎をおいている。この仮定は、最初はまったく目立たないかたちで、そしてあきらかに無邪気な仕方で導入される。だが、次章ではこの仮定に遠大な帰結があることを見ることになるだろう。つまり唯一ほんとうに大事な分業は支配者と被支配者とのあいだのそれであることがあきらかになるのだ。そしてこれは、支配者と奴隷との、知恵ある者と無知なる者とのあいだの自然な不平等性にもとづくと言われるのである。

すでに見たように、プラトンの立場にはかなりの協定主義と生物学版自然主義が含まれている。大きく全体としてみたとき、プラトンが精神版自然主義者であったことを思えば、これはなんら驚くには当たらない。そしてこの立場は、その曖昧さのゆえに、この種のどんな結合も容易に許すのである。自然主義についてのこのような精神主義的な理解の仕方は、おそらく『法律』においてもっともよく述べられている。プラトンはこう書いている。「人びとは、もっとも偉大でもっとも美しいものは自然のものであり、……それに対してより劣るのは人為のものであると言う。」ここまではかれは同意するのだが、唯物論者に対してはひきつづき攻撃をつづける。かれらによれば、「炎と水、大地と空気といったすべてものは、もともとから(von Natur aus)存在する」のであり、「あらゆる規範としての法律は自然のものではなく、人のつくったものであり、真ならざる偏見にもとづいてたてられている」からである。かれは唯物論的立場に対してまず、物体や元素も真に〈もともとから(von Natur aus)存在する〉のではなく、そうあるのはただ魂のみであることを示す[30]。(この箇所はずっと先述で言及しておいた。) ついでそこから、秩序や法といったものも、魂に発しているのだから、おなじようにもともとから(von Natur aus)存在するにちがいないと結論するのである。「魂は物体よりもより起源に近いとしたら、魂に依存するもの(精神的なもの)は、物体に依存するものよりもより起源に近いことになろう。……魂はすべてのものに秩序を与え、それらを結びつける。」これが、「法や目的に応じた制度は、もともとから(von Natur aus)存在するのであって、自然(元来的にあるもの)より劣ったものから生じるのではない。なぜなら、それらは理性と真なる思考から生じるからである」という教説の理論的背景である。これは精神版自然主義の明確な立場表明であり、保守的な種類の実定主義的見解とも結びつく。というのも「思慮深く賢明な立法にはきわめて強力な助けがある。なぜなら法はひとたび文字として書き下ろされるならば、変わらないままにとどまるからである」。

こうしたことから、プラトンの精神版自然主義からみちびき出される論証はなんであれ、特定の法が「ただしい」あるいは「自然な」性格をもつかどうかという問いに対して、答えられないことが見て取れよう。この理論は実際的な問題に適用するにはあまりにも漠然としすぎている。この教義には保守主義のための一般的な論証がいくつかあるが、それを除けば、提供するものをほとんどもっていない。じっさいには、いっさいが偉大な立法者の知恵に委ねられている。（神のごとき哲学者とはかれのことであり、そしてその姿は、とりわけ『法律』において、疑いもなくかれの自画像である。参照、第八章。）だがそれとは反対に、国家と個人との相互依存にかんするプラトンの教義は、多くの具体的にして明白な結果を産むのであって、おなじことは平等に敵対する生物学版自然主義についてのかれの教義についても言えるのである。

第七節

すでに示唆しておいたが、プラトンは、理想国家はそれ自体で十全なものであるから完全な個体であると見なした。他方で市民は、個体ではあるが、国家の不完全なコピーなのである。国家は一種の超有機体、リヴァイアサンである。ここをもっていわゆる有機体的な、もしくは生物学的な国家論が西洋に導入されたわけである。この理論の根本についてはのちに批判することにしよう。(31) ここでは以下の点に注意を促しておきたい。プラトンはこの理論を擁護してはいないし、一度たりとも明白に述べたことはない。だが、それは十分明確にかれのもとにある。事実として、国家と人間個体とのあいだの根本的な類似性は『国家』の主要テーマのひとつである。ここの文脈で指摘しておくにあたいすると思うが、この類似性は国家の分析よりも、個人を分析する必要性を語るために役立っている。プラトンは〔おそらくはアルクマイオン〔ピタゴラスの弟子、医者〕の影響下に〕、国家の生物学的理論というよりは人間個体についての政治的理論を与えようとしたのだと考えられなくもない。(32) こう見なすことは、個人は国家よりも低次である、つまり個人は国家の悪しきコピーであるというかれの説に完全に合致するだろう。プラトンは、基礎となるアナロジーを導入したまさにそのところで、そのアナロジーを、個人を説明し記述するための方法として用いているのだ。国家は個人よりも大であり、それゆえに探求しやすいと言い、そこから〈探求〉〔つまり、正義の本性についての探求〕は「国家からはじめ、そのあとで個人におよぶなら、もちろんたえず類似性を視野に収めながら……そうすれば求めているものをより簡単に見出せると期待できないだろうか」と提案されるのである。

プラトン〔とたぶんにかれの読者〕は、想定した基礎となる根本的なアナロジーが成立するのは明白と考えている。それは、かれによるアナロジーの導入の仕方からもわかる。それは、プラトンが、統一された調和のとれた国家、〈有機体的国家〉、つまり、より原始的な社会形態を要求していたことのあらわれであると思われる(参照、第一〇章)。都市国家は小規模であるべきだ、とそうかれは言う――その成長は統一を危殆に瀕せしめないかぎりでのみ許されるべきなのである。この国家全体は、その本性からすれば、一であり多であってはならない[33]。したがってプラトンは〈統一〉、統一された閉鎖性、国家の個体性を強調する。しかしかれはまた人間個人の〈多様性〉も強調する。かれの分析によれば人間の魂は三つの部分――理性、力、欲望(動物的本能)――に分割される。これら三つの部分は、かれの国家における三つの階級――監視者(統治者のこと)、戦士、および労働者(これは、ヘラクレイトスの言い方では「野獣のごとくその胃袋を満たす」者である)――に対応する。プラトンはこれらの部分を相互に「異なり、争う個人」に対比しているほどである。「かくして人間は、見かけは一であるが、事実としては多であり、……完全国家は、見かけは多であるが、現実には一であると告げられる」とジョージ・グロートは言っている[34]。これは、もちろん、人間をその不完全なコピーとするところの国家の理想的な性格に対応している。国家そしておそらくは世界の統一と全体性がかくも強調されているわけである。これは、全体論あるいは〈ホーリズム〉と呼んでよいものであろう。プラトンのホーリズムは、思うに、以前の章で指摘しておいた部族の集団主義とよく類似している。プラトンは部族生活の失われた統一に憧れているのだ。社会革命のさなかでの変化に満ち満ちた生活はかれには非現実的なものと思われた。安定した全体、永遠に存続する集団のみが実在性をもつのであり、移ろいゆく個人はそうではないのである。個人にとっては全体に奉仕することが〈自然〉なのである。そうした全体は、個人の集まりであるばかりでなく、より高い秩序の〈自然〉な統一なのである。

プラトンは、原始的な部族のこの〈自然な〉、すなわち集団主義的な生活様式について卓越した記述を与えている。かれは『法律』ではつぎのように書いている。「法律には、共同体全体の福祉を実現させるという課題があり、一部には説得によって、また一部には強制によって、市民たちを一致結束させる。また法律は、市民各人を共同体の役に立つよき行為に参加させる。じっさい、国家に対するただしい心構えをもった人間を作り出すのは法律である。各人がほしいままに行為し生きていけるようにするためにではなく、彼らすべてを共同体の結束のために利用する。(35)」この全体論のなかには、美しいものを求めるという情緒的な唯美主義が含まれている。この点は、たとえば、『法律』におけるつぎのような文言から見て取ることができる。「どんな芸術家も……全体のために部分を作るのであって、部分のために全体を作るのではない。」おなじ箇所には政治的ホーリズムについてのじつに古典的な定式が見出される。「君は全体のために生まれたのであって、全体が君のためにではない。」全体の内部では、さまざまな個人や個人からなる集団は、その自然な不平等を背負って自身の特殊なそしてきわめて不平等な奉仕をしなければならない。

こうした点からすれば、あきらかにプラトンの理論は国家有機体説の一形態である──そう語ることは、ほとんどなかったとしても、そうなのである。だが、プラトンはそう語ったのだ。とすれば、疑いもなく、彼はこの理論の提唱者というよりもむしろ創始者の一人と明記されてよい。かれは、一般的な仕方で、国家とあれこれの有機体との類似性を語ったわけではない。ただ、国家は人間個人、より正確に言えば、人間の魂になぞらえることができると見なしただけである。としたら、この理論についてのプラトンの理解の仕方は、擬人的な(personalistisch)、あるいは心理的なものと名づけることができるだろう。とりわけ、国家の病、つまり国家の統一性の解体には、人間の魂、つまり人間の本性の病が対応する。国家の病は人間本性の邪悪さ、とりわけ支配階級に属する者たちの邪悪さにつながっているのであり、そのつながりはゆるいなどというものではなく、国家の病が直接にひき起こされるほどのものである。国家の退化過程で生じてくる個々の典型的な状態は、いずれも、人間の魂、人間本性、人間種族の退化段階それぞれによってひき起こされるのである。そしてこうした道徳的腐敗は、種族の腐敗から生じてくると想定されている。としたら、プラトンの自然主義では生物学的要素が自身のヒストリシズムを基礎づけるうえで最重要の役割を果たしていることは明らかだろう。なぜなら、最初の国家、あるいは完全国家の没落の歴史は、人間種族の生物学的退行の歴史に他ならないからである。

第八節

最初の変化は、どのようにして、なぜ生じたのか、そしてどのようにして腐敗へと至ったのかという問いは、前章で指摘しておいたように、プラトンのヒストリシズム的社会理論における最大の難問のひとつをかたち作っている。最初の国家、自然で完全な都市国家は解体の芽を内在させることはできない。「なぜなら、解体の芽を内在させている国家はまさにその理由からして不完全だからである。[36]」プラトンはこの難問を克服しようとして、最初の国家とか完全国家の国制にではなく、みずからが想定した一般的に妥当する歴史的、生物学的、そのうえ宇宙論的でもある腐敗の法則に責任を取らせようとした。「いっさいの作られたものは腐敗せざるをえない。[37]」だが、この一般的な理論はじっさいには満足のいく解決を提供しない。なぜなら、それは、十分な完全国家でさえなぜ腐敗の法則を免れることができないのかを説明しないからである。プラトンは、じっさい、最初の国家あるいは自然な国家の支配者が訓練された哲学者であったならば、歴史的な腐敗は避けえていただろうと示唆している。だが、そうではなかった。かれらは(プラトンがみずからの天上的な国家の元首に要求したような)数学や弁証法での訓練を受けてはいなかった。[38] またかれらは、退化を避けるためには、優生学というより高次の秘法への手ほどきを受けている必要があったのだ。それは、「監視者の種族にその純粋性の維持」を教え、かれらの血管中における高貴な金属が労働者の卑しい金属と混合することを回避させるための指示を含む学問なのである。だがこの高次の秘法は公開するのがむずかしいものであった。プラトンは、数学、音響学、天文学において、一方の側におけるたんなる(人を欺く)思いこみ——これは経験によって汚染されておりいかなる正確さも達成しえず、しょせんより低い段階に位置する——と、他方の側における正確で感覚的経験からは解き放たれた純粋で合理的な知識とを峻別している。かれはこの区別を優生学の領域にも適用する。たんなる経験的な血統保存の理論は正確ではありえないのである。したがって、それは種族を完全に純粋に保つことはできない。ここから、原始の国家——善であり、国家の形相やイデアによく類似して「建設されているからほとんど揺り動かされるはずのない」国家——がなぜ没落したのかが説明されることになる。「没落の仕方はこうである」とプラトンは言って話をつづけ、血統保存についての、魔法の数についての、また人間の没落についての、みずからの理論を語る。

繁殖不能や退化が避けられるべきだとしたら、あらゆる動植物は一定の時期を守って飼育育成されねばならないとプラトンは告げる。最善国家の支配者は種族の生命の長さにかかわるこうした時期についてなんらかの知識をもち、そしてその知識を支配種族の血統保存のために使う。だが、そうした知識は、合理的ではなくたんに経験的なものである。それは「知覚に支えられた(知覚に基礎をおいた)想定である」。(参照、つぎの引用文。)すでにみたように知覚や経験は決して正確ではないし、信頼できるものでもありえない。なぜなら、その対象は純粋な形相やイデアではなく、移ろいゆくものであるからである。そして監視者はよりよい知識をもっているわけではないから、血統保存が純粋になされることはありえず、退化が始まるのである。プラトンはこの状況をつぎのように説明する。「君たちを国家の指導者に育て上げてきた者たちは、君たちの種族にかんして」(つまり、動物の種族にかんしてではなく、人間の種族にかんしてということだが)「十分な知恵を所有しているだろう。しかし、かれらは知覚に基礎をおく想定を用いているから、よき子孫をえるか、それともまったくえられないかは、どう見ても偶然によることになるだろう。」理性にのみもとづく方法が欠けているのだから、[39]+「誤りを犯し、いつの日にか誤った仕方で子供をもうけるであろう。」つづく箇所でプラトンは――かなり漠然とではあるが――純粋に理性にもとづきそして数学的である学問の発見によって、それを避ける道があることを示唆する。それは「プラトン数」（人間種族の真の時間を定める数）としてより高次の優生学の根本原則へ至る鍵を含むものである。だが古い時代の監視者たちは、ピタゴラス的な数の秘儀を、つまりより高次の血統保存への鍵を知らなかったので、それ以外の点では完全であったのだが、自然の国家は腐敗せざるをえなかったのである。プラトンは一部みずからの神秘的な数の秘密を漏らし、こううつづけている。「この……数はよきあるいは悪しき出生を司る女支配者であり、いつでも監視者が（君たちも知っているように）こうしたことについて無知であるとき、花嫁と花婿を間違った仕方で結びつけるので、[40]+子供たちはよき本性にも幸せにも恵まれないであろう。かれらのうちの最善者でさえ……父親の後を追って権力をふるうようになるや否や、それにあたいしないことがあきらかになるだろう。ひとたび監視者になるや、もはやわれわれに耳を傾けはしないだろう」――つまり、音楽や体育の教育などにおいて、そしてプラトンがとりわけ強調したように、血統保存の管理において。「そして監視者としての仕事、つまり(君たちとおなじようにヘシオドスの種族である)種族の金属——金、銀、青銅、鉄——を監視し吟味するという仕事にまったく不適格である者が支配者に指名されることになるであろう。そこから鉄が銀と、そして青銅が金と混合され、そうした混合から変化と愚かしい不規則性が生じてくるだろう。しかし、そうしたものが生まれてくるならば、争いと敵対が生み出される。不和の由来と生まれは、それがどこで生じようとも、このように記述されるだろう。」

これが数について、そして人間の没落についてプラトンの語る神話である。これがかれのヒストリシズム的社会学の、とりわけ前章で論じた社会革命の根本法則の基礎なのである。[41]というのも、種族の退化が支配階級内部における分裂の起源を説明し、したがってあらゆる歴史発展の起源を説明するからである。人間本性の内部分裂、つまり魂の分裂は、支配階級の分裂をみちびく。ヘラクレイトスにおいてそうであったように、戦争、階級闘争が、あらゆる変化および人間の歴史の父であり原動力なのである。しかし、これは社会の崩壊の歴史そのものである。これよりみれば、プラトンの観念論的なヒストリシズムは最終的には精神的なものに基礎をおくのではなく、生物学的なものに基礎をおいているわけである。それは人間という種族についての一種のメタ生物学[42]に基礎をおいている。かれは生物学的な国家論をもった自然主義者であっただけではない。かれは社会動学や政治史についての生物学的人種理論の最初の提唱者でもあった。ジェームズ・アダムの言によれば「プラトン数はプラトンの歴史哲学がはめ込まれる枠組みであった[43]」。

プラトンの記述的社会学についての素描を閉じるにあたっては、要約と評価をくわえておくことが適切だろう。

プラトンはじっさいに、スパルタの社会形態に類似していた初期ギリシアの集団主義的氏族社会についての、当然のことながら理念化されたものであったとはいえ、驚くほどただしい再構成に成功した。こうした社会の安定性を脅かす諸力(とりわけ経済的諸力)についての分析によって、かれは社会の安定性を保持するために必要な一般的な手続きや社会的制度を記述する可能性をえた。くわえてかれはギリシア都市国家の経済的歴史的発展についての合理的な再構成も提供したのである。

こうした業績は、みずからが生きた社会への憎悪によって、そしてまた社会生活の古い種族的形態へのロマンチックな愛によって、そこなわれている。こうした態度から、かれは歴史の発展にかんする支持しがたい法則、すなわち一般的な下降と腐敗の法則を立てるに至った。そのおなじ態度が、その他の点では輝かしい分析であるにもかかわらず、そこに見られる非合理で空想的なそしてロマンチックな要素に対する責任を負うのだ。他面でかれの個人としての関心や党派性こそが眼差しを鋭くさせ、はじめて業績を可能にしたのである。かれがそのヒストリシズム的理論を引き出したのは、目に見え流転している世界は変化することもなく目には見えない世界からの腐敗を重ねていくコピーなのであるという、空想的でもあれば哲学的でもある理論からであった。だが、ヒストリシズムにもとづく悲観主義を存在論的楽観主義と結びつけるという天才的なこころみは、最後まで考えぬくなら、困難に突きあたる。その困難のために、かれは生物学版自然主義を受け入れざるをえなかった。そこからかれは（社会はそのメンバーたちの〈人間本性〉に依存するという〈心理学主義〉[44]をもっていたので）、種族の血統保存という擬合理的にして数学的な理論において頂点に達する神秘主義と迷信を受け入れたのである。これら二つの理論の相克が、かれの理論的建築物の印象深い統一を危険にさらすのである。

第九節

この建築物を振り返りながら、てみじかにかれの見取り図を見渡しておこう。[45]+ 偉大な建築家によって立案されたこの見取り図は、プラトンの思考の根本にある形而上学的二元論を示している。論理の領域においては、この二元論は一般的なものと特殊的なものとの対立として出現し、数学的思弁の領域においては、一と多との対立として姿を現している。認識論の領域においては、純粋な思考に基礎をおく合理的な知識と、特定の経験に基礎をおく思いこみとの対立として出現している。存在論の領域においては、根源的な変わらざる真の実在的世界と、多として変化をかさね人を欺く現象とのあいだの対立として、つまり、純粋な存在と、生成、つまり、より正確に言えば、変化との対立として出現している。宇宙論の領域においては、創造者と、没落に委ねられた被造物との対立として示されている。倫理の領域においては、存続するものとしての善と、没落していくものとしての悪とのあいだの対立として。最後に政治においては、プラトンの二元論は、一方で、完全性と独立性を達しうる国家たる集団と、他方で、不完全であり依存せざるをえず、そしてその個別性は国家の統一のために抑圧されねばならない個人としての多数者からなる巨大な人民の群れとの対立として、出現している。（参照、次章。）そしてこの二元論的哲学の全体は、思うに、社会の領域での、一方における理想的な社会秩序についてのヴィジョンと、他方における現実の忌むべき状態との目もくらむようなコントラスト——安定した社会と革命の過程にある社会とのコントラスト——から生じたのだ。

訳注

〔1〕一般にヨーロッパの諸言語においては、自然法則という意味での「法則」と規範としての法律という意味での「法律」とが同一の単語、たとえば、ドイツ語では〝Gesetz〟によって表現される。ここに両者が十分に区別されてこなかったひとつの理由がある。以下においては、両義性を伝えなければならないところではたんに「法」と訳しておく。

〔2〕〝Konventionalismus〟という用語はじゅうらい科学哲学の分野を中心として、「規約主義」とか「約束主義」と訳されてきた。しかし、社会生活のなかで人びとが討論をつうじて主体的にルールとか法を定めていくという側面を強調するために、十分に市民権をえた訳語とは言えないが、「協定主義」と訳すことにした。とはいえ、Konvention には因習とか慣例といった意味もある。こうした側面を前面に出す必要があるときには、〝Konventionalismus〟という用語を「因習にとらわれた態度」とか「慣例主義」と訳した。

〔3〕この語は「実証主義」と訳されることが多いが、本書においては科学哲学的意味あいのみならず、政治的社会的文脈において、すでにあるもの(現行権力)に依拠して自己の正当化を図るという意味あいもある。それを強調するためにこの訳語を採用した。

プラトンの政治綱領

第六章　全体主義下における正義

プラトンの社会学を分析したあとでは、かれの政治綱領を解明することは容易である。かれの基本的な〔政治的〕要求は二つの定式で表現できる。第一の要求は、静止と変化にかんするかれのイデア論的な理論に対応しており、第二の要求は、かれの自然主義に対応している。イデア論的な定式はこうである。どんな政治的変化も停止させよ！　変化、運動は悪であり、静止こそ神聖である[1]。国家をその原型、つまり国家の形相とイデアの正確なコピーとして建設するなら、変化を阻止することができる。では、それはどのようにしてなされるのか。この問いに対しては、自然主義にもとづく定式が答えている。すなわち、自然に帰れ！　われわれの先祖の元来の国家へ帰れ、人間本性に合致して基礎づけられた、それゆえに恒久的な原始の国家へ帰れ、没落に先立つ時代の家父長的部族社会へ帰れ、賢い少数者が無知な多数者を支配する自然な階級支配へ帰れ、ということなのである。

プラトンの政治綱領に含まれるすべての要素は実際上これらの要求から導出できるだろう。ひるがえって、それらの要素自体はかれのヒストリシズムに由来している。したがってそれらの要素は、強固な階級支配を前提とするかれの社会学的理論と一緒に考察される必要がある。そうした要素のうち、ここでわたくしが根本的要素と考えているのはつぎのようなものである。

(A) 厳格な階級区分。牧者と番犬からなる支配階級は人間という家畜から厳格に区別されねばならない。

(B) 国家の運命と支配階級の運命との一体視。この階級とその統一にもっぱら関心を向けること。そして、この統一に奉仕するものとして、この階級の血統保存と教育のための硬直した規則、ならびにこの階級のメンバーに対する厳格な監視、そしてかれらの関心すべてを集団に向けさせること。

こうした根本的要素から、たとえばつぎのような他の要素も導出される。

(C) 支配階級は、戦争を遂行するための徳性とか軍事的技能の養成といったことがらを独占する。支配階級のみが武器を携行し、あらゆる種類の教育を要求しうる。しかし、かれらは経済的諸活動、とりわけ金もうけからは完全に排除される。

(D) 支配階級の知的活動すべては検閲によって統制されなければならない一方で、かれらの思想を型にはめ画一化するために間断なき宣伝がなされねばならない。教育、立法、宗教における革新はすべて阻止され抑圧されるべきである。

(E) 国家は自分自身を配慮できなければならない。国家は経済的自給自足を目指すべきである。そうでないとしたら、国家の支配者たちは商人に依存するか、あるいはみずから商人にならざるをえなくなろう。第一のばあいは、かれらの権力が掘り崩され、第二のばあいは、かれらの統一と国家の内的均衡が掘り崩されてしまうであろう。

こうした綱領を全体主義と呼んでも不当ではないであろう。そしてこの綱領はヒストリシズムにもとづく社会学に基礎をおいているのである。

だが、それですべてであろうか。プラトンの綱領には他の特徴、つまり全体主義にもヒストリシズムにももとづきはしない要素は存在しないのであろうか。善や美に対するプラトンの燃え上がるような憧れ、あるいは知恵や真理に対するかれの愛についてはどうであろうか。賢者、すなわち哲学者が支配すべきであるというかれの要求についてはどうであろうか。かれは自国の市民が有徳で幸せであることを望んだが、これについてはどうであろうか。また、国家は正義の上に築かれるべきであるというかれの要求についてはどうであろうか。プラトンに批判的に対峙した著者たちでさえ、かれの政治理論は、現代の全体主義的理論とある種の類似性をもつとはいえ、それからは明瞭に区別される――市民の福祉と正義の支配というプラトンの目標によって――と信じている。たとえばリチャード・H・S・クロスマンは「歴史に照らすかぎり、プラトンの哲学は、リベラリズムの理念に対する野蛮で根源的な攻撃である」(2)というコメントからもその批判的な立場がうかがえるのだが、プラトンは「すべての市民がじっさいに幸せであるような完全国家の樹立」を計画したのだと信じているように思われる。もうひとつの例はC・E・M・ジョードである。かれはプラトンの綱領とファシズムのそれとの類似性をかなりくわしく論じたが、プラトンの最善国家において「ふつうの人」は「……その本性に見合っただけの幸せを要求するのだから」、そしてこの国家は「絶対的な善と絶対的な正義」の上に樹立されているのであるから、〔全体主義的理論とは〕根本的な相違があると主張したのであった。

こうした議論にもかかわらず、わたくしは、プラトンの政治綱領は道徳的に見て全体主義的体制よりも勝っているなどとはとうてい言えず、根本においてはそれと同一であると考える。こうした見解に対しては反論がある。だが、それらは、わたくしには、プラトンを理想化する古くからのそして深く根を張った偏見にもとづいているように思われる。クロスマンはそうした傾向を摘出し破壊することに大きく貢献した。この点はつぎのような文章から見て取ることができるだろう。「第一次世界大戦以前においては……プラトンが……リベラルな信仰箇条の根本原則すべてに対して断固たる反対を唱えた反動家と見なされることはほとんどなかった。その代わりにかれは……実際生活から身を引き離し、超越的な神の国を夢見る高位者とされていた。(3)」しかし、クロスマン自身はみずからがかくも明確に抉り出した傾向を免れてはいないのだ。グロートやゴンペルツが『国家』や『法律』におけるいくつかの教義の反動的な性格を指摘した事実があるにもかかわらず、そうした傾向がかくも長く存続しえたことは興味深い。これらの思想家でさえ、ここに触れた教義から生じるすべての帰結を見通せたわけではなかったということだ。かれらは、プラトンが根本においては人道主義的な原則の提唱者であることを疑いもしなかった。したがってかれらの批判は無視されるか、プラトンに対する理解と評価を欠くものと解釈された。つまりキリスト教徒はプラトンを「キリスト以前のキリスト教徒」と見なし、革命家たちは革命家と見なしたというわけだ。プラトンに対するこうした全幅の信頼は疑いもなくいまなお支配的である。例を挙げてみよう。ガイ・C・フィールドは、読者に対して「プラトンを革命的な思想家と考えるなら、かれを完全に誤解する」と注意する必要があると考えている。これはこれでもちろんただしい。だが、こうした警告は、プラトンを革命的思想家とかあるいは少なくとも進歩派に属する者と見る傾向がかなり広まっていなかったとしたなら、あきらかに意味をもたないであろう。だが、フィールド自身がつづけて、プラトンは「当時の新しいそして煽動的な諸傾向に対して鋭く反対していた」というとき、自分自身でもそう考えているのだ。かれはここでそうした諸傾向にある破壊的性格なるものについてのプラトンの証言をあまりにも安直に受け入れている。自由の敵は、いつでも自由の擁護者を放縦の賛美者であって煽動をこととしているとして責めてきた。そしてかれらはほとんどいつでも無邪気な人とかお人好しの人びとを説得することに成功してきた。

　この偉大なイデア論者を理想化する傾向は、プラトンの著作についての解釈のみならず、翻訳にも染み渡っている。翻訳者は、人道主義的原則の主張者なら語って然るべきだと思いこんでいるところがあるわけで、それに適合しないプラトンの破壊的なコメントは、しばしばやわらげられたし、理解されることもなかったのである。英語の文献では、この傾向はすでにプラトンのいわゆる「共和国（*The Republic*）」という書名の翻訳に始まっている。この書名を聞いて最初に思い浮かぶのは、著者は革命家ではないとしても、リベラルであるにちがいないということであろう。だが、「共和国」という書名はギリシア語をラテン語訳したものの英語形でしかない。もとのギリシア語の方は、なんらこの種の連想を呼びさますものではなく、その正確な翻訳は「国制」とか、「都市国家」とか、「国家」といったところであろう。伝統的な英語訳としての「共和国」は疑いもなく、プラトンが反動家であるはずがないという一般的な確信に寄与した。

とすると、プラトンの政治的要求は全体主義的で非人道的であるという、わたくしのテーゼは擁護する必要がある。プラトンは善とか正義とか、また本書で言及した他の観念についてもくわしく述べているので、それらに照らして擁護する必要があるだろう。そのため、これからの四章ではヒストリシズムについての分析を中断し、すでに言及した倫理的理念やそれらがプラトンの政治的要求のなかで果たした役割について批判的に考察したい。本章では正義の理念について考察し、つづく三章では、賢者や最善者が支配すべきであるという理論、ならびに真理、知恵〔賢明さ〕、善、美といった理念を考察することにしよう。

第一節

〈正義〉について語られるとき、ほんとうはなにが意味されているのだろうか。わたくしは、この種の語義にかかわる問いが重要であるとか、それに正確に答えることができるとは思っていない。なぜなら、こうした語はいつでもさまざまな意味で用いられるからである。だが大部分の人びと、とりわけ一般的に人道主義的な態度をとっている人たちは〈正義〉ということばを聞くと、おそらくつぎのようなことを思い浮かべると思う。(a)国家の市民であることの重荷、すなわち、社会生活において必要な自由の制限を平等に分かち合うこと。[4]+ (b)法のもとでの市民の平等な扱い。もちろん、これにはつぎのような前提がある。(c)法そのものが、個別の市民とか集団とか階級を優遇もしくは冷遇しないこと。(d)裁判が党派的でないこと。そして(e)国家の同胞であることによって市民に供される（重荷ばかりでなく）利益に平等に関与すること。プラトンが〈正義〉ということばでこの種のことを考えていたのであれば、かれの綱領は裏表なく全体主義的であるというわたくしの主張はたしかに間違っており、プラトンの政治は受け入れることのできる人道主義的な基礎の上に立っていると見なす人びとがすべてがただしいことになろう。だが事実はどうか。プラトンは〈正義〉ということばのもとでまったく異なったことを理解していたのだ。

プラトンは〈正義〉ということでなにを理解していたか。かれは『国家』において〈ただしい〉という表現を〈最善国家のためになるもの〉の同義語として使ったというのがわたくしの主張である。では最善国家のためになるものとはなにか。厳格な階級区分と階級支配を維持することでいっさいの変化を阻止するということだ。この解釈がただしいなら、正義を要求するプラトンの政治綱領は全体主義の理論水準とぴったり同水準にあることになろう。そしてわれわれはそこから、たんなることばに酔ってしまう危険から身を守らねばならないという教えを引き出すべきであろう。

正義は『国家』の中心テーマである。じっさい、この書の伝統的な副題は〈正義についてである〉。正義の本性を探求するにあたってプラトンは前章で言及しておいた方法を利用している。かれはまずこの観念の痕跡を国家のうちに探求し、それからその成果を個人に適用しようとこころみる。(5)〈正義とはなにか〉というプラトンの問いは素早く答えを与えられているわけではない。なぜなら、それは第四巻ではじめて与えられるからである。その答えに至るまでのあいだ多くの考察がなされているが、それらについては本章の後段で詳細に分析することにしよう。ここではてみじかに述べておくにとどめておきたい。

国家の土台は、人間本性、その欲求、その被制約性にある。(6)「われわれの国家共同体においては、各人はただひとつの仕事、つまり自分の本性にもっともふさわしい仕事をするべきである。われわれは、この点をはっきりと確認し、そして君も思い出すと思うのだが、たえずくりかえしてきた。」各人は自分自身の仕事を気にかけるべきである。そこからプラトンが引き出す結論はこうだ。大工は大工仕事に、靴屋は靴作りに専念すべきである。二人の労働者が国家の内部でその本来の〔自然によって与えられた〕持ち場を交換しても大した害は生じない。「しかし、生まれつき〔von Natur aus　その自然からしてということ〕労働者である者（あるいは金稼ぎをする階級の一員）が……戦士階級に上昇しようとしたり、あるいはたとえば戦士が監視者階級にその資格もないのに入り込もうとしたら……この種の変化やそれをみちびいた密議は国家の没落を意味するであろう。」プラトンは、武器の携行は階級の特権であるという原則と深く関連するこのようなこまかな議論をすることで、三階級間でのどのような変更も交替も不正とならざるをえないのであり、だからこそその反対が正義なのであるという結論に到達する。「金稼ぎをする連中、戦士、ならびに監視者といった国家のどの階級もみずからの仕事に勤しむならば、正義がえられる。」この結論は少しのちにもまた確認され、そしてこう要約される。「国家は、……その三つの階級すべてがそれ自身の仕事に専念するとき、正義にかなう。」これが語っているのは、プラトンが正義を階級支配および階級的特権の原理と同一視しているということである。なぜなら、あらゆる階級はみずからに固有な仕事に専念すべきであるという原則は、簡単明瞭に言えば、**支配者のみが支配し、労働者は労働し、奴隷は課役を果たすときに国家は正義である**ということだからである。[7]

正義についてのプラトンの概念は（先にかなり分析した）われわれの伝統的な捉え方と

は根本的に異なっていることがわかるであろう。プラトンにとって階級的特権は〈ただしい〉のである――われわれは、正義のもとで、むしろその種の特権の存在しないことを理解しているというのに。相違は広汎である。われわれにとって正義とは個人を扱うにあたってのある種の平等である。それに対してプラトンは、正義のもとで個人間の関係ではなく、階級間の関係にもとづく国家全体の特性を理解しているのだ。国家は、健康で、強靭で、統一されている――要するに、安定しているときに、ただしいのである。

第二節

だが、プラトンの方がただしいのではないか。ひょっとしたら〈正義〉とは事実としてかれが語ったことを意味するのではないか。わたくしはこうした問いを論じようとは思わない。誰かが〈正義〉とはある階級の異論の余地のない支配を意味するのだと言うのであれば、わたくしの答えは、全身全霊をもって不正義に与する、というものになるだろう。べつなふうに述べればこうなる。わたくしは、なにものもことばに依存することはなく、すべてはわれわれの実際上の要求、あるいは政治をつくり上げるために受け入れると決定した提案に依存すると信じているということだ。正義についてのプラトンの定義の背後には、根本において、全体主義的な階級支配への要求、またそれを実現しようとする決定が控えている。

だがこのことばはべつな意味でただしかったのではないか。正義についてのかれの考えはおそらくこのことばのギリシア的な使い方に対応していたのではないか。おそらくギリシア人は〈正義〉ということばのもとで全体にかかわるようなこと、たとえば〈国家の健康〉といったものを理解していたのではないか、そしてわれわれの有するような近代的な正義の観念(法のもとでの市民の平等)の先取りをプラトンに期待するのは極端に不公平で非歴史的ではないのか。この問いに対しては、実際のところ、肯定的に答えられてきたのであり、〈社会的正義〉についてのプラトンの全体論的考えは、伝統的なギリシア人の態度の特徴であると、ことばを換えると、「ローマ人のようにとくに法において秀でていた」わけではなく、むしろ「とくに形而上学的」であった「ギリシア人の天才」の特徴であると主張されてきた。(8) だが、この主張は支持できない。つまり実際のところギリシア人たちは、この〈正義〉ということばを、われわれのもとでの個人主義的なそしてまた平等の理念と結びつくことば遣いと、圧倒的に類似する仕方で用いていたのだ。

こうした主張を証明することには第一にプラトン自身が貢献している。(『国家』よりも先に成立した)対話編『ゴルギアス』においてかれは、〈正義とは平等である〉という見解は人民大多数によって抱かれており、〈協定〉にばかりではなく〈自然そのもの〉とも一致すると言っている。第二に、法のもとでの人間の平等説に対するもう一人の敵であるアリストテレスを引用することもできる。かれは、プラトンの自然主義に影響されて、とりわけある種の人間は生まれつき奴隷労働をすべく生まれたという説を展開した人物であった。(9)+ だが、かれほど、〈正義〉という語の解釈にかんして、それは個人にかかわるものであって、法のもとでの人間の平等のことであるという説の拡散に関心をもっていた人はまずいなかったであろう。アリストテレスは、裁判官とは「正義の人格化」であると言って裁判官の役割を説明したが、そのさいに「正義の回復」こそが裁判官の仕事であると主張した。かれは、「すべての人間が正義とは一種の平等であると」、つまり「人間にかかわる」平等と見なしてきたと語っているのだ。かれはそのうえ(ここでは間違っているとはいえ)、〈正義〉にあたるギリシア語は〈平等な分配〉とおなじ意味をもつ語根から生じたと信じている。(「正義」は「戦利品や恩典を市民に分配するにさいしての平等」を意味するという見解は、『法律』におけるプラトンの見解と一致する。そこでは戦利品や恩典の分配にさいして二種類の平等が区別されていた――〈数的〉あるいは〈算術的〉平等と、〈関係に応じた平等〉である。第二の種類の平等は、当該の人物が徳、教養、富をもつ程度を考慮に入れるのであり、そしてこの〈関係に応じた平等〉が〈政治的平等〉を構成すると言うのである。）そして民主主義の原則を論じるにあたってアリストテレスは、「民主主義的正義は〈関係に応じた平等とは区別される〉算術的平等の原理を適用する点にある」と注釈した。これらは、正義の意味についてかれが個人的にもっていた印象の叙述にすぎないわけではなかったし、この語がプラトンにしたがって『ゴルギアス』や『法律』の影響下に使われるときの用法の記述でもなかった。ここではむしろ〈正義〉という語の一般的な古くからのそしてふつうの使われ方が論じられているのである。(10)

こうした証拠を目にすると、『国家』における正義についての全体論的で、平等に対して敵対的な解釈は新しい解釈の導入であったと、したがってプラトンはみずからの全体主義的な階級支配を〈ただしい〉とするようにこころみたのだと、それに対して人びとは〈正義〉のもとで一般にその正反対を理解していたのだと断言せざるをえないように思われる。

これは、驚くべき結果であり、一連の問いを生じさせる。なぜプラトンは『国家』において、一般のことば遣いからすれば平等が理解されているときに、正義とは不平等の意味であると主張したのであろうか。これに対する唯一ありうる答えは、わたくしには、全体主義国家こそ「ただしい」国家であると人びとに語りかけることで、そのような国家へのプロパガンダを欲したのだということであるように思われる。だが、問題はことばではなく、ことばによって考えられる思念であることを思ったら、こうしたこころみはするにあたいするのであろうか。もちろん、するにあたいする。それは、プラトンが読者を――こんにちに至るまで――自分こそ、正義、すなわち読者が求めている正義のただしい代弁者であると説得することに完全に成功してきたという点からも見て取ることができよう。またかれが法のもとでの平等の擁護者たちのあいだに懐疑と混乱を広めたのも事実である。プラトンの権威に影響されて、かれらは、正義についてのプラトンの考えこそ、自分たちのものよりもより真であり、よりよいのではないかと訝り始めたのだ。〈正義〉ということばは、われわれにとっては非常に重要な目標のひとつを表わす象徴であり、そして大勢の人がそのためにはどんなひどい仕打ちにも耐え、そして意のままになる財のいっさいをその実現のために使うつもりでいるのだから、こうした人道主義の力を味方にし、少なくとも法のもとでの人間の平等を目指した運動を麻痺させることは、たしかに、全体主義の理念を信奉する者にとっては追求にあたいする目標であった。だがプラトンは正義が人びとにとってかくも多大の意義をもつことを知っていたのだろうか。知っていたのだ。なぜならかれは『国家』でつぎのように書いているのだから。「人は不正を犯したならば……勇気に火がつくことはないのではないだろうか……だが不正をこうむったと信じるならば、ただちに激情と怒りが燃え上がりはしないか。おなじように、かれが戦いにおいてみずからただしいと考える大義の側にいると思うなら、飢えにも寒さにもどんな仕打ちをも耐え忍ぶのではないだろうか。かれは勝利に至るまで高揚した状態にあり、目標を達成するかあるいは死ぬまで、耐え抜くのではないだろうか。」(11)

こうした文章を読むならば、プラトンが信念の力、とりわけ正義に対する信念の力を知っていたことに疑いはない。またあきらかに、『国家』の目標は、こうした信念を捻じ曲げ、正反対のものでおき換えることにあったにちがいない。そして利用できる証拠に照らせば、プラトンはみずからがおこなったことをじつによく知っていた――そう考えてほぼ間違いないであろう。法のもとにおける人間の平等を目指した運動は、かれにとって不倶戴天の敵であり、破壊されねばならないものと考えられていたのだ。それは、大きな悪であり大きな危険であると、疑いもなく、真面目に信じていたのだ。だが、かれが加えた攻撃は正面切った攻撃ではなかった。かれはその敵を真っ正面に見据えようとはしなかった。

こうした主張を支えるための論証に進むことにしよう。

第三節

『国家』は、これまでに書かれたなかでももっとも入念に仕上げられた専門的な正義論であろう。そこでは正義についてのさまざまな見解が探求されている。しかもその探求は、読者に、プラトンはその知っている重要な理論をなにひとつとり落としてはいないのだと確信させるような仕方でなされている。事実、かれは、当時広まっていた諸見解のうちに正義を探し出そうと努力したのだが無駄であったので、正義についての新しい探究が必要であったのだと示唆している。[12] ところが、かれは既知の理論を概観し論じているにもかかわらず、正義とは法のもとでの平等である(〈イソノミー(Isonomie)〉)という見解には、言及さえしていない。こうしたとり落としはただ二つの仕方でのみ説明されるであろう。かれは、正義とは法のもとでの人間の平等であるという説を見落とし[13]たか、意図的に避けたかである。第一の可能性はほとんどないであろう。『国家』がどれほどの入念さをもって構成されているか、また、プラトンにとっては自説を可能なかぎり影響力のあるように叙述するには論敵の理論を分析する必要があったことを思えば、そうであろう。くわえて平等説が広くいきわたっていたことを思うならば、第一の可能性はまずありえない。だがたんなる蓋然性にもとづく議論に頼る必要はない。プラトンは、『国家』を書いたとき、すべての人間には平等な権利があるという考えを熟知していたばかりでなく、その影響力も知っていた。この点は簡単に示すことができる。すでに本章で言及したように（第二節）、そしてまた後段でくわしく示すつもりであるが（第七、八節）、法のもとにおける人間の平等という説は、初期に書かれた『ゴルギアス』においては重要な役割を演じたどころか、擁護されてもいた。この説の長所と短所は『国家』のどこでも真面目に論じられていないとはいえ、その影響力にかんしては、プラトンは自分の見方を変えはしなかった。『国家』そのものがこの説の通俗性を示す証拠を残している。そこではこの説は、広くいきわたった民主主義者の信念としてほのめかされているのだが、ただ軽蔑をもって扱われている。この説について語られるいっさいは、いくつかの嘲笑的で嫌味たっぷりの罵詈[14]といっていい批評である。かれはそれでアテネの民主主義を攻撃し、正義が討論の対象になっていないところでそうしたことばを語るのだ。それゆえプラトンが平等説を見落としたという可能性は排除してよい。おなじことは、かれは自説とは真っ向から対立する有力な理論について、それを論じる必要を認めなかったのだという仮定についても言える。かれは『国家』においては、いくつかの怒りに満ちた（あきらかに削除してしまうには惜しいと考えた[15]）悪意のあるあてこすりを入れている。それは黙殺できないでいることを示しているわけで、そうした説を論じることを意識的に拒絶しているものとしてのみ説明されるであろう。とすれば、読者に対してすべての重要な理論はもうすでに探究されてしまったと説き伏せようとするプラトンの方法が、どうして知的誠実性の原則と折り合いがつくのか、わたくしにはわからない。もっとも、かれが平等説を語ることを拒絶したのは、拒絶することは優れたことなのだと全身全霊をあげて信じこんでいたからだとは言えるかもしれないのだが。

プラトンはじっさいには沈黙を守りつづけている。その意味をただしく評価するためには、まず以下の点を明確に把握しておく必要がある。人間は平等な権利をもつべきだという運動はプラトンにとってはみずからが憎むもののいっさいを体現していたということ、また、『国家』や後期の作品すべてにおけるかれ自身の理論は、主として、平等の権利や人間愛を語る新しい理念が提示した強力な挑戦に対する応答であったということだ。この点を示すために、わたくしは人道主義的運動の主要な原理を語り、ついで、プラトンの全体主義的理論にはそれらに対応する原理が存在しているので、それらと対置してみようと思う。

正義についての人道主義的理論は、主としてつぎの三つの要求あるいは提案をしている。すなわち(a)平等な権利の原理、つまり〈生まれついての〉特権を排除しようとする提案。(b)個人主義という一般的な原理。(c)国家の使命や目的はその市民の自由を保護することにあるという原理。これらの政治的要求あるいは提案のおのおのには、プラトン主義のまさに正反対の原理が対応している。すなわち(a′)生まれついての特権の原理。(b′)ホーリズムあるいは集団主義という一般的な原理。(c′)個人の使命や目的は国家の安定性を維持し強化することにあるという原理。これらの三点は本章の第四、五、六節で順次論じることにしよう。

第四節

平等主義(Prinzip der Gleichberechtigung)とは、国家の市民を平等に取り扱うべしという要求である。それは、出生、血縁、富が、法の執行者に影響を与えてはならないと要求する。ことばを換えれば、市民たちが信頼にあたいする人物にある種の特権を付与することがあるとしても、〈自然な(生まれつきの)〉特権は承認しないということである。

平等主義は、プラトンの生まれる数年前にペリクレスが、ある演説のなかでみごとに述べており、トゥキュディデスがそれを伝えている。[16] その演説は第一〇章で詳細に引用しよう。ここではつぎの一節を取り上げておきたい。ペリクレスはこう述べている。

「われわれの法は、すべての市民に対し、その私的な揉め事においては平等な仕方で平等な権利を付与する。しかし卓越性の要求を見落としはしない。ある市民が卓越した行為をするならば、その者は優先的に公職に登用される。特権によってではなくして、かれの貢献に対する褒美としてである。かれの貧困がその障害となることはない」。こうした文が表現しているのは、平等と自由に向けた偉大な運動の根底にあった目標のいくつかである。それらは、すでに見たとおり、奴隷制への批判を抑制させるものなどではなかった。ペリクレスの世代においては、こうした運動は、前章で言及したエウリピデス、アンティポン、ヒッピアスによって表現されていたのみならず、ヘロドトス[17]によっても表現されていた。プラトンの世代においては、すでに引用しておいたアルキダマス、リュコフロンがこの運動の代表者であった。早くからソクラテスの親友の一人であったアンティステネスもまたこの運動の信奉者であった。

プラトンの正義の原則はこうした思想に対して公然と真っ向から対立する。プラトンは自然の〔生まれついての〕指導者には自然の特権のあることを要求した。しかしかれは、平等主義に対して、どのように戦ったのであろうか。またかれは自分自身の要求をどのようにして基礎づけたのであろうか。

前章で示しておいたことを思い出してもらいたいのだが、法のもとでの人間の平等な扱いという要求についてはいくつか定式があった。それらは〈自然な権利〉という、印象深くはあったが疑問の余地のあることばで書かれていた。また、これを代弁する思想家が用いた論証は、〈自然な〔生まれついての〕〉、つまり、人間の生物学的な平等性に依拠するものであった。このような議論に意義がないことはすでに見たところである――人間はいくつかの重要な点で平等であるし、他のいくつかの点では不平等であるのだから。こうした事実や他のなんらかの事実から、規範的な要求が導出されることはありえない。だから平等という考えの信奉者のすべてがこうした自然主義的な議論を用いたわけではなかったと述べておくことには意義がある。一例を挙げれば、ペリクレスにはこうした議論をほのめかすものさえ存在していない(18)。

プラトンは自然主義が平等主義にとって弱点となっていることをただちに見抜き、それを徹底的に利用した。人びとは、誰しも平等であると告げられるならば、そこに感情面である種の魅力を感じるであろう。だが、その効果は、君たちが優越しており他の者は劣っていると断言するプロパガンダの作用にくらべたら、たかが知れている。君は、本性上〔生まれつき〕、君の召使いと、君の奴隷と、動物以下の職人と、同等であるというのか。そんな問いかけ自体がバカバカしいではないか。プラトンは、こうした反応が生じうることをただしく評価し、そして自然な平等という主張に対して、軽蔑、嘲笑、侮蔑のことばを対置した最初の者であったように思われる。ここからかれが、なぜ自然主義的論証を用いていない論敵の議論に対してさえ、それを読み込んだのかが説明される。ペリクレスの演説のパロディである『メネクセノス』でかれは、平等な法への要求と人間の本性上の平等という主張とは結合しているとまくし立てている。「われわれの国制の基礎は生まれの平等である」とかれは皮肉を込めて言う。「われわれはすべて、一人の母親からの兄弟であり子供である……生まれが本性上平等であることから、法のもとでの平等を求めている。[(19)+]」

プラトンはのちに『法律』で平等主義に対する自分の答えをこう要約している。「平等でないものを平等に取り扱うことは不平等を生み出さざるをえない。[(20)+]」これはアリストテレスによってつぎのような定式へ発展させられた。「ひとしいものには平等を、ひとしくないものには不平等を。」この定式は、平等主義に対してたえずくりかえされた反論を伝えている。その反論とはこうであった。人間がお互いに平等でありさえすれば平等はすばらしいことであろうが、人間は相互に平等でもなければ平等に作られるべくもなかったのだから、それはあきらかに不可能である。この見たところ非常に現実主義的な反論は、現実にはきわめて非現実的である。なぜなら、政治的特権は決して自然な特徴の相違にもとづくわけではないからである。プラトンは『国家』を論述していたとき、こうした反論にはほとんど信をおいていなかったように見える。なぜなら、かれがそれを用いるのは、民主主義に対するきわめて嘲笑的な当てこすりをするとき、つまり、民主主義は「ひとしい者にもひとしくない者にも同等な仕方で平等を分け与える」[21]と述べるときにすぎないからである。こうした論述から目を転じるならば、かれは平等主義に反論するよりも、それを忘れることを選んでいる。

要約すれば、プラトンはとりわけペリクレスのような人物が支持した平等主義の意義を決して過小評価したわけではないが、『国家』においては取り上げることさえなかったのであり、攻撃はしたが、決して公然と真っ向からではなかったということだ。

では自分の理論、つまり生まれついての特権の原理をかれはどのようにして基礎づけようとしたのか。かれは『国家』では三つの異なった論証をもち出している。それらのうちの二つはほとんどその名にあたいしない。第一の論証[22]は、国家のもつ三つの徳すべてについては考察してしまったのだから、残る第四の徳、つまり「自分自身の仕事を気にかける」ことが〈正義〉であらざるをえないという驚くべき注釈であった。わたくしにはこうした注釈が論証と考えられたとは信じられない。だが、そう考えられたにちがいないのだ。なぜならプラトンの対話編における主要な話し手である〈ソクラテス〉が、「わたくしがどのようにしてこの結論に到達したかを知っているかね」と問うことでこの論証を導入しているからである。第二の論証にはより大きな意味がある。それは、支配者には生まれついての特権があるという理論が、正義は公平性と同一であるという通常の見解から導出されることを示すこころみであるからである。その箇所をことばどおりに引用しておこう。国家の支配者はその裁判官にもなるだろうと〈ソクラテス〉はコメントしたあとでこう言う。「そしてなんぴとも他人の財を勝手に使ってはならず、またみずからの財が奪われないようにすることが、裁判の目的ではないだろうか」――「おっしゃるとおりです。それが裁判の目的になるでしょう」と対話者のグラウコンは答える。――「それが正義であるからではないかね」――「そうです」――「だから、皆が一致するわけだが、正義とはみずからに属しみずからの財であるものを保持しそれにもとづいて行動することであると言えるだろう。」[23]このようにして「みずからに属しみずからの財であるものを保持しそれにもとづいて行動すること」（特権にしたがって行動すること）はわれわれの通常の裁判についての考え方とも合致し、正義にかなった裁判の原理であると確定される。これで第二の論証は終わり、第三の論証に席を譲る（これについては後段でよりくわしく分析しよう）。この論証は、自分の場所を保持する（あるいは自分自身の労働に専念する）のであれば、つまり、みずからが属する階級とかカースト内における場所（とか労働）を保持するのであれば、それが正義なのだという結論に至る。

第二の論証の唯一の目的は、読者に正義とは、ことばの通常の意味において、自身の場所に固執することであるという印象をひき起こす点にある。なぜならわれわれは自分たちに属するものをたえず保持すべきであるからである。だからプラトンは読者がつぎのような結論に誘われることを望んでいるわけだ。「自分に属するものを維持して振舞うことが正義にかなったことである。自分の場所(あるいは自分の労働)は自分に属するのであり、自分の財である。だから自分にとっては自分の場所を保持する(あるいは自分の労働を果たす)ことが正義にかなったことである。」およそこんな論証では、つぎの論証とおなじく、理屈の通ったものとは言えないだろう。「自分の財を保持し、それにもとづいて行動することは正義にかなったことである。わたくしは君のお金を盗もうとしているが、この計画はわたくしの財(所有しているもの)である。だからわたくしにとっては、自分の計画を守り、それを実行して君のお金を盗むことが正義にかなったことである。」あきらかにプラトンが引き出させようとしている結論は、〈誰かの財である〉とか〈誰かに属する〉ということばの意味による粗雑なことば遊び以外のなにものでもない。(なぜなら問題は、正義というものは、なんらかの意味でわれわれに帰属するもの、あるいはわれわれの財であるものいっさい、たとえばわれわれ自身の階級といったものを、こうした根拠からしてわれわれの所有物としてばかりでなく、譲渡できない所有物として扱われるべきであると要求するかどうかという問いにあるからである。プラトン自身はこうした原理を信じてはいない。なぜなら、それでは共産主義へ移行できなくなることは明白だからである。われわれ自身の子供の所有はどうなるのか。）こうした粗雑なことば遊びによってプラトンは、ジェームズ・アダムが「正義についてのかれ自身の見解と、このことばの通俗的な……意味とのあいだの関連」と記したものを達成した。こうした仕方で、あらゆる時代をつうじて最大の哲学者（まさにプラトンがそうであったのだが）は、正義のほんとうの本性を発見したのだと信じさせようとしたのである。

第三のそして最後の論証は、もっと真面目に取り上げられるべきものである。それはホーリズムもしくは集団主義の原理に立脚しており、個人の目的は国家の安定性を維持することにあるという原則と結びついている。それゆえ、この論証は第五節と第六節で詳細に論じるつもりである。

話をそこに移す前に、わたくしはプラトンが〈発見〉を記すにあたって述べた〈まえがき〉――ここで論究しているものであるわけだが――に注意を促しておきたい。それはこれまでの観察に照らして見ねばならない。そうすれば、〈長々しいまえがき〉――プラトン自身がこう呼んでいる――は、読者を〈正義の発見〉に向けて準備させる天才的なこころみであったことが明らかになろう。かれは、読者が演劇に、つまりきわめてドラマティックな対話にじっさいに立ち会っているのだと信じこませることでそうする。だが、その対話は批判的考察力を眠り込ませるべく仕組まれたものなのだ。

〈ソクラテス〉が、賢明さは監視者の徳であり、勇気は補助者たちの徳であることを見つけ出したあとで、正義を発見するために最後の力をふり絞るつもりだと告げる。かれはこう語る。「国家において発見しなければならないいまだ二つのことが残っている。節制と、研究のすべてがささげられるあのもうひとつの特性、すなわち正義である。」(24)——「じつにそのとおりです」とグラウコンは言う。そこでソクラテスは、節制は除外しようと提案する。だがグラウコンが抗議するので、ソクラテスは「拒絶したら、不誠実になろう」と言って譲歩する。この些細な諍いから、読者は正義がふたたび導入されるであろうと心構え、ソクラテスには「発見」する手段があるのだと思い、またとりわけ、グラウコンが、論証がなされていくあいだ、プラトンの知的誠実性を注意深く監視するので、読者は監視の必要はないと断言されたと思うのである。(25)+

さてソクラテスは、自分で発見したわけであるが、唯一労働者に帰属する徳としての節制を解明しようとする。〈プラトンの〈正義〉は〈節制〉から区別されるのかという盛んに論じられた問題に対しては簡単に答えられる。正義とは、自分の場所を保持することを意味するのであり、節制とは、自分の場所がなんでありどこに属するのかを知り、そしてその場所に満足することを意味するのだ。野獣のごとくその胃袋を満たす労働者にとって他にどんな徳がよりふさわしいというのか。）節制を見出したあとでソクラテスはこう問いかける。「では最後の原理についてはどうであろうか。あきらかにそれが正義であろう」――「あきらかに」とグラウコンは答える。

「さて、親愛なるグラウコンよ」とソクラテスはこうつづける。「われわれは猟師のように、その隠れ家を取り囲み、五感を研ぎすまし、それがどこかへ逃げ去り、身を隠してしまうことのないようにしなければならない。なぜなら、それがこのあたりのどこかに身を潜めていることは明らかだからだ。だから君はあたりを見回し、潜んでいる場所を探すのがよい。そしてもし君が最初にそれを見つけたならば声を上げて教えてくれたまえ。」グラウコンは、もちろん読者とおなじように、ソクラテスの望みを叶えることはできないので、ソクラテスに先導してくれと懇願する。「それでは、わたしと一緒に神々に祈りをささげ、ついてきてくれ」とソクラテスは言う。だが、ソクラテスでさえ地面を「踏み分けて行くのがむずかしい」のを見出す。「下草でおおわれているからである。暗く、探求しがたい……だが、さらに進んで行かねばならない」とかれは言う。これに対して「さらに進むですって。でもどこへ向かってですか。われわれの研究に向かってですか。われわれはそれをまだはじめてさえいないというのに。あなたがこれまでに語られたことにはなんの意味もなかった」と反論する代わりに——つまり、こうした抗弁をする代わりにグラウコンは、またかれと一緒に素朴な読者は遠慮してしまい、「そうですね。探求をつづけなければなりませんね」と言うわけである。そこでソクラテスは「なにか見た」(われわれは見ていない)と報告し、興奮する。「ほら、グラウコンよ、ここに足跡らしきものがある。獲物はもう逃げられまい」とかれは叫ぶ。「それはよい知らせ」とグラウコンが答える。ソクラテスは「誓って言うが、われわれはまったくバカげたことをしていた。遠くを探していたが、それは最初からずっとわれわれの足元にあったのだ。見えていなかったのだ」と言う。ソクラテスは、声を上げ、そしてこの種の断言をしばらくつづける。そこでグラウコンがかれをさえぎる。グラウコンは読者の気持ちを表現しているのであり、ソクラテスに一体全体なにを発見したのかと尋ねるのである。だがソクラテスが「われわれは、それについて叙述していたのに、それにも気づかず、ずっとそれについて話しつづけていたのだ」と答えたとき、グラウコンも(そして読者も)耐えられずにこう言う。「このまえおきは少々長すぎますね。思い出してほしいのですが、わたくしはそれがなんなのかを聞きたいのです。」そこではじめてプラトンはわたくしがすでに素描しておいた二つの論証を述べ始めるのである。

グラウコンのこのコメントは、プラトンはこの〈長々しいまえおき〉で自身がおこなったことを十分に知っていたのだという指摘として役立つであろう。プラトンは、ドラマ仕立てでことばの花火を打ち上げ、読者の批判的能力を眠らせ、その注意力をこの対話箇所の巨匠的に描かれているが中身の知的貧困さから目をそらさせるこころみ――途方もなく成功したことがあきらかになったわけだが――をおこなった。わたくしは、プラトンがおこなったことをこのようにしか解釈できない。プラトンはその弱点を知っていたのであり、それをおおい隠す手段も知っていたのだと、こう考えたくなる。

第五節

平等と不平等の問題と深い関連をもつのが個人主義と集団主義の問題である。議論を始める前にことばの使い方にかんして若干のコメントを付しておく必要があろう。

個人主義という語は二つの仕方で用いることができる。(a)集団主義に対立するものとして、(b)博愛主義に対立するものとして。第一の意味を表示するべつな語は存在しない。だが、第二の意味についてはさまざまな同義語が存在する。たとえばエゴイズム(Egoismus)とか自己愛(Selbstsucht)といったことばがそうである。以下では個人主義という語をもっぱら(a)の意味で用いることにしよう。エゴイズムとか自己愛といった語は、(b)の意味が考えられている時に使用することにしよう。以下の小さな表が役立つであろう。

(a) 個人主義　これが対立するのは、(a′) 集団主義
(b) エゴイズム　これが対立するのは、(b′) 博愛主義

さて、これら四個の概念は、規範としての法に対するある種の立場、要請、あるいは提案を語っている。曖昧さが生じるのはやむをえないのだが、[26]例を使って説明すれば、現在の目的にとっては十分な精密さをもって使えるだろう。集団主義から始めたい。この態度は、プラトンのホーリズムを論じたさいに知ったものである。前章では、いくつかの箇所を引いて、プラトンがこのことばでなにを要求しているのかを説明しておいた。つまり、個人は、普遍的共同体であれ、国家であれ、部族であれ、人種であれ、あるいはなにか他の集団であれ、全体の関心に奉仕すべきである、ということであった。そうした箇所を再度引用するが、このたびはより詳細に引用しておこう。「部分は全体のために存在し、全体が部分のために存在するのではない……君は全体のために作られたの

であって、全体が君のために作られたのではない。[27]」この引用文は、ホーリズムや集団主義を説明するのみならず、これら二つが感情に強く働きかけることを承知している。(この引用箇所へのまえおきから見て取ることができるが、プラトンはこの点を承知していた。)そうした感情にはさまざまなもの、たとえば集団とか部族への憧れといったものが含まれている。他の要素としては、博愛主義を説き、自己愛への反対を呼びかける道徳への共鳴もある。プラトンは、みずからの利害関心を公共の福祉に従属させられないなら、その者はエゴイストであると示唆している。

だがわれわれの小さな表に目をやってみよう。そこにはそうではないことが示されている。集団主義はエゴイズムと対立するわけではないし、博愛主義や無私の精神(Selbstlosigkeit)と同一でもない。集団、あるいはグループのエゴイズム——たとえば、階級エゴイズム——は、周知の現象(プラトンが十分に知っていた状況[28])である。そしてこれは、明瞭すぎるくらい明瞭に、集団主義がそれ自身では自己利益の追求と対立するわけではないことを示している。他方で、集団主義への対立者としての個人主義者は、同時に博愛主義者でもありうる。かれは他者のために犠牲を払う用意をもちうる。おそらく、この態度を示す最良の例はチャールズ・ディケンズであろう。かれにおいてはどちらがより強いのか——自己利益追求へのはげしい嫌悪か、それとも人間としてのいっさいの弱点をひっくるめて個人に対する情熱的な関心か——を言うことはむずかしい。こうした態度は、集団とか集合体と呼ばれるものへの嫌悪のみならず、よしそれがほんものの博愛主義であっても、具体的な個人にではなく匿名のグループに向かっているのであれば、それさえも嫌悪するという態度と結びつく。(読者に思い出してもらいたいのは、『荒涼館』のジェリビー夫人、つまり、「公的なことがらに全身全霊をもって身をささげるという驚くべき性格の強さをもった婦人」のことだ。[29])こうした説明は四つの概念の意味を十二分に説明すると思う。表中の概念それぞれは、他の行における概念それぞれと結合しうる(したがって四つの組み合わせが可能である)ことを示している。

ところで興味深いことには、プラトンやプラトン主義者にとっては(たとえばディケンズにおいて体現されているような)博愛主義的な個人主義は存在しえないのである。プラトンにとっては集団主義にとって代わりうる唯一の代替肢はエゴイズムである。かれは単純にも博愛主義は集団主義とおなじであり、個人主義はエゴイズムとおなじであるとする。これはたんにことば遣いとかたんなる用語の問題ではない。なぜなら、四つの可能な組み合わせがあるにもかかわらず、プラトンにとってはただ二つの組み合わせしかないからである。それによってかれは、こんにちに至るまで、多くの倫理的問題をひき起こしたし、それを理論的に洗練化するにあたっても最大の困難を呼び起こしてきた。

プラトンは個人主義をエゴイズムと同一視する。そこからかれは集団主義を擁護し、また個人主義を攻撃するための強力な武器をえた。擁護するばあいには、かれは無私の精神というわれわれの人道主義的な感情に寄り添い、攻撃するばあいには、あらゆる個人主義者を、自分の人格にかかわることとはべつのことがらに身をささげることのできない自己利益追求型の人間であるという烙印を押すことができた。プラトンはその攻撃をわれわれの意味での個人主義に対して、すなわち人間個々人の権利に対して向けたわけであるが、射たのは当然のことながらまったくべつの標的、すなわちエゴイズムにすぎない。しかし、この相違は、プラトンや多くのプラトン主義者には頑強に無視されていた。

なぜプラトンは個人主義を攻撃しようとしたのか。そうした態度を攻撃したとき、かれは自分のしていることを十分正確に知っていたと思う。なぜなら、個人主義は——おそらく、法のもとでの人間の平等説よりもはるかに高く築かれた——新しい人道主義的信条を擁護する防波堤であったからである。じっさい、個人の解放は、部族の支配を崩壊させ、民主主義の台頭をみちびく精神的な革命であった。プラトンの不気味なほどの社会学的直感は、どこであろうと敵に出会うならばいつでもそれを見分ける点に示されている。

個人主義は正義についての古い直感的な考えの一部であった。思い出してほしいのはアリストテレスが、正義とは、プラトンが望んだような国家の健康とか調和ではなくして、個人を取り扱う一定の仕方であると注意を促していたことである。かれは正義を「個人にかかわるもの」と呼んだ。[30] こうした個人主義的要素はペリクレスの世代が強調するところでもあった。ペリクレス自身は「法律はすべての人に対し、その個人的な争いごとにおいては同等に正義を保障しなければならない」と明言したし、さらに踏み込んで「われわれは、隣人にあれこれ干渉するために呼び出されていいとは思わない。なぜならかれは自分自身の道を行こうとしているのだから」と述べていた。（この発言は、国家は人間を「各人が思いのままに行動し、行くに任せられるよう[31]……」にはしないというプラトンのコメントに比較されてよい。）ペリクレスはこうした個人主義と博愛主義との結合を強調した。すなわち「われわれは、冷遇された人たちを守ることを忘れてはならない……と教えられた」。そしてかれの演説は「幸せな多才と自己信頼に向けて成長する」若きアテネ人の記述において頂点に達する。

博愛主義と結びついたこうした個人主義はわれわれ西洋文明の基礎となった。それはキリスト教の中心的教義でもある。（聖書は〈汝の隣人を愛せ〉と言っているのであって、決して〈汝の部族を愛せ〉とは言っていない。）それはわれわれの文明から生じ、われわれの文明に活気を与えてくれたあらゆる倫理的教義の核心である。たとえばそれは実践にかかわるカントの中心的な教義でもある。（「君は、君の人格や他のすべての人の人格において、人間性をいつでも同時にたんなる手段としてではなく、目的として扱え。」）人間の道徳的発展においてこれほど強力な有効性をもって展開した思想は他にはない。

プラトンがこうした教えのなかに自分のカースト制国家に対する敵を見たのはまったくただしかった。かれはそれを当時の〈もの騒がせな〉教えのいくつかにもまして憎んだ。この点をより明確に示すために、『法律』から二つの箇所を引用しよう。そこに示されている個人に対するまことに驚愕すべき敵意は、わたくしの見るところ、まったくと言っていいほど認識されていない。最初の箇所は『国家』を指示するものとして有名である。そこは、国家における「女の、子供の、財の共有制」を論じている箇所である。プラトンはここで『国家』に見られる国制を「最高の国家形態」と呼ぶ。この最高の国家においては、とプラトンはこう語る。「女、子供、すべての家畜や財は共有される。いたるところでそしてあらゆる仕方において、私的で個人的なものいっさいを生活から殺ぎ落とすために、こころみられないことはなにもない。可能なかぎり、自然そのものから個人に財として分け与えられた才能でさえ、ある意味において万人の共有財とされる。

われわれの目、耳そして手が、あたかも個人の身体的部位としてではなく共同体の部位であるかのように、見、聞き、そして振る舞うだろう。すべての人間は、毀誉褒貶において一致するように、また同一事について同時に喜怒哀楽を覚えるように鍛えられる。そしてすべての法律は国家を最高度の統一にもたらすために完璧に整備される。(32)」プラトンはつづけて、「どんな人であれ、最高度に卓越した国家の規準としては、いま述べた原理よりも優れたものを見出すことはできないであろう」と言っている。そしてかれはこうした国家を〈神的なもの〉、国家の〈模範〉〈範型〉〈原像〉、すなわち国家の形相とかイデアと呼ぶのである。これがプラトン自身の国家観であった。しかもこれは、かれが自分の政治的理想をそのまったき壮麗さにおいて実現する野望を放棄した時に述べられたのであった。

第二の箇所も同様に『法律』からであるが、それは、可能なかぎり、もっとあからさまに語ろうとしている。強調しておかねばならないが、この箇所は主として軍事遠征と軍事教練を扱っている。プラトンのことばは、そのおなじ軍事的原理が戦時においてばかりでなく「平時においても、そして幼少期から」維持されるべきであるとする点で、疑問を抱かせはしない。他の全体主義的な軍国主義者やスパルタ賛美者とおなじく、かれは軍事教練こそ最重要の要請であり、それは平時でも至上の要請であらねばならないし、市民の全生涯を規定すべきものであるとこだわりつづける。なぜなら、正規の市民（全員兵士である）や子供のみならず動物でさえ、その全生涯を持続的にして完全な準戦時体制下で過ごさねばならないからである。[33] かれはこう書いている。「すべてのうちでの第一原理は、男であれ女であれ、なんぴとも、いついかなる時にも、指導者〔Führer この語はナチズムにかんしては総統と訳される〕なしでいてはならないということである。心が、真面目さゆえにせよあるいはただ戯れにせよ、自分勝手に動くようになってはならない。戦時においてであれ、あるいは平和のさなかにおいてであれ、指導者に眼差しを向け、忠実にしたがうべきである。そしてまたどんな些細なことがらにおいても、指導者のみちびきのもとにあるべきである。たとえば、起床し、移動し、沐浴し、食事を取るのも[34]……ただ命じられたときにのみすべきである。一人で行動しようなどとは考えなくなり、またそんなことは完全にできなくなるようにみずからの魂を長い習慣をつうじて鍛錬すべきなのだ。そのようにしてすべての者がその人生を共同体全体のなかで過ごすことになろう。戦時における救援と勝利を確実にするためには、これに勝る、あるいはこれよりもよりよい、そして効果的な法は存在しないし、これからも存在しないであろう。他者に支配されることを学ぶことにおとらず、他者を支配することも学ぶこと、これが、平時においてもまた幼少期からも、熱意を注ぐべき訓練の目的とならねばならない。統制なき状態は、すべての人間の生活からのみならず、人間に仕える動物すべてからも根本的にそして最後の痕跡に至るまで取り除かれねばならない。」

これは重大なことばである。これほどの敵意をもって個人に向かう人間はかつていなかった。こうした憎悪はプラトン哲学の根本的な二元論のうちに深く根を張っている。プラトンは、個別の経験が変化することや、知覚対象物が生々流転する世界の多様性を憎むにおとらず、個人やその自由を憎んだ。政治の領域において個人はプラトンにとって悪そのものなのである。

人道にも反するしキリスト教にも反する立場がたえず理想化されてきた。それが人間的で、無私で、博愛的で、それどころかキリスト教的でもあると見られてきたのだ。たとえばE・B・イングランドは、『法律』からの二つの引用箇所のうちの最初のものを「自己利益の追求に対する力強い叱責」と呼んでいる。(35) アーネスト・バーカーもまたプラトンの正義論を論じるにあたって類似のことばを使っている。「市民のあいだにおける自己利益の追求や不和を調和によっておき換えること」がプラトンの目的であった、と。バーカーはつぎのように考える。「国家の利害と個人の利害との古き調和が、……かくしてプラトンの理論において回復される。しかも、新しいより高い水準での回復として。なぜなら、それは意識的に調和へと高められたものだからである。」こうした、またおなじような主張は、プラトンが個人主義をエゴイズムと同一視したことを思い出すならば、容易に説明できるだろう。なぜなら、こうしたプラトン主義者はすべて、反個人主義と無私の精神は同一であると考えているからである。ここから、プラトンがおこなった両者の同一視は反人道主義的なプロパガンダとして成功をおさめ、われわれの時代におよぶまで倫理的な考察を混乱させたというわたくしのテーゼが説明されるわけである。こうした同一視のために、またプラトンの誇張されたことばによって欺かれ、かれの道徳教師としての名声を天高くもち上げ、かれの倫理はキリスト以前に達成されたキリスト教にもっとも近いと囃した人たちは、全体主義に至る道を、なかんずくキリスト教を全体主義的で反キリスト教的に解釈するという道をきり拓いたのだ。この点は明確に自覚されねばならないだろう。これは危険なものでもあった。なぜなら、キリスト教が全体主義的な考えに支配された時代があったのだから。異端審問があった。それはかたちを変えて再来しかねないのだ。

とすると、悪意などもっていない人びとが、プラトンには人道主義的な意図があったと語ったわけだが、それはどうしてなのだろうか。その理由をいくつか述べることはこころみるにあたいする。そのひとつはこうである。プラトンは、自分の集団主義的な教えを語るときはいつでも「友人というものはその持ち物のすべてを共有する」といった

(あきらかにピタゴラス派由来の)格言とかことわざを引用して、まえおきとするのが常であったということだ。[36] これは、疑いもなく、無私で高潔で優れた考えである。こうした称賛にあたいする前提から出発する議論が、最後にはまったく反人道主義的な結論で終わるとはいったい誰が考えられるだろうか。もうひとつ重要な点がある。プラトンの対話編には多くのほんとうに人道主義的な考えが含まれているということである(これは、『国家』が執筆される以前の、したがってプラトンがまだソクラテスの影響下にあった時期に書かれた対話編についてはとくに言えることである。)とりわけ、不正をすることは、不正をこうむることよりもいっそう悪いという『ゴルギアス』でのソクラテスの教えを挙げておきたい。この教えは、あきらかに、博愛主義的であるばかりでなく個人主義的でもある。なぜなら、『国家』において述べられた集団主義的正義論においては、不正とは個人に対するものではなく国家に対するものであり、個人は不正な行為を犯すだろうが、その害をこうむるのはただ集団のみであるとされていたからである。しかし、『ゴルギアス』にはそうしたものはなにも見当たらない。その正義論は完全に正常であり、ソクラテスは——ここで現実のソクラテスの諸特徴が描かれていることはまず間違いないだろうと思われる——不正の例として、平手打ちを加えたり傷つけたり殺害したりするといったことを挙げている。そうした行為をするよりは身にこうむった方がよいというソクラテスの教えは、実際のところ、キリスト教の教えと非常によく類似しているし、その正義についての教えは完全にペリクレスの精神と合致する。（この間の事情については第一〇章で説明したい。）

さて『国家』は、こうした個人主義とは結びつきがたいばかりでなく、全面的に敵対的な新しい正義論を展開している。だが読者は、プラトンはいつでも『ゴルギアス』における教えを保持していると容易に信じることができる。なぜならかれは『国家』でも不正をおこなうよりは不正をこうむった方がよいという教えをしばしばほのめかすからである――『国家』において語られている集団主義的な正義論の観点からすれば、それは文字どおり無意味であるはずなのに。そのうえ『国家』では、〈ソクラテス〉の反対者が、不正を加えることは善であり心地よいことであり、不正をこうむることは悪しきことであるという正反対の意見を語るのを聞かされる。もちろん、人道主義の立場に立つ者であれば誰でもこうした冷笑的態度には反感を覚えるであろう。それゆえ、プラトンは自分のソクラテスをつうじてつぎのように言わせている。「こんな悪口がわたしの目の前で言われるのを許してしまい、その弁護のために全力をあげないとしたら、わたしは罪を犯すことになるだろう。[37]」――こんなふうに言われたら、信心深い読者はプラトンの善意を確信し、そしてかれがどこに行こうとも、ついて行こうとするだろう。

プラトンのこうした断言は、トラシュマコスの冷笑的で自己本位の語りが終わった直後であり、それに対照されている。[38] だからその効果は絶大なまでに高められている。というのも、トラシュマコスは最悪の部類の政治的無頼漢として描かれているからである。同時に読者は、個人主義をトラシュマコスの見解と同一視するようにもっていかれ、プラトンは、かれと戦うことで、当時のあらゆる破壊的で虚無的な傾向に狙いを定めているのだと誘導される。だが、トラシュマコスのような個人主義の妖怪におじけづいて、他の現実に存在する危険な、とはいえそれほど明白ではない野蛮に陥ってはならない。(トラシュマコスの肖像と現代の集団主義的藁人形である「ボリシェヴィズム」とのあいだには大きな類似性が存在する。) というのも、プラトンは正義とは個人の力であるというトラシュマコスの説を、正義とは国家の安定性と力が要請するものであるという同様に野蛮な説でおき換えているからだ。

要約しておこう。プラトンはラディカルな集団主義をもっていたために、人びとがふつう正義の問題と呼ぶ問い、すなわち、相互に争い合う個人の要求についての公平な考察には、なんの関心ももっていない。かれはまた個人の要求と国家の要求とを調整することにも関心をもっていない。なぜなら、個人は徹底的に劣ったものであるからである。プラトンは言う。「わたしは国家全体にとって至上のものを目指して立法する。……というのも、わたしは個人の願望をまさに価値の段階において低位のものと見るからである[39]。」関心は集団としての全体そのものに向けられており、かれにとって正義は集団の健康、統一、安定性以外のなにものでもないのである。

第六節

いままでのところ、人道主義にもとづく倫理は、正義については、平等の原理にもとづく個人主義的な捉え方を要求することを見てきた。だが、人道主義は国家をどう捉えているのかという点については語らずにきた。他面で、プラトン的国家論のもつ全体主義的性格についてはすでに見たが、この理論が個人の倫理へはどう適用されるのかという点についてはなにも説明してこなかった。いまやこれら二つの課題に取り掛かるべきときである。最初に第二の課題を取り上げたい。プラトンは正義を〈発見〉したと言った。そのときに第三の論証を導入していたので、その分析を手始めとしよう。この論証についてはこれまでのところ素描したとはいえ通り一遍のものでしかなかった。よって、以下にその全体を掲げておきたい。

「ところで君はわたしに同意できるだろうか」とソクラテスが言う。「まぁ、考えてみてくれ、大工が靴作りの仕事をすると、あるいは靴作りが大工の仕事をするというふうにね。――君は、こんなふうに仕事を交換したら国家に多大の害が生じると考えるだろうか。」――「考えたりするものですか。」――「だがね、生まれつき労働者である者や金稼ぎをする階級に属する者が、戦士の階級に入り込んだり、あるいは戦士が統治者とか監視者になったりしたら、もちろんその資格もないのにという話だが。としたら、こうした変更やうしろ暗い謀議の混合は国家の崩壊を意味するのではないかね。」――「そのとおりでしょうね。じつに。」――「われわれの国家には三つの階級がある。そしてわたくしは、この種のどんなたくらみも、またある階級からべつな階級へのこの種のどんな変化も、国家に対する重大犯罪であるし、また最大級の悪行であると言わねばならないのでは、と思うのだが。」――「まさにそのとおりでしょう。」――「自分の国家に対する最大の悪行を不正というのではないだろうか。」――「たしかにそのとおりです。」――「それが不正なのだよ。だから反対にこう言えるわけだ。金を稼ぐ連中、補助戦士の、そして監視者の階級はおのおの自分自身の仕事を果たすならば、それが正義と見なされるということだ。」(40)

さてこの文章をよりくわしく見てみることにしよう。するとつぎのような仮定がおかれていることがわかる。(a)厳格なカースト制をゆるめるならば、国家は没落せざるをえないという社会学的な仮定。(b)国家に害をなすすべてのものが不正であるという論証の絶えざるくりかえし。(c)その反対が正義であるという結論。ところでプラトンに対しては社会学的な仮定(a)は承認することができよう。社会的変化を停止させることがかれの理想であるし、またかれにとってはなんらかの変化をひき起こすいっさいが害悪であり、社会的な変化はただ厳格なカースト制によって止められるというのもおそらくそのとおりであろうから。また最後に正義とは不正義の反対であるということ(結論(c))も承認できるだろう。これに対してより大きな関心をひくのは(b)である。プラトンの論証を一瞥するだけでかれの思索のあゆみがつぎのような問いによって支配されていることがわかる。かくかくのことは国家に害をなすか。それは国家に対して大きな害をなすか、それとも取るに足らない害をなすだけか。かれはたえず、国家にとって害となりそうないっさいは、道徳的に腐敗しており不正であるとくりかえす。

ここでは、プラトンが、現実にはただひとつの尺度しか承認していないことがわかる。それは、国家の利益ということである。そうした利益を促進するいっさいのものは、善であり、徳であり、正義であるが、それを脅かすものいっさいは、悪であり、徳にもとるものであり、不正なのである。国家の利益に奉仕する行為は道徳的に善であるが、それを危険にさらす行為は非道徳的である。ことばを換えれば、プラトンの道徳の規準は厳格に功利主義である。それは、集団主義的なあるいは政治的な功利主義という規準なのである。道徳の規準は国家の利益なのである。道徳は政治による衛生管理学(Hygiene)に他ならない。

これは、道徳についての集団主義的な、部族に根を張った、全体主義的な理論である。〈善とは、自分たちの集団の利益になるもの、自分たちの部族の利益になるもの、自分たちの国家の利益になるもの〉ということなのだから。こうした道徳からは国際関係にとっていかなることが生じてくるだろうか。容易に見て取れる。国家は強力であるかぎりで、その行為に不正なものはありえない、ということなのだ。国家は自国の市民に対して、国家の力を増大させるかぎりで、あらゆる種類の暴力行為をなしうるのみならず、みずからを弱体化させないかぎりで、他国を攻撃する権利をもつ。(こうした結論——国家は道徳とは無関係な性格をもつという点の明確な承認、およびそこから引き出されるのだが、国際関係にかんする道徳的ニヒリズムの擁護——は、ヘーゲルによって引き出された。)

集団にとって利益があるかどうかという全体主義的倫理の観点からするならば、プラトンの正義論は完全に整合的である。みずからの持ち場を保持することはひとつの徳である。それは、規律という軍隊的徳に正確に対応する市民の徳である。そしてそれは、正確に、プラトンの徳の体系中で〈正義〉に割りふられた役割を果たしている。なぜなら、国家という大きな機械仕掛けのなかにおける歯車は二重の仕方で〈徳〉を示すことができるからである。第一に歯車は、その大きさ、形態、強さなどに応じて自分に与えられた課題に適合しなければならない。第二に個々の歯車は、どれもただしい場所になければならないし、その場所を保持しなければならない。こうした徳のうちの最初のもの、つまり特定の課題への適合ということは、歯車にどんな課題が与えられるかに応じて分かれる。ある歯車は、それが〈〈自然からして〔Von Natur aus 生来〕〉〉大きければ徳のあるもの、つまり必要とされるものとなるであろうし、他の歯車は強い時に、また他の歯車は滑らかである時に、そうなるであろう。しかし、それらすべてに共通するのはみずからの持ち場を固守するという徳である。同時にそれらは、全体の徳、すなわち秩序ある適合の徳、調和した一致の徳でもある。こうした普遍的な徳をプラトンは〈正義〉と呼んだ。これは、全体主義的道徳の観点からすれば、完全に首尾一貫しているし、完全にただしいやり方である。個人が歯車以外のなにものでもないのだとしたら、倫理は、唯一、個人が全体のなかにいかにすっぽり納まるかという点の探求以外のなにものでもなくなるだろう。

ここではっきり述べておきたいが、プラトンはみずからの全体主義的な考えを正直に述べたのだと思う。プラトンは、いっさいの妥協を排して、ある階級が残りの階級を絶対的に支配すべきであると要求した。しかし、かれが理想としたのは、上位の階級による労働者階級の最大限の搾取ではなく、全体の安定性であった。だが、かれが搾取には制限が必要であるとした理由は、ふたたび功利主義である。それは、階級支配の安定性への関心なのである。監視者があまりにも多くのものをえようとこころみるならば、かれらは最後にはいかなるものも手にしないだろう。「かれらが安定した、そして確実な生活に満足しないならば、……かれらが、その力に引きずられて、国富の全体を暴力によってわが物にしようとするならば、かれらはヘシオドスが〈半分は全体以上である〉と言ったときいかに賢明であったかを悟らざるをえないことになるだろう。[41]」だが、しっかりと見据えておかねばならないのだが、階級の特権にもとづく搾取を制限しようとするこの傾向は、全体主義社会秩序においてはしばしば生じるということである。全体主義による国家の捉え方をしているからといって、道徳とまったく無関係なわけではない。それは、閉じた社会秩序——集団、部族、群れ——の道徳、要するに、個人ではなく集団としての自己利益の追求なのである。

さて、プラトンの第三の論証が率直で首尾一貫している点について考えてみたい。すると、なぜかれは〈長々しいまえおき〉や二つの先行する論証を必要としたのかという問いが生じてくる。そのさいかれはなぜ後ろめたさを覚えたのであろうか。（プラトン主義者なら、そうした後ろめたさはただわたくしの想像のうちにあるだけだと答えるであろう。そうかもしれない。しかし、そう言っただけでは、この箇所の非合理な性格はほとんど説明されたことにはならないだろう。）この問いに対する答えは、プラトンの、時計仕掛けのごとく動く集団主義が、読者に虚ろで〔なぜそう動かねばならないのかの〕意味もないままに提示されていたならば、読者のこころに語りかけるものはほとんどなかったであろうということだと思う。プラトンは、みずからが破壊しようとした諸勢力がいかに強いかを知っていたし、それらの道徳上の強さも熟知し恐れを抱いていたので落ち着かなかったのだ。かれはあえてそれらを攻撃しようとはせず、それらを自分の目的のために取り込もうとした。プラトンの著述が、新しい人道主義的な運動と結びついた道徳的感情を自分の目的のために利用するというシニカルにして無意識のこころみであったのかどうか、あるいは、自分自身のよりよい良心に個人主義の害悪なるものを納得させようとこころみた人間の悲劇的な努力であったのかどうかは決してわからない。わたくしは個人的には、後者であり、この内的な葛藤こそがプラトンが読者にふるった、そしていまなおふるいつつある呪縛の主たる秘密であると感じている。プラトンは、新しい理念、とりわけ偉大な個人主義者ソクラテスの理念によって、またかれの殉死によって深く揺り動かされたのだと思われる。かれは、この理念が自分自身に、そしてまた他の人に影響をおよぼすことに対して、みずからの卓越した知力のすべてを傾けて、公然とではなかったにせよ、戦ったのだと思う。そこから、かれの全体主義的な考えの只中にときとして人道主義的な考えが散見される理由が説明されるのだろう。同様にそこからなぜ哲学者たちがプラトンを人道主義的理念の代表者と見なしえたのかも説明されるだろう。

こうした解釈を支える重要な論拠は、プラトンが人道主義的にして合理的な国家論、つまり、かれの世代においてはじめて展開された理論を扱うにあたっての、あるいはむしろ悪意をもって扱うさいのやり方にある。

その理論を明確に述べるには、政治的要求あるいは政治的提案の言語（参照、第五章第三節）を用いる必要がある。つまり、国家とはなにか、その真なる本性はなにか、そのほんとうの意味はなにか、といった本質主義的な問いに答えようとしてはならない。またヒストリシズム的問題、たとえば、国家はどのようにして成立したか、政治的義務の根源はなんであるか、といった問いに答えようとしてはならない。問いは、われわれは国家になにを要求するか、われわれは国家の法的義務としてなにを要求するか、というようにただしく立てられるべきである。根本的な政治的要求を確定し定式化しようとするなら、つぎのように問うことができるだろう。なぜわれわれは国家なき生活、つまり無政府状態における生活よりも、よく秩序づけられた国家における生活を選ぶのか。こうした問いの立て方は合理的である。技術者は、なんらかの政治的制度の建設や改造に着手する前にこの種の問いに答えなければならない。なぜなら、技術者は自分がなにを欲しているのかを知るときにのみ、なんらかの制度が役割に十分適合しているか否かを決定できるからである。

さて、問いをこのように立てるならば、人道主義的諸原則の主張者の答えはつぎのようになるだろう。自分が国家に要求するのは、保護である、すなわち、自分に対するのみならず、他の人びとに対する保護である。自分は、自分の自由、そして他者の自由が保護されることを要求する。自分は、より大きな握り拳をもっているとか、より性能の優れたピストルをもっている人間に引き渡されたくない。ことばを換えれば、自分は他者の攻撃から守られることを望む。自分は攻撃と防衛の区別が承認されることを望むし、国家の組織された諸力が防衛を支援してくれることを望む。（防衛されるのは現状である。そして提案された原則はつぎのようなものとなる。現状は、暴力によってではなく、ただ法にもとづく道をつうじて、つまり妥協と決定をつうじて変革されるべきである。変革のための法にもとづく手続きが存在しないばあいは例外であるが。）自分には国家が自分の自由をある意味で制限することを受け入れる十分な準備がある――ただし自分に残された自由が国家によって保護されるという前提のもとにおいてだが。なぜなら、自分はなんらかの制限が必要なことを知っているからだ。たとえば、攻撃からの自己防衛を国家が支援してくれることを望むとしたら、他者を攻撃する自分の〈自由〉は放棄されねばならないことを知っているからだ。自分は、国家の根本的な目的――他の市民に害を加えないかぎりでの自由の保護――が見失われないことを要求したい。だから自分は、自由の平等な限界を達成するために、国家が、必要限度をこえることなく、可能なかぎり平等な仕方で、市民の自由を制約することを要求したい。

人道主義的諸原則の主張者、法のもとでの人間の平等の擁護者、個人主義者の要求は、あらかたこうしたものとなろう。これらの要求は、社会技術者に政治的な問題を合理的に、つまり、明確かつ十分に規定された目標という観点から、取り掛かることを可能にする。

ここに述べたような目標はじゅうぶん明確かつ限定的に定式化できるという主張に対しては、多数の反論が提出されてきた。共同で生活するためには自由の制約が必要であるとなったら、自由の原理は崩壊せざるをえないだろうと言われ、また、いかなる制約が必要不可欠で、いかなる制約が恣意的であるかは合理的にではなくただ当局によってのみ決定されるであろうと言われてきた。しかし、こうした反論の根底には混同がある。それは、国家になにを要求するかという根本的な問いと、そうしたわれわれの目標を実現するにあたってのある種の重要な技術上の困難とを混同している。つまり国家が、保護すべき自由を侵害することなく、市民たちに委ねられるべき自由の範囲を正確に定めることはたしかに困難である。しかしながら、経験が積み上げられてきた。民主主義国家は存続してきたわけであり、そうした範囲を少なくとも近似的に規定できることをあきらかにした。じっさい、民主主義下における立法の主要課題のひとつは、市民個々人に対してどれくらいの自由が保障されるのかという境界を、近似的にせよ、策定することなのである。この手続きは困難である。だがこの困難は、たしかに、〔国家による自由の保護という〕根本的な要求の変更を強いるほど大きなものではない。これが要求しているのは、てみじかに言って、国家は犯罪を防止するための、すなわち攻撃を防止するための社会であるべきだということである。どこで自由が終わり、そして犯罪が始まるのかを知るのはむずかしいという反論の全体は、原則として、自分は自由な市民として拳をどんな方向にでも動かせると主張した暴漢についての有名な物語で片づけることができるだろう。こうした主張に対して、判事は賢明にもつぎのように答えたのであった。「あなたが拳を動かす自由は、あなたの隣人の鼻面の位置によって、制限される。」

ここに素描した国家観は〈保護主義(Protektionismus)〉と名づけることができるだろう。〈保護主義〉という語は、しばしば自由とは対立する傾向を記述するために用いられてきた。だから、経済学者は保護主義のもとで競争から一定の産業の利益を保護する政策を、そして道徳家はこのことばのもとで国家の役人が住民を道徳的に監督するという要求を理解してきた。わたくしが保護主義と呼んでいる政治理論は、こうした傾向とはなんのかかわりもないとはいえ、また根本においてリベラルな理論ではあるとはいえ、この名称を使用しても正当であると考える。この名称で言いたいのは、この理論はそのリベラルな性格にもかかわらず、(全面的にただしかったわけではないとはいえ、しばしば自由放任主義と呼ばれた)厳格な非干渉政策を採用しないということである。リベラリズムと国家による介入とは相互に矛盾するものではない。反対に自由は国家による保障がなければ不可能である。[42] 一例を挙げてみよう。若者が放置されみずからの自由を守ることができなくされてしまうのを防ぐべきだとしたら、教育においては一定範囲での国家によるコントロールが必要である。国家はあらゆる教育上の便宜が万人に与えられるように配慮すべきであるということだ。だが、教育にかかわることがらにおいては、国家による過度の監督は自由にとっては重大な危険である。というのもそれは洗脳(indoktrinieren)につながるからである。すでに示唆しておいたが、自由の限界という重要で困難な問題はお手ごろな呪文で解けはしない。いつでも境界線上の事例が存在するという事実は、歓迎すべきものでしかない。なぜなら、この種の政治的問題や政治的闘争からの刺激なしには、自由のために戦うという市民の覚悟はすぐに消滅し、そしてそれとともに自由そのものも消滅してしまうからである。(このように見るならば、自由と、安全すなわち国家によって保障された安全、との衝突はキメラ〔怪獣〕であることがわかる。なぜなら、国家によって保護されないならば自由は存在しないし、逆に自由な市民によって監視される国家のみが、市民たちにそうじて合理的な安全の範囲を保障できるからである。)

このように定式化するならば、保護主義的な国家論はどんなヒストリシズム的また本質主義的要素とも無縁である。それは、国家というものが相互の保護を目的とした個人たちの連合として成立したと主張するわけでもないし、なんらかの歴史上の国家がこの目的に沿って意識的に統治されてきたと主張するものでもない。それは国家の本来的な本性についての、あるいは自然権としての自由についての言明を含むものでもない。それはまた国家が事実としてどんなふうに機能するかについてもなにも語っていない。この理論は、一定の方式を受け入れるようにという政治的な要請、あるいはより正確に言えば、提案を定式化している。思うに、国家というものをそのメンバーを保護するために生じた結社であると記述した多くの協定主義者たちは、ほんらいはいま述べた要請を表現したかったにもかかわらず、その目的に沿わない誤解を招くような表現、つまりヒストリシズムの表現を用いてしまったのだ。国家の本質的な役割は国家の市民を保護するためにあるという主張も類似の意味で誤解を招きやすい。おなじことは、国家とは相互の保護を目指した結社として定義されるという主張についてもあてはまる。こうした理論はすべて、真剣に論じられる前に、いわば政治的行動に向けた要請あるいは提案の言語に翻訳されねばならない。そうでないとしたら、ことばをめぐる果てしない争いが避けがたいからである。

そうした翻訳の例を考えてみよう。アリストテレスのうちには(43)わたくしが保護主義と名づけたものに対する批判が見出される。その批判はエドマンド・バークや現代の多くのプラトン主義者によってもくりかえされた。それらの主張によれば、保護主義は国家の任務についてあまりにも卑小な見解をもっているとされる。国家には(バークのことばを用いるならば)、「種類もまったくべつの、重要性もまったくべつなものが結びついている。われわれは動物的生存を終えると消え去っていくわけだが、国家は、そうした部分を維持するために必要とされるものの協業体にすぎないのではない。」ことばを換えれば、国家とは、道理にそくした目的を充足するための結合体以上のより高次なもの、より高貴なものであると主張されているわけだ。それは崇拝の対象なのである。国家には人間とその権利を保護することよりもより高い任務がある。国家は道徳的任務をもつ。アリストテレスは「徳を尊重することは、真にその名にあたいする国家の任務である」と言うのである。さてこうした批判を政治的要求の言語に翻訳してみよう。すると、保護主義に対するこうした批判者は二つのことを欲していることがあきらかになる。第一に、それらは国家を崇拝の対象にしようと欲している。こうした願望に対しては、われわれの観点から反対すべきものはなにもない。とはいえ、それは宗教上の問題をみちびくはずで、国家崇拝者は自己の信条を自分の他の通常の宗教的見解、たとえばモーセの十戒における第一戒〔主が唯一の神である〕といかにして折り合いをつけるかという問題への解決を見つけねばならないだろう。第二の要求は政治的性質のものである。この要求が実際面で意味するのは単純である。国家の役人は市民の道徳にかかわるべきであり、その権力を市民の自由を保護するよりは、市民の道徳的生活を規制するために用いるべきだというのである。言い換えれば、合法性の領域、すなわち国家が制定する法規範の領域が、個人の倫理的責任を犠牲にしてでも、つまり、国家ではなく、われわれ自身の道徳的決定、良心、承認が生み出す規範を犠牲にしてでも、国家が制定する法規範の領域が拡張されるべきだというのである。この種の要求は合理的に論じることができるし、つぎのように反論することもできる。つまり、そのような要求を提起する者たちは、それが実現したならば個人の道徳的責任が終わりを告げるだろうということ、また、それが道徳を改善するどころか破壊するだろうことをあきらかに自覚していないのだ、と。それは、個人の責任を部族のタブーによって、また全体主義のなかでの個人の無責任によっておき換える。このような態度に対して個人主義者はつぎの点を指摘するであろう。国家の道徳(そもそもこのようなものが存在するとしての話だが)は、平均的市民の道徳よりかなり水準が低くなる傾向があり、それゆえ市民が国家の道徳を規制することが、その逆の手続きよりもはるかに望ましい、と。われわれが必要とし、望んでいるのは政治の道徳化であって、道徳の政治化ではないのである。

現存する民主主義諸国家は、たしかに完全であることからは遠く隔たっている。だが、保護主義者の観点から見るならば、ただしい社会工学の非常に重要な成果であると言っておくべきであろう。個人による他の個人へのさまざまなかたちをとった犯罪とか攻撃は、実際上抑止されたし、あるいはかなり少なくなった。そして裁判はこみいった利害関係の衝突においても正義を保持することに成功している。だが、こうした方法を国際的犯罪や国際紛争に適用するとしたら、それは夢物語だと見なす人びとがたくさんいる。(44)+ とはいえ、脅迫のもとで苦しめられてき人びとにとって、文民による国内平和維持のための実効性ある執行機関の存在――市民のための法律〔民法典〕が求めるもの――が、ユートピア的なものに見えたのはそう遠い昔のことではなかった。しかも、現在は文民による平和が成功裏に維持されている国々においてさえそうであったのだ。そしてわたくしは、国際的犯罪の規制という技術的な問題は、それが公に合理的なかたちで把握されるや否や、現実にはそう困難ではないであろうと信じる。問題が明確に述べられるならば、(地域的な規模であろうと世界的な規模であろうと)保護のための制度が必要であるという点で同意してくれる人びとを見出すことはたしかに困難ではない。国家崇拝者にはさらに国家を崇拝させるがままにしよう。しかし、われわれは、制度にかかわる技術者に、国家という国内機関の改善のみならず国際的犯罪を防止する組織の樹立を要求する。

第七節

この運動の歴史に立ち返ってみよう。保護主義的な国家論はゴルギアスの弟子にしてソフィストのリュコフロンによってはじめて提唱されたと思われる。かれは(ゴルギアスのもう一人の弟子であるアルキダマスと同様)、先駆者の一人として自然的〔生まれっきの)特権の理論を攻撃した。かれが本章で保護主義と呼んだ理論を主張したことはアリストテレスが伝えている。その語り口からすると、彼をこの理論の定礎者と見なすことは十分に可能である。そうした資料からわかることだが、かれはこの理論を、後継者にはほとんど達成しえなかったような明瞭さをもって定式化したのであった。

アリストテレスの報告によれば、リュコフロンは国家の法律を「人間が相互に正義を保障し合う」ための契約と考えた(また、法律に、市民を善良化したり、邪悪化させる力があるとは考えなかった)。さらにアリストテレスの報告によれば、リュコフロンは、国家は市民を不正義の行為から保護するための道具である(そしてかれらに平和的な交際、とりわけ交易を可能にする道具である)と見なした。かれは、国家は「犯罪防止のための共同の結合体」(45)+であるべきだと要求した。興味深いことには、アリストテレスの記述のうちには、リュコフロンがその理論をヒストリシズム的形態において、つまり、社会契約の観点から国家の歴史的起源を語る理論として述べたという示唆はなんら見当たらない。その反対である。文脈からは、リュコフロンの理論はただ国家の目的にのみかかわっていることが明瞭に見て取れる。なぜなら、アリストテレスは、リュコフロンは市民を有徳にするのが国家の本質的な目的であることを忘れていると注釈しているからである。ここに示唆されているのは、リュコフロンは、法のもとでの市民の平等、個人主義また保護主義をわがものとし、これらを自己の目的とし、技術的な観点から合理的と判断したということである。

こうした形態を取っているので、リュコフロンの理論は伝統的なヒストリシズム的な社会契約説に対する反論からは守られている。契約論(Kontrakttheorie)は「現代の思想家によって語句ひとつひとつに対して決定的な反論を提起されてきた」[46]としばしば言われているし、アーネスト・バーカーもそうくりかえしている。そうかもしれない。だが、バーカーの論点を見ていくとわかるのだが、リュコフロンの理論はそのような反論では微動だにしない。バーカーは、リュコフロンをのちに〈契約論〉と呼ばれることになった理論のおそらく最初期の定礎者であろうと見ている。この点ではわたくしもかれに同意したい。バーカーの反論の主要点はつぎのような仕方で述べることができる。(a)歴史的に見て契約というものは決して存在しなかった。(b)歴史的に見て国家は決して設立されたものではなかった。(c)法は決して協定ではない。それはむしろ、伝統から、より力の強い暴力から、ことによると本能などから生じてくるのであり、法典に編入される以前においては、慣習(Sitte)である。(d)法の強みは、制裁、言い換えると法に有効性を与える国家の保護権力にあるのではなく、法にしたがおうとする個人の用意、つまり個人の道徳的意志にある。

ただちにわかることだが、反論の(a)、(b)、(c)は、それ自体としてみればかなりただしい（もっともいくつかの契約は存在したが）のであるが、ヒストリシズム的形態の理論にあてはまるのみであって、リュコフロン的な形態の理論にとっては無意味であてはまらない。それゆえ、これらについてはそもそも考慮に入れる必要はないであろう。それに対して反論の(d)はくわしく考察するにあたいする。そもそも(d)はなにを言わんとしているのであろうか。攻撃されている理論は、他のどんな理論にもまして〈意志〉に、あるいはこう言った方がよいのだろうが、個人の決定により大きな重きをおいている。じっさい契約（Vertrag）ということばは〈自由な意思〉にもとづく一致を思い起こさせる。おそらくそれは、他のどんな理論にもまして、法の強みはそれを受け入れ、それにしたがうという個人の用意にあることをさし示している。ではどうして(d)は契約論に対する反論になるのだろうか。その唯一の説明は、おそらくこうだ。バーカーが、契約は個人の道徳的意志に発するのではなく、むしろ自己利益追求的な意志に発すると信じているということだ。この解釈は、プラトンの批判とも合致するだけにいっそうたしかであろう。だが、保護主義者であるためには自己利益の追求者である必要はない。保護は必ずしも自分を保護することではない。自分自身ではなく他人を保護する目的で多くの人は自分の生命を確実なものにする。同様に、かれらが、国家による保護を主として他人のために求め、そして自分自身のためにはより少なくしか(あるいは、まったく)求めないこともありうる。保護主義の根本にあるのは、強者の僭主から弱者を保護せよ、という要求である。この要求は弱者からばかりでなく、しばしば強者からも提起された。これが自己利益追求的とか非道徳的な要求であると言われるなら、それは少なくとも誤解を招くものである。

こうした反論はリュコフロンの保護主義には当てはまらないだろう。それはペリクレスの時代における人間性と平等に向けての運動を的確に表現したものなのだ。だがそれはわれわれからは奪われてしまった。それは後世の世代には歪められたかたちで、つまり、国家の起源は社会契約にあるというヒストリシズム的理論として、あるいは国家の真の本性は協定にあると主張する本質主義的な理論として、あるいは人間の本性は根本において非道徳的であるという仮定にもとづく自己利益の理論としてしか伝えられなかったのである。こうしたことすべてはプラトンの権威のもつ圧倒的な影響力に帰せられる。

第八節

プラトンはリュコフロンの理論をよく知っていた。その点はほとんど疑いない。なぜなら、かれは(ほとんど間違いなく)リュコフロンの若年の同時代者であったからである。じっさい、容易に認めることができるのだが、この理論は、最初は『ゴルギアス』において、そしてのちには『国家』において言及された理論と同一である。(どちらの箇所においてもプラトンはこの理論の創始者に言及してはいない。これは、自分に対する反論者が現存している時にかれがしばしばおこなうやり方である。)『ゴルギアス』ではこの理論はカリクレスによって説明されている。この者は『国家』におけるトラシュマコスとおなじように倫理的ニヒリストである。『国家』では、グラウコンがこの理論を報告している。二つのばあいとも、話し手は自分が述べる理論を自説とはしていない。

二つの箇所は多くの点で平行している。二つの箇所とも、理論をヒストリシズム的形態において、すなわち〈正義〉の起源にかんする理論として提出している。両者とも、この理論の論理的な前提は必然的に自己利益追求的なものであり、したがって虚無的であるかのように述べている。言い換えると、保護主義的な国家観を支持するのは、ほんと

う は他者に対して悪事を働きたいのだが、そうするにはあまりにも弱く、したがってそこからして強者もまた悪事を働くべきではないと望む者のみであるかのように述べている。だが、これはまったくもってただしい叙述ではない。なぜなら、理論の唯一必要な前提は犯罪や不正は抑止されるべきであるという要求にあるからである。

この点までは、『ゴルギアス』と『国家』の二つの箇所は平行しており、またしばしばそう注釈されてきた。だがこれらのあいだには大きな相違がある。ところが、わたくしの知るかぎり、注釈家たちはこの相違を見過ごした。重要なのはつぎの点である。『ゴルギアス』ではこの理論はカリクレスの戦うべき理論として述べられている。そしてカリクレスはかのソクラテスに対抗しているのだから、保護主義はプラトンによって攻撃されているのではなく、むしろ暗黙のうちに擁護されている。より正確に分析してみると、じっさいにはソクラテスはニヒリストとしてのカリクレスに対してこの理論の特徴のいくつかを代弁していることがわかる。『国家』では、このおなじ理論が、カリクレスの立場を引き継いだニヒリストとしてのトラシュマコスが示す、より洗練され正確に発展させられた形態で述べられている。換言すれば、この理論はここでは虚無的なものとして述べられており、ソクラテスはこの自己利益の追求という悪魔的な説を破壊し勝利した英雄なのである。

したがって、ほとんどの注釈者たちが、これらの箇所で、『ゴルギアス』の傾向と『国家』のそれとを比較して類似性を見出すのだが、じっさいには完全な戦線の変更が露呈している。カリクレスは敵意をもって述べていたにもかかわらず、『ゴルギアス』の傾向は保護主義に対して好意的である。しかし『国家』はそれに対してはげしく敵対する。

以下に『ゴルギアス』におけるカリクレスの発言からの抜粋を載せておこう。「法は多数の民衆が作るのだ。そして民衆をなすのは主として弱者である。民衆は法を作る……自分と自分たちの利益を守るために。そして民衆は、より強い者が……つまり、自分たちよりも優勢な他の者たちが法を作ることを押さえこむのだ……民衆は、ある者が隣人に優越しようとするならば、それを〈不正〉と名づける。かれらは自分たちが劣っていることを知っているから、言わせてもらうが、平等がえられるなら、それで大喜びなのだ。」(47) こうした記述を見ると、カリクレスのあからさまな侮蔑や敵意に帰さねばならないものすべてを除くなら、そこに再認されるのはリュコフロンの理論の要素すべてである。すなわち、法のもとの人間の平等、個人主義そして不正からの保護。〈強者〉ならびに自分が劣っていることを自覚している〈弱者〉への言及があるが、そうした言及でさえ、じっさいにはある程度大目に見る必要はあるとはいえ、保護主義的見解によく合致する。リュコフロンが、国家は弱者を保護すべきであるという要求――卑しくなどない要求――をはっきりと掲げたことはありえないわけではない。（この要求がいつの日にか満たされるようにという願いは、「柔和なる者が地を有するだろう」というキリスト教の教えのうちに表現されている。）

カリクレス自身は保護主義を評価しない。かれは強者の〈自然な〔生まれついての〕〉権利の側に立っている。ソクラテスはカリクレスとの対決において保護主義を支援し、それを自分の中心的なテーゼ――不正をおこなうよりはこうむった方がよい――と同一視さえしている。これは重要な点である。たとえばかれはつぎのように言う。「君が先ほど言ったように、多くの人は、正義とは平等であると考えているのではないかね。そしてまた不正をこうむるよりも不正をおこなうことは恥ずべきことであると考えているのではないかね。」またのちにはつぎのようにも言われている。「……たんに取り決めばかりでなく自然そのものが、不正をこうむることよりも不正をなすことは恥ずべきことであると、そして正義とは平等であると言っている。」(48)+（こうした個人主義的、平等主義的そして保護主義的傾向があるにもかかわらず、『ゴルギアス』にはまた強い反民主主義的な特徴も見出される。この点の説明は、プラトンがこの対話編を書いていた時分、まだ自分の全体主義的理論を展開していなかったことに求められるだろう。かれはすでに民主主義の敵対者の側に共感を覚えていたとはいえ、依然としてソクラテスの影響下にあったということだ。『ゴルギアス』と『国家』が二つながらおなじときに、ソクラテスの見解をただしく述べているなどという考えをどうして主張できるのか、わたくしには理解できない。）

さて、『国家』に向かおう。ここでグラウコンは、トラシュマコスのニヒリズムよりは論理的により正確だが、しかし倫理的には同一である保護主義を導入する。グラウコンはつぎのように言う。「わたくしの主題は、正義の起源でして、正義とは、ほんとうはどんなものなのかということです。本性上、他人に不正を加えることが立派なことであり、みずからが不正をこうむることが悪いことであると主張する人がいます。かれらは、不正をこうむったことで受けた害悪は、それを加えた者たちが得る利益よりもはるかに大きいと考えるのです。ですから当分、人間は互いに不正を加えあい、そこから当然のこととして不正をこうむることになるでしょう。かれらはそれら二つを十二分に味わうことでしょう。つまるところ、不正から身を守るほど、また他人に喜んで不正を加えられるほど十分に強くない者は、相互に契約を結び、お互いにもはや不正を加えることもこうむることもないようにすべきであり、それがためになることを見出すのです。このような次第で法が導入されたのです……そしてこれが、かの理論によれば、正義の本性であり起源なのです。[49]」

こうした描写に含まれている合理的な内容を考慮するならば、ここにはあきらかに『ゴルギアス』におけるのとおなじ理論があることがわかる。そのうえ叙述はカリクレスの発言に細部に至るまで類似している。[50]だが、プラトンは完全な戦線の変更を成し遂げた。いまや保護主義は、シニカルなエゴイズムにもとづいているという反論から守られることはない。その反対に、すでにトラシュマコスのニヒリズムによって掻き立てられた人道主義的な感情、憤りは、われわれが保護主義の敵対者になるように利用される。保護主義は、プラトンが『ゴルギアス』では人道主義的性格があると示唆していたものであるが、いまやかれによって、反人道主義的なものと見えるように叙述される。つまり、保護主義は、不正とはなにかしらよいもの——それを利用できる者にとっては——という吐き気を催すような、そしてきわめて説得力に欠けた教義の産物と見なされるように述べられるのだ。そしてかれは躊躇なくこの点を何度となくくりかえす。いま引用した箇所にかなり長くつづく箇所で、グラウコンは保護主義のいわゆる必然的な仮定とか前提を詳細に説明している。そこでかれは、たとえば不正をおこなうことは〈もっともよいことである〉[51]とか、正義が導入されるのは、多くの人間が犯罪をおこなうにはあまりにもひ弱すぎるためであるからとか、犯罪まみれの生活はその個人にとっては最高度に利益があるのだというのである。そして〈ソクラテス〉、つまりプラトンは、はっきりと〔保護主義についての〕グラウコンの解釈がただしいことを保証するのである。[52]+ こうした方法によってプラトンはまんまと、読者の大部分、少なくともプラトン主義者のすべてを、ここに展開された保護主義の理論はトラシュマコスの仮借なきそしてシニカルな自己利益の追求と同一であると[53]、そしてさらに重要なことには、どんなかたちをとった個人主義も唯一同一のもの、すなわち自己利益の追求に帰着すると確信させるのだ。しかも、かれは自分の賛同者だけではなく、なんと論敵、とりわけ契約論の信奉者を説得することにも成功した。カルネアデスから[54]トマス・ホッブズに至るまで、致命的なヒストリシズム的叙述方法を取ったばかりでなく、この理論の基礎にあるのは倫理的ニヒリズムであるというプラトンの断言を受け継いだのである。

ところで、プラトンは保護主義に反対したわけだが、その唯一の論拠は、それがいわゆる自己利益の追求という動機にもとづいているということであった。この点はしっかり理解されねばならない。またこの論拠がいかに大きな場所を占めて論述されているかを考えると、かれがよりまともな論拠を提示しなかったのは、遠慮からではなくまともな論拠がなかったからであると言ってさしつかえないであろう。だからかれは、われわれの道徳的感情——保護主義は正義の理念および品位を尊重しようとする気持ちへの侮辱である——を呼び出して、保護主義を片づけざるをえなかったのだ。

そこからしてプラトンは、自分自身の理論に対して危険な競争相手として立ち向かってくるばかりでなく、新しい人道主義的で個人主義的な信条を代弁する者、すなわちプラトンが評価するものいっさいに対する不倶戴天の敵としてのこの理論をこのように扱ったわけである。そのやり方は巧妙なものであった。その驚くべき成功がそれを証明している。だがわたくしは、それは恥ずべきやり方であったと言わざるをえないと思う。なぜなら、攻撃された理論は、不正は悪である、すなわち、不正は避けられ規制されるべきであるという仮定以外には、なんら非道徳な仮定など必要としないからである。またプラトンはこの理論が自己利益の追求にもとづくのではないことを十分に知っていた。なぜならかれは、『国家』ではこの理論をニヒリズムの理論から「引き出し」ているが、『ゴルギアス』においては、この理論をニヒリズムと同一視することはなく、それに対立させていたからである。

要約しておこう。プラトンの正義論は、『国家』やのちの作品で述べられている形態からすれば、平等の理念や、かれの時代における個人主義的にして保護主義的な傾向を否認し、そして全体主義的な道徳論を展開することで部族の要求を回復しようとする意識的なこころみであった。同時にかれは新しい人道主義的道徳から強い印象を受けていたので、法のもとにおける人間の平等の理論に対して議論で戦う代わりに、そもそも議論することを避けたのだ。そしてかれは、その強さをよく知っていた人道主義的感情を、生まれつき優れている支配人種の全体主義的階級支配のために獲得することに成功したのだ。

かれは、国家の安定性を維持するためにはそうした階級的特権が必要であると主張した。したがってそれが正義の本質なのである。こうした主張は、最終的には、正義とは国家の力、健全性、安定性に役立つものであるという論証、つまり現代の全体主義的定義――正義とは、わが国、あるいはわが階級、あるいはわが党の力にとって役立つものである――と酷似した論証に依拠している。

だがこれで話は終わりではない。プラトンの正義論は階級の特権を強調する。だからそれとともに「誰が支配すべきか」という問いが政治理論の中心問題となろう。この問いに対するかれの答えはこうである。賢者、もっともよき者が支配者としての資格をもつ。かくも立派な答えは、かれの理論の性格を変えはしないか。

注

注一般について

本書の本文はそれ自体で完結しているから、ここでの注なしに読むことができるであろう。とはいえ、ここには本書の読者すべての興味をひくであろう一般的資料にくわえて、おそらくきわめて特殊な関心にかなう論争的諸問題についての指摘もある。こうした資料のゆえに、注を参照しようとする読者は、最初に章の本文を中断なく読み、そののちにはじめて注に向かうのがおそらく目的にかなうであろう。

本書第一版の原稿を草している時に近づけなかった資料を利用している注、そしてまた一九四三年以降に付加したことを示したいと思った注は、《　》でくくられている。しかし、すべての新しい注が、こうした仕方で表示されているわけではない。翻訳者パウル・K・ファイヤーアーベントの注は【　】で表示しておいた。編者の注と補足は［　］によって表示した。

［聖書からの箇所については、わたくしはカトリックと福音派の統一訳 *Die Bibel. Altes und Neues Testament*, Stuttgart 2001〔本訳書においては新旧約ともに日本聖書協会の共同訳〕から引用している。プラトン、アリストテレス、カント、ショーペンハウアー、ニーチェなどの著作のうち利用した版については「編者の注記」五〇七ページ以下でよりくわしく解説しておいた。］

序論

カントからの題辞については、参照、I. Kant, *Werke*, hrsg. von Ernst Cassirer, Bd. 9, S. 56 ならびに、（第二巻の）第二四章の注（41）とそこでの本文。

〈開かれた社会〉と〈閉じた社会〉という表現は、わたくしの知るかぎり、Henri Bergson, *Les deux sources de la morale et de la religion*, 1992〔『道徳と宗教の二源泉』〕［1932, ドイツ語訳 *Die beiden Quellen der Moral und der Religion*, 1992］によって用いられた。ベルグソンとわたくしとではこの表現の用い方にかなりの差がある。（この差はほとんどあらゆる哲学的問題に対する態度の違いに由来するものであろう。）にもかかわらず、そこには、疑いもなく、ある種の類似性があるので、それは承認しておきたい。（ベルグソンは閉じた社会を「自然の掌中からあらわれでた人間社会」として特徴づけている。参照、*op.cit.* S. 207.）だがもっとも重要な差は、わたくしの概念はいわば合理主義にもとづく区別を指示しているということだ。閉じた社会を特徴づけるのは、そこでは魔術的なタブーが信じこまれているということだが、それに対し、開かれた社会の人間はある程度、タブーに対して批判的に立ち向かい、そして(討論のあとで)自分自身の知性の権威にもとづいてそれらを批判することを学んでいるということである。それに対してベルグソンが見ているのは一種宗教的な区別である。そこからしてかれは、開かれた社会を神秘的直観の産物と見なすことができるわけであるが、わたくしは、神秘主義は閉じた社会の失われた統一への希求を表わしていると解釈できるのであり、したがって開かれた社会の合理主義への反動であるという見解に立っている(第一〇章と第二四章)。わたくしは〈開かれた社会〉という自分の概念を第一〇章で用いているが、その使い方からすると、そこにはグレーアム・ウォーラス『偉大な社会』(Graham Wallas, *Großer Gesellschaft* (*The Great Society*[1914/1967]))とのある種の類似性が見て取れることだろう。だが、わたくしの概念はたとえばペリクレスのアテネのような〈小さな社会〉にも適用可能であるのに対し、〈偉大な[大きな]社会〉は硬直し、したがって閉じていると考えられるだろう。わたくしの「開かれた社会」は、ウォルター・リップマンの『よき社会』[1937/1973][ドイツ語訳、*Die Gesellschaft freier Menschen*, 1945]とも類似性をもっている。参照、第一〇章注(59)(2)ならびに第二四章注(29)(32)(58)およびそこでの本文。《そうこう

するうちにわたくしは、ハインリヒ・ハイネのうちに〈開かれた〉社会および〈閉じた〉社会という表現を発見した。》

第一章　ヒストリシズムと運命の神話

　ペリクレスからの標語については、参照、第一〇章注(31)および本文。またプラトンからの標語については、第六章注(33)、(34)およびそれらの本文の箇所でかなりくわしく論じておいた。

(1)「集団主義」という用語は、「国家」(あるいは、ある特定の国家とか、民族(Nation)とか、階級)といった集団(Kollektiv)やグループのもつ意義を、個人の意義よりも高く強調する説を示すためにのみ使用される。集団主義と個人主義との対立については、第六章でこまかく説明する。参照、とりわけ第六章注(26)～(28)および本文。部族の社会形態および「部族の生活形態」という観念、つまり、部族とか、ホルデ〔「群れ」のこと、ばあいによっては、「部族」とも訳す〕とか、またその生活形態にしがみつく態度については、参照、第一〇章、とりわけ注(38)(ピタゴラス派の部族的タブー一覧表)。

(2) 解釈は、拙著『探求の論理』(*Logik der Forschung* (1935), 10. Aufl. 1994〔大内義一、森博訳『科学的発見の論理』恒星社厚生閣、一九七一年〕)で示しておいたが、経験的情報を生み出さないということである。

(3) 選民〔選ばれた民族〕、選ばれた人種、選ばれた階級といった教義にはつぎのような共通点がある。それらはすべて、なんらかの抑圧に対する反動として生じ、そのなかで意義をえたということだ。選民の教義は、ユダヤ教会が基礎をえた時代、つまり、バビロン捕囚時代に意味をもったのであり、支配人種としてのアーリア人というゴビノー伯爵の理論は、フランス革命はテュートン族の支配者を首尾よく追い払ったという主張に対する、亡命貴族たちの反動であった。プロレタリアートの勝利というマルクスの予言は、現代史における抑圧と搾取というもっとも陰鬱な時期に対する応答である。これについては第一〇章、とりわけ注(39)、および(第二巻の)第一七章、参照。とりわけ注(13)～(15)とそれらに対応する本文。

(4)《ヒストリシズムが信奉している諸原則の簡潔にして最良の要約は、第九章注(12)の末尾でくわしく引用しておいたのだが、ラディカルなヒストリシズムの文書に見出される。そのタイトルは、『階級闘争におけるキリスト教徒』であり、著者はギルバート・コープである。序文はブラッドフォードによって書かれている。(*Christians in the Class Struggle*, 〉Magnificat〈 Publikation Nr. 1, publiziert vom Council of Clergy & Ministers for Common Ownership, 1942, 28, Maypole Lane, Birmingham 14.) そこの五ページ以下にはこうある。「これらの見解すべてに共通するのは、ある種の〈自由を加味された不可避性〉

という性質である――生物進化、階級闘争の継起、精霊の働きに見られるように。これら三つのことがらを特徴づけるのは、目的志向的な一定の運動である。これらの運動は、一定の期間ならば、人間の意図的な行動によって妨げられたりそらされたりするが、その増大する勢いは破壊できないのであり、そして、最終段階はぼんやりとしか把握されないとはいえ、……その不可避的な成り行きを促進したり遅延させたりするために、そのプロセスを十二分に知る[可能性はなんといっても存在するのだ]。言い換えればこうだ。人間は、〈進歩〉と見なされる経過についての自然法則を十分に理解し、主要な流れを押しとどめるとか……そらそうとこころみることはできるのだが、そうしたこころみは一定期間は成功したかのように見えるにせよ、じっさいには初めから挫折すべく定められている。」》

(5) ヘーゲルはその『論理学』(*Logik*[*Werke,* Bd. 5, S. 84])で、ヘラクレイトスの哲学すべてを(保存したという意味で)〈止揚〉したと言っている。かれはまた、プラトンにすべてを負うているとも注記している。――《おそらくここで述べておいてもよいと思うのだが、ドイツにおける社会民主主義運動を打ち立てた(また、マルクスとおなじようにヘーゲル主義者でもあった)フェルディナント・ラサールも、ヘラクレイトスについて二巻本[*Die Philosophie Herakleitos des Dunklen von Ephesos,* 1858/1973]を著わしたのであった。》

第二章　ヘラクレイトス

(1)〈世界はなにからできているのか〉という問いは、多かれ少なかれ一般には、初期のイオニア哲学者たちにとっての根本問題であったと考えられてきた。これらの哲学者たちが世界を建造物と考えたとするなら、世界の根本構造を問うことが、世界の建築材料についての問いを補完するものとして生じてくるだろう。じっさい、タレスは世界の建築材料についてのみならず、記述的な天文学や地理学に関心をもったし、またアナクシマンドロスは根本構造、つまり、大地の図を描こうとした最初の者であったと言われている。イオニア学派、とりわけヘラクレイトスの先行者としてのアナクシマンドロスについては第一〇章でさらに注記をくわえておいた。それらについては、参照、その章での注(38)～(40)、とりわけ(39)。

《ロバート・アイスラー(Robert Eisler, *Weltenmantel und Himmelszelt* [1910/2002], S. 693)によれば、ホメロスにおける運命に捉えられているという感情(〈モイラ〉)は、空間、時間そして運命を聖なるものとするオリエントの星辰神秘主義(Astralmystizismus)にさかのぼるという。この著者が述べるところによれば(*Revue de synthese historique*, Bd. 41 [1926], S. 16 f.)、ヘシオドスの父は小アジアに出自をもつのであり、黄金時代とか人間の内部に金属があるという考えはオリエントに起源があるのだという。(この点については、参照、R・アイスラーの遺著『プラトン』(R. Eisler, *Plato*, Oxford 1950.) また、R・アイスラー(*Jesus Basileus*, Bd. II (1930), S. 618 f.)は、世界を事物の総体(「コスモス」)と見る考えはバビロニアの政治理論にさかのぼると指摘している。世界を建造物(家とか天幕)と見る考えは、かれの著書 *Weltenmantel und Himmelszelt* でも語られている。》

(2) 参照、Hermann Diels, *Die Fragmente der Vorsokratiker*, herausgeben von Walther Kranz, Berlin 1934/1935 [Zürich 1996]〔『ソクラテス以前哲学者断片集』岩波書店、二〇〇八年〕(以下においては『断片集』と略記する〔ただし、ページ数は原著のものである〕)、第一巻断片124. 参照、『断片集』第二巻 S. 423, 二一行以下も。(否定を挿入することは、方法論的に見ても、またそもそもこの断片を真正なものとして承認しないある種の著述家たちのこころみと同様、支持しえないと思われる。この点をべつにすれば、わたくしはリュストフ(Rüstow)の校訂にしたがう。) このパラグラフでの他の二つの引用文については、参照、プラトン『クラテュロス』401d, 402 a/b.

ヘラクレイトスの教義についてのわたくしの解釈は、たぶんに現代において一般に受け入れられている解釈、たとえば、バーネットのそれとは相違するだろう。わたくしの解釈がそもそも主張できるのかと疑問をもつ読者に対しては、わたくしの付した注、とりわけ本注と、ヘラクレイトスの自然哲学にかかわる注(6)(7)および(11)の参照を求めておきたい。それに対して本文では、ヘラクレイトスの教義のヒストリシズム的側面、ならびにかれの社会哲学のみを記述している。その他に、第四章から第九章まで、とりわけ第一〇章の参照を求めておきたい。そこでの議論に照らしてみれば、ヘラクレイトスの哲学は、かれ自身が目撃者となった社会革命への反応をある程度まで特徴づけているように思われる。参照、第一〇章(および本文)への注(39)と(59)ならびにその章での注(56)でのバーネットとテイラーの方法への一般的な批判も。

本文でも示唆しておいたが、わたくしは(他の著者、たとえば、ツェラーやグロートとおなじように)、流転する世界という説がヘラクレイトスの中心的な教義であったと考えている。こうした考えとは反対にジョン・バーネット(John Burnet, *Early Greek Philosophy*, 2. Aufl. [1908], S. 163)は、ヘラクレイトスの体系においてはそれは「ほとんど核心的部分ではないだろう」[*Die Anfänge der griechischen Philosophie*, 1913, S. 132]と主張している。しかし、かれの論証(S. 128 f.)をくわしく考察してみたが、わたくしには、ヘラクレイトスの根本的発見が、バーネットの表現にあるごとく「知恵は多くの事物についての知識ではなく、根底にある、戦い合う諸対立の統一の知覚である」[S. 129]という抽象的な形而上学的教義であるとは確信できなかった。対立物の統一はたしかにヘラクレイトスの教義の重要な部分である。しかし、それは万物流転といういっそう具体的で直観的にはむしろ理解しやすい教義から導出されるものであろう(そもそもこうしたものごとが導出されうるというかぎりにおいてだが。参照、本章の注(11)および本文)。おなじことは、炎についてのヘラクレイトスの教義についても言える(参照、本章の注(7))。

バーネットとおなじように、万物流転説は新しいものではなく、初期のイオニア人たちによって先取りされていたと主張する著述家たちは、意識せずしてヘラクレイトスの独創性の証人となっている。というのも、ヘラクレイトスの死から二四〇〇年たったいまでもこの哲学者がなにを問題にしていたのかを依然として理解できていないからである。かれらは、容器つまり建造物とか宇宙の枠組み内部における、要するに事物の総体内での流転とか円環的運動(ヘラクレイトスの教義の一部はたしかにこうした仕方で理解されうるだろうが、そうしたことが言えるのはかれのあまり独創的でない表現に対してのみである。さらに下記も見よ)と、いっさいを、つまり容器とか枠組みそのものをさえ包括する(参照、『断片集』第一巻 S. 190 におけるルキアノス)ところの、そしてなんらかの固定した事物の存在をさえ否定するときにヘラクレイトスが記述している、普遍的な運動とか変化、つまり普遍的流転とを区別しそこなっているのだ。(ある点からすれば、アナクシマンドロスは枠組みの解体を始めていたのだが、普遍的流転の説に至るまでの道のりは依然として遠かった。参照、第三章注(15)(4)。)

世界は流転のうちにあるという説を唱えたためにヘラクレイトスは、この世界の事物が見たところ安定しているのはなぜなのか(またその他の典型的な規則性)を説明せざるをえなくなった。そのこころみのなかで、かれはさらなる理論、とりわけ〔すべては燃焼過程にあるという〕炎の説（本章注（7））および自然法則にかんする教義（注（6））を考えざるをえなくなった。世界の見たところの安定性を説明するにあたって、かれはしばしば先行者の理論を引き合いに出す。たとえば、先行者〔例として、アナクシメネス〕のうちにあった〔大気の〕希薄化と濃縮の説、また天空の円環的巡行の説は、物質の循環とか周期的運行という一般的な理論に発展させられた。しかしながら、かれの教義のこの部分は、わたくしの考えでは、中心的役割はになっておらず、流転説のもとにある。それは、言ってみれば、弁解的なものである。というのも、それは普遍的流転という新奇で革命的な考えを、一般的な経験ならびに先行者たちの説と調停しようとしているからである。それゆえ、わたくしの見るところ、ヘラクレイトスは、物質やエネルギーの保存や循環を説いた機械論的唯物論者ではない。そうした可能性は、自然法則へのかれの魔術的態度によって、また、かれの神秘主義をきわだたせている対立物の統一の理論によって、排除されていると思われる。

万物流転がヘラクレイトスの中心的な教義であるという主張は、プラトンによっても確認できると思う。プラトンは何度も明確にヘラクレイトスに言及しているが、その圧倒的大多数（参照、『クラテュロス』401d, 402 a/b, 411, 437 ff., 440,『テアイテトス』153c/d, 160d, 177c, 179d f., 182a ff., 183a ff.,『饗宴』207d.『ピレボス』43a. 参照、アリストテレス『形而上学』第一巻第五章〔岩波版全集では第六章〕987a 33, 第五巻第一章 1010a 13, 第八巻第四章 1078b 13 も)は、ヘラクレイトスの中心的な教義がその時代の思想家に与えた尋常ならざる刻印を証言している。これらの明瞭にして明確な証言は、ヘラクレイトスの名前こそ挙げられていないものの、バーネットがみずからの解釈の基礎にしようとしたあのあきらかに興味深い箇所(ユーバーヴェークやツェラーがヘラクレイトスとの関連ですでに引用していた『ソフィスト』242d 以下)よりもはるかに強力なものである。(かれの第二の証人たるアレクサンドリアのフィロン(Philon Judaeus)はプラトンやアリストテレスの証言の信憑性にくらべるとほとんど考慮にあたいしない。)だが、『ソフィスト』からのこの箇所でさえここでの解釈と完全に一致する。(この箇所の価値にかんするバーネットの判断はある程度揺らいでいる。参照、第一〇章注(56)(7)。)世界はものの総体ではなくして、出来事あるいはプロセス(あるいは事実)の総体であるというヘラクレイトスの発見は決して些末なものではない。それはおそらくルートヴィヒ・ウィトゲンシュタインがつい最近この間の事情を再度強調する必要があると見なしたことからも推し量ることができよう。「世界は事実の総体であってものの総体ではない」(参照、『論理哲学論考』Ludwig Wittgenstein, *Tractatus Logico-Philosophicus*〔ドイツ語訳 *Logisch-philosophische Abhandlung* 2001, S. 11〕命題一・一。傍点はわたくしのもの。)

要約しておこう。わたくしは、世界は流転のなかにあるという説を根本的なものと見なすし、またそれはヘラクレイトスの社会的経験から生じてきたと信じている。ヘラクレイトスによって主張された他のすべての説はある点からすればこのもとに従属させられる。〔すべては燃焼過程にあるという〕炎の説(参照、アリストテレス『形而上学』第一巻第三章984a 7, 第一一巻第一〇章1067a 2. また第一巻第八章989 a 2, 第三巻第一章996a 9, 第三巻第四章1001a 15,『自然学』第三巻第五章205a 3)は、わたくしの観点からすれば、自然哲学の領域におけるかれのもっとも重要な教説である。それは、炎の説を、事物は安定しているというわれわれの経験に結びつけようとするこころみであり、古い循環理論とのつながりを表現し、法則についての理論をみちびくものである。それに対して、わたくしの見るところ、対立物の統一という説は、それほど中心的ではなく、より抽象的である。それは一種の論理的あるいは方法論的理論であり(そのようなものとして、アリストテレスにインスピレーションを与え、矛盾律を定式化させた)、そしてかれの神秘主義に結びつくものである。

(3) Wilhelm Nestle, *Einleitung zu Die Vorsokratiker* (1908/1978), S. 35.

(4) このパラグラフにおける八つの引用文のうち(1)と(2)は『断片集』第一巻断片121からである〔引用文の数え方については、……でつながっている引用をそれぞれ一つと数える〕。残りは以下。(3)『断片集』断片29(参照、プラトンの『国家』586a/b)。(4)『断片集』断片104. (5)『断片集』断片39(参照、『断片集』第一巻S. 65, ビアス1)。(6)『断片集』断片

17. (7)『断片集』断片 33. (8)『断片集』断片 44.【英語版からの翻訳にさいしては、可能なかぎり、W. Nestle, *op.cit.* と照合した。】

(5) このパラグラフにおける三つの引用文は以下の断片からである。(1)と(2)については『断片集』第一巻 91. (1)については本章の注(2)も参照されたい。(3)は『断片集』断片 74 である。

(6) 二つの引用文は、『断片集』第一巻断片 31 および『断片集』断片 90 である。

(7) ヘラクレイトスの「規矩」(あるいは掟とか周期)については、『断片集』第一巻断片 30, 31, 94.(『断片集』断片 31 は〈規矩〉と〈掟〉[logos]をむすびつけている。)

このパラグラフのさらに下で引用された五つの引用文は以下の断片からである。(1)『断片集』第一巻 S. 141, 第一〇行(参照、ディオゲネス・ラエルティオス『哲学者列伝』(Diogenes Laertius [*Leben und Meinungen berühmter Philosophen*, 1921/1998])〔『ギリシア哲学者列伝』〕第九巻 7)。(2)『断片集』第一巻断片 94(参照、第五章の注(2))。(3)『断片集』断片 100. (4)『断片集』断片 30. (5)『断片集』断片 66.

(1) 掟の観念は変化または流転の観念に対応している。なぜなら、掟あるいは規則性のみが変化の内部にあって世界の見たところの安定性を説明できるからである。人間は、おのずと変化していく世界を知るわけだが、この世界の内部におけるもっとも目立った規則性は、日、月、年(季節)といった自然の周期である。掟についてのヘラクレイトスの理論は、愚見では、（のちにレウキッポスや、とりわけデモクリトスによって主張された）〈因果的法則〉とアナクシマンドロスの暗い運命の力との論理的な中間項である。ヘラクレイトスの掟はまだ依然として〈魔術的〉である。すなわち、かれは抽象的で因果的な規則性と、タブーのように制裁をつうじて遂行される掟とを区別していなかった。（この点については、参照、第五章注(2)。）運命についてのこうした理論は、通常の一八〇〇〇年あるいは三六〇〇〇年にあたる〈大年〉あるいは〈大円環〉と結びつけられていたと思われる。（たとえばジェームズ・アダム版『国家』参照、James Adam, *The Republic of Plato* [1902/1980], Bd. II, S. 303)。こうした理論から、ヘラクレイトスはじっさいには万物流転、つまりすべてのものの流動を信じていたのではなく、たえず枠組みの安定性を回復するようなさまざまな循環のみを考えていたのだと推論しようとするなら、それは、正鵠を射たものではないだろう。そのように考えたらかれは、変化の掟とか、なんら周期的ではない運命の法則(参照、第三章注(6)も)を考えることに困難を覚えたことだろう。

(2)　火はヘラクレイトスの自然哲学において中心的な役割を演じている。（ここにペルシアの影響の痕跡が見られるのかもしれない。）炎は流転あるいは、多くの点でものとして現象する過程の明白なシンボルである。それはしたがって安定した事物の経験を説明し、そうした経験を流転の説と調和させる。こうした考えは容易に生物体に拡張される。生物体は炎に類似しているが、燃焼はゆっくりとしているからである。ヘラクレイトスは、すべての事物は流転のなかにあり、またすべては炎に似ているのであって、その流転はさまざまな〈規矩〉あるいは運動法則をもつにすぎないと教えた。火がそのなかで燃える〈シャーレ〉あるいは〈器〉は、火よりははるかにゆっくりと変化するが、にもかかわらず変化の過程にある。シャーレは運動しているのであり、それ自身の掟と運命をもっており、最後には炎によって燃やし尽くされ、消え失せていく。たとえ、みずからの運命が実現するには長い時間がかかるとしても。したがって、「火が割り込んでくると、すべてを裁き、捕縛する」(『断片集』第一巻断片(66))。

事物のある状態はじっさいには流動の一状態であるのだが、にもかかわらず事物は静止しているように見えることを象徴し、かつ説明するのが炎なのである。しかし、それはまた物質がある状態(燃料)からべつな状態(煙)へと変化していくことのシンボルでもある。したがってそれは、ヘラクレイトスの直観的な自然論と、かれの先行者の濃縮と希薄化の理論との連結環を形成している。だが同時に、炎が燃え上がり消えていくのは燃料の残量と一致するわけで、これは掟〔法則〕の一例である。これを一種の周期性と結びつけてみよう。そうすれば、日とか年の周期のような自然の周期の規則性についての説明がえられるだろう。(バーネットはヘラクレイトスが巨大な炎の周期的再来を信じたという伝承を疑ったわけだが、このように考えてくると、それに対する反論を述べていることになるわけだ。この周期的な巨大な炎はかれの言う大年と間違いなく結びつくだろう。参照、アリストテレス『自然学』第三巻第五章 205a 3 および『断片集』断片 66.)

(８) このパラグラフで引用した一三の引用文は以下の断片からである。(1)『断片集』第一巻断片 123. (2)『断片集』断片 93. (3)『断片集』断片 40. (4)『断片集』断片 73. (5)『断片集』断片 89. (4)と(5)については、参照、プラトンの『国家』476c 以下、および 520c. (6)『断片集』断片 19. (7)『断片集』断片 34. (8)『断片集』断片 41. (9)『断片集』断片 2. ⑽『断片集』断片 113. ⑾『断片集』断片 10. ⑿『断片集』断片 32. ⒀『断片集』断片 64.

(９) ヘラクレイトスは大部分の倫理的ヒストリシストよりも整合的であり、道徳および法についての実定主義者(Positivist)である。(こう表示することについては、参照、第五章。)「神々においては、すべては美しくかつただしい。しかし人間は一方を不正であり、他方をただしいと見なした。」(『断片集』第一巻断片 102. 参照、注(11)における引用文の(8)。)ヘラクレイトスが最初の法実定主義者であったことはプラトンによっても証言されている(『テアイテトス』177c/d)。道徳および法についての実定主義一般については、参照、第五章注(14)〜(18)に対応する本文および(第二巻)第二二章。【これにならんでかれは、実定法のダイナミズム、すなわち、法は生じそして消滅するというありさまを強調した。プラトン(『クラテュロス』413a-g)によれば、かれは正義を炎にひとしいものとした。それゆえ法秩序はあらゆる存在者を平等に包括する唯一の秩序の一部となる。アルフレッド・フェルドロース＝ドロスベルク(Alfred Verdross-Drossberg, *Grundlinien der anti-*

ken Rechts- und Staatsphilosophie, Wien 1946, S. 31 ff.)は、こうした見解はヘシオドスにくらべると、後退であると指摘している。かれの指摘(*op.cit.*, S. 17)によれば、ヘシオドスは自然法則の支配する存在の世界と倫理的法的当為の世界を区別した最初の者である。かれはまたこの点を裏書きするためにつぎの箇所(『仕事と日々』274行以下)をひいている。

ペルセースよ、これらのことを胸に刻み、
「正義」の声に耳を傾け、暴力は一切忘れ去れ。
クロノスの御子は、人間に次の掟を定められたからだ――
すなわち、魚や獣、また空飛ぶ鳥どもには、
互いに相食むのが慣いであるが、それは彼らには正義がないゆえであり、
人間にはゼウスが正義を賜わった――これに優って善きものはない。

〔松平千秋訳『ヘーシオドス　仕事と日』岩波文庫、一九八六年、四四ページ〕

しかし、ヘラクレイトスは、「ディーケー〔正義の女神〕の自立した版図を……知らない」、だがかれが「ヘシオドスに対してあきらかに辛らつなことばで強調した」ように、「権利はそれ自身としては争いである」(A. Verdross-Drossberg. *op.cit.*, S. 31)。(とはいえ参照、第五章注(3))。一般に、断片114(「だが人間の掟のすべては神の掟によって養われる(nähren)」)は、ヘラクレイトスは法的実定主義者であるという見解とは対立する。しかし、A. Verdross, *loc. cit.* は、つぎの二点を指摘している。(a)当該の箇所において「保育

する(ernähren)」が出現していること、(b)こうした解釈は、この文が出現する文脈を考慮に入れていないこと。こうした点を考慮に入れれば、語られているのは、人間が立てたもろもろの法律の妥当性を基礎づける神の規範としての掟(こうした表現の仕方については、参照、第五章)ではなく、人間が立てたもろもろの法律に効力を与え貫徹させる戦いの法であることがあきらかになる。「したがってたしかに、コスモスにつながっているのは法の中身ではなく、その本質であろう。なぜなら、それは争いとして戦いという一般的な掟に服するからである」(A. Verdross, *op.cit.*, S. 32)。法は生じ消滅するという考えは、ヘラクレイトスを相対主義に追いやった。このつながりについては、参照、第五章。】

(10)このパラグラフで引用された二つの引用文は以下。(1)『断片集』第一巻断片53.(2)『断片集』断片80.《ヘラクレイトスの注記(『断片集』断片80)は、おそらく「どこに権利があるかは、権利をめぐる争いによってはじめてあきらかになるだろう」と解釈できよう。》

(11)このパラグラフで引用された九つの引用文は以下。(1)『断片集』第一巻断片126.(2)『断片集』断片111.(3)『断片集』断片88.(4)『断片集』断片51.(5)『断片集』断片8.(6)『断片集』断片60.(7)『断片集』断片59.(8)『断片集』断片102(参照、注(9))。(9)『断片集』断片58(参照、アリストテレス『自然学』第一巻第二章185b 20)。

流転、変遷あるいは変化とは、(ある状態とか状況の)ある状態から(ある状態とか状況の）べつな状態への移行であらざるをえない。流転、つまり、こうした流動は、みずから変化していくあるものを前提するかぎり、そのあるものは、反対の状態、反対の属性、あるいは反対の状況にかたちを変えるときでも、みずからの同一性を維持しなければならない。そうした次第で、流転の説は対立物の同一性という理論（参照、アリストテレス『自然学』第四巻第三章 1005b 25, 第五巻第二七章 1024a 24 および 34, 第一一巻第五章 1062a 32, 第一一巻第六章 1063a 25）と、そしてまたあらゆる事物の同一性という説とに結びつく。事物は唯一同一の変化していくあるもの（炎）の異なった相、あるいは現象であるにすぎない。

〈上への道〉と〈下への道〉がもともとは、山を登りそしてふたたび下るような通常の道（あるいは、下で遅れている者の観点からすれば上に上がっていくような、そしてどんどん上にいく者の観点からすれば下に向かっていくようなもの）を念頭において考えられていたのかどうか、また、こうした比喩はのちになってはじめて循環過程に、つまり、土から水を経て（おそらくはシャーレのなかの流動的な燃料のこと？）炎となり、ふたたび炎から水（雨のこと？）をつうじて土に還る道に適用されたのかどうか、あるいは、ヘラクレイトスの上への道と下への道は初めから物質の循環過程に適用されていたのかどうか、こうしたことはもちろん決定のしようがない。（しかし、ヘラクレイトスの断片には類似の考えが多数あることを考えてみると、最初の選択肢がよりありそうなことと思われる。参照、これについては本書の本文。)

(12) 四つの引用文は以下。(1)『断片集』第一巻断片24. (2)『断片集』断片25(ヘラクレイトスのことば遊びを多少とも保持したよりよい翻訳はこうなるだろう。「大なる死は大なる運命を勝ち得るだろう。」参照、プラトン『法律』903d/e. これは『国家』617d/eに対置されよう)。(3)『断片集』断片29(引きつづく一部は上述で引用しておいた。参照、注(4)での引用文(3))。(4)『断片集』断片49.

(13) 選民説のようなきわめて特徴的な教義がこのような時代空間のなかで発生したこと、それらがユダヤ教の他にもさまざまな救済宗教を出現させたことは大いに考えられうることである。(マイヤー『古代史』(Eduard Meyer, *Geschichte des Altertums*)とりわけ第一巻[1884/1977, S. 329 ff.])

(14) オーギュスト・コントは、フランスでヒストリシズムの哲学を展開したのだが、それはヘーゲルのプロイセン版とさして異なるものではなかった。コントは、ヘーゲルとおなじように、革命の流れをせき止めようとしたのであった。(Friedrich A. von Hayek, 〉The Counter-Revolution of Sciences〈, in *Economica*, N. S. Bd. VIII (1941), S. 119 ff. およびS. 281 f.) ラサールもヘラクレイトスに関心をもったことについては第一章の注(4)を見よ。この文脈において、ヒストリシズムの思想史と進化の思想史とのあいだに平行関係が見られることは興味深い。後者は、ヘラクレイトスに影響されたエンペドクレスにさかのぼる。(そのプラトン版については第一一章注(1)で記述しておいた。)それらは、イギリスまたフランスにおいてはフランス革命の時代に蘇った。

第三章　プラトンのイデア論

(1)「寡頭政」という表現をこのように説明することについては、参照、第八章注(44)末尾および注(57)。

(2) 参照、とりわけ、第一〇章注(48)。

(3) 参照、第七章末尾、とりわけ注(25)と第一〇章、とりわけ注(69)。

(4) 参照、ディオゲネス・ラエルティオス(Diogenes Laertius [*Leben und Meinungen berühmter Philosophen*, 1921/1998, S. 1491.]), III, 1. プラトンの家系については、とくに父方の家系がコドロス王に、それどころかポセイドン神に由来するという言い伝えについては、参照、George Grote, *Plato, and the Other Companions of Sokrates* (1875/1998), Bd. I, S. 114. (とはいえ、クリティアスの家系、つまり、プラトンの母親の家系についての類似の注記については、参照、Eduard Meyer, *Geschichte des Altertums*, Bd. V, 1902/1980, S. 33 f.) コドロス王についてプラトンは『饗宴』(204d)において、「勇敢であることへの——いまでは認められているわけだが——滅びることのない死後の名声を求めていなかったなら、アルケスティスが……あるいは、アキレスが……あるいは、あなた方自身のコドロス王が、子供たちのために王国を取っておこうとして死に場を求めただろうか」と言っている。プラトンは、初期の『カルミデス』(157e 以下)や後期の『ティマイオス』(20e)で、クリティアスの家系(つまり、プラトンの母親の家系)を称えている。それらの箇所では、家系はソロンの友人であるアテネの支配者〔archōn〕ドロピィデスまでたどられている。

(5) このパラグラフに再録した自伝的叙述からの二つの引用は、『第七書簡』(325)からである。この『書簡』がプラトンの真作であるかについては、十分な根拠はないと思うのだが、何名かの重要な学者によって疑義が提起されてきた。私見では、この問題については、G・C・フィールドの論議がもっとも的確であるように思われる(参照、第一〇章注(57))。他面でわたくしには、『第七書簡』でさえ少しばかり疑わしく思われる。それは、『弁明』からすでにわかっている多くのことをくりかえしており、状況から必要とされる些末なことを語りすぎている。それゆえわたくしは、プラトン主義についての自分の解釈の基礎をもっとも重要な対話編におこうと努めた。しかし、わたくしの解釈は書簡とよく一致した。読者の便宜を考えて、ここでは、本文中でしばしば言及したプラトン対話編のリストをアルファベット順で示しておこう。『弁明』『エウテュプロン』『法律』『ゴルギアス』『クラテュロス』『クリティアス』『クリトン』『メネクセノス』『メノン』『パルメニデス』『パイドン』『ピレボス』『プロタゴラス』『ソフィスト』『国家』『政治家〔*Staatsmann* あるいは

Politiker〕』『饗宴』『テアイテトス』『ティマイオス』。

これらの対話編を除いてもなお以下の部分的に非常に重要な対話編(そのうちのいくつかはおそらく真正のものではないであろうが)がプラトンの作品に属す。『アルキビアデスI』『アルキビアデスII』『カルミデス』『クレイトポン』『エピノミス』『エウテュデモス』『饗宴〔*Gastmahl*〕』『ヒッパルコス』『ヒッピアス大』『ヒッピアス小』『イオン』『ラケス』『リュシス』『ミノス』『恋敵』『パイドロス』『テアゲス』。さらに、少なくともそのうちの何通かは偽作であると言ってよい一三通の書簡集、プラトンの作品ではないことがほぼ確実な六作の非常に短く重要ではない対話編、そしてことばの短い定義リストがある。主要著作リストの想定されうる著作順序については第一〇章注(56)(8)を見よ。

(6)(1) プラトンはどこにおいても、歴史の発展は循環的な性格をもつとは断言していない。だがかれは、そうした想定を少なくとも四つの対話編、『パイドン』『国家』『政治家』『法律』のなかでほのめかしている。これらの箇所すべてにおいてプラトンの理論は、ヘラクレイトスの大年(参照、第二章注(6))を示唆しているのかもしれない。とはいえ、こうしたほのめかしは直接にヘラクレイトスを指しているのではなく、エンペドクレスを指しているのかもしれない。ヘラクレイトスは流転する万物の統一の理論を考えていたわけだが、プラトンはエンペドクレスの理論(アリストテレス『形而上学』1000a 25 f.)をヘラクレイトスの理論の「緩和された」形態にすぎないと見ていた。プラトンはこの点を『ソフィスト』の有名な箇所(242e f.)で語っている。この箇所およびアリストテレス(『生成消滅論』第二巻第六章334a 6)によれば、愛の支配する時期とヘラクレイトス的な争いの支配する時期を含む歴史の循環が存在するのであり、アリストテレスが述べるところでは、現在の時期はエンペドクレスによれば「以前は愛の支配する時期であったが、いまは争いの支配する時期」である。われわれ自身の宇宙的時期における流転は、一種の戦いであり、したがって悪であるというこの主張はプラトンの理論とよく一致するばかりでなく、かれの体験とも一致する。

大年の長さは、おそらく、すべての天体がその時期の開始点にあったのとおなじ相対的位置に戻ってくる時間とおなじということになるのであろう。(したがって、この時期は「七つの惑星」の周期の最小公倍数ということになろう。)

(2) (1)で言及した『パイドン』からの引用文が最初に示唆しているのは、ある状態はそれと対立する状態に至り、対立はべつな対立に移っていくというヘラクレイトスの変化論である。「より小さくなるものは、より大きなものであらざるをえなかった……」(70e/71a)ということなのである。つづいて円環的な発展法則がほのめかされる。「たえず進行しているのだが、一方の極からその反対の極に進み、そして戻ってくるという二つのプロセスがあるのではないだろうか」(*loc. cit.*)。そして少しのちの箇所では論証(72a/b)はこう展開されている。「発展がまっすぐにのみ進むとき、そして本性上逆戻りとか円環がないとき、あらゆる事物はおなじ属性をもつにちがいないし、……それ以上の発展が生じることもないだろう。」『パイドン』の一般的な傾向は、後期の対話編よりも楽観的であり、より人間およびその理性への信頼を示しているように見える。だが、この対話編においては、人間が直接的に歴史の発展に関与しうるとは見なされていない。

(3) しかし、こうした指摘は『国家』にも存在する。この対話編は(第八巻および第九巻で)歴史の腐敗についての詳細な記述を含んでいる。それについては第四章で述べるつもりである。こうした記述は、数と人間の堕罪についてのプラトンの神話によって導入されている。それについては、第五章と第八章でくわしく論じるつもりである。J・アダムは、プラトンの『国家』についてのみずからの校訂版(J. Adam, *The Republic of Plato* (1902/1980))においてこの神話をただしくも「プラトンの「歴史哲学」が埋め込まれる枠組み」(第二巻S. 210)と呼んでいる。この神話は、歴史の円環的性格について明確な主張をしているわけではなく、若干のかなり神秘的なほのめかしをしているにすぎない。そのほのめかしは、アリストテレスの(そしてアダムの)興味深いが説得的ではない解釈によれば、おそらく、ヘラクレイトスの大年、つまり、円環的発展を暗示するものとして解釈できよう。(参照、第二章注(6)および J. Adam, *op.cit.*, 第二巻S. 303. そこでエンペドクレスについてなされた注釈(S. 303 f.)は訂正が必要になるはずである。参照、本注における上記(1)。)

(4) その他に『政治家』における神話(268e–274e)が言及されてよい。この神話によれば、神は大なる世界周期の円環の半分のあいだ、世界そのものを操縦する。神が操縦をやめるや否や、それまで前進していた世界はふたたび後ろへと逆転する。したがってまったき円環には二つの半周期あるいは半円環が存在すると見なされなければならない。神によってみちびかれる前進運動は戦争や争いのないよき時代であるが、神が世界を放置したときの逆転運動は、無秩序や争いが増大する時期である。当然のことながら、これがわれわれの生きている時代である。最終的に状況は耐えがたいほどになるので、神はふたたび操縦をはじめ、世界を完全な破滅から救うために運動を逆転させる。

この神話は、上記の(1)のもとで言及したエンペドクレスの神話と、そしておそらくはヘラクレイトスの大年とも大きな類似性を示している。――J・アダム(*op.cit.*, 第二巻 S. 296 f.)は、ヘシオドスの神話との類似性にも注意を促している。《ヘシオドスをほのめかしているひとつの点は、クロノスの黄金時代の指摘である。この時代の人間は大地から生まれたとされていることに気づくことが大切である。ここから、大地から生まれた者と『国家』(414b ff. および 546e f.)において一定の役割を果たす人間内部の金属との接点が生まれてくる。参照、下記の第八章。大地から生まれた者の神話をほのめかす箇所は『饗宴』(191b)にも見られる。こうしたほのめかしは、おそらく、アテネ人は「バッタのように」土着の者(大地から生まれた者)であるという大衆に普及した主張とかかわっているの

かもしれない。参照、第四章注(32)(1)および第八章注(11)(2)。》

だがのちになって、六つの不完全な統治形態をその不完全さの度合いにしたがって順序づけている『政治家』(302b ff.)においては、歴史の循環論を示唆するようなものはすべて消えている。むしろそこでは、六つの形態(参照、『政治家』293d/e, 297c, 303b)すべてが、完全国家あるいは最善国家の退化したコピーとして腐敗過程中の段階として出現してくる。よりいっそう具体的な問題になると、プラトンはここでも、『国家』におけるのとおなじように、円環のうちの腐敗に至る部分に話を限定している。

《(5)類似の注釈は『法律』にも見出される。第三巻676b/c–677bでは、一種の循環論が素描され、プラトンは循環の始端をじつに詳細に探求している。そして678eおよび679cでは、この始端は黄金時代であることがあきらかにされるのであり、それにつづく報告はふたたび退化について語るのみである。――言及されてよいことなのだが、惑星には神の性質があるというプラトンの教義や、神々は人間の生活に影響を与えうるというかれの説(および歴史において宇宙的諸力が作用しているという信念)は、新プラトン主義の占星術的思弁において重要な役割を演じた。これら三つの説すべては『法律』に見出される。(参照、たとえば、821b–dおよび899b, 899d–905d, 677a ff. 参照、『エピノミス』も。)ここでは、占星術は前もって定められた、予言可能な運命というものをヒストリシズム同様に信じていることが思い出されねばならない。さらにそれはヒストリシズムのいくつかの重要な形態〔プラトン主義やマルクス主義〕とつぎのような見解、すなわち〔定められたものとしての〕未来は予測可能であって、なにが起こるかが知られているときには未来にある種の影響を与えることができる、という見解を共有している。》

(6)　ほのめかしはこのように乏しいわけであるが、それらから目を転じるならば、プラトンが、循環の上昇的部分、あるいは前進的部分を真面目に受けとめていたと示すような示唆はほとんどない。しかし、『国家』における詳細な記述にならんで、また、(5)で引用した記述にならんで、かれが下降的運動、つまり歴史の腐敗を心底から信じていたことを示す注釈は数多く知られている。とりわけ、『ティマイオス』や『法律』が引き合いに出されるべきだろう。

(7)　『ティマイオス』(参照、42b f., 90e ff., とりわけ 91d f.『パイドロス』248d f.も)においてプラトンは退化による種の起源論と呼べるような理論を導入している。(参照、第四章注(4)の本文、また第二巻第一一章注(11)。) それによれば、男は退化して女になり、のちには下等動物になる。

(8)　『法律』の第三巻(参照、第四巻、713 a ff.も。とはいえ、さきに言及した循環についての短いほのめかしも見よ)には、歴史の腐敗についてのかなり詳細な理論が述べられているが、それは『国家』におけるものに類似している。参照、次章、とりわけ注(3)(6)(7)(27)(31)および(44)。

(7) Guy C. Field, *Plato and His Contemporaries* (1930/1974), S. 91は、プラトンの政治目標についてつぎのように書いて類似の見解を表明している。「プラトンの哲学の主要目標は、解体の瀬戸際にあるかに見える文明に対して思考と行動の規準を再建することにある」。【A・フェルドロース＝ドロスベルク(A. Verdross-Drossberg, *Grundlinien*, S. 73)も、「プラトンが〈哲学〉のもとで理解していること」について類似の見解をもっている。「それは純粋認識の理論ではなく、実践の哲学である。」】参照、第六章注(3)および本文も。

(8) ジョン・バーネットやA・E・テイラーとは反対に、形相やイデアの説は、プラトンが主要な語り手としたソクラテスの口にのせているとはいえ、ほぼ完全にプラトン自身に帰せられるべきものであると思う。この点でわたくしは、大多数の以前の、そしてかなりの数の現在の権威者(たとえば、G・C・フィールド、F・M・コーンフォード、A・K・ロジャーズ)にしたがう。プラトンの対話編は、ソクラテスの説について直接に報告している唯一の典拠であるが、わたくしは、歴史的に真なる「ソクラテスの」特徴と、プラトンの主要な語り手としての「プラトン的な」特徴とを区別することができると思う。いわゆるソクラテス問題は第六、七、八そして一〇章でさらに論じるつもりである。参照、とりわけ第一〇章注(56)。

(9) 「社会技術〔Sozialtechnik〕」あるいは「社会を築き、改造する工学(social engineering)」という表現は、最初、ロスコー・パウンドの『法の哲学入門』(Roscoe Pound, *An*

Introduction to the Philosophy of Law (1922/1982), S. 47)で用いられたと思われる。《ブライアン・マギーは、ウェブ夫妻(ベアトリスとシドニー)がすでに一九二二年以前にほぼ確実にこの表現を用いていたと指摘してくれた。》かれはこの表現を個別問題への工学という意味で用いた。べつな用い方は、マックス・イーストマン(Max Eastman, *Marxism: is it Science?* (1940/1941))にも見出される。わたくしは、本書の原稿を書き上げたあとで、はじめてイーストマンの本を読んだ。〈社会工学〉(〈社会を築く技術〉)という表現は、したがって、イーストマンの術語を示唆する意図はまったくもっていない。わたくしにわかるかぎりでだが、イーストマンが勧めている手続きは、わたくしが第九章で〈全体計画の技術〉とか〈ユートピア工学〉として、批判するものである。参照、第九章注(1)。——参照、第五章注(18)(3)も。最初の社会工学者はミレトスの都市計画家ヒッポダモスであったと思われる。(参照、アリストテレス『政治学』1276b 22, および R. Eisler, *Jesus Basileus*, 第二巻[1930], S. 754.)

〈社会工学〉という表現を提案してくれたのは、C・G・F・シムキンであった。——明確にしておきたいのだが、わたくしは方法の問題の討論においては主として実践的な、制度的な経験の獲得に力点をおいていた。参照、第九章、とりわけ注(8)の本文。社会工学や社会技術にかかわる方法の問題についてのことこまかな分析は、拙著『ヒストリシズムの貧困』の第二部でなされている。

(10) 引用箇所は拙著『ヒストリシズムの貧困』(*Das Elend des Historizismus*, 6. Aufl. 1987, S. 52.)からである。「人間の行為の意図されなかった結果」については、以下の(第二巻の)第一四章でくわしく論じるつもりである。参照、とりわけ、その章の注(11)とその本文。

(11) わたくしは、事実と決定(あるいは、要求)との二元論、〈存在〉と〈当為〉の二元論を信じている。換言すれば、決定とか要求を事実に還元することは不可能であると信じている。もっとも、当然のことながら、決定が事実として扱われることは承認する。こうした点については、第五、二二、二四章でさらに多くを語るつもりである。

(12) プラトンの最善国家論についてのこうした解釈を支える論拠は以下の三章で与えるつもりである。ここではただ、『政治家』293d/e と 297c,『法律』713b/c と 739d/e,『ティマイオス』22d ff. とりわけ、25e および 26d のみを指摘しておきたい。

(13) 本章の後半で抜粋して引用するつもりだが、アリストテレスの有名な報告と比較されたい(注(25)と本文も見よ)。

(14) これは George Grote, *Plato, and the Other Companions of Sokrates* [1875/1998], 第三巻二六七ページ以下の注で示されている。

(15) 引用は『ティマイオス』50c/d および 51e-52b からである。形相とかイデアを父として、空間を感覚的に知覚可能な対象物の母として記述するというたとえ話は重要であり、遠大なつながりをもっている。参照、本章の注(17)(19)および第一〇章注(59)。

おそらく以下のコメントは、このテーマに寄与するだろう。

(1) このテーマはヘシオドスのカオスについての神話を思い出させる。それによれば、母に擬せられるのは口をあけた虚空(空間、入れ物)であり、エロス神は、父とかイデアに擬せられる。カオスとは起源であるので、因果的説明(起源としてのカオス、すなわち原因)を求める問いは、長いあいだ、根源(アルケー(archē))あるいは生誕とか生殖についての問いであった。

(2) 母とか空間は、アナクシマンドロスやピタゴラス派の規定されていないもの、あるいは無限定なるものに対応する。それゆえイデアは、男性的なものであり、ピタゴラス派の規定されたもの(あるいは、限定されたもの)に割りふられねばならない。なぜなら、規定されたもの(規定されていないものに対する対立物)、男性的なもの(女性的なものに対する対立物)、光(闇に対する対立物)、善(悪に対する対立物)、こういったイデア〔観念〕のすべてはピタゴラス派の対立表ではおなじ側に属するからである。(参照、アリストテレス『形而上学』986a 22 f.) したがって、イデアは光や善と結びつけられると予期してもよいだろう。(参照、第八章注(32)末尾。)

(3) イデアは自己のうちに閉じこもる、あるいは自己を限定する形相である。それらは、無規定の、あるいは限界づけられていない空間とは対立するものとして規定されている、あるいは限界づけられている。それらは、印章のようにみずからを空間的に広がっているものに押しつける、あるいはよりよい言い方をすると、鋳型のように押し出すのであって、そのようにして感覚的に知覚可能な対象を作り出す。空間的に広がっているものは、空間であるばかりでなく、同時にアナクシマンドロスのかたち作られていない質料——なんらの属性もない素材——でもある。〔参照、本章の注(17)(2)。〕《J・D・マボット(J. D. Mabbott)は、親切なことに、形相とかイデアは自分から空間に刻印するのではなく、それらはむしろデミウルゴス〔造物主〕によって刻印されるのだという点に注意を向けてくれた。形相は、存在の、そしてまた生殖(あるいは生成)の根源であるという理論の痕跡は、アリストテレスが『形而上学』第八巻第七章(1080a 2)で示唆しているように、すでに『パイドン』(100d)に見られる。》

(4) 空間は、すなわち容器であるわけだが、生殖行為にしたがって陣痛を起こし、苦しみ始める。その結果としてすべての事物が運動するに至る。流転の運動は、枠組み、つまり限界をもたない空間そのものにもおよぶのだから、万物は、ヘラクレイトス的あるいはエンペドクレス的な真に普遍的な流転に陥る。〔容器についての後期ヘラクレイトスの考えについては、参照、『クラテュロス』412d.〕

(5) こうした記述は、パルメニデスが語っている「人を欺く思いこみの道」を思い起こさせる。その道においては、経験と流転の世界は二つの対立するもの、すなわち光(あるいは熱とか火）と闇（あるいは冷とか土）との混合によって生じる。プラトンの形相はあきらかに対立するペアのうちの前者に対応するのであり、空間とか限界なきものは後者に対応する。この関係は、プラトンの純粋空間が限定されていない素材にきわめて近いことを思うとき、とりわけ明瞭になるであろう。

(6)　また限定されたものと限定されていないものとの対立は、2の平方根が無理数である〔Irrationalität 比がとれないもの〕という重要な発見がなされたあとでは、合理的なもの〔Rationalen 比がとれるもの〕と非合理的なもの〔Irrationalen 比がとれないもの〕との対立に対応しているように見える。しかし、パルメニデスは合理的なものを存在するものと同一視したので、空間あるいは非合理的なものを存在しないものとする解釈がみちびかれた。換言すれば、ピタゴラス派の対立表は、（比がとれないものに対する対立物としての）比がとれるものと、（非存在に対する対立物としての）存在とを含むように拡張されざるをえないのである。これは、アリストテレスが「すべての対立は存在と非存在に還元されねばならない」と述べている『形而上学』第四巻第二章 1004b 27 と合致するし、表のひとつの側——存在の側——が、（合理的な）思考の対象として記述される第一二巻第七章 1072a 31 とも、また、ある数のべき乗が——おそらくその根との対立において——この側につけ加えられている第一四巻第六章 1093b 13 とも合致する。これよりしてさらに、『形而上学』第一巻第五章 986b 27 におけるアリストテレスの注釈も説明されることになろう。また、

F・M・コーンフォードがその著名な論文(F. M. Cornford, 〉Parmenides' Two Ways〈, *The Classical Quartely*, Bd. XXVII, 1933, S. 108)でたてた仮定、すなわち、パルメニデス断片8, 53/54は「アリストテレスとテオフラストスによって誤って解釈された」という仮定は、その時にはおそらく不要になるであろう。なぜなら、対立表がこのように拡張されるならば、コーンフォードが断片8の決定的箇所について与えているきわめて説得的な解釈はアリストテレスの注釈と一致しうるであろうからである。

(7) F・M・コーンフォード(*op.cit.*, S. 100)は、パルメニデスには三つの〈道〉、真理の道、非存在の道、見せかけの道(あるいはわたくしをして言わしめれば、欺瞞の道)があると説明している。かれは(S. 101)、それらが『国家』で論じられた三つの領域、すなわち観念〔イデア〕がそのとおりに実在する合理的な世界、観念に対応するものがない非現実の世界、そして(運動している事物の〔ある面の〕知覚にもとづく)思いこみの世界に対応することを示している。かれはまた(S. 102)、プラトンが『ソフィスト』ではみずからの立場を修正したことを示した。これに対しては、この注に対応する本文において『ティマイオス』から引用した箇所の観点を考慮に入れて、つぎのようなコメントを付しておいてもよいだろう。

(8) 『国家』における形相とかイデアと、『ティマイオス』におけるそれらとの根本的な相違はつぎの点にある。(神も含めて言えることだが、参照、『国家』380d)前者はいわば石化しているのに対し、後者は神格化されているということである。『国家』においてイデアは、『ティマイオス』におけるよりも、パルメニデスの「一者」にはるかによく類似している。(参照、プラトン『国家』380d 28, 31 へのアダムの注[*The Republic of Plato*, Bd. I, S. 119]。)この発展は、イデアが魂によっておおはばに代替される『法律』へとつづいていく。決定的な相違は、イデアはますます運動の出発点となり生成の原因、あるいは『ティマイオス』におけるように、運動する事物の父になるという点にある。おそらく最大の相違は、『パイドン』79e での「魂は変わることのできないものにかぎりなく類似している。もっとも愚かな人間でさえこの点を否定することはできないだろう」(参照、『国家』585c, 609b 以下と『法律』895e/896a. 参照、『パイドロス』245c 以下も)という文言と、「〈魂〉と呼ばれるものの定義はなにか。……〈みずから動く運動〉以外のなんらかの定義を考えることができるだろうか」という文言とのあいだにある。これら二つの立場間での移行は、運動それ自体の形相もしくはイデアを導入する『ソフィスト』と、「神的で不変の」形相ならびに変化し移ろっていく物体を記述する『ティマイオス』(35a)のあいだで生じている。ここからして、なぜ魂の運動が『法律』(参照、894d/e)で「起源と力において最初のもの」と記述されるのか、またプラトンがなぜ魂を「あらゆる事物のうちでももっとも古くもっとも神的であるもの」と呼び、「その運動は現実的存在のたえず流れ出る源を表現している」(966e)とするのかの理由が説明されると思われる。プラトンによれば、すべての生物〔alle lebenden Dinge〕は魂をもつ。したがって、プラトンは事物〔これの原語は Ding(単数形)であって、生物(lebende Ding)というときの Ding とおなじことばである〕のうちに少なくとも部分的には形相的な(あるいはイデア的な)原理が内在していることを認めたのだと言ってよいであろう。しかしこれはアリストテレスに非常に近い立場である。とりわけ、原始的で根源的で広く流布している、すべてのもの(Ding)は生きている、という信念を思い出すならばそうである。(参照、第四章注(7)も。)

(9) プラトンの思考のこのような発展は、流転している世界をイデアの助けを借りて説明しようとする願望、すなわち、理性の世界と思いこみの世界との裂け目を理解できるようにしようとする願望によって突き動かされている。だがそれは、裂け目への架橋にはたしかに成功していないときでも、『ソフィスト』においては決定的な役割を演じているように見える。プラトンは、F・M・コーンフォード(*op.cit.* S. 102)が言及しているように、『ソフィスト』においてイデアが多様でありうる余地を残しているが、この点から目を転じるならば、ここでプラトンは――自分の以前の立場(248a ff.)への反論をしながら――イデアをつぎのように叙述している。(a) たとえば、精神と相互作用しうるような能動的な原因として、(b) みずから運動するあらゆる物体があずかり、またみずからは静止していない運動のイデアが存在するとはいえ、イデアは不変であるとして、(c) しかし、それらは相互に混ざり合えるとして。

さらに『ソフィスト』では〈非存在〉が導入され、ついで『ティマイオス』ではこれは空間と同一視される(参照、F. M. Cornford, *Plato's Theory of Knowledge*, 1935/2000, S. 247への注)。このようにして、イデアは空間と結びつけられ(参照、『フィロラオス』、断片2, 3, 5,『断片集』第一巻S. 407 f.)、イデアという存在と、素材たる空間という非存在とのあいだの特徴的な中間的位置を占める生成流転の世界を生成できるようになる。

(10) 最後に、わたくしは本文中で、イデアは、時間が始まるときに世界と接触するとはいえ、空間の外部にあるばかりでなく、時間の外部にもあるという主張をしておいたが、それを擁護するためにひとこと述べておきたい。わたくしの考えではこのように仮定することによって、イデアはみずから動くことなくしていかにして作用しうるのかという点の理解が容易になる。なぜなら、あらゆる運動、あらゆる流転は、空間のうちにおいて、そして時間のうちにおいて進行するからである。私見では、プラトンは時間には始まりがあると考えていた。これが、「人間種族は時間と同時に生まれた」という箇所(『法律』721c)についてのもっとも作為的ではない解釈であるように思われる――プラトンは人間が最初の被造物のひとつとして作り出されたと信じていたのだということを引き出せるような多数のほのめかしを考慮に入れるならば。(この点でわたくしは、F. M. Cornford, *Plato's Cosmology*, 1937/2000, S. 145およびS. 26 ff. とは若干見解を異にする。)

(11) 要約するならば、イデアは、その変化し移ろっていくコピーよりも以前に、よりよいかたちで存在するのであり、みずからは運動しないと言えるだろう。(参照、第四章注(3)も。)

(16) 参照、本章の注(4)。

(17) このように論を展開することについては、さらに若干の指摘をくわえておいてもよいだろう。

(1)『ティマイオス』における神々の役割は、本文中で記述した役割に類似している。イデアはみずからを事物に押しつけるように、そのように神々もまた人間の身体をかたち作る。ただ人間の魂だけは、世界や神々を作り出した造物主デミウルゴス自身によって作り出される。(神々は族長であるというさらなる示唆は、『法律』713c/d にある。) 人間は神の弱体化し堕落した子供であって、さらに退化していく(参照、本章の注(6)(7)および第五章注(37)〜(41))。

(2)『法律』の興味深い箇所(681b, 参照、第四章注(32)(1)(a))ではさらに、イデア—事物という関係と親—子供という関係との平行性が示唆されている。ここでは法の起源が伝承の働きをつうじて、正確に言えば、親から子への秩序の変更を許さない伝承によって説明される。またつぎのようなコメントもある。「そして彼ら(親)はその子供たちに(子供たちはさらに自分の子供たちに)自分たち自身の精神のあり方を刻印する。」

(18) 参照、第八章注(50)、とりわけ(3)。

(19)『ティマイオス』31a.　わたくしが〈原像でありそれらにかぶさる(より高い)もの〉ということばで意訳した表現は、アリストテレスによってしばしば〈普遍的な〉あるいは〈類概念〉の意味で用いられている。それは、〈一般的であるもの〉あるいは〈より高い〉とか〈包括的〉といったことを意味するのであり、思うに、それは、形相については内容を包括するとかカバーする、と言えるのとおなじ意味で、もともとは〈包括する〉とか〈カバーする〉という意味なのであろう。

(20)『国家』597c.　また596a(および James Adam, *The Republic of Plato*, 第二巻 S. 387 における596a 5への第二のコメント)におけるつぎの文言も見よ。「君も思い出すだろうが、おなじ名前で呼ばれる個々の事物多数からなる集団であれば、それに対して形相とかイデアを仮定することになっている。」

(21)これについてはプラトンのうちに数多くの箇所がある。わたくしは、『パイドン』(たとえば、79a)、『国家』(544a)、『テアイテトス』(152d/e, 179d/e)、『ティマイオス』(28b/c, 29c/d, 51d f.)にのみ言及しておきたい。アリストテレスはこの点にたとえば『形而上学』第一巻第六章 987a 32, 第三巻第四章 999a 25–999b 10, 第四巻第五章 1010a 6–15, 第一三巻第四章 1078b 15(参照、本章の注(23)および(25)も)で言及している。

(22) J. Burnet, *Early Greek Philosophy*, 2. Aufl., S. 208[ドイツ語訳 *Die Anfänge der griechischen Philosophie*, 1913, S. 167]が述べているように、パルメニデスは「存在するのは、

有限で球体で運動しない物体的なものである」と、つまり、世界は完全な球体、部分をもたない全体であり、そしてその「彼方にはなにも存在しない」と教えた。わたくしがバーネットを引用するのは、(a)かれの記述が非常に優れているからであり、(b)その記述は、パルメニデスが〈死すべきものの〉思いこみとか、人を欺く思いこみの道と名づけたものについてのかれ自身の解釈を破壊する(*op.cit.*, S. 167–170)からである。なぜなら、バーネットはそこでアリストテレス、テオフラストス、シンプリキオス、ゴンペルツおよびマイヤーの解釈すべてを〈アナクロニズム〉として、それどころか〈明々白々たるアナクロニズム〉として拒否しているからである。ところでバーネットが拒否した解釈は、パルメニデスは現象の世界の背後に真実在の世界があると信じていたとする解釈とじっさいにはおなじなのである。バーネットによって絶望的なまでにアナクロニズム的であるとして拒絶されているのが、このような二世界論——これは、パルメニデスによる世界記述は少なくともある程度までは現象の世界にふさわしいとして承認するものなのだが——なのである。ところで、わたくしの考えでは、パルメニデスが自分の不動の世界のみを信じ、変化と仮象の世界をまったく信じていなかったのだとしたら、(エンペドクレスがほのめかしているようにかれはじっさいに気が触れていたのであろう。だがじっさいには、おなじような二世界論の示唆はクセノファネス(『断片集』第一巻断片34と突き合わせた断片23–26——とりわけ、「どんな人でも、かれ自身の思いこみをもつだろう」)にも見られるのであるから、アナクロニズムだとはほとんど言えないであろう。――注(15)(6)(7)で示唆しておいたように、わたくしはF・M・コーンフォードのパルメニデス解釈にしたがう。(参照、第一〇章注(41)。)

(23) アリストテレス『形而上学』第一三巻第四章、1078b 23. 第二の引用文は、『形而上学』第一三巻第四章 1078b 19 からである。

(24) この価値ある比較は、(注(7)でも触れたが)G. C. Field, *Plato and His Contemporaries*, S. 211 による。

(25) 引用は、アリストテレス『形而上学』第一三巻第四章 1078b 15, 987b 7 からである。

(26) アリストテレスはイデア論をみちびいた論証(『形而上学』第一巻第五、六章 987a 30–b 18, 参照、第一〇章注(56)(6)も)を分析しているが、そこには以下のような段階を区別できるだろう。(a)ヘラクレイトスの流転、(b)流転する事物について真なる知識をえることの不可能性、(c)ソクラテスが導入した倫理上の本質的なものの影響、(d)真なる知識の対象としてのイデア、(e)ピタゴラス派の影響、(f)中間的対象としての数学的対象――(e)と(f)は本文中では言及しなかったが、その代わりに(g)パルメニデスの影響を指摘しておいた。)

いま述べたばかりの段階が、プラトンの作品のなかで、プラトン自身が自分のイデア説を叙述している箇所のどこに結びつくのかを示すことは、おこなうにあたいする仕事である。そのばあい、わたくしがとくに念頭においているのは、『パイドン』『国家』『テアイテトス』『ソフィスト』そして『ティマイオス』である。

(1)『パイドン』には、(e)を含めてそこまでのすべての点に対する示唆が見られる。とりわけ、65a-66aでは段階(d)と(c)が顕著であるし、そこでは(b)をほのめかすものもある。70eには、段階(a)、すなわち、ヘラクレイトスの理論が、ピタゴラス派の要素(e)と結びついているように見える。これは、74a ff. に通じ、(d)の定式化をみちびく。99-100は(c)をつうじて(d)への接近を述べている、などなど。(a)から(d)については『クラテュロス』439c以下も参照せよ。

『国家』では、当然のことながら、とくに第六巻がかなり正確にアリストテレスの報告と合致している。(a)第六巻冒頭、485a/b(参照、527a/b)ではヘラクレイトスの流転が言及されている(そして形相という変わらざる世界と対比されている)。ここでプラトンが語っているのは「永遠に存在し、生成と腐敗を免れている実在」である。(参照、第四章注(2)(2)および注(3)、第八章注(33)とそこでの本文。)段階(b)、(d)および、とりわけ(f)は、有名な線分の比喩においてかなり明確な役割を演じている(『国家』509c-511e, 参照、第七巻へのJ・アダムの注とかれの付録I[J. Adam, *The Republic of Plato* 第二巻 S. 156-163])。ソクラテスの倫理的影響、つまり段階(c)は、もちろん、『国家』の至る所でほのめかされている。このような影響は、線分の比喩において、またとりわけその直前、つまり、善の役割が強調されている508b以下で、重要な役割を演じている。とりわけ508b/cを見よ。そこではつぎのように述べられている。「そしてわたくしは、善の後裔についてはこう主張したい。善が自分自身のイメージにしたがって生成したものは、可知的な世界では理性(およびその対象)と類似する。それは、ちょうど、目に映る世界において〈太陽によって生成された事物〉が、目(およびその対象)に類似するのとおなじである」。段階(e)は(f)に含まれているが、第七巻において、つまり、第六巻での線分の比喩におおはばに依拠している有名なカリキュラム(参照、とりわけ、523a-527c)において詳細に展開されている。

(2)『テアイテトス』には(a)と(b)に立ち入った論述があるし、(c)は174bと175cで言及されている。『ソフィスト』では(g)を含めてすべての段階が見られるが、ただ(e)と(f)は省かれている。とくに247a(段階(c))、249c(段階(b))、253d/e(段階(d))を見よ。『ピレボス』では、おそらく(f)は除かれるが、すべての段階の示唆が見られる。(a)から(d)まではとりわけ、59a-cにおいて見られる。

(3)『ティマイオス』では、おそらく(c)を除いて、アリストテレスが言及したすべての段階が指摘できる。(c)の点は、『国家』の内容が導入的に反復されているところで、そして29dで間接的に指摘されているにすぎない。(e)の点は、至る所で役割を果たしている。なぜなら、〈ティマイオス〉はまさに〈西洋の〉哲学者であり、そのようなものとしてピタゴラス派から強く影響されているからである。他の段階は、アリストテレスの叙述にほぼ全面的に対応するかたちで二度出現している。最初は28a–29dで短く、のちには48e–55cで念入りに。(a)の直後、すなわち、流転する世界についてのヘラクレイトス的叙述(49a以下、参照、(注(15)で触れた)F. M. Cornford, *Plato's Cosmology*, S. 178)において、論証(b)はつぎのようなかたちで導入される(51c–e)。理性(あるいは、真なる知識)とたんなる思いこみがただしく区別されるならば、不変の形相の実在することが承認されねばならない。ここにおいて(51e以下に語られている)この点は、段階(d)と一致しているように思われる。ついで(旋回する空間としての)ヘラクレイトス的流転がふたたびあらわれるが、このたびは生成行為の帰結として説明される。つぎの段階が(53cにおける)(f)である。(アリストテレスが『形而上学』第一巻第九章992b 13で言及した直線と平面と硬い立方体は53c以下に関係すると見ることができよう。第六章注(9)も見よ。)

(4)『ティマイオス』とアリストテレスの報告とのあいだに見られる平行関係は、いままでのところ十分に考慮されてこなかったように思われる。少なくともそれは、G・C・フィールドがおこなったアリストテレスの報告についての卓越した、そして説得力のある分析(*Plato and His Contemporaries*, S. 202 ff.)においては利用されていない。だが、利用されていたならば、イデア論をソクラテス的と見なす(参照、第一〇章注(56))バーネットやテイラーの見解に対するフィールドの反論――これは説得力のあるものであり、ほとんど強化する必要がない——により大きな打撃力を与えていたことだろう。なぜなら、『ティマイオス』においてプラトンはその理論をソクラテスの口に上らせてはいないからである。この事情は、バーネットやテイラー自身の原則によれば、それがソクラテスの理論ではなかったことを証明する。〈バーネットとテイラーは、〈ティマイオス〉はピタゴラス派の人物であり、プラトンの哲学ではなく、自分自身の哲学を展開しようとしたと主張することで、この推論を回避している。しかし、アリストテレスはざっと二〇年にわたってプラトンのことを個人的に知っていたのだ。くわえてかれが『形而上学』を執筆した時期は、アカデメイアのメンバーがプラトニズムについてのかれの叙述に対し反駁できたであろう時代なのだ。〉

(5)　ジョン・バーネットはその著『ギリシア哲学』(John Burnet, *Greek Philosophy* (1914/1981), S. 126（参照、プラトンの『パイドン』についてのかれの校訂版(1911/1998) S. XLIV も）でつぎのように述べている。「『パイドン』と『国家』で語られている意味の形相論は、プラトン的と呼べると言っておいた対話編、したがってもはやソクラテスが主要な語り手としては登場しなくなった対話編においては見出されない。こうした意味で、この理論は『パルメニデス』以降のどの対話編にも出現しない……一般に語り手がピタゴラス派の人物であるような『ティマイオス』(51c)を例外として。」しかしもし、『ティマイオス』において『国家』におけるのとおなじかたちを取ったイデア論が主張されているのであれば、この形態は『政治家』(269c/d; 286a; 297b/c および c/d; 301a および e; 302e および 303b)におけるのとおなじように『ソフィスト』(257d/e)においても、『ピレボス』(15a f., 59a-d)においても、また『法律』(713b, 739d/e, 962c f., 963c ff., ならびにきわめて重要なのだが、965c[参照、『ピレボス』16d], 965d, 966a)においても存在することだろう。参照、次注も。(バーネットは、『書簡』、とりわけ第七書簡が本物であると信じている。だが、そこにもイデア論はあらわれているのだ(324a ff.)。参照、第一〇章注(56)(5)(d)も。)

(27)『法律』895d-e. エドウィン・B・イングランドはみずから校訂した『法律』への注で(参照、Edwin B. England, *The Laws of Plato* [1921/1976] 第二巻 S. 472d 4)、「〈本質(Wesen)〉という語は役に立たないだろう」と述べているが、これはわたくしの同意するところではない。たしかに、知覚されうる事物の〈本質〉ということで、(おそらくは一種の蒸留によって精製されるような)知覚可能な重要部分が理解されるのであれば、たしかにこの語は誤解を招きかねない。だが、〈本質的〉(essentiell, wesentlich)という語は、ここで述べたいことを正確に言い当てており、ひろく用いられている。それは、事物の偶然的な、重要ならざる、さらには変化する経験的側面とは対立するあるものであって、事物そのもののうちにあると考えようが、形而上学的イデア界に割り当てようが、どうでもよいのである。

わたくしは、〈唯名論〉の対立語として〈本質主義(Essentialismus)〉あるいは〈本質論(Wesenslehre)〉という表現を用いるつもりである。これらを表わすことばとしては伝統的に〈実念論〔Realismus 実在論とも訳せる〕〉という誤解を招きやすい語が用いられてきた。〈実念論〉という表現が〈観念論〉ではなく、〈唯名論〉の対立語として用いられているところではどこでも、〈実念論〉という表現を避け、〈本質主義〉あるいは〈本質論〉という表現でおき換えることにした。(参照、本書第二巻第一一章注(26)以下、ならびに本文ととくに第一一章注(38)も。)

プラトンはみずからの本質主義的方法を、たとえば、本文で言及しておいたように、魂の理論に適用している。それは『法律』895e 以下に見られるが、その箇所は本章の注(15)(8)で引用しておいた。(参照、第五章、とりわけ注(23)。またたとえば、参照、『メノン』86d/e、『饗宴』199c/d も。)

(28) 拙著『探求の論理』〔邦訳、『科学的発見の論理』〕(*Logik der Forschung*, 10. Aufl. 1994, 参照、とくに第一二節、S. 31 ff. 参照、本訳書第四分冊、第二五章注(6)も。)

(29) ここで示唆した言語理論とは、とりわけ、アルフレッド・タルスキとそれに依拠したルドルフ・カルナップによって発展させられた意味論のことである。参照、R. Carnap, *Introduction to Semantics* (1942/1968)、ならびに第八章注(23)。

(30) 物理的諸科学は方法論的唯名論にもとづくが、社会諸科学においては本質主義的(〈実念論的〉〉方法が適用されねばならないという理論があることを自覚させてくれたのは、一九二五年のことだが、カール・ポラニーである。かれは当時、この理論が放棄されるならば社会科学の方法論の改革が見込めるかもしれないと指摘していた。——この理論は、ある程度までなら、ほとんどの社会学者によって主張されている。とりわけ、J・S・ミルによって(たとえば、かれの著『論理学体系』(John S. Mill, *A System of Logic*, [1843/2001] 第六巻第六章第二節において。参照、たとえば、第六巻第一〇章第二節[*Werke*, Bd. 4, S. 325]最終パラグラフ「したがって、社会科学の根本問題は、次に到来し、いまにとって代わる社会の状態を生み出す法則を見つけることである」というヒストリシズム的定式において)。またカール・マルクス(下記を見よ)によって。マックス・ウェーバー(参照、かれの著『経済と社会』(*Wirtschaft und Gesellschaft*)第一部[1922/1990]S. 1 ff. および、『学問論集』(*Gesammelte Aufsätze zur Wissenschaftslehre*)[1922/1988, S. 541 ff.]におけるかれの定義〈社会学の根本概念〉)によって。ゲオルク・ジンメル、アルフレート・フィーヤカント、R・M・マッキーヴァーや他の多くの者によって。——これらの傾向すべての哲学的表現は、エドムント・フッサールの〈現象学〉に見出される。これは、プラトン的ならびにアリストテレス的な方法論的本質主義を体系的にふたたび蘇らせようとするものである。(参照、第一一章も、とりわけ注(44)も。)

これとは反対に、わたくしの考えでは、社会学における唯名論的態度は社会的諸制度に対する工学的理論のかたちでのみ展開される。

この文脈においてなぜわたくしが、ヒストリシズムをプラトンやヘラクレイトスまでさかのぼって追求するようになったのかについて触れることを許していただきたい。わたくしはヒストリシズムを分析したさいに、それがわたくしのいわゆる方法論的本質主義を前提していることを認めた。すなわち、本質主義を支える典型的な論証はヒストリシズムと緊密に結合していることを知った(参照、拙著『ヒストリシズムの貧困』)。そこから本質主義の歴史を探究することになったのである。アリストテレスの報告と、わたくしがもともとプラトン主義とのいっさいのかかわりもなしにおこなっていた分析とが類似することを見出したのであった。そこから、本質主義の展開過程においてヘラクレイトスならびにプラトンが演じた役割に気づいた次第である。

(31) (G. Grotes, *Plato* をわきにおくならば)、リチャード・H・S・クロスマンの『今日のプラトン』(Richard H. S. Crossman, *Plato Today* (1937/1971))は、わたくし自身の解釈と部分的に一致する政治的なプラトン解釈が認められる最初の書物である。参照、第六章注(2)(3)、ならびにそれらに対応する本文も。《本書の執筆後になるが、同時代の他の著者たちもプラトンについて類似の見解を語っていたことに気づいた。セシル・M・バウラ(Cecil M. Bowra, *Ancient Greek Literature*, 1933/1967)が、おそらく最初の者であったろう。かれの簡潔だが、根本的なプラトン批判(S. 83-95)は公正でもあれば鋭利でもあると思われる。他の著者も挙げておこう。Warner Fite, *The Platonic Legend*, 1934. Benjamin Farrington, *Science and Politics in the Ancient World*, 1939/1965.（この本は多くの根本的な点で同意できない書物である。）Alban D. Winspear, *The Genesis of Plato's Thought*, 1940/1974. また、Hans Kelsen, *Platonic Justice*［ドイツ語訳 *Die platonische Gerechtigkeit*, in *Kant-Studien*, 38. Bd., 1933, S. 91 ff., これは *Aufsätze zur Ideologiekritik*, 1964/1989, S. 198 ff. にも収められている］、現在は *What is Justice?*, 1957［S. 1-24, ドイツ語訳 *Was ist Gerechtigkeit?*, 1953］に収められている。および〉*Platonic Love*〈 in *The American Imago*, Bd. 3, 1942［S. 3 ff., ドイツ語訳 *Die platonische Liebe*, in *Imago*, 19. Bd., 1933, S. 34 ff. ならびに in *Aufsätze*, S. 114 ff.］。付録Ⅱも見よ。》

第四章　静止と変化

（1）参照、『国家』608e. また本章注（2）(2)も見よ。

（2）『法律』においては魂――「運動するあらゆる事物のなかでもっとも古くもっとも神的であるもの」(966e)――は、「あらゆる運動の出発点」と記述されている(895b)。

(1) アリストテレスは、プラトンのこの理論を自分自身の理論と対比している。アリストテレスの理論によれば、〈善〉はもはや出発点ではなくして、むしろ運動の終端あるいは目標である。なぜなら、〈よい〉が意味するのは目指されるあるもののことであり、したがって善とは変化の目的因だからである。したがってかれの見解からすると、プラトン主義者、つまり、〈形相を信じる〉哲学者たちは、エンペドクレスと意見をおなじくする（かれらはエンペドクレスと〈おなじような仕方で〉語る）。なぜならかれらは、「なんらかのものがそれ自身のために」（つまり、〈よき〉事物のために）「運動するというふうに語るのではなく、あらゆる運動がそこから始まるかのように語る」からである。そしてかれは、プラトン主義者にとって〈よい〉は、それゆえ〈本質的によい〉〈原因〉、つまり目的ではないのであって、「ただ偶然的によいにすぎない」と指摘している。（参照、『形而上学』第一巻第七章 988a 35 および b 8 ff. ならびに第一二巻第一〇章 1075a, 34/35.）こうした批判は、アリストテレスがスペウシッポスのものに類似した見解をしばしば主張したかのように読める。そしてこれは、じっさい、E・ツェラーの所見である。（参照、本書第二巻第一一章注(11)。）

(2)（この注に対応する本文において述べておいた）腐敗あるいは没落に向かう運動、ならびにプラトン哲学におけるその一般的な意義を考察しようとするならば、変化しないもの（もしくはイデア）の世界と知覚対象物からなる変化する世界との一般的な対立を記憶にとどめておかねばならない。プラトンはこの対立をしばしば変化しないものの世界と、腐敗あるいは消滅にさらされる事物の世界との対立として、あるいはまた、一方における生、成されることのないものと、他方における生成され没落を運命づけられている事物との対立としても表現した。(参照、たとえば、第三章注(26)(1)および第八章注(33)の本文で引用しておいた『国家』485a/b. また、『国家』508d-e, 527a/b および第五章注(37)の本文で引用しておいた『国家』546a, すなわち、「すべての生み出されたものは没落」あるいは堕落「せざるをえない」も。)運動する事物の世界の生成と腐敗というこの問題は、プラトン学派の伝統の重要な構成部分であった。このように推定できるのも、アリストテレスがそれについて特別の論考をささげてくれたという事情があったからである。この点についてのもうひとつの興味深い示唆は、アリストテレスがその『政治学』への導入部においてこうしたことがらについて述べるその仕方である。(この導入部は『ニコマコス倫理学』の結論的言明、つまり第一〇巻第一〇章1181b/15に含まれている。)すなわち、「われわれは、国家を維持するものがなんであり、堕落させるものがなんであるのかを発見すべく努めるであろう……。」この箇所は二つの理由からして重要である。第一にそれはアリストテレスがその『政治学』の主要問題と見なしたものの一般的な定式化を含んでいるからである。第二にそれは、『法律』のなかのある重要な箇所(本章の注(6)および(25)に対応する本文で引用された676a および 676b/c)と驚くほど類似しているからである。(参照、本章の注(1)(3)および注(24)(25)。第八章注(32)および同章注(58)で『法律』から引用した箇所を見よ。)

（3）この引用は『政治家』269dからである。（本章の注（23）も見よ。）運動のヒエラルヒーについては、参照、『法律』893c–895b. 完全な事物でさえ（神のごとき〈性質〉）については、参照、次章）、変化によって完全でなくなるという理論については、参照、とりわけ『国家』380e–381c. この箇所は多くの点（参照、380eで利用された例）で、『法律』797dに類似する。アリストテレスからの引用は『形而上学』第一巻第七章988b3および『生成消滅論』第二巻第九章335b14からである。このパラグラフにおける最後の四つの引用文はプラトンの『法律』904c以下および797dからである。参照、本章の注（24）および本文も。（悪しき事物についての注釈は、第二章注（6）で論じておいたように、円環的展開についてのもうひとつのほのめかしとして、つまり、円環の歩みは逆転しなければならない、すなわち、事物は、世界が堕落の極みに達したなら、ふたたび改善に向かわねばならないことのほのめかしとして理解できるであろう。）

《プラトンの変化論と『法律』の箇所についてのわたくしの解釈は論難されたので、いくつかの注記をさらに追加しておきたい。これらのコメントは主として⑴『法律』904c以下、および⑵797dにかかわる。

⑴『法律』904cの箇所は「それだけにいっそう、その序列順位での下降の始まりは重要でなくなる」ということだが、これは文字どおりにはつぎのように訳せるものだろう。「序列順位（序列の水準）内での下方への（hinunter）運動はそれだけ重要でなくなる。」わた

くしにはたしかであると思われるのだが、文脈からすると、意味されているのは「序列順位内での下方への」ということであって「序列順位にかんしていえば」(これも可能な翻訳ではあろうが)ではないということである。わたくしがこのように訳す根拠は、(904aから始まる)文脈全体のドラマティックな性格ばかりでなく、とりわけ「*kata...kata...katō*」というつながりでもある。このつながりは、勢いの増していく箇所においては、少なくとも第二の〉*kata*〈の意味に影響を与えるものであらざるをえない。——わたくしが〈水準〉と訳した語は当然のことながら〈平面〉ということばかりでなく〈表面〉ということも意味しうる。そしてわたくしが〈序列〉と訳した語は〈空間〉ということも意味しうる。だがR・G・ベリーの翻訳である「性格の変更が少なければ少ないだけ、それだけいっそう空間における表面上の運動も少なくなる」[R・G・ベリー訳、プラトン『法律』第二巻、1926/1984. S. 367]は、この文脈で大きな意味をもつとはほとんど思えない。

(2)　この箇所の続き(『法律』789)はきわめて特徴的である。それは「立法者は意のままになるあらゆる手段を用いて」(R・G・ベリーは「曲げたり折ったりしながら」と巧みに訳している)「自分の国家では市民の誰もが、古くからの慣行を変えようとするどんなこころみにも畏敬と恐れの念から全身全霊をあげて抵抗するようにさせる方法を見つけ出さなければならない」と要求する。(プラトンは、他の立法者ならば〈たんなる戯れごと〉と見なすこと——たとえば、子供の遊びにおけるちょっとした変更——も含めている。)

(3) 一般的に言えば、変化と運動にかんするプラトンの理論についてのわたくしの解釈にとって最重要な論証材料は――本章および前章での種々のコメントで考慮したそれほど重要ではない多数の箇所から目を転じるならば――もちろん、歴史や進化の問題にかかわる対話編すべての箇所である。それらは、とりわけ『国家』(その第八巻や第九巻で描かれた国家のほとんど完全な時代、もしくは黄金時代からの下降や没落)の箇所、『政治家』(黄金時代とその堕落の理論)の箇所、『法律』(原初の族長制やドーリア人の征服についての物語、ならびにペルシア帝国の最終的な没落についての叙述)の箇所、『ティマイオス』(ここで二度出現する退化をつうじての発展についての叙述、また『クリティアス』で続きが書かれているアテネにおける黄金時代の歴史)の箇所である。

こうした論証材料にくわえて、プラトンがしばしばヘシオドスを引き合いに出していることや、人間のいっさいの出来事を宇宙的な合法則性にはめこんで見ようとする(『政治家』『ティマイオス』)プラトンの構築的な精神は、(自分の生きている時代を争いの時代と見ていた)エンペドクレス(参照、アリストテレス『生成消滅論』334a, b)のそれとくらべても劣るものではなかったという事実が追加されねばならない。

(4) 最後に一般的な心理学的考察をつけ加えることを許していただきたい。(『法律』における数多くの箇所、たとえば758c/dによって例示されている)革新への恐れや(ヘシオドスや失われた楽園の物語に見出される)過去の理想化は頻繁にあらわれる現象である。

過去の理想化という現象を、それどころかこの現象ならびに革新への恐れという現象を、子供時代の、生まれ故郷の、両親の理想化に、つまり、人生の早い段階における自分自身の源に立ち還りたいという憧憬に結びつけても、おそらくは一瞥して思われるほどこじつけではあるまい。多くの箇所でプラトンは、当然のごとくに、人間の元来の状態、つまり手つかずの本性〔自然〕は至福のパラダイス的状態であったと前提している。ここでは、『饗宴』においてアリストファネスが語る話のみを指摘しておきたい。そこでは、当然の当然のこととして、情熱的な衝動と苦悩は、ともにそうしたノスタルジーに由来すると示されたとき十分に説明されたことになる。おなじようにその箇所ではあきらかに、性的満足は、それがノスタルジー〔憧憬〕の充足と見なされるとき十二分に説明されたことになる。そこからプラトンはエロスについてつぎのように言っている(『饗宴』193d)。「エロスはわれわれの根源的な本性を回復し(参照、191dも)、癒し、われわれを幸せにし、祝福されたものとする。」これとおなじような思想が、他の数多くの注釈の基礎になっている。たとえば、つぎのような注釈がそうである(『ピレボス』16c)。「昔の人は、いまのわれわれよりもはるかによかった……かれらは神々のそば近くで生きていた……」こうした思想すべてが示唆しているのはつぎのような考え方である。われわれの不幸で祝福されていない現状は、われわれのイデアである根源的な本性からへだたっていく発展から生み出された結果である。この発展は、徳に満ちた至福な生の状態から徳と至福を失った状態への発展であり、腐敗の増大に向かうものである。プラトンの想起説——知識はわれわれが生まれる前からもっていた知識の再認識あるいは再発見にあるという説——は、おなじ考えを表わしている。それは、過去には善なるもの、優れたもの、美しいものばかりでなく、あらゆる知恵があったという考えでもある。そうした記憶のなかにあるもの、あるいはそれにつづいたばかりの変化や運動は、〔きわめて古いわけであるから〕ずっとむかしの、あるいはかつてのそれらよりもはるかにいいものである。なぜなら、『法律』では魂(895b)は「あらゆる運動の出発点、静止している事物において身をもち上げる最初のもの、最古のもっとも強力な運動」であり、そして(966e)「あらゆるもののうちで最古のもっとも神的なもの」であるからである。(参照、第三章注(15)(8)。)

すでに示唆しておいたように、プラトンにあっては歴史や宇宙は腐敗に向かう傾向をもち、歴史や宇宙の円環運動の説と結びつけられているように見える。腐敗の期間は、おそらく、この円環の一部である。(とりわけ、第三章注(6)を参照されたい。)》

(4)『ティマイオス』91d-92b/c. 第三章注(6)(7)および第一一章注(11)を見よ。

(5) 参照、第二章冒頭ならびに第三章注(6)(1)。プラトンは歴史の腐敗についての自説を論じたさいに、〈金属〉についてのヘシオドスの物語(『国家』546e/547a とりわけ、第五章注(39)および(40))を指摘しているが、もちろん、これはたんなる偶然などというものではない。これによってかれは、自分の理論がヘシオドスの理論といかにうまく折り合いがつくか、また、それをいかにうまく説明するかを示唆しているのである。

(6)『法律』の歴史にかかわる部分は第三巻と第四巻に収められている（参照、第三章注(6)の(5)と(8)）。本文中における二つの引用文は、この部分の冒頭、すなわち、『法律』676aにある。言及しておいた平行する箇所については『国家』369b f. を見よ。（「そもそも国家が生まれてくるのは……」）および545d（「われわれの国家はどのような仕方で変わっていくのか」。）

しばしば、『法律』は『国家』ほど民主政に対してそれほど敵対的ではないと主張されている。じっさい、プラトンの口調はここでは一般的に言ってあまり敵対的ではない。この点は認められねばならない。（それはおそらく、民主政の内在的な力が増大したことによるのだろう。参照、第一〇章および第一一章の冒頭。）だが、『法律』において民主政に対してなされる実際上の唯一の譲歩は、政治的公職につく者は支配（すなわち、戦士）階級から選ばれるという点のみである。とはいえ、どのみち国法にかかわる重要な変革はいっさい禁止されている（参照、たとえば、本章の注(3)での引用文）のだから、大したことではないのである。志向するところは基本的に親スパルタのままである。そしてこうした傾向は、アリストテレスの『政治学』からもうかがえるように（第二巻第六章17（1265b））、いわゆる混合体制とも両立するものであった。じっさい、プラトンは『法律』においては、反対を表明できるところでは、民主政の精神、すなわち、個人の自由に反対しているし、

『国家』におけるよりも敵対的である。参照、とりわけ第六章注(32)と(33)に対応する本文(つまり、『法律』739c ff. と 942a f.)ならびに第八章注(19)〜(22)(つまり、『法律』903c–909a)。――また、次注も見よ。

(7) 最初の変化(あるいは人間の堕落)を説明するにあたっての困難が主たる要因となってプラトンは、自分のイデア論を(第三章注(15)(8)で言及しておいたように)変更した。すなわち、イデアは、原因とか能動的力に転じるのであって、他のイデアと混合し(『ソフィスト』252e ff.)、そして居残っているものを撥ねつける(『ソフィスト』223c)ことができるのである。それとともに、かれはイデアを『国家』とは反対に神のようなものに変えた。『国家』では神々(参照、380d)でさえ、動きも動かされもしないパルメニデス的なものに凝固していたのである。『ソフィスト』は重要な転換点であるように見える(248e–249c)。(とりわけ、変化のイデアはここでは静止していないことに留意されたい。) イデア説のこのような変形は同時にいわゆる〈第三の人間〉の問題を解決しているように見える。というのも、(形相因はアリストテレスによっていつでも父親になぞらえられているのだが、)形相が『ティマイオス』におけるように父親であるならば子孫との類似性を説明するための〈第三の人間〉は必要なくなるからである。

『政治家』や『法律』に対する『国家』の関係を考えてみると、人間社会の起源を前者二つの対話編でさらに昔にまでさかのぼって探求しようというプラトンのこころみは、おなじく、最初の変化をどう説明するかという問題に内在する困難に結びついていたように思われる。『国家』では、最善国家における変化はそもそもどのようにして生じるのかを考えることのむずかしさが明確に主張されている(『国家』546a)。次章では、プラトンはこのむずかしさを『国家』ではどのように解決しようとしたのかを示し、そのこころみについて論じることにしよう(参照、第五章注(37)〜(40)の本文)。『政治家』ではプラトンは、(エンペドクレス的な)愛の半周期が現在の時期である争いの半周期へと変わる宇宙破局論を取り上げている。かれは『ティマイオス』ではこうした考えは放棄し、(『法律』では保持されている)氾濫といったより小さい、そして限定的な破局論でおき換えたように見える。たしかに氾濫は文明全体を破壊しうるのだが、あきらかに宇宙の進行に影響を与えることはないのである。(プラトンが、紀元前三七三年—三七二年に古代都市ヘリコンを破壊した地震と洪水によって、こうした解決に至ったというのは考えられうることである。)社会の根源的な形態は、『国家』では当時なお現存していたスパルタ国家よりわずかに一段階だけ古いとされているが、ますます遠く隔たった過去へと押しやられている。たしかにプラトンはずっと、最初の定住は最善国家であったにちがいないと考えていたわけだが、いまや最初の定住に先立つ社会、すなわち、遊牧民の社会、〈山岳に住む牧羊者〉を論じているのだ。(参照、とくに本章の注(32)。)

(8) 引用は『共産党宣言』(Karl Marx/Friedrich Engels, *Manifest der kommunistischen*

Partei [1848, *Werke*, Bd. 4, S. 462])からである。

(9) 引用は『国家』第八巻へのジェームズ・アダムの注釈[James Adam, *The Republic of Plato*, 1902/1980]からである。アダム版『国家』第二巻 S. 198, 544a 3 への注を見よ。

(10)『国家』544c.

(11) (1) プラトンは、コント以来の現代の多くの社会学者とおなじように、社会発展の典型的な段階の描写をこころみたのだと、こうわたくしは主張した。だが、大部分の注釈者たちは、これとは反対に、プラトンの叙述は、国制についての論理的な分類をただ劇的に誇張したものにすぎないと捉えている。だが、これはプラトン自身のことば(参照、『国家』544c 19 へのジェームズ・アダムの注釈、*op.cit.*, Bd. 2, S. 199)に矛盾するばかりでなく、ものの本質はその元来の本性から、つまり、その歴史的起源から理解されるべきだというプラトン的論理の全精神にも矛盾する。またプラトンが、論理的意味での分類枠(Klasse)と生物学的意味での種族(Rasse)を表示するために、おなじ〈ゲノス〉という語を用いていることも忘れてはならない。論理的意味での〈ゲノス〉は、ここでは〈おなじ親からの子孫〉という意味での〈種族〉とおなじである。(参照、この点については第三章注(15)〜(20)とその本文、および、本性＝起源＝種族という等式を論じておいた第五章注(23)〜(24)とその本文。) したがって、プラトンの諸言明を文字どおりの意味で理解すべきあらゆる根拠があるわけだ。なぜなら、プラトンは「論理的順序」を与えようとしたのだというJ・アダムの主張がただしい(*loc. cit.*)としても、この順序は同時に典型的な歴史発展における順序でもあることになるだろうからである。この順序は「なによりも心理学的考察によって規定されているのであって、歴史的考察によるのではない」というアダムのコメントは、愚見ではかれ自身に向けられる。なぜなら、かれの指摘するところ(たとえば、*op.cit.* Bd. 2, S. 195, 543a ff. への注記)では、プラトンは徹頭徹尾「……魂と国家とのアナロジー」を保持しているからである。(次章で論じるつもりだが)魂についてのプラトンの政治理論によれば、心理の歴史は社会の歴史と平行せざるをえないのである。したがって心理的考察と歴史的考察とのいわゆる対立は消失するから、アダムの理論はここでの解釈を支えるさらなる論証となってしまうだろう。

(2) プラトンによる国制の順序は根本において論理的順序ではなく、倫理的な順序であると論じる人がいても、正確におなじ答えを返すことができるだろう。なぜなら倫理的順序(おなじく美的順序)はプラトンの哲学においては歴史的順序と区別されないからである。この文脈では、プラトンのヒストリシズム的見解がソクラテスの幸福説、つまり、徳と至福とは同一であるという理論の理論的背景を形成していることに気づいてほしい。この理論は、『国家』(参照、とりわけ、580b)では、徳と至福、あるいは邪悪と不幸は比例するという教義のかたちで展開されている。人間の有徳である度合いと至福である度合いは、われわれの根源にある幸福な本性——人間の完全なイデア——との類似性の度合いによってはかられるべきであるということである。(ここでプラトンの理論は、パラドキシカルに見えるソクラテス説の理論的正当化につながるという事情は、自分は真実のソクラテス説を述べているだけだというプラトンの信念を強めたであろう。第一〇章注(56)(57)の本文を見よ。)

(3) ジャン=ジャック・ルソーは制度についてのプラトンの分類を引き継いだ。(『社会契約論』Jean-Jacques Rousseau, *Du contrat social* [1762/1998]第二巻第七章、第三巻第三章以下。参照、第一〇章も[ドイツ語訳 *Vom Gesellschaftsvertrag*, 2000]。) ルソーは原始社会についてのプラトンの考えを再生させたわけだが、プラトンから直接の影響を受けたとは思えない(とはいえ、参照、第六章注(1)および第九章注(14)も)。イタリアでのプラトン復興からの直接の産物は、ヤコポ・サンナザーロのたいへんに影響力にとんだ作品『アルカディア』であった(Iacopo Sannazaro, *Arcadia*[1504/1990])。この本は、ギリシア(ドーリア)の山岳居住牧羊者の幸せな原始的社会秩序というプラトン的理想を復活させた。(参照、プラトンのこの理想については本章注(32)の本文。) したがってロマン主義は(参照、第九章も)、歴史的に見たとき、じつにプラトン主義の後裔なのである。

(4) コント、ミル、ヘーゲルそしてマルクスといった近代のヒストリシズムが、ジャンバッティスタ・ヴィーコの『新科学』(Giambattista Vico, *Scienza Nuova* (1725/1970[ドイツ語訳 *Die neue Wissenschaft*, 2000]))の有神論的ヒストリシズムからいかに影響されていたかはとても語りつくせない。ヴィーコ自身は、疑いもなく、プラトンから、そしてまたアウグスティヌスの『神の国』(Augustin, *Civitas Dei*[ドイツ語訳 *Der Gottesstaat*, 1986])から、またニッコロ・マキァヴェッリの『ティトゥス・リウィウスの初編一〇章にもとづく論考』(Niccolò Machiavelli, *Discorsi sopra la prima deca di Tito Livio* [1531/2000, ドイツ語訳 *Discorsi. Staat und Politik*, 2000]〔『ディスコルシ』〕)から影響を受けていた。プラトンとおなじくG・ヴィーコは、ものの〈本性〉をその〈起源〉と同一視した(参照、*Opere di Giambattista Vico*, hrsg. von Giuseppe Ferrari, Bd. V, 1836, S. 99[ドイツ語訳 *Die neue Wissenschaft*, 2000, S. 158 f.])。そしてかれは、すべての民族は必然的に一般法則にしたがっておなじ発展を遂げると信じていた。したがってかれの言う〈民族〉は(ヘーゲルのそれとおなじく)プラトンの〈国家〉とトインビーの〈文明〉をつなぐ連結環のひとつのように思われる。

(12) 引用は『国家』549c/d と 550d-e. 最後の引用は 551a/b からである。

(13) 『国家』556e および 557a. (この箇所は、第一〇章注(12)の本文で引用しておいたトゥキュディデス(Thukydides III, 82-84)と比較されるべきである。)

(14) ペリクレスの民主主義綱領は第一〇章注(31)の本文および第六章注(17)また第一〇章注(34)で叙述し解明しておいた。

(15) アダム版『国家』(J. Adam, *The Republic of Plato*, Bd. II, S. 240, 559d 22) への注(第二

の引用におけるわたくしのものである)。アダムは「イメージが疑いもなくいくぶんか誇張されている」ことを承認しているが、根本において「あらゆる時代をこえて妥当する」という自分の考えにはほとんど疑いをさしはさまない。

(16) J. Adam, *loc. cit.* [そこではさらにこう言われている。「プラトンによる個人と国家とのアナロジーは、巨匠の手にかかると、国家におけるように個人における人間の魂が働くことを示すための驚くべき指摘であることがあきらかになる。」]

(17) この引用は『国家』560d からであり、つぎの二つの引用は同著 563a-b および d からである。(参照、563d 25 へのアダムの注も。) ここではプラトンがあたかも自明の正義原則であるかのように私有財産制に依拠していることが重要である。かれには購入された財が奴隷であるなら、購入者の法的権利に訴えることは適切なことと見えるのだ。(『国家』のべつな箇所ではこの制度は猛烈に攻撃されている。)

民主政に対するもうひとつの攻撃は、民主政が「若い時期が高貴な遊びにささげられていないなら誰しもよき人間にはなれない」(参照、『国家』558b, リンゼイ(A. D. Lindsays)の翻訳。参照、第一〇章注(68))という教育原則を〈踏みにじっている〉というものである。参照、第六章注(14)で引用する、人間は平等であるという説に対する攻撃も。

《年若い仲間に対するソクラテスの態度については、参照、初期対話編の大部分、とくにソクラテスが若者の批判を聞くさいにおける「快活で親切で丁寧な態度」が記述されている『パイドン』。これとはまったく異なったプラトンの態度については、参照、第七章注(19)～(21)の本文。またハロルド・チャーニスの素晴らしい講義(Harold Cherniss, *The Riddle of the Early Academy* (1945))、とくに(『パルメニデス』135 c-d にかんする) S. 70 および S. 79 を見よ[ドイツ語訳 *Die ältere Akademie. Ein historisches Rätsel und seine Lösung*, Heidelberg 1966, S. 85 および S. 95]。参照、第七章注(18)～(21)と本文も。》

(18) 奴隷制(前注を見よ)とアテネにおける解放運動については、第五章(注(13)と本文)、第一〇章、(第二巻の)第一一章でさらに論じるつもりである。参照、本章の注(29)も。まさにプラトンとおなじようにアリストテレスも(たとえば、『政治学』1313b 11, 1319b 20 および『アテネの国制』59, 5 で)奴隷に対するアテネの自由主義的態度を無意識のうちに証言している。おなじことは、偽クセノポン(参照、その著『アテネの国制』第一巻第一〇章以下)についてもあてはまる。

(19) 参照、『国家』577a f. 577a 5 および b12(*op.cit.*, Bd. II, S. 332 f.)へのアダムの注も。

(20) 参照、『国家』566e. 第一〇章注(63)。

(21) 『政治家』301c/d. プラトンはここで堕落した六つの国家形態を区別しているとはいえ、新しい名称は導入していない。〈君主政〉(あるいは〈王政〉)、〈貴族政〉は『国家』(445d)では最善国家そのものに適用されており、『政治家』で見られるように、堕落した国家のうちで比較的よい形態に適用されているわけではない。

(22) 参照、『国家』544d.

(23)『政治家』297c/d.「わたしの言及した統治が、唯一、ほんとうのオリジナル、原型であるとすれば、他のものは」(ただそれのコピーにすぎない。参照、297b/c)「その法律を用い、それを書き留めておくこと、それが法の維持される唯一のやり方である。」(参照、本章の注(3)および第七章注(12))「そして法律を傷つけるどんな行為も死をもって、またもっと重い刑罰をもって罰せられるべきである。そしてこれが、もちろん、次善の策にすぎないとはいえ、ただしく善なることである。」(法律の起源については、参照、本章の注(32)(1)(a)ならびに第三章注(17)(2)。また、300e/301a f.にはこうある。「こうしたあまりよくない統治形態が真の統治形態に近づきうるとしたら、それは多くのばあい、……それらがいま述べた法律や慣習にしたがうことによってである……富裕者が統治して真の形態に近づくとき、その統治は貴族政と呼ばれ、(古い)法律が遵守されないならば寡頭政と呼ばれる」などなど。抽象的な意味での合法性、非合法性ではなく、起源的、あるいは完全なる国家という古い制度の維持が分類規準になるというこの注釈は重要である。(これは、アリストテレスの『政治学』第四巻1292aとは対照的である。なぜなら、そこでは主要な区別は「法律が至高である」か、それともたとえば平民であるかという点にあるからである。)[そこはa10, 34-38であり、エッカルト・シュートルンプの翻訳によれば、つぎのように言われている。「それとは反対に法律が至高の妥当性をもたないところでは、デマゴーグが出現する。なぜなら、民衆というものが唯一の支配者、つまり、多くの人間から合成されてはいるが唯一の人間となるからである――群衆は個々人としてではなく、集団として至高者であるからである。」」

(24)『法律』709e-714a は『政治家』へのさまざまな示唆を含んでいる。たとえば、710d-e では、ヘロドトス〔歴史〕第三巻 80-82 にしたがって支配者の数が分類原理として導入されているし、712c および d では統治形態が枚挙され、また「現在の最善の国家が模倣する」クロノスの時代における完全国家の神話が語られている(713b ff.)。こうした示唆にかんして言えば、プラトンは、ユートピアの実験には僭主政がふさわしいというみずからの理論が『政治家』での物語の一種の続編として(したがってまた『国家』の続編として)理解されることを望んでいたのであろう。この点にはほとんど疑いはないと思う。――このパラグラフでの引用は『法律』709e および 710c/d からである。「先に引用した『法律』のなかの文言」というのは、本章注(3)の本文で引用しておいた 797d である。(わたくしは、この箇所に対するE・B・イングランドの注に同意する。(参照、『法律』についてのかれの校訂版、E. B. England, *The Laws of Plato*, 1921/1976, Bd. II, S. 258, d 9.) そこでかれはつぎのように言っている。「どんな事物のものであれ、……その内在的力の変化は害となる」というプラトンの原則からすれば、悪という内在的力にとっても、したがって害となるであろう。だが、わたくしは「悪から離れる運動」、つまり、善に向かう運動が例外となるのは自明であるという点は承服できない。それは、(どんな変化も悪であるという)プラトンの教義の観点からすれば自明ではない。(そうでないとしたら、アリストテレスは、みずからの目的論的‐進歩志向的な観点を決して革新として受けとめなかったであろう。) 参照、次注も。

(25)『法律』676b/c(参照、注(6)の本文で引用しておいた676aも). プラトンは「変化は害となる」と説いたが(参照、前注の末尾)、E・B・イングランドは変化および変革にかんするこの箇所に楽天的な、あるいは進歩志向的な解釈を与えている。かれは、プラトンは「われわれなら、〈政治的活力の秘密〉と呼ぶような」秘密を探究していたのだと仮定する(*op.cit.*, Bd. I, S. 344, a 1)。そしてかれは、プラトンが(有害な)変化の真の根拠を見出したと考えた箇所を「国家の真なる発展、つまりその完全性に向けての発展の原因と本性」の探求として解釈している(強調は、E・B・イングランドによる。Bd. I, S. 345, c 6)。この解釈はただしいものではありえない。なぜなら、この箇所は政治の腐敗を語る部分への導入部だからである。しかし、そこに示されているのは、プラトンを理想化し進歩に与する人間と見なすという傾向によって、イングランドのような卓越した注釈者でさえ(プラトンは変化を不利なものと考えたという)みずからの発見の意義をつかめなくなってしまったということである。

（26）『国家』545d（平行する箇所である465bも見よ）．つぎの引用は、『法律』683eからである。（J・アダムは『国家』についてのみずからの校訂版［*The Republic of Plato*］, Bd. II, S. 203, 545d 21への注でこの箇所に触れている。）E・B・イングランドは『法律』についてのみずからの校訂版Bd. I, S. 360 f., 683e 5への注でたしかに『国家』609aには言及しているが、545dにも465bにも言及していない。そしてかれは、ここでは「以前の討論、あるいは失われた対話編に記録された討論」が関係づけられているのだという推測を語る。わたくしには、現在の対話者たちがかれの思想のいくつかを論じているという仮構を用いてプラトンが『国家』に触れてはならないとする理由がわからない。F・M・コーンフォードは、プラトンの最後の一群の対話編グループには「会話がじっさいに生じたという見せかけを維持する動機はない」と注釈しているし、プラトンは「自分自身の作り話の奴隷ではなかった」と言っているが、まったくただしい。（参照、F. M. Cornford, *Plato's Cosmology* [1937/2000], S. 5およびS. 4.）プラトンの革命の法則は、プラトンを引き合いに出すことなく、ヴィルフレド・パレートによって再発見された。Vilfredo Pareto, *Trattato di Sociologia Generale* [1916/1988, Bd. 3, S. 1954 ff.]〔『社会学大綱』〕, §§ 2054, 2057, 2058を参照せよ。（§2055の末尾には歴史を停止させる理論もある。）ジャン＝ジャック・ルソーもこの法則を再発見した（ルソー『社会契約論』（*Du contrat social*）、注（11）で触れたが、第三巻第一〇章）。

(27) (1) 注目にあたいするのだが、プラトンの最善国家に見られる意図的に非歴史的な特徴、とりわけ哲学者による支配は、『ティマイオス』冒頭の要約ではプラトンによって触れられておらず、また『国家』第八巻では最善国家の支配者たちはピタゴラス流の数神秘主義に精通していないと仮定されている。参照、『国家』546c/d. そこでは、支配者たちはそうしたことには無知だと言われている。(参照、『国家』543d/544a での注釈も。それによれば、第八巻の最善国家は、J・アダムが述べているように、第五～七巻の国家——天上における国家の理想——によってこえられる。)

F・M・コーンフォードは、その著『プラトンの宇宙論』(参照、注(26)も)六ページ以下で、プラトンの未完の三部作(『ティマイオス』『クリティアス』『ヘルモクラテス』)の概略と内容を再構成し、この対話編が『法律』(第三巻)の歴史的部分といかなる関係にあるかを示している。この再構成は、わたくしのテーゼを首肯する貴重なものだと思う。というのも、わたくしのテーゼは、プラトンの世界像は根本において歴史的であり、〈それ(世界)はいかにして生じたのか〉〈そしていかにして衰退するのか〉という問いへのかれの関心はかれ自身のイデア論と結びついており、じっさいそれに基礎をおいているというものであるからである。しかし、これがただしいならば、『国家』後半の巻はそれ(つまり、国家)は〈いかにして〉「未来において実現されるのか」という問いに淵源をもつという仮定、また「低級な政治形態をつうじてその下降を素描」するのだという仮定(F. M. Cornford, *op.cit.*, S. 6. 強調はわたくしのもの)を根底から掘り崩すだろう。その代わりに『国家』の第八巻と第九巻は、『法律』の第三巻とのかかわりのもとで過去の理想国家の事実上の腐敗を単純化して述べたものとして、ならびに現在の国家の起源についての説明として、また、プラトンが『ティマイオス』や未完の三部作や『法律』において設定したより大きな課題に類似するものとして把握されるべきである。

(2) (このパラグラフの後半で)わたくしは、プラトンは「必要な資料をもっていないことを知っていた」と注記したが、これについては、参照、たとえば『法律』683d および683d 2へのE・B・イングランドの注釈[E. B. England, *The Laws of Plato*, 1921/1976, Bd. I, S. 360]。

(3) (さらにこのパラグラフ後半でなされているのだが)プラトンはクレタやスパルタの社会に石のようになり、停止した社会形態を認識していたという注記、ならびに、つぎのパラグラフでのプラトンの最善国家は階級制国家であるばかりでなく、カースト制国家でもあるという注記には以下の詳論が結びつけられてよい。(参照、本章の注(20)および第一〇章注(24)。)

『法律』797d(本章の注(3)の本文で引用しておいたように、イングランドが呼ぶところの「重要な要求」への導入部)でプラトンは、クレタ人やスパルタ人の会話者たちがかれらの社会的制度の〈石のようになった〉性格を知っていたことを余すところなくあきらかにしている。クレタ人のクレイニアスは、国家の古代的な性格を擁護するものなら、なんであれ貪欲に聞くことを強調している。少し後のところでは(799a)、おなじ文脈なのだが、エジプト人が諸制度の発展を停止させるために利用している方法が直接言及されている。そしてこれは、たしかに、プラトンがクレタやスパルタのうちにエジプトに平行する傾向、すなわちすべての社会変化を阻止する傾向を発見したことを明瞭に示すものである。

この文脈においては『ティマイオス』における箇所(とりわけ24a–bを見よ)が重要であると思われる。そこでプラトンはつぎのことを示そうとこころみている。(a)アテネ前史の非常に初期の段階で、この都市には『国家』で解明されたものに非常によく似た階級区分があったこと。(b)こうした制度はエジプトのカースト制度によく類似していること(そのさいかれは、こうした硬直したカースト制度は古いアテネ国家の諸制度に由来すると仮定している)。したがってプラトンは間接的にではあれ、理想の古い(『国家』における)完全国家はカースト制国家であることを承認しているわけである。興味深いことには、プラトンからわずか二世代のちに『ティマイオス』への注釈書を編纂したクラントールが、プラトンは祖国の伝統に背きエジプト人の弟子になったと非難されたと報告している。(参照、Theodor Gomperz, *Griechische Denker*, II. Bd. [1902/1996], S. 465 f.) クラントールはおそらくイソクラテスの『ブシリス』をほのめかしているのだろう(本書第二巻第一三章注(3)で引用された『ブシリス』8を参照せよ)。

『国家』におけるカースト の問題については、参照、本章注(31)および(32)(1)(d)、第六章注(40)また第八章注(11)~(14)も。アルフレッド・E・テイラー(Alfred E. Taylor, *Plato: The Man and His Work* [1926/1986], S. 269 f.)は、プラトンがカースト制国家を好んだという見解とはげしく戦っている。

(28)『国家』416a. この問題は本章の注(35)の本文でくわしく扱うつもりである。(つぎのパラグラフで扱うカーストの問題については、参照、本章の注(27)(3)および(31)。)

(29)〈日常的に争いごとをしている〉平民に対して立法措置を講じないようになどというプラトンの勧告については、参照、『国家』425b-427a/bとりわけ425d-eおよび427a. これらの箇所は、もちろん、アテネの民主主義や第九章の意味でのあらゆる〈ピースミールな〉もしくは〈少しずつの〉立法を攻撃している。《F・M・コーンフォードもこの点を理解していた。というのも、かれは(F. M. Cornford, *The Republic of Plato*, 1941/1961, S. 205)で、プラトンがユートピア的手法を勧めている箇所(『国家』500d以下、画面のまっさら化とロマン主義的ラディカリズムを勧めている箇所。参照、第九章注(12)および本文)への注釈においてつぎのように勧めているからである。「それと、425eで物笑いの種にされている少しずつの改革とが比較されてよい……。」コーンフォードは、少しずつの改革を評価していないように見えるし、自身はプラトンの方法を好んでいるという印象を与えている。とはいえ、プラトンの意図についてのかれの解釈と、その意図についてのわ

たくしの読解とは一致するように思われる。》

さらに後段で引き合いに出された二つの引用文は、『国家』371d/e, 463a-b〈助力者〉と〈従事者〉)、549a, 471b/c からである。J・アダムは「プラトンは、おそらく異国人によって奴隷労働がなされるばあいを除いて、自身の国家内においてはそれを認めていない」とコメントしている(*op.cit.*, Bd. I, S. 97, 371e 32 への注。)わたくしは、プラトンが『国家』(469b-c)でギリシア人の戦争捕虜を奴隷化することに反対している点は承認するが、同時にかれは、ギリシア人が、とりわけみずからの最善国家の市民が、異邦人(Barbaren)を奴隷化することは奨励しているのである。(これはターンの見解でもあるように見える。参照、本書第二巻第一五章注(13)(2)。)そしてかれはアテネにおける奴隷制反対運動を激烈に攻撃し、財産が奴隷であるばあいにおける法的な財産権を主張する(参照、本章注(17)と(18)の本文)。この本文パラグラフの第三の引用文(『国家』548e/549a)が示しているように、かれはその最善国家において奴隷制を廃止しなかった。(『国家』590c/d を見よ。そこでかれは、粗野で卑しいものは最善者の奴隷になるべきだという要求を擁護している。)したがってテイラーは、(A. E. Taylor, *Plato*, 1908 および 1914, S. 197 と S. 118 で)二度も、プラトンの叙述から「共同体に奴隷階級は存在しないこと」が帰結してくると主張しているが、これはただしくない。おなじような見解は、A. E. Taylor, *Plato: The Man and his Work* (1926/1986) にも見られる。この点については本章注(27)の末尾を見よ。

プラトンが『政治家』で奴隷制を論じる仕方は、わたくしの見るところ、『国家』におけるかれの態度に多くの光を投げかける。というのも、ここでもかれはみずからの国家に奴隷が存在することをあきらかに前提しているにもかかわらず、奴隷について多くを語ってはいないからである。(参照、「奴隷を除く家畜の全財産」はすでに論じておいたというかれの特徴的な注釈(289b/c)、また、真の王国は「無知と忌まわしい低劣さをさまよっている者から奴隷を作る」というおなじように特徴的な注釈(309a)。)なぜプラトンが奴隷について多くを語ろうとしないのかは、289c以下、とりわけ、289d/eからあきらかになろう。かれにとっては、〈奴隷と他の奉仕者〉たとえば、労働者、商人、自営業者(つまり、金を稼ぐすべての〈低俗な〉者たち、参照、本書第二巻第一一章注(4))といった者とのあいだには大きな区別はないということなのだ。奴隷は、ただ〈購買によってえられた奉仕者〉としてのみ区別されるということだ。ことばを換えれば、プラトンは低劣な生まれの者の頭上高くにいるので、些細な相違について頭を悩ます気になどなれないということだろう。こうした点は『国家』に非常によく似ており、少しだけ明確に表現されているにすぎない。(参照、第八章注(57)(2)。)

『法律』での奴隷制についてのプラトンの論述については、とりわけ、Glenn R. Morrow, 〉Plato and Greek Slavery〈 (in *Mind*, N. S. Bd. 48 [1939], S. 186–201, またS. 402, 正

誤表も見よ)。[G. R. Morrow, *Plato's Law of Slavery in its Relation to Greek Law*, 1939/1976も参照せよ。] この論文は、対象についての卓越した、そして批判的な概観を提出しており、わたくしの見るところまだ少しばかりプラトンよりではあるのだが、きわめてただしい結論に達している。(この論文は、すでにプラトンの時代に奴隷制反対運動があったという状況を十分に強調していない。参照、第五章注(13)。)

(30) この引用文は、『ティマイオス』での『国家』の要約(18c/d)からである。女と子供を共有するという共同体の提案に新味はないという批評については、参照、J・アダムによる『国家』の校訂版 J. Adam, *The Republic of Plato*, Bd. I, S. 292(457b 以下への注)および S. 308(463c 17 への注)ならびに S. 345-355 とりわけ S. 354 f.[そこでかれは、「こうした目標は、ソクラテスの追随者たち何名か——ここにはもちろんプラトンも含まれる——の共感と支援を大規模に要求する」と言っている。S. 355]。プラトンの共産制社会におけるピタゴラス的要素については、参照、*op.cit.*, S. 199, 416 d 22 への注。(貴金属にかんしては第一〇章注(24)、共同食事制については第六章注(34)、またプラトンや後継者の共産主義的原則については第五章注(29)(2)およびそこで言及しておいた箇所を見よ。)

(31) 引用箇所は『国家』434b/c である。プラトンはカースト制国家を要求するにあたり、ながくためらう。そしてこれは、当該の箇所への〈長々しいまえがき〉(これについては第六章で論じる。参照、本章の注(24)と(40))とはまったく関係がない。415a 以下でこうしたことがらについて最初に語られるときには、低いほうの階級に「金と銀とが混合された子供が生まれた」(415c)としたら、つまり、高いほうの階級の血と徳を備えた子供が生まれたとしたら、低いほうから高いほうの階級に上昇が可能であるとされているように見えるからである。しかしこうした譲歩は、434b-dでは、さらに明確には547aでは、撤回されている。なぜなら、547aでは、金属のどんな混合も国家にとって致命的に作用せざるをえない不純化であるとされているからである。参照、第八章注(11)~(14)の本文および前章の注(27)(3)。

(32)『政治家』271e. 原始的な遊牧民的山岳牧羊者およびかれらの族長にかんする箇所は『法律』677e-680eからである。引用は『法律』680eから。つづく引用は、『国家』415d/eにおける地から生まれた者についての神話から。このパラグラフの結論的箇所は『国家』440dからである。――おそらく、本注が帰属する本文でのいくつかのコメントについては敷衍しておく必要があるだろう。

(1) 本文では、〈定住〉がどのようにして生じたのかについては明確には説明されていないと主張しておいた。『法律』においても『国家』においても、最初は(参照、下記の(a)および(c))一種の合意ないしは社会契約(第五章注(29)と第六章注(43)~(54)および本文によるとし、のちには(以下の(b)と(c)を見よ)暴力的な征服によると言われている。

(a)『法律』では、山岳牧羊民のさまざまな部族は、最初はより大きな戦闘部隊に結合される(この部隊の法は、王としての権力を付与された、全権受権者が結ぶ合意もしくは契約によって生じる)のであり、そののちに平地に定住する。(681bとc/d. 681bで記述されている法の起源については、参照、第三章注(17)(2)。)だが、この箇所でプラトンはあいまいになり逸脱する。こうした部隊がどのようにしてギリシアに定住しどのようにしてギリシアの諸都市を建設したのかを記述する代わりに、トロイ建設からトロイ戦争についてのホメロスの報告に移ってしまう。プラトンの言うところによれば、アカイア人はここからドーリア人という名のもとに帰還したのであり、「描写の終わりは……スパルタの歴史の一部である」(682e)。「なぜなら、われわれはいまやスパルタの定住にいきついたからである」(682e/683a)。これまでのところ、この定住がどのようにして生じたのかについてはわかるようには語られておらず、すぐにさらなる逸脱(プラトン自身が〈論証のわかりがたい道のり〉について語っている)が生じ、結局、本文で言及しておいた〈暗示〉がえられる。(b)を見よ。

(b)　本文では、ペロポネソス半島でのドーリア人の定住はじっさいには暴力的な征服であったという暗示を指摘しておいた。この指摘は、『法律』(683c/d)に依拠している。この箇所でプラトンは実際のところスパルタの歴史についての最初の注釈をおこなっている。かれは、ペロポネソス半島がドーリア人によって〈実際上征服された〉時代から話を始めると言っている。『メネクセノス』(これの真正性は疑うことがむずかしい。参照、第一〇章

注(35))では、245cでペロポネソス人は〈外部からの移住者〉(これはG・グロートの表現である。参照、G. Grote, *Plato*, Bd. III, S. 5)という事実を暗示する記述がある。

(c)『国家』(369b)では、ポリス〔都市国家 Stadtstaat〕は労働分業と協働の利益を目にした労働者によって建設される――これは契約論と合致する。

(d)しかし、のちには(参照、『国家』415d/eおよび、このパラグラフ本文での引用)、いくぶんか神秘的な起源をもつ戦士階級――〈地から生まれた者〉――による凱歌に満ちた征服についての記述がある。この記述の決定的な箇所では、地から生まれた者は、(文字どおりには)〈内部に住む者を押さえつけるために〉、すなわち、すでに都市に住んでいる者たちを押さえつけるために、したがって居住者を押さえつけるために、野営のための最適の場所を探し回らねばならないと主張されている。

(e)『政治家』(271a以下)では、この〈地から生まれた者〉は定住以前の時期の遊牧民的な山岳牧羊者と同一視されている。参照、『饗宴』191bにおける地から生まれるバッタへのほのめかしも。参照、第三章注(6)(4)および第八章注(11)(2)。

(f)要約しておこう。プラトンはドーリア人による征服についてかなりはっきりした考えをもっていたのだが、明白な理由から、それを闇のなかに包み込むことを選んだのだと思われる。征服した戦士集団は遊牧民的起源をもつという伝承もあったと思われる。

(2) このパラグラフ後半でわたくしは、プラトンがしばしば統治は羊の監視とおなじで、あると主張していると述べておいた。参照、たとえば、以下の箇所、『国家』343b, ここではこの考えが導入されている。345c 以下、ここではよき牧人の比喩のかたちで探求の主要対象のひとつになっている。375a-376b, 404a, 440d, 451b-e 459a-460c ならびに(第五章注(30)で引用しておいた)466c-d, ここでは補助者の部隊(あるいは手助けする者)が牧羊犬になぞらえられているし、またそれに応じた血統保存と教育についての注釈がある。416a 以下、ここでは国家内外の狼の問題が導入されている。『政治家』ではこの問題が多くのページをまたいで論じられているが、これをべつにして、とりわけ 261d-276d.『法律』(694e)では、プラトンは、キュロスが自分の息子たちのために「牛、羊、人間やその他の動物からなる多くの群れを」獲たと言っている。(参照、『法律』735 と『テアイテトス』174d.)

(3) これらすべてについては、参照、A・J・トインビー『歴史の研究』(Arnold J. Toynbee, *A Study of History*)とりわけ Bd. III (1934), S. 32 (Anm. 1). そこでは Albert H. Lybyer, *The Government of the Ottoman Empire in the Time of Suleiman the Magnificent* [1913/1978]が引用されている。S. 33 (Anm. 2), S. 50-100. とりわけ、「人間を……相手にする」征服者としての遊牧民(S. 22)についての、また、プラトンの「人間という番犬」(S. 94, Anm. 2)についてのかれの注釈を見よ。わたくしは、トインビーのブリリアントな着想から多くの刺激を受けたし、かれの多くの注釈から勇気を受けた。そこにわたくしは自分の解釈が確証されるのを見るのだが、これは、トインビーとわたくしの根本的見解が異なっているのがあきらかになるにつけ、いっそう価値の高いものとなる。わたくしは本文で用いた多くの表現、とりわけ、〈人間という家畜〉〈人間という畜群〉〈人間という番犬〉をトインビーに負うている。

トインビーの『歴史の研究』は、わたくしの観点からすると、ヒストリシズムなるもののまさに典型的作品である。この著作に対しわたくしは根本から否定的である。この点にかんし、もはやこれ以上のことを言う必要はあるまい。われわれの見解が対立する論点のいくつかについてはさまざまな箇所で論じておいた(本章の注(43)および(45)(2)、参照、第一〇章注(7)と(8)ならびに本書第二巻第二四章。参照、拙著『ヒストリシズムの貧困』(*Das Elend des Historizismus*, S. 86 ff.)も)。しかしトインビーの研究は興味深く刺激的な考えをたっぷりと含んでいる。プラトンにかんして言えば、わたくしはひとつならず多くの点でかれに同意できる。これはとりわけ、プラトンの最善国家はかれの社会革命にかかわる経験によって、つまり、あらゆる変化を停止させようとするかれの願望によって、鼓吹されているという主張について言えることであるし、また、この国家は一種の石のようになったスパルタ(スパルタ自身がすでに石のようになっていたわけであるが)であるという主張についても言えることである。こうした一致点があるにもかかわらず、プラトン解釈においてはトインビーの見解とわたくし自身の見解とのあいだには根本的な相違がある。トインビーにとってプラトン流の国家は典型的な(反動的な)ユートピア――未来の夢である。それに対してわたくしは、トインビーについてもそうだが、(わたくしが理解するかぎりでの)プラトンの変化の理論を、大部分、原始社会を再構築しようとするこころみとして解釈している。また、定住以前の時代についての、また定住そのものについてのプラトンの解釈にわたくしが与え、本注および本文でてみじかに要約しておいた解釈にトインビーが同意するとは思わない。なぜなら、トインビーはきっぱりと(*op.cit.*, Bd. III, S. 80)、「スパルタ社会は遊牧民起源ではない」と言っているからである。トインビーはスパルタ社会の独特の性格を力説している(*op.cit.*, Bd. III, S. 50 ff.)。〈人間という家畜〉(家畜としての人間)を押さえつけようとする超人間的な奮闘のためにかれらの発展は停止させられたというわけである。しかしわたくしは、スパルタの独自性を強調すると、プラトンが驚いたスパルタとクレタとの諸制度の類似性(『国家』544c,『法律』683a)を理解することが困難になると思う。愚見によれば、この類似性は非常に古い、つまり第二次メッセニア戦争(参照、紀元前六五〇年―六二〇年、A. J. Toynbee, *op.cit.*, Bd. III, S. 53)におけるスパルタ人の努力よりもかなり古いにちがいない種族的諸制度の石のようになった形態として理解されよう。こうした制度が存続する条件は二つの場所では異なっていたわけだから、それらの類似性はそれらの原始的性格を支持する議論になり、一方の側においてのみ出現する要因による説明への反対論になるわけである。

《ドーリア人の定住問題にかんしては、参照、Robert Eisler〔〕Die〉Seevölker〈-Namen in den altorientalischen Quellen〈〕, in *Caucasica*, Fascikel 5 (1928), とりわけ S. 113, Anm. 84. そこでは〈ヘラス人〉は〈移住者〉と、〈ギリシア人〉〈〉Grazier〈〉は〈家畜飼育者〉——つまり、家畜飼育者もしくは遊牧民——と訳されている。この著者が示すところでは、牧人としての神という観念はオルフェウス教に起源がある（*Orphisch-Dionysische Mysterien-Gedanken in der Christlichen Antike*, 1925/1967, S. 58, Anm. 2）。おなじ箇所には番犬または神の牧羊犬（*Domini Canes*）への言及がある。》

（33）熱狂的な教育者たちは、金銭に左右されず階級的差別もない教育という考えをプラトンに帰してきた。だが、かれらはプラトンの国家における教育は階級的特権であることを見落としている。かれらは、階級的特権がそれ自体として悪であることを見落としているのであり、それにくらべたら、こうした特権が金にもとづくのか、それとも支配階級に属することからくる他のなんらかの徴表によるのかは些末であることに気づいていないのだ。参照、第七章注（12）と（13）および本文。武器の携行にかんしては参照、『法律』753b も。

（34）『国家』460c（参照、本章の注（31）も）。プラトンが嬰児殺しを勧めていることにかんしては、参照、James Adam, *op.cit.*, Bd. I, S. 298 f.、459e 28 および 460c 18 への注ならびに S. 357 ff. プラトンは嬰児殺しを是認した。アダムは、この点を強調し、また、プラトンがかくも恐ろしい慣行を〈勧めていた〉ことを免責しようとするいっさいのこころみを〈的外れ〉として拒絶した。にもかかわらず、かれはやはり「古代ギリシアにおいてこの慣行は広まっていた」と指摘することでプラトンを免罪しようとこころみているのだ[*op.cit.*, S. 358]。だがアテネでこの慣行が広まっていたわけではなかった。プラトンは至る所で、ペリクレス時代のアテネにおける啓蒙主義よりも古代スパルタの蛮行と人種主義を選好する。この偏愛の責任はかれにある。スパルタの慣行を説明するための仮説は、第一〇章注(7)で与えておいた(そこで言及しておいた指摘も見よ。)

　本文後段での、動物の血統保存の原理を人間に適用することを勧める引用文は、『国家』459b(参照、第八章注(39)と本文)からである。犬と戦士の類似性を語っている箇所は、『国家』404a, 375a, 376a/b, 376b からである。参照、第五章注(40)(2)と次注。

(35) 注の前の二つの引用文はともに『国家』375b からである。つづく箇所は 416a(参照、本章注(28))からである。他は 375c-e からである。対立する〈本性〉(あるいは形相)の混合という問題は(参照、第五章注(18)〜(20)と(40)(2)ならびに本文、また第八章注(39))プラトンの好みのテーマのひとつである。(『政治家』283e 以下やのちにはアリストテレスにおいてはこの問題は中庸説(あるいは平均の説)に移行する。)

(36) 引用は、『国家』410c, 410d, 410e, 411e/412a および 412b からである。

(37) 『法律』(680b 以下)で、プラトンはクレタでさえ文芸を野蛮なまでに知らないとして皮肉を込めて論じている。こうした無知はホメロスにまでおよび、クレタ人の話し相手はホメロスを知らず、「クレタ人は外国の詩人をほとんど読まないのです」と言うのである。(「しかし、スパルタでは読まれています」とスパルタ人の話し手は言い返す。)プラトンがスパルタの風習を贔屓にしていることについては、参照、第六章注(34)ならびにそれに対応する本文箇所。

(38) 人間という家畜のスパルタ流の扱い方にかんするプラトンの見解については、参照、本章の注(29)、『国家』548e/549a. そこでは名誉政にもとづく人間がプラトンの兄グラウコンと比較されている。「しかしかれは」(グラウコンよりも)「気性がはげしく、いっそう音楽性に乏しい。」この箇所の続きは注(29)の本文に引用しておいた。——トゥキュディデス〔『戦史』 *Geschichte des Peloponnesischen Krieges*, 1993, S. 599〕はヘイロテス〔被征服民〕二〇〇〇人の背信的殺害を報告している(IV, 80)。ヘイロテスのうちの最善者が自由にするという約束のもとで死ぬために選ばれたのであった。プラトンがトゥキュディデスの著作をよく知っていたことはほとんどたしかであろう。かれがその他に直接的な情報源をもっていたのもたしかであろう。

アテネ人が奴隷を扱う温和なやり方にかんするプラトンの見解については本章の注(18)で述べておいた。

(39) 『国家』における決定的に反アテネ的にして反文芸的な傾向を考慮に入れると、かくも多くの教育者がプラトンの教育理論に心酔していることの説明はいささか困難になる。つぎの三点が説明になるのではないかと思う。当時アテネでふつうであった文芸教育に対してあからさまな敵意を示しているにもかかわらず、教育者たちは『国家』を理解していないか、プラトンが教育の政治的力をたいへんに重視しているので単純にいい気になっているかである。これは多くの哲学者とか若干の音楽家にも言えることであろう(参照、注(42)の本文)。もしくはこの両方である。

ギリシアの芸術や文芸の愛好家がいかにしてプラトンから励ましをえられるのか、これも理解するのがむずかしい。なぜなら、プラトンは『国家』第一〇巻で、詩人や劇作家のすべて、とくにホメロスに(またヘシオドスにさえも)激烈きわまりない攻撃をくわえているからである。参照、『国家』600a. そこではホメロスは、よき技術者とか職人(Mechaniker)――プラトンは一般にこれらの者を俗物とか堕落した者として軽蔑していたのであり、この点については、参照、『国家』495e, 590c および第一一章注(4)――にさえ劣るものと位置づけられている。『国家』600c では、ホメロスはソフィストのプロタゴラスやプロディコスよりも低位に位置づけられている(参照、T. Gomperz, *Griechische Denker*, II. Bd. S. 391 も)。また『国家』605a/b では、詩人はよき秩序のあるポリスに立ち入ることをきびしく禁じられている。

プラトンの態度は明確に言い表わされているのだが、それに対して注釈家たちはふつう口を閉ざしてやり過ごしてきた。かれらはプラトンがホメロスを攻撃するにあたって準備としておこなった注釈(「……ホメロスに対する愛と讃嘆は、かれに対して言わねばならないことをほとんど押しとどめるのであるが」『国家』595b)を長々と力説する。J・アダム[J. Adam, *The Republic of Plato*, Bd. II, S. 385]は、ここに(595b 11への注)「プラトンはほんとうの気持ちで語っている」と注釈をくわえている。だが、プラトンの注釈は『国家』でかなり一般的に用いられている流儀を具体的に示すものでしかない。それはまず読者の感情に歩み寄り(参照、第一〇章、とりわけ、注(65)への本文)、それからはじめて人道主義的考えに主要な攻撃を加えるというものである。

(40)　階級規律の厳格な維持を狙った検閲については、参照、『国家』377e以下およびとくに378c.「われわれの年若い政治家は、軽々しく争うことをあらゆる犯罪のうちでももっとも恥ずべきものと心得るべきである。」興味深いことには、プラトンはこうした政治的原理を、376e以下で検閲の理論の導入直後にではなく、最初はただ真理、美などについて語ったあとで設定しているということである。検閲は595a以下とくに605a/bでさらにきびしくなっている(参照、前注ならびに第七章注(18)～(22)と本文)。『法律』での検閲の役割については、参照、801 c/d.――参照、次注も。

音楽は人間のなかで野蛮な要素とは対立する優美な要素を強化するという自分の原則(参照、『国家』410c-412b、本章注(36))をプラトンは忘れている。この点については、参照、とりわけ、399a以下。そこでは、人間を優美にするのではなく、「戦士である人間にふさわしい」調べが要求されている。参照、次注(2)。——強調されるべきは、プラトンは以前に予告した原則を忘れたのではなく、議論が向かうべき原則を忘れたのだということである。

(41) (1) プラトンの音楽、とくに本来の意味での音楽に対する態度については以下を参照せよ。たとえば、『国家』397b ff., 398e ff., 400a ff., 410b, 424b f., 546d. 『法律』657e ff., 673a, 700b ff., 798d ff., 801d ff., 802b ff., 816c. かれの態度は根本においてつぎのようなものである。「新しい調べの導入は警戒」されねばならない、「そうした新規の調べはすべてを危険にさらす」、というのも「音楽のスタイルにおけるどんな変化も国家全体にとっての最重要な制度の変更をもたらすからである。そうダモンも言っているし、わたくしもかれを信じている」(『国家』424c)。プラトンはここでいつものごとくスパルタの例にしたがっている。J・アダムは「音楽と政治における変化が結びつくことは、……一般にギリシア全土において、またとりわけスパルタにおいて、承認されている……そこでは、ティモテオスが竪琴に新たに四本の弦を張ったために、かれの竪琴は没収された。」と言っている(*op.cit.*, Bd. I, S. 216, 424c 20 への注、強調はわたくしによる。参照、かれの指摘も)。プラトンがスパルタの処置に刺激されたことは疑いないが、だからといって〈ギリシア全土において〉とりわけペリクレスのアテネにおいて、おなじような慣行が支配していたなどということは、まったくありそうもないことである。(参照、本注の(2)。)

(2)　本文でわたくしは音楽に対するプラトンの態度(とりわけ、『国家』398e 以下)を〈開明的な同時代の批評家〉とくらべると迷信的で遅れていると評しておいた。わたくしが思い浮かべているのは、おそらくは前五世紀あるいは前四世紀の初めのころの音楽家であった氏名不詳の著作家であり、いまでは『ヒベー・パピュルス文庫』(*The Hibeh Papyri*, Teil I, hrsg. von Bernard P. Grenfell und Arthur S. Hunt (1906/1978, S. 45 ff.)の第一三番として知られている(おそらくはオリンピックでの)演説を起草した人物の批評である。この著作家はおそらく〈ソクラテス(つまり、プラトンの『国家』における〈ソクラテス〉)を批判したさまざまな音楽家〉の一人であろう。この音楽家はアリストテレスによっても言及されている(『政治学』第八巻第七章 1342b のおなじように迷信深い箇所。ここでかれはプラトンの多くの議論をくりかえしている)。しかし、氏名不詳のこの著作家はアリストテレスが示唆するよりもはるかに進んでいる。プラトンとアリストテレスは、ある種の調べ、たとえば〈ゆるい〉イオニア的・リュディア的調べは聞く者を軟弱で女性的にするが、他の、とりわけ、ドーリア的調べは士気を高める、と考えていた。こうした思いこみを氏名不詳の著作家は攻撃し、こう書いている。「かれらは、ある種の調べは温和な人間を、他の調べはただしい人間を生み出すが、べつの調べは英雄を、またべつの調べは腰抜けを生み出すと語っている。」かれはじつに巧みにも、こうした考えがいかに愚かであるかを、ギリシアのもっとも好戦的な部族のいくつかがいわゆる腰抜けを生み出す調べを用い、その一方である種の職業的な(歌劇)歌手がふつうは〈英雄的な〉調べをうたうのだが、だからといって英雄になるわけではないと指摘することで示している。こうした批判は、なるほど、プラトンがしばしば権威として引き合いに出すアテネの音楽家ダモンに向けられていたのかもしれない。ダモンの友人にはペリクレスがいたのだが、ペリクレスは芸術批評の領域で親スパルタ的な態度も黙認するほどリベラルであったのだ。しかし、プラトン自身もこうした批判の標的になりえていたことだろう。(ダモンについては、参照、『断片集』第一巻 S. 381 f. を見よ。氏名不詳の著作家にかかわる仮説にかんしては、参照、『断片集』第二巻 S. 334 におけるヘルマン・ディールスの注。)

(3)　わたくしはここで音楽に対する〈反動的な〉態度を弾劾しているわけだが、この点にかんしてはおそらく、わたくしの攻撃はいかなる意味においても音楽における〈進歩〉への個人的な同情によって鼓吹されているわけではない。これは述べておく価値があろう。事実としてわたくしは古い音楽(古ければ古いほどよい)を好むし、現代音楽に対しては強い嫌悪を覚えている。わたくしはそうじてどんな種類の〈未来主義〉に対しても、道徳の領域での未来主義(参照、本書第二巻第二二章と第二五章注(19))に対してとおなじく芸術上の未来主義に対しても反対である。だがわたくしは、自分自身の偏愛と嫌悪を他人に押しつけることに対してはそれ以上に反対であるし、とくにこの種のことがらでのどんな検閲に対しても反対する。まさに芸術においては、憎む芸術を抑圧し、そして愛する芸術を規範にまで高める国家的な処置を要求せずとも、憎んだり愛したりできるのだ。

(42)『国家』537a および 466e-467e.

現代の全体主義的教育を特徴づけるにあたってわたくしは、コルナイの重要な書物(Aurel Kolnai, *The War Against the West* (1938), とくに S. 318)に負うている。

(43) 中央集権化され組織だった政治権力としての国家は、征服をつうじて(遊牧民あるいは狩猟民が定住農耕民を征服したことによって)成立したというプラトンの注目すべき理論は、わたくしの知るかぎりでは、ヒュームが歴史的形態をとった契約説を批判したさいに(マキァヴェッリの注釈のいくつかから目を転じるならば)再発見したものである。(かれの *Essays: Moral, Political, and Literary*, Teil II, 1752/1987, Essay XII「原始契約について」S. 465 ff. を見よ。) ヒュームはこう書いている。「現存する、またなにほどか歴史的に知られているほとんどすべての統治体は、その起源を問えば、簒奪か征服によって、あるいはその両者によって始まった……。」またかれはつぎの点も指摘している。「ずる賢く厚かましい男」にとって「……あるときは暴力、またあるときはうそ偽りの作りごとによって、自分の直接の仲間よりも何百倍もの人間に対する支配を打ち立てることなどしばしば容易なことであった。……こうしたずる賢い策略によって多くの国家統治体が樹立されたのであり、これが好んで語られる起源としての、契約の実体なのだ」[S. 471]。エルネスト・ルナン(Ernest Renan, *Was ist eine Nation?*, 1882/1996〔『国民とはなにか』〕)やフリードリヒ・ニーチェ（Friedrich Nietzsche, *Zur Genealogie der Moral*, 1887［*Werke*, Bd. 5, 1993, S. 324］『道徳の系譜』）がつぎにこうした説を再発見した。ニーチェは〈国家〉の起源について（ヒュームを引照することなく）、「金髪の野獣の群れ、戦争に向けて組織された征服者にして主人たる人種が、数においてははるかに勝る……住民にその恐ろしい前足を躊躇なくかける。ここに地上における〈国家〉が始まる。わたくしは、国家を〈契約〉で始めさせるあの熱狂は死んだと考える。」この理論はニーチェのお気に入りである――金髪の野獣の愛好者なのだから。近時、この理論は、フランツ・オッペンハイマー（Franz Oppenheimer, *Der Staat*, 1912/1990）によっても、マルクス主義者のカール・カウツキーによる唯物史観にかんする著作（Karl Kautsky, *Die materialistische Geschichtsauffassung*［1927/1988］）でも、ウィリアム・C・マクラウド（William C. MacLeod, *The Origin and History of Politics*, 1931）［および、Hans Freyer, *Pallas Athene. Ethik des politischen Volkes*, 1935, S. 81］によっても主張された。プラトン、ヒュームそしてニーチェが記述した過程が、すべてのばあいにおいてではないにしても、多くのばあいにおいて生じたことは大いにありうることだと思う。そのさいわたくしが言っているのは、組織され中央集権化された政治権力という意味での〈国家〉のことである。

アーノルド・J・トインビーはまったく異なった理論を主張している。この点は言及しておくべきだろう。だが、それを論じる前に明確にしておきたい一点がある。この問題は、反ヒストリシズムの観点からすると重要性はあまりないということである。〈国家〉がどのようにして生じたのかという問題についての考察は、たしかにそれ自体としては興味をひくかもしれない。とはいえ、その種の研究は、わたくしが理解する意味での国家についての社会学、つまり、〔社会のピースミールな改革をこころみるための〕政治を介しての技術には影響を与えることはない。(参照、第三、九章および第二巻の第二五章。)

トインビーの理論は、組織され中央集権化された政治権力という意味での〈国家〉に限定されてはいない。むしろかれは〈文明の起源〉を論じている。だが、ここにおいてすでにして困難が生じている。なぜなら、かれの言う〈文明〉のいくつかは、ここに述べた意味での国家であり、またいくつかは国家のあつまり、あるいは国家のつながりであり、またいくつかはエスキモー〔原文通り。イヌイットのこと〕のような国家ではない社会だからである。〈国家〉がただひとつの図式にしたがって生じたのかどうかが疑わしいとしたら、たとえば、一方において初期のエジプトやメソポタミアの国家とか、そこでの制度や技術、また他方でエスキモーの生活様式といったさまざまな社会現象がおなじ仕方で発生したのかどうかはいっそう疑わしいにちがいない。

だが、トインビー(Arnold J. Toynbee, *A Study of History*, Bd. I [1934/1979], S. 305 ff.)がエジプトやメソポタミアの〈文明〉についておこなった記述に考えを集中させてもよいだろう。かれの理論はおおよそこうである。濃い密林という環境は、それに対応するために創意工夫をこころみ進んで立ち向かう気性をもった指導者に応答(response)するようにと挑発した。かれらは、したがう者たちを谷間へとみちびき、そこを開墾し、国家を樹立した。こうした(ヘーゲル的、ベルグソン的)理論は、創造性にとんだ天才が文化的政治的指導者として機能したと言っているわけだが、わたくしには最高度にロマンチックなものと思われる。たとえば、エジプトを取り上げてみよう。このばあいにはなによりもまずカースト制の起源が探し求められねばならないだろう。それは征服の結果であるというのがもっともありえたことであろう――インドでは征服者の新しい波が旧来のカーストに新しいより上のカーストを押しつけたように。だが、べつの議論もある。トインビー自身は、家畜の飼育や調教は、たんなる農耕よりは後発の、さらに進歩したいっそう困難な発展段階であり、ステップの遊牧民がこのさらなる歩みを成し遂げたという、おそらくはただしい理論を主張した。しかし、エジプトには農耕も、牧畜もあったのであり、そしておなじことは多くの初期の〈国家〉(アメリカ大陸におけるすべての国家にあてはまるとは思わないが)についても言えるのだ。そうした国家には遊牧民的要素があったということだ。こうした要素が遊牧民の侵略――これが、もともとの農耕民に支配とカースト支配を課したわけだが――にさかのぼると仮定することは自然なことであろう。こうしたわたくしの理論は、遊牧民が打ち立てた国家は一般に非常に早く死滅するというトインビーの主張(*op. cit.* Bd. III, S. 23 f.)とは矛盾する。しかし、初期カースト制国家の数多くが牧畜に従事していたという事実はなんらかのかたちで説明されねばならない。[第一〜六巻を『世界史の歩み』(*Der Gang der Weltgeschichte*, 1979)というタイトルのもとで二巻本にした短縮版がA・J・トインビーによって刊行された。これは、英語版全集のうちの一部分しか含んでいないので、ここでは利用されていない。]

遊牧民さらには狩猟民が元来の上層を形成したという考えは、戦争、狩猟、馬が支配階級のシンボルであるという古くからの、そしていまなお生きている階級伝統によって確認される。こうした伝統は、アリストテレスの倫理学や政治学の基礎であり、ソースタイン・ヴェブレン(Thorstein Veblen, *The Theory of the Leisure Class* [1899, ドイツ語訳 *Theorie der feinen Leute*, 2000(『有閑階級の理論』)])やトインビーが示したように、いまなお生きている。こうした証拠にくわえて、牧畜家がなお、人種論や、とりわけプラトンやアリストテレスにおいてみられるような上流階級の人種的優越性を信じているということを力説しておいてもよいだろう。トインビーはそれを、「われわれの……近代の……罪のひとつと見なし」ているし、「ギリシアの天才には疎遠なもの」と考えている(*op.cit.*, Bd. III, S. 93)。だが、ギリシア思想家の多くは明白に人種賛美をのりこえたとはいえ、プラトンやアリストテレスの教えは古い伝統にもとづいているように見える。この点は、とりわけ、人種論はスパルタにおいて大きな役割を演じたという事実によって支えられている。

(44) 参照、『法律』694a–698a.

(45) (1) オスヴァルト・シュペングラーの『西洋の没落』(Oswald Spengler, *Untergang des Abendlandes* [1918/1998])は、わたくしの考えでは真面目に取り上げるほどのものではない。だが、それはひとつの兆候ではある。つまり、没落しつつある上流階級を信じている人間の作品であるということだ。プラトンにならってシュペングラーは、〈世界〉というもの、ならびに上昇と下降という一般法則こそが没落の責任を取るべきだということを示そうとしている。かれはつづく著作(*Preußentum und Sozialismus* [1920/1934])でプラトンとおなじように新しい秩序を要求している。それは、歴史の暴力に対抗し、〈社会主義〉あるいは共産主義を採用することによって、また経済的禁欲によってプロシアの支配階級を復活させるといういかがわしい実験を要求するものである。[S. 98 ではこう言われている。「われわれには不屈の精神、勇気ある懐疑、一束の社会主義的支配者気質が必要だ。くわえて、社会主義は力、力、さらに力を意味する。」]——シュペングラーにかんしては、わたくしは全面的にレオナルド・ネルソンに同意する。かれはその批判につぎのような皮肉なタイトルを付けた。『妖怪。時代精神の観相学への貢献とともに、オスヴァルト・シュペングラーの占い術の秘密への聖なる手ほどき、およびかれの予言の反駁不可能性についての明々白々たる証明。形而上学的望見をきわめた者すべてへの聖霊降臨祭の贈り物』、ライプツィヒ、一九二一年(Leonard Nelson, *Spuk. Einweihung in das Geheimnis der*

Wahrsagerkunst Oswald Spenglers und sonnenklarer Beweis der Unwiderleglichkeit seiner Weissagungen nebst Beiträgen zur Physiognomik des Zeitgeistes. Eine Pfingstgabe für alle Adepten des metaphysischen Schauens, Leipzig 1921.)。――シュペングラーをこのように特徴づけることは、わたくしにはまったくただしいと思える。ネルソンは、注記されてしかるべきなのだが、ヒストリシズムに反対した最初の者たちの一人であった。(かれはここで、カントがヘルダーに加えた批判にしたがっている。参照、本書第二巻、第一二章注(56)。)

(2) シュペングラーは、上昇と下降の神話を語った最後の著者ではないというわたくしの注記は、とくにトインビーをほのめかしている。トインビーの作品は、シュペングラーのものよりもはるかに優れているので、おなじ文脈で言及することにはためらいがある。だが、その優越性は主としてトインビーの思想の豊かさ、またかれの深い知識にもとづく。(これは、かれがシュペングラーのように、日の下のいっさいを同時に扱うといったことはしていないという事実のうちにあらわれている。)だが、研究の目的と方法は類似している。それらは決定的にヒストリシズム的なのだ。(参照、拙著『ヒストリシズムの貧困』(*Das Elend des Historizismus*, S. 86 ff.)におけるわたくしの批判。)それは、トインビーは気づいていないようだが、根本においてヘーゲル的である。それは、〈自分で自分を決定することに向けての進歩〉のうちに〈文明の成長の規準〉があるというトインビーの主張からも十分にわかる。というのも、ヘーゲルの、〈自己意識〉や〈自由〉に向かう進歩の法則は、その点で認識されるからである。ところでわたくしは、ある作品を一定の学派に分類すれば、それで片がつくとは思っていない。だが、ヘーゲルのヒストリシズムのばあいにはそのやり方も許されると思う。その根拠については本書第二巻で論じよう。（A・J・トインビーのヘーゲル主義はブラッドリーを媒介にしているように見える。この点は、たとえば、関係についてのかれの注釈から見て取れる(*op.cit.*, Bd. III, S. 223)。）「すでにして、〈事物〉あるいは〈本質〉間の〈関係〉という概念が〈論理的矛盾〉を含んでいる。……この矛盾はいかにして克服されるのか」）――ここでわたくしは、関係の問題の論議に立ち入ることはできない。だが、独断的ではあろうが、つぎのような注釈をつけることを許していただきたい。関係にかかわる問題のいっさいは、現代論理学のある単純な方法によって、属性あるいはクラスの問題に還元される、つまり、換言すれば、関係にかかわる特殊な哲学的問題は存在しない、と。ここで触れた方法は、ノーバート・ウィーナー(Norbert Wiener)とカジミェシュ・クラトフスキ(Kazimierz Kuratowski)にさかのぼる。クワインの下記を参照。Willard Van Orman Quine, *A System of Logistic* (1934), S. 16 f.

ところでトインビーのヒストリシズムについて言えば、強調しておきたいが、わたくしは、文明というものは生まれ、成長し、崩壊し、そして死ぬものだろうかと疑っている。こうした指摘が必要なのは、わたくし自身が、たとえば、社会の〈崩壊〉とか開かれた社会の〈沈滞〉について語るときに、トインビーの用いた表現のいくつかを用いているからである。だが、わたくしが用いているような〈崩壊〉という表現は、あらゆる種類の文明にかかわるのではなく、まったく特定の現象——魔術的あるいは部族主義的〈閉じた社会〉の解体と結びついた混乱の感情——を表わしている。したがって、わたくしはトインビーのように、ギリシア社会がペロポネソス戦争の時期に〈崩壊〉をこうむったとは思わない。わたくしは、トインビーが述べているような崩壊の兆候ははるか以前にあったと考える。(参照、第一〇章注(6)と(8)ならびに本文。)だがわたくしは、〈阻止された〉〈石のようになった〉〈停止状態に押しやられた〉社会などといった表現をもっぱら、外部勢力については力ずくで締め出し、開かれた社会からの影響は遠ざけようとする魔術的－部族主義的社会秩序を表わすために、もしくは、部族とか群れの檻に帰還しようとする社会秩序を表わすために用いている。

またわたくしは、われわれの西洋文明が単純に文明というくくりのなかの一要素と見なされるべきだとも思わない。多くの閉じた社会が存在するだろうし、その運命は非常に異なることだろう。しかし、われわれのものであるような〈開かれた社会〉は、私見によれば、進みつづけるか、抑圧され暴力によって檻のなかへ、すなわち野獣の段階へ引き戻されるかであろう。(参照、第一〇章、とりわけ、最後の注。)

(3)　最後にわたくしは、文化(あるいは、文明)の没落や腐敗について語る歴史叙述のほとんどすべては、ヘラクレイトスの注釈〈かれらは野獣のごとくその胃袋を満たす〉とか、低級な動物本能にかんするプラトンの理論の影響下にあったと注記しておきたい。したがって、わたくしの言わんとすることはつぎのようになる。こうした叙述のすべては、腐敗は支配階級が〈低劣な〉要求、すなわち、いわば労働者階級にこそふさわしい要求を掲げ始めたことによるのだとしている。べつなふうに、もっと雑に言ってみれば、こうした理論は、ペルシア帝国とかローマ帝国のような文明は食べすぎによって衰亡したといっているわけだ。（参照、第一〇章注(19)。）

第五章　自然と協定

（1）〈呪縛された生活圏〉ということばは、類似の問題を論じたジョン・バーネット（John Burnet, *Greek Philosophy* [1914/1981], S. 85）からである。だがわたくしは、「人間生活の規則性は、より早い時期には、自然の恒常的過程よりも明確に把握されていた」というバーネットの主張には同意しない。この主張は、わたくしの考えでは、よりあとの時期、つまり〈掟や慣習によって呪縛された生活圏〉が解体する時期を特徴づける区別が確立されたことを前提するであろう。それに、自然に周期があること（四季の変化など、参照、第二章注(6)やプラトンの『エピノミス』978d 以下）は、早くから把握されていたと仮定しなければならない。——自然の法〔法則〕と規範としての法〔法律〕との区別については、参照、とりわけ、本章注(18)(4)。

(2)《参照、Robert Eisler, *The Royal Art of Astrology* [1946]。アイスラーはつぎのように言っている。惑星運動の特殊性は、バビロニアの「アスルバニパル王の書庫を作った楔形文字の書き手」(*op.cit.,* S. 289)によって、「天と地を統べるところの」(*pirishtē shamē u irsiti*)、「そして創造神がはじめに語ったところの」(*ibid.,* S. 232 f.)「〈掟〉あるいは〈決定〉という絶対的命令」として解釈された、と。そしてかれは、〈自然の〉〈普遍法則〉という考えはこの「〈天と地の〔服すべき〕命令〉……という……神話的な概念……」に起源をもつと指摘した(*ibid.,* S. 289)。》

ヘラクレイトスからの箇所については、参照、『断片集』第一巻断片94および第二章注(7)(2)、またそこでの注(6)ならびに本文。J・バーネット(*op.cit.,* S. 86)はべつな解釈を与えている。かれは「人間が自然の規則的な成り行きを観察し始めたとき、……本来的には人間生活を指導する不変の慣習を意味する法とか正義よりもよい名称を見つけられなかった」と考えている。わたくしは、この概念が最初は社会的なものを意味し、のちになって拡張されたのではなく、むしろ、社会的な規則性も自然的な規則性(〈秩序〉)ももともとは区別されておらず、両者は魔術的な仕方で解釈されていたと考える。

(3)この対立はしばしば〈自然〉と〈法〉(あるいは〈規範〉とか〈協定〉)との対立として、さらには〈自然〉と(もちろん、規範的法の)〈定立〉とか〈措定〉とのあいだの対立として、最終的には〈自然〉と〈人工物〉とのあいだの、あるいは〈自然的〉と〈人工的〉とのあいだの対立として記述されている。

しばしばディオゲネス・ラエルティオス(Diogenes Laertius, [*Leben und Meinungen berühmter Philosophen*, 1921/1998, S. 136 および S. 80 f.], II, 16 と 4; Doxogr. 564b)の権威にもとづいて、自然と協定との対立はソクラテスの師であったというアルケラオスによって導入されたと言われている。だがわたくしは、プラトンが『法律』690b で、〈テーベの詩人ピンダロス〉をこの対立の発見者と考えていたことは十分あきらかであると思う(参照、本章注(10)と(28))。(プラトンによっても引用されているのだが、参照、ヘロドトス『歴史』(Herodot, *Historien*, III, 38)も)ピンダロスの断片およびヘロドトスの若干の注釈(*loc. cit.*)から目を転じるならば、もっとも初期の文献はソフィストのアンティポンの断片『真理について』(Antiphon, *Über die Wahrheit*)である(参照、本章注(11)と(12))。プラトンの『プロタゴラス』によれば、ソフィストのヒッピアスは類似の見解のために戦った先駆者であったと思われる(参照、本章注(13))。この問題についてももっとも影響力にとんだ取り扱いは、プロタゴラス自身に発するといってよいだろう。もっとも、かれなら、べつなことばを用いただろうが。(デモクリトスは対立するテーゼにかかわり、それを言語のような社会的〈制度〉に適用したこと、そしてプラトンがおなじようなことを『クラテユロス』で、たとえば384eで、おこなっていることに言及しておいてもよいだろう。)【対立するテーゼの歴史については、参照、さらに第二章注(9)も。】

(4) よく似た立場はバートランド・ラッセルの論文「自由人の信仰」(Bertrand Russell, A Free Man's Worship[1903](in *Mysticism and Logic* [1994, S. 9 ff. ドイツ語版〉Was der freie Mensch verehrt〈, in *Mystik und Logik*, 1952, S. 49 ff.])に見られるし、またチャールズ・シェリントンの『人間の本性』の最終章にも見られる(Charles Sherrington, *Man on his Nature* [1940/1975, S. 259 ff. ドイツ語訳 *Körper und Geist. Der Mensch über seine Natur*, 1964, S. 358 ff.])。

(5) (1) もちろん、実証主義者たちは、規範は無意味なのであるから、規範が事実言明から導出されることはないと答えることであろう。だがこれは、かれらが(ルートヴィヒ・ウィトゲンシュタインの『論理哲学論考』(Ludwig Wittgenstein, *Tractatus Logico-Philosophicus* [1921/2001])に依拠して)〈意味〉というものを事実言明のみが〈有意味〉と呼ばれうるというように恣意的に定義していることを示しているにすぎない。(これについては、参照、拙著『探求の論理』〔邦訳、『科学的発見の論理』〕第四節S. 8, および第一〇節S. 23.)他方で、〈心理学主義〉の追随者は、命令を感情の表現として、規範を行動様式として、そして倫理上の尺度をたんなる考察様式として説明しようとするだろう。だが、盗まないという習慣はたしかにひとつの事実ではあるが、本文中で説明しておいたように、そのこととそこに帰属する規範とを区別することが肝要である。――規範論理学の問題にかんしては、わたくしはカール・メンガーがその著『道徳、意志、世界形成』(Karl Menger, *Moral, Wille und Weltgestaltung* [1934/1997])で表明したほとんどの見解に同意する。思うに、かれは規範論理学の基礎を展開した最初の一人である。ここでてみじかに、われわれの時代における〈進歩的〉陣営の知的弱さ(および他の弱さ)の主要根源のひとつは、規範の重要性および事実への還元不可能性を承認しない点にあるという私見を述べておいてもよいだろう。

(2)　規範とか決定を表現する文を事実言明から導出することはできないという主張については以下の補足的注釈をくわえておいてもよいだろう。言明と事実との関係を分析するとき、われわれはA・タルスキが意味論と呼んだ研究領域で動いている。(参照、第三章注(29)および第八章注(23)。)意味論における最重要の概念は真理の概念である。タルスキが示したように、たとえば〈ナポレオンはセント・ヘレナ島で死んだ〉といった記述言明を(いわゆる〈意味論的体系〉の内部で――これはカルナップ由来の表現であるが)導出することは可能である。そのときには〈A氏は、ナポレオンはセント・ヘレナ島で死んだと言っている〉という言明と、A氏の言明は真であると語る第二の言明との連言が用いられるわけであるが。(〈事実〉という概念を広い意味で、つまり、言明によって記述された事実ばかりでなく、この文は真であるという事実について語ることも可能であるというように用いるならば、〈ナポレオンはセント・ヘレナ島で死んだ〉という言明は、A氏がこの言明をなしたということと、かれは真実を語ったという二つの〈事実〉からみちびかれるであろう。）さて、規範の領域においても正確に類似の仕方で進んではならないとする理由はない。とすれば——真理の概念と類比的に——規範の妥当性とかただしさ（正当性）という概念を導入できよう。つまり、一定の規範Nが、（ある種の規範の意味論において）Nは妥当であるとかただしい（正当である）と主張する言明から導出されることになるであろう。ことばを換えれば、〈君は盗むべきではない〉という規範とか命令は〈〈君は盗むべきではない〉という規範は妥当である〉という文と等値であることになろう。そしてふたたび〈事実〉という概念を広い意味で、つまり、規範が妥当である、あるいはただしいという事実について語ることができるというように用いるならば、規範を事実から導出することさえ可能になるだろう。だが、そうだからと言って本文で語っておいた考察の適切性がそこなわれるわけではない。なぜなら、その考察はただ、規範を心理学的あるいは社会学的もしくは類似の非意味論的事実から導出することの不可能性にかかわるものであるからである。

(3)　《わたくしはこうした問題をはじめて論じたとき、規範とか決定について語ったのだが、提案については語らなかった。規範とか決定といった表現よりも、「提案」(proposal)という言い方を用いようという示唆は、L・J・ラッセルによるものである。L. J. Russell, 〉*Propositions and Proposals*〈 in *Proceedings of the Tenth International Congress of*

Philosophy (Amsterdam, 11.-18. August 1948), Bd. I [Teil 2, Amsterdam 1949, S. 618-620]. この重要な論文においては、事実の確定、言い換えると〈言明〉は、特定の行動様式〔特定の政策、一定の規範、一定の目標とか目的〕を受容するようにという〈提案〉と呼ばれているものからは区別されている。こうしたことば遣いをする大きなメリットはつぎの点にある。よく知られているように、決定とか規範は討論できるのか、できるとすればいかなる意味においてかといった点はそれほど明瞭ではないのに対し、提案は討論することができるということだ。〈規範〉とか〈決定〉という言い方をすると、それらはどんな討論もおよばないところにある(教条的な神学者とか形而上学者が言うように討論の上方にか、実定主義者たちの見解のように――無意味として――討論に達しない下方にか、位置している)という考えをおそらく支えてしまうだろう。》

L・J・ラッセルの用語法のもとでは、言明は語られる(**stated**)とか主張され(**asserted**)うる(仮説は受容されるか受け入れられる)のに対し、提案は提出され受容される(**adopted**)。そして、それが受容されたという事実は、受容された提案からは区別される。〔事実と規範とを峻別するという〕二元論的テーゼは、したがって、提案は事実とかかわるとしても、事実に(あるいは、言明、つまり事実の確定に)還元されはしないというテーゼになろう。

(6) 参照、第一〇章注(71)も。本文中で私見は十分明瞭に表現されたと思うが、人道主義的倫理、つまり人間の平等を承認する倫理のもっとも重要な原則と思われるものをここでは定式化しておきたい。

(1) 非寛容ではないし、また非寛容を広めようとするのでもない人びとすべてに対する寛容(この例外については、参照、第七章注(4)と(6))。この原則からは、とりわけ、他者の道徳上の決定は、それ自身が寛容の原則と矛盾しないかぎり、尊重されるべきであるということが帰結する。

(2) 道徳的に急迫した状況は苦患と苦痛が急迫しているところに根源があるという事実の承認。こうした論拠からわたくしは、「なしうるかぎり、幸福を増大せよ」〈幸福の最大化〉という功利主義的定式を〈なしうるかぎり、苦患を少なくせよ〉〈苦患の最小化〉という定式によっておき換えることを提案したい。わたくしは、こうした単純な定式を、公共政策の根本原則のひとつ(あきらかに唯一のものではないが)にすることは可能だと考える。(それに反して〈なしうるかぎり、幸福を増大せよ〉という原則は、非常に危険な種類の善意の独裁者をみちびくように思われる。) 道徳的観点からすれば苦患と幸福は対称的なものとして扱われてはならない、という点が理解されるべきなのだ。つまり、幸福の要求はいずれにしても苦患に喘いでいる人の救助、つまり苦患を取り除こうとするこころみよりも急迫することはないということだ。(この後者の課題は、〈趣味の問題〉とはほとんどかかわりをもたないが、前者では大いにかかわっている。) 参照、第九章注(2)も。

(3) これは、独裁者に対する戦いである。換言すれば、他の原則を、権力の座にある人物のお慈悲によってではなく、立法という制度的手段によってたしかなものにしようとするこころみである。(第七章第二節を参照せよ。)

(7) (注(1)でも触れた)ジョン・バーネット『ギリシア哲学』(John Burnet, *Greek Philosophy*. S. 94.)——このパラグラフで指摘したプロタゴラスの説は、プラトンの『プロタゴラス』322a 以下に見出される。参照、『テアイテトス』とりわけ 172b(本章注(27)も見よ)。プラトン主義とプロタゴラス主義の相違点はおそらくつぎのように簡潔に述べることができよう。

プラトン主義。世界には内在的な〈自然な〉正義と秩序、つまり、自然を作り出した根源的もしくは最初の秩序がある。したがって、過ぎ去ったものは善であり、新しい規範をみちびくどんな発展も悪である。

プロタゴラス主義。人間はこの世界における道徳存在者である。自然は道徳的でもなければ非道徳的でもない。したがって、人間は事物を改善できる。——プロタゴラスが、開かれた社会への志向を表明した最初の者たちの一人であり、ヘシオドスの歴史にかんする悲観論を批判したクセノファネスから影響を受けたことも考えられないわけではない。「神々は死すべきものに初めからすべてをあきらかにしたわけではなく、時の流れのなかでかれらは探求しつつよりよいものを見出す」(著者による翻訳。参照、『断片集』第一巻断片18.)プラトンの甥で後継者のスペウシッポスはこの進歩的な見解に立ち返ったように見えるし(アリストテレス『形而上学』1072b 30および第二巻第一一章注(11))、彼とともにアカデメイアは政治の領域においてもリベラルな態度をとったように思われる。

さて、宗教の教義に対するプロタゴラスの教えの関係についていえば、かれは、神は人間をつうじて作用するという考えをもっていたと指摘しておいてもよいだろう。したがって、たとえば、カール・バルトの「聖書は人間の記録でもある」(すなわち、人間は神の道具である)という定式(Karl Barth, *Credo.* [*Die Hauptprobleme der Dogmatik dargestellt im Anschluß an das Apostolische Glaubensbekenntnis*], 1936, S. 161[『われ信ず』])が参照されてよい。

(8) ソクラテスは倫理の自律性を擁護した(これは自然の問題は重要ではないというかれの主張とごく近いところにある)。これはとりわけ、〈徳のある〉個人の自己充足性あるいは自足の説のうちに表現されている。この理論はプラトンの見解とは鋭く対立する。この点はのちに見るつもりである。(参照、とりわけ、本章注(25)および第六章注(36)と本文。参照、第一〇章注(56)も。)

(9) たとえば、どのような人員配置がなされるかという問題にかかわりなく機能する制度を構築することは不可能である。この問題については、参照、第七章(注(7)～(8)(22)～(23)の本文)またとくに第九章。

(10) プラトンはピンダロスの自然主義を論じているが、これについては『ゴルギアス』484b, 488b, 『法律』690b(これについては、本章のずっと後半で引用する。参照、注(28)も), 714e/715a. 参照、890 a/b も。(J・アダムの『国家』359c 20 への注(J. Adam, *The Republic of Plato*, Bd. I, S. 70)も見よ。)

(11) アンティポンは、わたくしがパルメニデスやプラトンとの関連ですでに〈人を欺く思いこみ〉と訳した表現を用いている(参照、第三章注(15))。そしてかれはおなじようにこれを〈真理〉に対置している。(参照、E・バーカーの翻訳(E. Barker, *Greek Political Theory. Plato and His Predecessors*, 1918/1979, S. 95)も。)

(12) Antiphon, *Über die Wahrheit* [in *Discours suivis des fragments d'Antiphon le Sophiste*, hrsg. von Louis Gernet, 1923, S. 176 ff.]を見よ。参照、E. Barker, *op.cit.*, S. 95-98. また次注の(2)も見よ。

(13) ヒッピアスはプラトンがその著『プロタゴラス』337eで引用している。つぎの四つの引用については以下。(1)エウリピデス『イオン』、第854-856行、(2)同著者の『フェニキアの女たち』(*Phoenissai*[ドイツ語訳 *Die Phoinikerinnen*]、第538行[参照、エウリピデス『悲劇集』(Euripides, *Tragödien*, IV. Teil, 1977, S. 415 および V. Teil, 1979, S. 135)]。またテオドール・ゴンペルツ『ギリシアの思想家たち』(Theodor Gomperz, *Griechische Denker*, Bd. I [1896/1996], S. 335 f.)ならびに(注(11)で触れた)E. Barker, S. 86 も。参照、

『国家』568a-dでのプラトンの鋭利なエウリピデス批判も。さらに(3)『アリストテレス修辞学注解』(*Schol. to Arist. Rhet.*, I, 13, 1373b 18.)におけるアルキダマス。〔参照、Aristoteles, *Rhetorik*, 1999, S. 63.〕(4)ヴァレンティン・ローズ(Valentin Rose)の編集したアリストテレス『断片』〔1863/1971〕, S. 91 におけるリュコフロン。参照、偽プルタルコス『貴族について』(Pseudo-Plutarch, *De nobilitate* 18. 2)も。〔こんにちの研究水準からすると、このテキストは誤ってプルタルコスに帰せられたものである。論考は、*peri eugeneias* という書名のプルタルコスの著作に帰属するのかもしれない。若干の指摘がシュトバイオス(Stobaios)にもある。参照、*Paulys Real-Encyclopädie der classischen Altertumswissenschaft*, 21, 1, 1951, S. 812 f. *De nobilitate* のテキストは G. N. Bernardakis (Hg.), *Plutarchi Chaeronensis Moralia*, Bd. VII, 1896, S. 194–281 で公刊されている。この指摘をわたくしはゲルハルト・H・ヴァルトヘル(Gerhard H. Waldherr)に負うている。〕アテネにおける奴隷制反対運動へのさらなる注釈については第四章注(18)の本文ならびにさらに言及した注(29)を見よ。参照、第一〇章注(18)。〔参照、本書の付録Ⅲ「ある批判者への返答」〔第二分冊に収録〕〕

(1) ほとんどのプラトン主義者が人間の平等を目指すこの運動に共感を示していないことは注記しておくにあたいするだろう。E・バーカーはこの運動を「一般的な偶像破壊」という見出しで論じている。参照、*op.cit.*, S. 86.(第六章注(3)の本文で触れておいたG.

C. Field, *Plato* からの引用文も見よ。) このような共感の欠如は疑いもなくプラトン主義の影響に帰せられるであろう。

(2) プラトンとアリストテレスは、人間の平等説を敵視していたという主張にかんしては、参照、とりわけ、第八章注(49)と本文ならびに(第二巻)第一一章注(3)(4)。二人の哲学者のこうした態度と破壊的な作用については、W・W・ターンがそのきわめて興味深い論文〈アレクサンダー大王と人類の統一〉(*Proceedings of the British Academy*, Bd. XIX, 1933, S. 123 ff. 所収)において明瞭に述べている。ターンは紀元前五世紀に「ギリシア人と野蛮人へのいい加減な分割よりも、よりよいものを」目指す運動があったかもしれないことを承認しているが、「だがしかし」と言ってこうつづけている。「この運動は歴史に対してなんの意味ももたなかった。なぜなら、これらすべてはイデアにかかわる哲学者によって芽のうちに摘み取られたからである。プラトンとアリストテレスは、その見解を一点のくもりもなく述べていた。プラトンは、あらゆる野蛮人は本性からして敵であり、かれらに対しては戦争をおこない、奴隷化するのが適切であると語っているし、……アリストテレスは、あらゆる野蛮人は本性からして奴隷であると主張している。」(S. 124. 強調はわたくしによる。) わたくしは、イデアにかかわる哲学者、すなわち、プラトンとアリストテレスの腐敗的にして反人道主義的な影響についてのターンの判断に完全に同意する。わたくしはまた、ターンが平等主義の理念や人類の統一という理念の重大な意義を強調していることにも同意する(参照、*op.cit.*, S. 147)。ただ紀元前五世紀の、また初期キニク派の平等主義運動の評価にかんしてのみ、わたくしはかれに完全にしたがうことはできない。かれは、こうした運動の歴史への影響はアレクサンダー大王のそれにくらべたら小さかったと主張する点ではただしいのかもしれない。しかしわたくしは、かれがコスモポリタンの考えと奴隷制反対運動との平行関係を最後まで追求していたならば、この運動をもっと高く評価していたのではないかと考える。ギリシア人－野蛮人という関係と、自由人－奴隷という関係との平行関係はここで引用した箇所においてターンによって十分明確に示されている。また、奴隷制反対運動の疑いようのない強さを思うならば(とくに第四章注(18)を見よ)、あちこちに散らばっている、ギリシア人と野蛮人の差別に反対する注記(たとえば、デモクリトス)は大きな意味をもつことになろう。アリストテレス『政治学』第三巻第五章7(1278a)、第四(六)巻第四章16(1319b)および第三巻第二章2(1275b)。また第八章注(48)ならびにそこの最終パラグラフでのE・バディアン(E. Badian)への言及も見よ。

(14)〈野獣への還帰〉というテーマについては、参照、第一〇章注(70)と本文。

(15)魂にかんするソクラテスの説への詳しい言及は第一〇章注(44)の本文。

(16)社会的平等という意味で用いられた〈自然権〉という表現は、ストア派をつうじてローマに至り(ここではアンティステネスの影響が考慮されるべきである。参照、第八章注

（48））、ローマ法によって普及した（参照、『ローマ法典』II, 1, 2; I, 2, 2［ドイツ語訳 *Institutionen*, 1997］）。この表現はトマス・アクィナスによっても用いられている（『神学大全』（*Summa theologica* II, 91, 2［ドイツ語訳 *Das Gesetz*, 1977, S. 19 f.］））。現代のトマス主義者たちが、〈自然権〉の代わりに〈自然の法〉としての〈自然法（lex naturalis）〉という混乱を招くような表現を用いていることは、かれらが平等主義の理念に重きをほとんどおかないのと同様、嘆かわしいことである。

（17）一元論的傾向は当初、規範を自然法として解釈するこころみをみちびいたが、最近では、自然法を協定として解釈するという反対の方向に進んでいる。この協定〔規約〕主義という物理学的なタイプは、定義の言語的なあるいは協定的な性格の認識にもとづいてアンリ・ポワンカレによって基礎づけられた。ポワンカレやつづくエディントンは、自然の対象は、それが服するところの法則によって定義されると指摘した。そこから、そうした法則、自然法則は定義、すなわち言語的協定であるという推論が引き出された。アーサー・S・エディントンは〈Arthur S. Eddington, 〉Letter to the Editors〈 in *Nature*, Bd. 148, Nr. 3744 (London 1941), S. 141〉、つぎのように述べている。（物理学的理論の）「諸要素は……ただそれが服するところの法則によってのみ定義される、したがって、結局のところ、われわれは純粋に形式的な体系においては自分自身の尻尾を噛むことになる。」——こうした形態の協定主義についての分析と批判は、拙著『探求の論理』〔邦訳、『科学的発見の論理』〕第一〇版、一九九四年、とりわけ S. 47 ff. で述べておいた。

(18)(1) わたくしの見るところ、責任を果たすにさいしてわれわれを助けてくれる論証とか理論を発見しようとする望みが、いわゆる〈科学的〉倫理学の根本動機のひとつである。〈科学的〉倫理学は、その絶対的不毛性という点で、もっとも驚くべき社会現象のひとつでのであろうか。それはなにを目指しているのか。それは、われわれがなすべきことを語ろうというのであろうか。つまり、それは、われわれが困難な道徳的決定を前にしたとき目次をめくりさえすればいいというように、科学的基礎にもとづく規範の処方箋を作ろうというのだろうか。これはじつにバカげたこころみであろう――それがうまくいくなら個人の責任と、またしたがって倫理そのものが破壊されざるをえないだろうという点はわきにおいても。あるいは、道徳的裁きの、つまり、〈よい〉や〈悪い〉といった表現を含む判断の適否〔英語版では真偽〕にとっての科学的規準となるようなものを与えようとするのだろうか。だが道徳的裁きをくだすことがまったく的外れであることは自明である! 人間やその行為を裁くことに関心をもつのはスキャンダル大好き人間だけである。「裁くなかれ!」〔マタイオスによる福音第七章〕は、われわれのうちのある者にとっては、人道主義的倫理の根本的ではあるが、尊重されることがきわめて少ない戒律であると思われる。犯罪者が犯罪をくりかえすことを阻止するために、犯罪者から武器を取り上げ投獄しなければならないこともありうるだろう。だが、余分な道徳的裁きをくだすことや、とりわけ義憤にかられることは、いつにせよ偽善やパリサイ主義のしるしである。したがって道徳的裁きの倫理は的外れであるばかりでなく、非道徳的でさえある。道徳的問題がもつ圧倒的な意義は、言うまでもなく、われわれは思慮分別のある予見をもって行動できるし、自分自身に目的がどうあるべきか、つまりいかに行動すべきかを問いうるという事実にもとづくのである。

どのように行動すべきかという問題にかかわったほとんどすべての道徳哲学者は(カントは例外であろうが)、この問題に対して、〈人間本性〉を引き合いに出すか(カントでさえ、人間理性にかかわったときに、この道をとったのだが)、あるいは、〈善〉の本性の参照をもって答えとした。第一の道はどこにも通じない。なぜなら、われわれにとって可能な行為というものはなんであれ〈人間本性〉にもとづくからである。そうなると、倫理の問題はつぎのように定式化されることになろう。人間本性のうちのどのような要素にわたくしはしたがうべきであり、どのような要素を抑圧し統制すべきか。だが、第二の道もまた解決に至るわけではない。なぜなら、〈善〉の分析が、あれこれの文、たとえば、「善とはかくかくである」(あるいは、「かくかくのものが善である」)によって述べられると仮定するならば、いつでも、それでなんだというのか、なぜわたくしはそれをおこなうべきなのか、という問いが立てられざるをえないからである。〈よい〉という語が倫理的意味で用いられているときにのみ、つまり、〈わたくしがなすべきことである〉とおなじ意味で用いられているときにのみ、わたくしは〈xはよい〉という情報から、わたくしはxをなすべきであるという結論を引き出すことができる。換言すれば、〈よい〉という語がそうじて倫理的意味をもつべきだとしたら、それは〈わたくしがなすべきこと〉として定義されねばならない。だが、そう定義されるのであれば、その意味は定義をする側の表現によってすでに汲み尽くされているのであり、どんな文脈においてもこの表現によって代替されうるであろうから、もはや内容的にわれわれの問題に貢献することはなくなるであろう。(参照、第二巻第一一章注(49)(3)。)

したがって、善の定義をめぐっての、あるいは、それを定義する可能性についての議論はすべてまったくもって役に立たない。そこに示されているのは、〈科学的〉倫理学が道徳生活の急迫した問題とかかわることがいかに少ないかということでしかない。それによって〈科学的〉倫理学は、一種の逃避、つまり、道徳生活の実態をまえにしての、われわれの道徳的責任をまえにしての、逃亡であることを示しているのだ。このように考えてみると、倫理版自然主義のかたちをとった〈科学的〉倫理学のはじまりが、個人責任の発見と言えるものと時間的に符節を合わせているのも驚くにはあたらない。(参照、第一〇章注(27)〜(28)と(55)〜(57)の本文で開かれた社会と偉大な世代について述べたことも。)

(2)　ここでは、責任逃れについて論じているが、それらはとりわけヘーゲル学派の法実定主義とかそれとごく親縁な精神版自然主義という形態であらわれていることを指摘しておくことが適切であろう。この問題は依然として重要である。この点は、カトリンのような卓越した資質をもつ著述家が(他のいくつかの点においてと同様)この重要な点においてヘーゲルに依存している状況からも見て取れる。だからわたくしの分析は、カトリンが、精神版自然主義に味方し、そして自然法則と規範的法との区別に反対したときの議論を批判するというかたちをとることになろう。(参照、G. E. G. Catlin, *A Study of the Principles of Politics*, 1930/1967, S. 96–99.)

カトリンは、自然法則と「人間の立法者が作る……法」とを明確に区別することから始める。そして一見のかぎりでは、〈自然法則〉という表現を規範に用いるのは「あきらかに非科学的であるように見える。というのも、そうした用い方は、一方において貫徹のための手段を必要とする人間の作った法と、他方における逆らえない物理的な法とを区別しそこなっているからである」[96 f.]。だがそれからかれは、それはそう見えるにすぎず、〈自然法則〉という語のこのような用い方に対する〈上記の批判〉は〈あまりにも性急〉であることを示そうとする。つづけて精神版自然主義の明確な叙述、すなわち、〈自然に対応する〉〈理性的な法〉と他の種類の法との区別がなされる。「したがって理性的な法は人間の自然な諸傾向の定式化を包括しているか、あるいは簡単に言って、政治学によって〈発見〉されるべき〈自然の〉法の模写である。理性的な法はこの意味で、力を込めて強調しておかねばならないが、発見されるのであって、作られるのではない。それは、自然な社会的法のコピーである」[97 f.]。(すなわち、わたくしが〈社会学的法則〉と呼んでおいた法則のコピーである。参照、本章注(8)の本文。）カトリンは、法体系がますます合理的になるならば、その規則は「恣意的命令という性格を失い、初源的な社会的法(つまり、わたくしが〈社会学的法則〉と呼んでおいたもの)から引き出せるたんなる演繹となろう」と強調して締めくくっている。

(3)　ここにあるのは、精神版自然主義についての非常に強力な定式化である。カトリンが与えたこうした定式を批判しておくことは重要である。というのも、かれは自説を〈社会技術〉の理論に結びつけているのだが、それは一見すると、本書で述べた理論と類似しているように見えるだけに、いっそうそうなのである。(参照、第三章注(1)〜(3)の本文ならびに第九章注(8)〜(11)の本文。)この点を論じるまえに、なぜわたくしがカトリンの議論はヘーゲルの実定主義に依存していると考えるのかを説明しておきたい。こうした説明が必要なのは、カトリンが、〈理性的な法〉を他の種類の法から区別するために、換言すれば、みずからの自然主義を用いて、〈ただしい法〉と〈不正な法〉とを区別しているからである。そしてこの区別は、つまり、正義の唯一妥当な尺度として現行の法を承認するという実定主義とはたしかになんのかかわりもないはずである。ところが、カトリンの見解は実定主義ときわめて近いところにあると思う。その論拠としては、かれはただ〈理性的な〉法のみを現実的なものと見なしており、そうしたばあいにおいてのみ正確にヘーゲル的な意味において、〈実在する〉と見なしているのだと言っておくことができよう。なぜなら、われわれの法が〈理性的〉でないかぎり、すなわち、それが人間本性の法と一致していないかぎり、「われわれの法令は一片の紙切れにすぎない」と述べられているからである。この主張は純粋きわまりない実定主義である。つまり、この主張は、ある一定の法令が〈一片の紙切れ〉ではなく、むしろ実効力あるものとして実施されているという事実からその〈理性的な〉性格を引き出すことを許すからである。ことばを換えよう。たんなる紙切れに立脚しているのではないいっさいの立法、いっさいの暴政は、人間本性を写し出しており、それゆえにただしいということなのだ。

(4) つぎにわたくしは、(a) 破壊されることのありえない自然法則と、(b) 人間によって作られ制裁手段をつうじて貫徹される規範的法との区別にかんしてカトリンがおこなった反論をてみじかに批判しておこう。この区別は、カトリンが最初にみずから明確に認識した区別である。カトリンの論証は二つの部分からなっている。かれが示すのは、(a′) 自然法則はある意味で人間によって作られたのであり、またある意味では破壊されうるということ、そして (b′) 規範としての法はある意味では破壊されえないということである。(a′) から始めよう。カトリンはこう書いている。「物理学者たちの自然法則は粗雑な事実ではない。それは、物理的世界に住む人間によって課せられたのであれ、あるいは、世界は本性上合理的で秩序だっているという理由で正当化されたのであれ、物理的世界の合理化である」[S. 97]。かれはさらにつぎの点を示そうとする。自然の法は、〈新しい事実〉によってその作り直しが強制されるときには、〈無効とされうる〉。こうした議論に対するわたくしの答えはこうである。自然法則を定式化する言明は、たしかに人間によってつくられたものである。われわれは不変の規則性があるという仮説を作る。すなわち、われわれは推測された規則性を言明、つまり自然法則の助けを借りて記述する。とはいえ、われわれは科学者として、自然から自分たちの誤りを学ぶ用意をもっている。仮説に矛盾する新しい事実が、われわれの推測した法則はまさに破られたのだからまったくもって法則ではなかったと示すときには、われわれは法則を作り直す用意をもっている。ことばを換えてみよう。科学者は、自然によって無効化されたことを知り、仮説を受け入れていたのはまだ反証されていないかぎりにおいてであったことを知る。ここからあきらかになってくるのは、科学者が真正の法則とは破られることのありえない尺度(Regel)と見なしているということである。というのも、科学者はみずからの尺度が破られたのは、それが自然法則を述べていないことの証明であると見なすからである。さらに言えば、仮説は人間が作ったとはいえ、われわれは、それが反証されることを阻止しえないということだ。ここに示されているのは、仮説を設定することは同時にそれが記述しようとしている規則性を作り出すことにはならないということである(一連の新しい問題を作りだしたとか、われわれを新しい観察と解釈に駆り立てるといったことはありうるが)。(b′)カトリンはつぎのように言う。「犯罪者は禁じられた行為をすることで、法を〈破る〉と言うのは真ではない……法は、〈君はなしえない〉と言っているのではない。それが言っているのは、〈すべきでない〉、さもなければ〈かくかくの罰が君に加えられよう〉ということだ。」つづけてカトリンはこうも言う。「命令としては、それは破られうるが、法としては、それは真実の意味では刑罰が科せられないときにのみ破られるのである。……法律が十全なものとなり制裁が遂行されるかぎりで、……それは物理的な法に近づく」[S. 97 f.]。これには簡単に答えられる。法が〈破られる〉ということがいかなる意味で語られようが――法律という意味での法は破りうる。どのように言いつくろってもこの点を変えることはできない。カトリンとともに、犯罪者は法を〈破る〉ことができない、つまり、犯罪者が科せられた刑罰を受けないときにのみ法は〈破られる〉と仮定してみよう。そうした状況下でも法を破ることはおこりうる。たとえば、国家の役人が犯罪者の処罰を拒否したときがそうである。また、事実上すべての制裁が遂行されている国家においてさえも、役人はべつなふうに決定し、そうした処罰を阻止し、カトリンの意味で〈破る〉ことができるだろう。(その際、役人たちは法を通常の意味においても〈破る〉だろう、すなわち、かれらはそうした犯罪を咎められるだろうし、最終的にはおそらく罰せられるであろう。だが、これはまったくべつの問題である。)ことばを換えてみよう。規範としての法はいつでも人間とかれらによる制裁によって遂行されており、したがって仮説とは根本的に異なる。法によってわれわれは、殺人または友好的行為を、真理または虚偽を、正義または不正を抑えこもうとすることはできる。だが、太陽にその軌道の変更を強いることはできない。どれほど長く論じようとも、この裂け目に架橋することはできない。

(19)「幸福と悲惨の本性」は『テアイテトス』で言及されている(175c)。〈本性〉と〈形相〉あるいは〈イデア〉との緊密な関係については、参照、とりわけ、『国家』597 a-d. そこでプラトンはまずベッドの形相とかイデアを論じ、ついで「本性上存在し神によってつくられたベッド」に触れている(597b)。おなじ箇所でかれは、それに対応したかたちで、〈模倣されたもの〉である〈人為の〉あるいは〈制作された〉事物と、〈真理〉とを区別している。(バーネットからの引用のあるJ・アダム(J. Adam, *The Republic of Plato*, Bd. II, S. 390)の『国家』597b 10への注記、ならびに『国家』476b 13, 501b 9, 525c 15への注、さらには『テアイテトス』174bおよびF・M・コーンフォード(F. M. Cornford, *Plato's Theory of Knowledge* [1935/2000])S. 85での注1. 参照、アリストテレス『形而上学』1015a 14も。)

(20) 芸術に対するプラトンの攻撃については、参照、『国家』の最終巻ととくに第四章注(39)で言及した『国家』600a-605bからの箇所。

(21) 参照、本章の注(11)、(12)および(13)と本文。プラトンは(アンティポンの平等原則は承認しないが)かれの自然主義的理論に部分的には同意しているというわたくしの主張は、多くの人、とりわけバーカーの本の読者には奇妙に思われることだろう。さらにかれらは、プラトンとアンティポンは理論的問題においてよりも道徳的実践の問題において大きく相違していたと、そして平等主義の原則という実践的問題においてはプラトンではなくアンティポンがただしかったというわたくしの主張を聞くならば、さらに驚くであろう。(プラトンは、自然は真でただしいというアンティポンの原則に同意している。この点は本章の注(23)、(28)ならびに本文で述べておいた。)

(22) これらの箇所は、『ソフィスト』266b および 265e からである。それらはまた、自然主義の唯物論版解釈と呼べるし、おそらくはアンティポンの主張した理論への、『国家』におけるのと類似(参照、本章の注(23)と(30)の本文)の批判も含んでいる(265c)。わたくしの念頭にあるのは、「自然は……知性なしで生成する……」という説である。

(23) 『法律』892a と c. 魂とイデアは類似しているという説にかんしては、第三章注(15)(8)も見よ。〈本性〉と〈魂〉の類似性については、アリストテレス『形而上学』1015a 14 を見よ。またこの箇所を『法律』からの引用箇所と、また 896d/e すなわち「魂は、みずから動くすべてのものに住んでいる……」と比較せよ。

参照、さらに、〈本性〉と〈魂〉という語があきらかに同義として用いられている以下の箇所。『国家』485a/b, 485e/486a と d, 486b(〈本性〉)と 486b と d(〈魂〉), 490e/491a(両者)、491b(両者)また他の多くの箇所。(また J. Adam, *The Republic of Plato*, Bd. I, S. 95 での 370a 7 への注記。)類似性は 490b (10)で直接主張されている。参照、〈本性〉と〈魂〉そして〈人種〉との類似性にかんしては501e. そこでは、類似の箇所に見られる〈哲学的本性〉あるいは〈魂〉という言い方が〈哲学者という人種〉によっておき換えられている。〈魂〉もしくは〈本性〉と社会的階級もしくはカーストとのあいだにも類似性が存在する。たとえば、『国家』435bを見よ。人種とカーストとの結びつきは根本的である。なぜなら、カーストははじめから(415a)人種と同一視されているからである。

〈本性〉は、『法律』648d, 650b, 655e, 710b, 766a, 875cでは、〈才能〉とか〈魂の条件〉という意味で用いられている。人為(Kunst)に対する本性(Natur)の第一次性あるいは優越性は『法律』889a ff. で主張されている。〈ただしい〉とか〈真なる〉という意味での〈本性上の(自然な)〉については、『法律』686bと818eを見よ。

(24) 参照、第四章への注(32)(1)、(a)と(c)で触れた箇所。

(25) 自足にかんするソクラテスの教えは『国家』387d/eで言及されている。(参照、『ソクラテスの弁明』41c ff. およびJ・アダムの『国家』387d 25への注[また注23, S. 133 f. でも触れられている]。)これは、ソクラテスの説を思い出させる数少ない散在的箇所のひとつにすぎない。だが、それは、本文で述べた『国家』における主要な説とは直接的に矛盾する(第六章注(36)および本文も見よ)。この点は、引用された箇所を369c ff. および多くの類似の箇所と比較すればわかることである。

(26) 参照、たとえば、第四章注(29)の本文で引用した箇所。〈まれで尋常ならざる本性〉については、参照、『国家』491a/bと他の多くの箇所、たとえば、『ティマイオス』51eすなわち「神は知性をごく少数の人間と共有するのみである」。〈社会的居場所〉については491d(参照、第二巻第二三章も)。

プラトンとアリストテレスは(参照、第二巻第一一章注(4)と本文)手仕事を卑しむべきものとしたが、ソクラテスはまったく異なった態度をとっていたように見える。(クセノポン『ソクラテスの思い出』第二巻第七章7–10[ドイツ語訳 *Erinnerungen an Sokrates*, 1987, S. 143–145]。)クセノポンの叙述は、手仕事に対するアンティステネスとディオゲネスの態度によってもある程度まで確認される。参照、第一〇章注(56)も。)

(27) 参照、とりわけ、『ティマイオス』172b. F・M・コーンフォードがその著(F. M. Cornford, *Plato's Theory of Knowledge*[S. 82 注19と同様])でこの箇所に付した注記も。本章の注(7)も見よ。プラトンの同時代者は、プロタゴラスの著作を所有していたわけで、国家はこれに類似していると主張していた者もいる。この点は、おそらく、プラトンの説に協定主義的要素が含まれていることによって説明されるだろう。(これについては、参照、ディオゲネス・ラエルティオス[S. 166の注3も], III, 1, 37.) リュコフロンの契約説については、参照、第六章注(43)〜(54)とりわけ注(46)ならびにそこに属する本文箇所。

(28) 参照、『法律』690b/c. 本章注(10)。プラトンは『ゴルギアス』484b, 488b,『法律』714c, 890aでもピンダロスの自然主義に言及している。一方の側における〈外部からの強制〉と他方の側における(a)〈自由な行為〉および(b)〈本性〔自然〕〉との対立については、参照、『国家』603c および『ティマイオス』64d も。(参照、本章注(30)で引用された『国家』466c-d も。)

(29) 『国家』369b-c. これは契約説の一部である。つぎの箇所は完全国家における自然主義的原理の最初の出現箇所であり、370a/b-c からである。(自然主義は『国家』では 358e ff. でグラウコンによってはじめて言及される。だが、それはもちろんプラトン自身の自然主義的教義ではない。)

(1) 分業を支える自然主義的原理のさらなる展開と、この原理がプラトンの正義論において果たす役割については、参照、とりわけ、第六章注(6)、(23)と(40)の本文。

(2) 近代における自然主義的原理の徹底した形態はマルクスに見られる。すなわち、「各人はその能力に応じて、各人にはその必要に応じて」(Vladimir I. Lenin, *Staat und Revolution*〔邦訳『国家と革命』〕, 1918/1970, S. 100 において引用されている。) 参照、第一三章注(8)、また第一三章注(3)および第二四章注(48)と本文(すべて第二巻)も。

こうした〈共産主義の原理〉の歴史的根源については、参照、プラトンの格率「友人は、その所有物のすべてを共有する。」参照、第六章注(36)およびそこに属する本文箇所。プラトンの共産主義については、参照、第六章注(34)、第四章注(30)およびそこに属する本文箇所。この箇所を『使徒の宣教』の「信じる者たちはすべて、仲間となりすべてを共有した。かれらはすべてを売却し、誰にでも必要とするいっさいを与えた」(2, 44-45)と比較せよ。「またかれらのあいだでは、欠乏する者はいなかった。……誰にでも必要とするだけのものが分け与えられた」(4, 34-35)も。

(30) 参照、注(23)と本文。このパラグラフでの引用はすべて『法律』(1) 889a-d(参照、『テアイテトス』172bでの非常によく似た箇所)、(2) 896c-e、(3) 890e/891aからである。

つぎのパラグラフ(つまり、プラトンの自然主義は実践的な問題を解きえないというわたくしの主張)については以下が例解として役立つであろう。多くの自然主義者たちは、男と女は〈本性上〉精神的にも身体的にも相互に異なっており、したがって社会生活においては異なった機能が割りふられるべきであると主張した。だが、プラトンはおなじ自然主義的議論をまったく正反対のことを証明するために使用した。というのも、かれは犬にあってはどちらの性でも狩りや見張りにひとしく役立つではないか、と論じたからである。かれは(『国家』466c-dで)つぎのように問いかける。「犬のばあいもそうだが、女も……男と同様に狩りや見張りに従事しなければならないのではないかね、また、そうすることがかれらにとってただしいことではないのかね。なぜなら、これは自然に反せず、両性のあいだの自然な関係にも一致するのだからね」(参照、本章注(28)の本文も。理想的な見張り番としての犬については、参照、第四章、とくに注(32)(2)およびその本文)。

(31) 国家の生物学的理論に対するてみじかな批判は、第一〇章注(7)およびそこに属する本文で与えておいた。《この理論がオリエント起源であることについては、参照、R. Eisler, 'L'origine babylonienne de l'alchimie' in *Revue de synthese historique*, Bd. 41 [1926], S. 15.》

(32) プラトンの政治的な魂についての理論が適用されたいくつかの例、およびその論から引き出されるいくつかの推論は、第一〇章注(58)(59)ならびに本文で述べておいた。国家と個人とのあいだの根本的な方法論上の類似性は、『国家』368e, 445c, 577cで扱われている。個人あるいは人間心理についてのアルクマイオンの政治的理論については、参照、第六章注(13)。

(33)『国家』423bとd.

(34) これらの引用は、George Grote, *Plato, and the Other Companions of Sokrates*, Bd. III (1875/1998), S. 124からである。——『国家』における主要な箇所は、439c f.(レオンティウスの物語)、571c f.(理知的な部分と抗争する動物的部分)、588c(黙示録的な巨大獣、これについては、参照、『ヨハンネスへの黙示』13, 17-18における、プラトン数を所有する〈怪獣〉)、603dと604b(自分自身と戦う男)。参照、『法律』689a-bおよび第一〇章注(58)(59)も。

(35)『国家』519e f.(参照、第八章注(10)も)。つづく二箇所は『法律』903cからである。(わたくしは順序を逆にした。)これら二つの箇所でほのめかされている〈全体〉〈パン、

(pan)〉と〈ホロン、(holon)〉〉は国家ではなく、世界であることに言及しておいてもよいだろう。だが、こうした宇宙論的全体論(Holismus)に対応するのは疑いもなく政治的全体論である。参照、『法律』903d-e. そこでは、医者と手職人は政治家に配されているし、プラトンが〈ホロン〉という語を(とりわけ、複数形で)しばしば、〈国家〉ならびに〈世界〉を意味するように使用したという事情も考慮されてよい。さらにこれら二つのうち(わたくしが引用した順序で)最初のものは、『国家』420b-421c の、そして第二のものは『国家』520b ff. の短縮版である。(「われわれは君を君自身のためであるとともに国家のためにもつくった。」)さらに全体論あるいは集団主義への言及箇所は、『国家』424a, 449e, 462a f., 『法律』715b, 739c, 875a f., 903b, 923b, 942a f. である。(参照、第六章注(31)と(32)も。)プラトンは国家を有機体と見ていたというコメントについては、参照、『国家』462c および『法律』964e. そこでは、国家は人間の身体とさえ比較されている。

(36) アダム版『国家』でのアダム(James Adam, *The Republic of Plato*, Bd. II, S. 203)、参照、第四章注(3)とそれに対応する本文も。

(37) この点をアダムは、*op.cit.*, 546a への注 S. 203 f. でさらには S. 238 と S. 307 で強調している。このパラグラフにおけるつぎの引用は 546a である。参照、第三章注(26)(1)と第八章注(33)の本文で引用しておいた『国家』485a/b.

(38) これは、わたくしがアダムの解釈から離れざるをえない主要点である。わたくしの見るところ、プラトンは、第六巻と第七巻における王として振る舞う哲学者は、その全関心を創造されもしなければ腐敗にさらされもしない諸形態に向けて(参照、『国家』485b, 前注およびそこで言及しておいた箇所)、数学と弁証法の習得によってプラトン数の知識を獲得し、それによって社会の腐敗を阻止し、もって国家の腐敗も阻止する(とくに注(39)の本文)ことを示唆した。

このパラグラフでのつづく箇所は、「監視者の種族を純粋に保つ」(参照、『国家』460c および第四章注(34)の本文)であり、「このようにして打ち立てられた国家など」(546a)である。

プラトンは、数学、音響学、天文学の領域での、理性的な知識と、経験あるいは知覚にもとづく人を欺く思いこみとを区別しているが、この区別の指摘は『国家』523a ff., 525d ff. でなされている。(そこでは〈計算〉が論じられている。参照、とりわけ、526a, 527d ff., 529b f., 531a ff.(534a に至るまで)および 537d. 参照、509d-511e も。)

(39)《わたくしは、(引用符でくくらずに)「理性にのみもとづく方法が欠けている」という語を〈つけ加えた〉として非難された。だが、『国家』523a から 537d にかんして言えば、プラトンによる〈知覚〉の指摘がまさにこの対比を含んでいることはあきらかだと思われる。》

このパラグラフにおける引用箇所は、『国家』546b ff. からである。パラグラフ全体において〈ソクラテス〉の口をつうじて語っているのは〈文芸・学術の女神ムーサ〉である。

堕落と数の教養を解釈するにあたり、わたくしは数そのものの計算という、困難で決定されていない、そしておそらくは決定不可能な問題を注意深く避けたつもりである。（プラトン自身はその秘密をあらわにすることはなかったであろうから、それはおそらく決定不可能であろう。）わたくしの解釈は、もっぱら、数そのものの記述がなされている直前直後の箇所に限定されている。それらの箇所は、思うに、十分明瞭である。だが、わたくしの解釈は、自分が理解するかぎりでは、古い解釈のこころみすべてから離れている。

(1)　わたくし自身の解釈にとって決定的な主張の基礎は以下である。(A)監視者たちは〈知覚に支えられた計算〉の助けをえて働く。ついでわたくしが用いているのはつぎの断定である。(B)かれらが「偶然によってよき子供を教育するためのただしい方法に出会う」ことはない。(C)かれらは「誤りを犯し、誤った仕方で子供をもうけるであろう。」(D)かれらはこうしたことがら(とくに数にかんしては)「無知」である。

さて、(A)にかんして言えば、プラトンを注意深く読んだことのある人なら誰でも、知覚についてのこうした指摘が当該の方法への批判を意図したものであることを明確に理解するはずである。この箇所(546a f.)についてのこうした解釈を支えるのは、つぎのような事実であろう。この箇所は523a-537dにすぐつづき(前注の末尾を見よ)、純粋に理性的な知識ならびに知覚に基礎をおく思いこみとを主要なテーマとしており、この文脈でとくに理性的な知識と経験との対立を強調する〈計算〉という語が出現するのに対し、他方で〈知覚〉という語（511c/d も見よ）は十分に規定された術語的な、そして否定的な意味を含んでいるという事実である。（参照、たとえば、プルタルコスがこの対立をその著『マルケルスの生涯』（Plutarch, *Leben des Marcellus*［ドイツ語訳 *Große Griechen und Römer*, 1955, S. 321 f.］）で論じたさいの定式化も）よってわたくしはつぎのように考える。（そしてこの考えは文脈によって、とりわけ、(B)、(C)、(D) によってさらに強化されるだろう。）プラトンの注釈(A)からは、(a)「知覚に支えられた計算」は誤った方法であること、(b)よりよい方法、つまり、理性的な知識を生成する数学や弁証法といった方法が存在することが帰結する、と。わたくしがここで示そうとしていることは十二分に明瞭であろう。この点にかかずらうのは、J・アダムでさえこの点を見逃してしまったように見えるからである（J. Adam, *The Republic of Plato*, Bd. II, S. 204）。かれは、546a, b 7 への注において〈計算〉を、許容される婚姻数を定める支配者の課題を指摘するものとして、そして〈知覚〉を、どのカップルを結合させどの子供を養育するかなどを決定する補助手段として解釈している。つまり、アダムはプラトンの注釈を経験的方法の単純な記述として受けとめ、その弱さに対する論難としては受けとめていない。したがってかれは、支配者たちは〈誤りを犯す〉だろうと主張する(C)も、かれらは〈無知〉であるという注釈(D)も、かれらが経験的方法を用いている事情とは関連させない。（かれらはただしい方法に〈偶然に出会う〉こともないだろうという注釈(B)は、アダムの提案に首尾一貫してしたがうならば、単純に訳さずにおく他ないだろう。)

当該の箇所を解釈するにあたっては、プラトンが第八巻の当の箇所の直前で、第二、三および四巻で論じられた最初の国家の問題に立ち返っていることが思い出されねばならない。(449a ff.[第一巻S. 274]および543a ff.[第二巻S. 195 f.]へのジェームズ・アダムの注釈を参照せよ。)だが、この国家の監視者は数学者でも弁証法家でもない。それゆえかれらは、第八巻525-534であれほど強調された理性的方法について一片の知識ももたない。この文脈においては、知覚についての、つまり、経験的方法の貧弱さについての、またそこから生じる監視者の無知についての注釈の意味は取り違えようがない。

支配者は、「偶然によってよき子供をえるためのただしい方法に出会う」ことはないだろうという主張(B)は、わたくしの解釈では余すところなく明瞭である。支配者は、経験的方法しか利用できないのだから、数学的にして理性的な方法によってのみ見出すことのできる、望みの成果をみちびくただしい方法に出会うとしたら、それは幸運な偶然ということになるだろう。アダムが提案している翻訳はつぎのようなものである(546a, b 7への注)。「だが、かれらは計算と知覚を一緒に用いてよい子孫をえるだろう」、そしてかれはただカッコに挟んでのみ「字義的には、〈……の獲得に出会う(treffen)〉(〈……の獲得にいきあたる(hit the obtaining of)〉)とつけ加えている」。かれは〈出会う〉になんらかの意味を与えることができないでいる。それは、かれが(A)の意味を見て取っていなかったからである。

ここで提案した解釈からすれば、(C)も(D)も完全に理解できるし、自分の説く数は「よき出生と悪しき出生の支配者である」というプラトンの注釈もこれに非常にうまく適合する。注記しておくべきだと思うのだが、アダムは(D)にかんして、つまり無知にかんして、「数は婚姻数……ではない」のであり技術的－優生学的意味はもっていないという自分の理論([第二巻 S. 208 f.]546d 22 への注)に照らせば注釈がどうしても必要になるだろうと思われるにもかかわらず、そうした注釈をくわえていない。

この数に技術的－優生学的意味があるということが、私見では、語られている箇所で優生学的知識(あるいはむしろ、優生学的知識の欠如)に触れる他の多くの文章に囲まれているきわめて奇異な状況を説明すると思う。数の直前には、(A)、(B)、(C)があり、その直後には(D)と、花嫁と花婿またかれらの退化した子孫についての描写がある。そのうえ、数のまえの(C)と数のあとの(D)は相互に関連し合っている。なぜなら、(C)、つまり〈誤り〉は〈誤った交歓〉への言及と結びついているからである。そして、(D)、つまり〈無知〉は正確に類似の箇所、すなわち、監視者が「花嫁と花婿を誤った仕方で交合させる」という指摘と結びついている。(参照、次注も。)

わたくしが自分の解釈を擁護しなければならない最後の点は、この数を知っている者はそれによって〈よい出生や悪い出生〉に対する影響力を獲得しうるという主張である。もちろん、これは数そのものがそのような力を所有しているというプラトンの断定から出てくるわけではない。なぜなら、アダムの解釈がただしいとしても、数は衰退が始まらざるをえない不変の周期を定めることによって出生数を規制するからである。しかし、わたくしはつぎのように主張しておきたい。〈知覚〉、〈誤り〉、〈無知〉が優生学的誤謬の直接の原因であるというプラトンの指摘は、監視者はふさわしい数学的にして純粋に理性的な方法についての的確な知識をもっているので、どんな誤りも犯さなかったはずだとプラトンが言えるときにしか意味をもたないであろう、と。だがその時には、数は技術的‐優生学的意味をもち、その知識は衰退を停止させる力を生み出すと推論せざるをえなくなる。(この推論は、わたくしには、この種の迷信についてかつて知られていたことすべてと折り合いのつく唯一のものであると思われる。たとえば占星術は、われわれの運命についての知識は運命に影響を与えうるというあきらかに矛盾した仮定を含んでいる。)

数については、血統保存のための秘密のタブーであるという解釈ばかりでなく、あらゆる可能な解釈がこころみられているが、その根源はプラトンにかくも粗野な考えを――明確に表現されているときでも――帰したくないという抵抗にあるのだと思う。簡単に言おう――こうしたこころみはプラトン理想化の傾向から生じているのだ。

(2)　この文脈において指摘しておかねばならない論文は、A. E. Taylor, 〉The Decline

and Fall of the State in *Republic, VIII*〈(in *Mind*, N. S. Bd. 48, 1939, S 23 ff.)である。この論文でテイラーはアダムを（わたくしの考えでは不当に）攻撃し、つぎのように反論している。「理想国家の衰退は、546b のきっぱりした言明からすれば、支配階級が〈ただしい季節を外れて〉子供をもうけることから始まるということは、もちろん、ただしい。……だがその意味は必ずしもそうとは限らないのであって、わたくしの考えでは、プラトンはここで繁殖の衛生学的問題にかかわっているということではない。主たる考えは単純である。国家は、他の人間が作り出したものすべてとおなじように、それ自体の解体の萌芽をもっているならば、早かれ遅かれ、先行者よりは劣ったものになるということである」（S. 25 f.）。こうした解釈は、プラトンのかなり明確な主張に照らすと支持しえないばかりでなく、プラトンの著作から、たとえば、人種論や迷信のごとき、〈神のような哲学者〉の崇拝者をして当惑させるいっさいの要素を排除しようとするこころみの典型的一例であると思われる。アダムは、数に技術的－優生学的意味を否定し、それは〈婚姻数〉ではなく、宇宙論的周期であると主張しようとした。テイラーは、〈繁殖の衛生学的問題〉へのプラトンの関心そのものを否定して先に進んだ。しかし、語られている箇所はこの種の問題を溢れるほど示唆しているのだ。そしてテイラーは、引用箇所のじつに二ページ前（S. 23）で、数が〈よい出生もしくは悪い出生〉以外のなにかを決定するなどとは「どこにも提示されていない」と認めている。その他に、当該の箇所ばかりでなく、『国家』のいたるところで

〈おなじように『政治家』においても、とくに310b, 310e)、〈繁殖の衛生学的問題〉に大きな力点がおかれているのだ。テイラーの理論にしたがえば、プラトンは〈人間的なもの〉(あるいは、テイラーの表現では〈人間の産物〉)ということで国家を理解し、国家は人間の立法者が創造したものであることを示唆しているわけだが、こうした理論はプラトンの著作のどこにも支持を見出せないと思う。この箇所は、感覚的に知覚可能な流転する世界の事物、つまり、生成消失する事物(本章注(37)(38)を見よ)、とりわけ植物や動物のような生物とそれらの種族的問題を引き合いに出すことから始まっている。その他に、〈人間によってつくられたもの〉という言い回しは、こうした文脈においてはプラトンにとってはく人為による〉ものを、すなわち、実在から〈二重に隔たって〉おり、それゆえはるかに低いランクにあるものを意味するだろう。(参照、本章注(20)から(23)の本文および608b末に至るまでの『国家』の第一〇巻全体。)プラトンは、〈人間によってつくられたもの〉という言い回しが完全な、〈自然な〉国家を意味すると解釈する者が出てくるとは思いもしなかったことだろう。むしろかれは、たちどころに非常に深いところに位置しているもの(参照、たとえば、詩のようなもの。第四章注(39))が考えつかれるはずだと考えたことだろう。テイラーが〈人間の産物〉と訳している言い回しは、通常は単純に〈人間による創造〉と訳されるのであり、そう訳せばあらゆる困難が除去される。

(3)　当該箇所についてのわたくしの解釈がただしいとするなら、つぎのような解釈上の提案をしてもよいだろう。プラトンは人種の退化がもつ意義を確信していたために、支配階級のメンバー数は一定に保たれるべきだという忠告——これは社会学者プラトンがいかによく人口増加の憂慮すべき影響を知っていたかを示している——を再三再四おこなったのだという提案である。本章の末尾(参照、注(45)の本文ならびに第八章注(37))で述べておいたプラトンの思考のあり方、とりわけ、一人が支配する君主政、少数者が支配する名誉政を、無価値な無法者以外のなにものでもない多数者の支配に対置するという思考のあり方が、数の増加は質の低下と結びつくという考えをもたらしたのかもしれない。(こうしたことは、じじつ『法律』710dにも見られる。)このような仮定がただしいのであれば、かれは、人口増加は種族の退化と結びつくか、あるいはじつにそれによってひき起こされるという結論を引き出せていただろう。じっさい、人口増加は初期ギリシアの部族社会の不安定性と解体の主たる原因であったのだから(参照、第一〇章注(6)(7)および(63)とそこでの本文)、この仮定は、プラトンが種族の劣化を〈実際の〉根本的理由と見なした理由も説明するであろう(またこれは、〈自然〉と〈変化〉にかんするかれの一般的な理論とも合致するだろう)。

(40) (1) 〔「間違った仕方で」というのは、〕あるいは〈ただしくないときに(zur unrichtigen Zeit)〉〔ともいえる〕。J・アダムは[J. Adam, *The Republic of Plato*, Bd. II, S. 208]、〈ただしからざるときに(zur unrechten Zeit)〉ではなく、〈不適切(unpassend)〉と訳さねばな

らないと力を込めて注記している(546d 22 への注)。わたくしの解釈はこうした問題にはまったく依存しない。それは、〈不適切〉とも〈誤って〉ともあるいは〈誤ったときに〉さらには〈適切な季節を外れて〉とも合致する。(この言い回しは、もともとは〈適切な節度に反して〉といったことを意味しているのであり、通常は〈ただしくないときに〉を意味している。)

(2)《〈混ぜ合わせ〉とか〈混交〉についてのプラトンの注記について言えば、プラトンは原始的な、だが通俗的な遺伝理論——あきらかに競走馬の飼育者によっても依然として主張されている——を主張していたように見えると断定しておいてよいだろう。この理論によれば、子孫はみな、両親の性格あるいは〈本性〉を均等に混ぜ合わされている。そして両親からのこうした性格、こうした〈本性〉とか長所(耐久力、敏捷さなど——あるいは、『国家』『政治家』『法律』によれば——従順さ、猛烈さ、大胆さ、自制など)は、このような性格的特徴を所有する先祖の数に応じて混合される。それに応じて育種の技術は自然の諸要素の賢明で学問的な——数学的あるいは調和論的——調合にある。とくに『政治家』を見よ。そこでは、政治家あるいは牧者の支配としての王者の技術は、機織りの技術になぞらえられているし、また王者としての機織りは、大胆さと自制をもって機織りをしなければならないのである。(参照、『国家』375c-e, 410c ff.『法律』731b また第四章注(34)以下と第八章注(13)と(39)およびそこでの本文も。)》

(41) 社会革命にかんするプラトンの法則については、とくに第四章注(26)と本文を見よ。

(42) 〈メタ生物学〉という表現は、ジョージ・B・ショーによってこの意味で、すなわち、一種の宗教を指すものとして用いられた。(『メトセラへ帰れ』の序文(Vorwort zu *Zurück zu Methusalem* [1922/1947, S. 111])、参照、第二巻第一二章注(66)も。)

(43) 『国家』547a 3へのJ・アダムの注[Anm. 40, S. 210でも触れられている]。

(44) わたくしが社会学的方法における〈心理学主義(Psychologismus)〉と呼ぶものへの批判は、(すべて第二巻になるが)第一三章注(19)の本文、ならびに第一四章を見よ。そこではJ・S・ミルの依然として人気のある心理学主義を論じた。

(45) しばしば、プラトンの思想をひとつの〈体系〉に押しこんではならないとコメントされてきた。このパラグラフでの(そしてここだけにおいてではないが)、(あきらかにピタゴラスの対立表にもとづいて)プラトンの思考の体系的統一性を示そうとするこころみは、したがっておそらく批判を挑発するだろう。だがわたくしは、どんな解釈であれ、そのテストは必然的にそうした体系化をみちびくと考える。自分は解釈を必要としないし、哲学者やその作品を〈知って〉いるとか、哲学者を〈あるがままに〉またその作品を〈あるがままに〉理解できると考える者は誤っている。そうした人でも、人間やその作品を解釈することを避けることはできない。そしてかれがこの間の事情に気づいていないなら(伝統、気質、偏愛などによってさまざまに色づけされていることに気づいていないのだから)、その解釈は必然的に素朴で無批判的なものとなろう。(参照、第一〇章注(1)〜(5)および(56)ならびに第二巻第二五章も。) だが批判的な解釈は合理的な再構成というかたちにならざるをえないし、体系的であらざるをえない。それは、哲学者の思考を包括的にして矛盾のない教義体系として再構成するこころみとならざるをえない。この点にかんしては、参照、カントについてのアルフレッド・C・ユーイングのつぎのような注記(Alfred C. Ewing, *A Short Commentary on Kant's Critique of Pure Reason*, 1938/1987, S. 4)。「……われわれは、偉大な哲学者が継続して矛盾を犯しはしないだろうという仮定から出発すべきである。だから、二つのカント解釈があって、一方は矛盾がなく、他方は矛盾に満ちているとしたら、合理的に可能なときには第一の解釈を第二の解釈よりも選び取るべきである。」これはたしかにプラトンに対しても、それどころか解釈一般についてあてはまることである。

第六章　全体主義下における正義

(1) 参照、第四章注(3)と本文、とりわけパラグラフ末尾、ならびにその章の注(2)(2)。自然に帰れという定式にかんして言えば、ルソーはプラトンから強い影響を受けたと注記しておかねばならない。じっさい、『社会契約論』を一瞥すれば、前章でコメントしておいた自然主義にかんするプラトンからの箇所との類似点を数多く見出すだろう。参照、とりわけ、第九章注(14)、『国家』591a ff.(および類似の考えが個人主義の文脈で出現している『ゴルギアス』472e ff.)とルソー(およびヘーゲル)の有名な刑罰論とのあいだには興味深い類似性がある。(E・バーカー(E. Barker, *Greek Political Theory* [1979], S. 452 ff.)が、ルソーに対するプラトンの影響を強調しているのはただしい。ただし、かれは、プラトンがいかにロマン主義者であったかを見落としている。また、フランス、そしてシェイクスピアのイギリスにヤコポ・サンナザーロの『アルカディア』を媒体として影響を与えた田園ロマン主義がプラトンのドーリア的山岳牧者にさかのぼることも一般には考慮に入れられていない。参照、第四章注(11)(3)、(26)と(32)ならびに第九章注(14)。)

(2) Richard H. S. Crossman, *Plato Today* (1937/1971), S. 84. つぎの引用はS. 71からである。この興味深い本は(グロートやT・ゴンペルツの本と同様)、わたくしがプラトンにかんするかなり非正統的な説を展開し、そこからの不愉快な帰結をたどっていくにあたって大いに励ましを与えてくれた。引用については、参照、Cyril E. M. Joad の *Guide to the Philosophy of Morals and Politics* (1938/1969), S. 661 とS. 660. また正義についてのプラトンの見解に対してチャールズ・スティーブンソンが加えた非常に興味深い注釈を指摘しておいてもよいだろう。Charles L. Stevenson, 〉Persuasive Definitions〈, in *Mind*, N. S. Bd. 47 (1938), S. 331-350.

（3） R. H. S. Crossman, *op.cit.*, S. 84. つぎの二文は G. C. Field, *Plato and His Contemporaries* [1930/1974], S. 91 からとられている。参照、E. Barker, *Greek Political Theory* [1979, S. 95 ff.] などでの類似の注釈も。（参照、第五章注（13）。）

プラトンが理想化されていたことは、かれの名のもとに伝承されてきたさまざまな作品が本物であるかどうかをめぐる論争において重要な役割を演じた。争われた作品の多くは、多くの原典批判者によってたんにかれら自身の理想化されたプラトン像に合致しそうもないという理由で拒否されたのである。こうした態度の典型的であるとはいえ、非常に素朴な形態はジョン・L・デイヴィスとデイヴィッド・J・ヴォーン（John L. Davies und David J. Vaughan, *The Republic of Plato* [1852/1935] への〈序論的注記〉S. VI）に認められる。「グロート氏は、プラトンを超人間的な者にこそふさわしいとされた台座から引きずりおろそうとするに熱心なあまり、それまでかくも神のごとき哲学者にはふさわしくないと見なされてきた作品を性急にもプラトンに帰属させようとしている。」これらの著者たちには、プラトンの評価はかれの書いたものに依拠すべきであって、その逆ではないという点に思い至らなかったと見える。そしてこれらの著作が本物でありながらふさわしくないことがあきらかになるのであれば、その時にはおそらくプラトンはまったくもってそうした神のごとき哲学者ではなかったということだ。

（4） 本文中の定式は、イマヌエル・カントによる定式を手本としている。カントはただし

い憲法を「**各人の**自由が**他者の**自由と**共存できる**ようにする法律にしたがって**人間の自由**を**最大限にする**憲法」(『純粋理性批判』*Kritik der reinen Vernunft*, 1998, S. 423)としていた。参照、かれの法論(*Metaphysik der Sitten. Einleitung in die Rechtslehre*, C節)も。そこではつぎのように言われている。「各人の行為がただしいといえるのは、各人がその格率によって意のままに選ぶ自由がすべての人の自由と普遍的な法律にしたがってともに存立しうるときである。」カントはこれをもってプラトンが『国家』で追求した目的であると見なした。ここからわかるのは、カントもまた、プラトンによって欺かれたか、あるいは、プラトンのうちに自分自身の人道主義的理念を帰属させることで、プラトンを理想化した多くの哲学者のうちの一人であったということである。この文脈においてわたくしは、カントの燃えるようなリベラリズムは政治哲学にかんする英米の著作物においては評価されることはまれであったと注記しておきたい(ウィリアム・ハスティの編集した『カントの政治学原理』(William Hastie, *Kant's Principles of Politics* [1891])はあったが)。ただカントはあまりにもしばしばヘーゲルの先駆者と見なされたということだ。だが、かれはヘルダーやフィヒテのロマン主義を自説に真っ向から対立する思考としてその全体を否定した。この事実に照らしてみれば、そうした主張はまったくただしくないと見なされねばならないし、カント自身がそれらの主張に憤ったであろうことに疑いはない。そうしたまったく不当な見解が広まったのはヘーゲル哲学の途方もない影響のためである。

（5）参照、第五章注(32)と(33)の本文。

（6）参照、第五章注(25)〜(28)。このパラグラフでの引用は、(1)『国家』433a,(2)『国家』434a/b,(3)『国家』441dからである。最初の引用におけるプラトンの言明は「われわれは何度も何度もくりかえしてきた」というものだが、これについては、参照、とくに『国家』397e. そこでは、正義論が注意深く用意されている。またもちろん、第五章注(29)の本文ですでに引用しておいた箇所である369b-cも。参照、本章の注(23)と(40)も。

（7）第四章で示しておいたように(注(18)と本文および注(29))、プラトンは奴隷についてて『国家』では多くを語っていない。とはいえ、かれの語っている少数のことがらでも意味は十分あきらかなのではあるが。それに対して『法律』はかれの態度にかんするいっさいの疑いを吹き払う。(参照、とりわけ『マインド』誌におけるG・R・モロー(G. R. Morrow)の論文。この論文については第四章注(29)で言及しておいた。)

（8）引用はE. Barker, *Greek Political Theory* [1979], S. 208からである。バーカーが、「プラトン的正義」は「社会的正義」を意味すると主張し(S. 204)、その全体論的性格を強調するのはただしい。かれは、この定式は「一般に〈正義〉ということで理解されていること——つまり、衝突し合う意志の調整原則——の本質に……触れていない、言い直せば、プラトンの定式は個人にかかわる正義の本質を的確に捉えてはいない」という反論がありうることに言及している(S. 206)。だがかれは、「そのような反論は、問題の本質に触れていない」のであり、プラトンの考えは「法的なことがらではなく」、「社会道徳の領域から引き出される概念」である(S. 207)と考える。そしてつづけて、こうした見解はある点で、正義にかんしてギリシアでよく知られていた考えに対応していると主張する。「プラトンはこうした仕方で正義を捉えるとき、ギリシアの地でふつうであった考えから遠く隔たっていたわけでもなかった。」しかしかれは、その反対を示す証言があったことには触れない。参照、次注ならびにそこに属する本文。

(9) 参照、『ゴルギアス』488e ff. この箇所は以下の第八節で詳細に引用し、論じるつもりである(参照、本章の注(48)と本文)。アリストテレスの奴隷論については、参照、(第二巻)第一一章注(3)と本文。このパラグラフでの引用は、(1)および(2)については、『ニコマコス倫理学』第五巻第四章7および8.(3)は『政治学』第三巻第一二章1(1282b)である。(参照、本章の注(20)と(30)も。この箇所は『ニコマコス倫理学』への言及を含んでいる。)(4)は『ニコマコス倫理学』第五巻第4章9.(5)は『政治学』第四(六)巻第二章1(1317b).――『ニコマコス倫理学』第五巻第三章7(参照、『政治学』第三巻第九章1(1280a)も)でアリストテレスは、〈正義〉という語は、民主政国家、寡頭政国家、貴族政国家においては、こうした国家形態のもとで〈功績〉についての考えが異なっているに応じて、意味が変わるとも述べている。《(以下の論評は一九五〇年のアメリカ版ではじめて挿入された。)

政治的正義や平等にかんする（『法律』での）プラトンの見解については、二種類の平等についての箇所（『法律』757b-d）を見よ。（その箇所は、以下の(1)で引用しておいた。）本文で言及した事実、つまり、徳や教育ばかりでなく、富（そのうえ体格や容姿）も栄誉や戦利品の分配においては考慮に入れられるという事実については、参照、本章の注(20)(1)で引用されている『法律』744c. そこでは、他の重要な箇所も論じておいた。

(1)『法律』757b-d においてプラトンは〈二種類の平等〉を論じている。「そのひとつは……分量、重量あるいは数の平等（つまり、数量的あるいは算術的平等）である。しかし、真実にして最良の平等は……大なる者にはより多くを、小なる者にはより少なく与えることであり、各人に対しその本性に合致した分量を与えることである……それは徳において優れている者にはより大きな栄誉を与え、徳や教育において卓越することが少ない者にはより少なく栄誉を与える。そうすることでそれは、各人に対し、この（合理的な）比例の原則にしたがってはかられるものを配分する。まさにこれが〈政治的正義〉と呼ばれるものなのだ。そしておよそ国家を創建しようとする者は、これを立法にあたっての唯一の目的としなければならない……こうした正義のみが、叙述されているように、本性上の平等なのであり、ひとしからざる者に事情に応じて分配されるものなのだ。」この第二の種類の平等は、プラトンがここで〈政治的正義〉と呼んだものを構成し（アリストテレスはこれに対して〈配分的正義〉という言い方をしているが）、プラトン（そしてまたアリストテレス）が

〈比例による平等〉——もっとも真実な、最良の、そして本性にもっともよくかなった平等——という言い方をするものであり、のちに(たとえば、プルタルコスの『道徳論集』719b f. で)第一の、低次で民主主義的な〈算術的〉平等に対置されて、〈幾何学的〉平等と呼ばれるものである(『プルタルコスの道徳論集』第九巻、一九六九年、S. 122)。こうした同一視に対しては、(2)でのコメントが若干の光を投げかけるであろう。

(2) 伝承によれば(参照、*Commentaria in Aristotelem Graeca*, Bd. XV, Berlin 1897, S. 117, 29 および Bd. XVIII, Berlin 1900, S. 118, 18)、プラトンのアカデメイアの扉には「幾何学を知らぬ者、入るべからず」という銘文が掲げられていたという。(アリストテレスが『分析論後書』第二巻第一章 12, 77b 14 で暗示したと思われる)この銘文は、数学研究一般の意義を強調するばかりでなく、つぎのような意味を付与されていたにちがいない。〈算術では十分ではない! 君が知らなければならないのは幾何学だ!〉 わたくしがなぜこの定式を、プラトンが学問でおこなったもっとも重要な貢献のひとつと信じるのか、その根拠を示してみたいと思う。【以下を補足するものとして、参照、いまでは拙著『推測と反駁』第二章を構成している「哲学的諸問題の性格と科学におけるその根源」。】

初期ピタゴラス派は幾何学を扱うにあたって、こんにちでは〈算術化〉と呼ばれる方法によく似た方法を用いたと仮定することから始めてもよいだろう。幾何学はすべての数とそれらのあいだの〈関係(logoi)〉にかんする理論の一部として取り扱われた。〈数の全体は

〈自然な〉数、つまり、単位体あるいは〈分割不可能な要素〉から構成される数である。)〈関係〉はそれらの〈有理〉比あるいは関係である。したがってたとえば、ピタゴラスの三角形は、辺が相互に有理的に関係する直角三角形であった。例を挙げてみれば、辺の関係〔比〕が$3:4:5$とか、$5:12:13$となるような三角形である。ピタゴラスに帰せられる一般的な関係は、$2n+1:2n(n+1):2n(n+1)+1$である。しかし、この公式は、〈指針(**gnomon**)〉から引き出されるが、$8:15:17$の例が示すように十分な一般性をもつものではない。ピタゴラスの式から引き出される一般公式は($m=n+1$とおいて)、$m^2-n^2:2mn:m^2+n^2$(ただし$m>n$)である。この公式は、初期ピタゴラス派には知られていたと思われる代数につうじているならば、いわゆる〈ピタゴラスの定理〉から導出される。だが、これは、あきらかにピタゴラス派にもプラトンにも知られておらず、プラトンはプロクロスによれば他のまったく一般性に欠ける公式を提案したのだから、ピタゴラスもプラトンも〈ピタゴラスの定理〉をその一般的公式のかたちでは知ってはいなかったのだと見なされるべきである。(こうしたことがらについて、トマス・ヒース(Thomas Heath, *A History of Greek Mathematics*, 1921/1981, Bd. I, S. 80-82)は不徹底ながら述べている。わたくしが〈一般的な〉と呼んだ公式は、根本においてユークリッドの公式である。それをヒースの不必要に複雑な公式(S. 82)から引き出すには、まず三角形の3辺を$2/mn$倍し、その結果におけるpとqをmとnでおき換えればよい。)

数2の平方根が無理数であることが発見されると——この点はプラトンが『大ヒッピアス』と『メノン』で暗示していたのだが(参照、第八章注(10)。アリストテレス『分析論前書』[*Anal. Prior.* 第一巻第二三章]41a 26 f. も見よ)——幾何学の〈算術化〉というプログラムは破壊され、それとともにピタゴラス教団そのものの生命力も破壊された。この発見が秘密にされていたという言い伝えは、プラトンが当初、無理数を依然として〈アレートス〉、すなわち、隠されているもの、語られざる秘密と呼んでいたという事実によって支持されるように思われる(参照、『大ヒッピアス』303b/c,『国家』546c)。〈アロゴス〉〈alogos 理のない数〉〉という表現は最初にデモクリトスにおいて出現したように思われる。かれは『理をもたない数と原子(あるいは、理知のない数と完全に詰まっている物体[参照、『断片集』第二巻断片68, 7-9])』という二巻本を著述したのだが、それらは散逸した。プラトンがこの表現を知っていたことは、かれが『国家』534dでデモクリトスの本の書名をいささか無礼な仕方で示唆し、それを〈アレートス〉の同義語として用いてはいなかったことからもわかる。この意味での最初の現存する疑いようもない用法は、アリストテレス『分析論後書』第二巻第一章10, 76b 9である。(参照、T. Heath, *op.cit.,* Bd. I, S. 84 f. と S. 156 f. ならびに先に言及したS. 242 f. での『付録I』も。)

ピタゴラス派のプログラム(すなわち、幾何学における算術的方法)の崩壊は、ユークリッドの公理的方法の発展をみちびいたと思われる。つまり、一方で(合理的な証明の方法を含めて）救出されるべきであったものを救出し、他方で幾何学は算術に還元されはしないという点を承認する新しい方法をみちびいたと思われる。こうした解釈を受け入れるならば、プラトンが古いピタゴラス的方法からユークリッドの方法への移行期においてきわめて重要な役割を演じたことは大いにありえたことであろう。プラトンは、ピタゴラス主義の崩壊で失われたものをプログラムから削除し、この崩壊から救出すべきものを救出するという目標をたてたのであり、特殊な幾何学的方法を要請した最初の者たちの一人であったということだ。この注釈は高度に仮説的なものである。だが、ある程度の裏づけはある。それは、アリストテレス『分析論後書』76b 9（この箇所はさきに言及しておいた［注(9) S. 337 f.］）に認められる。とりわけ、この箇所を『法律』818c, 895e（偶と奇）および819e/820a, 820c（通約不可能）と照らし合わせるとそうである。その箇所はこうである。「算術は〈偶〉と〈奇〉から出発するのに対し、幾何学は〈理のない〉ということばの意味から出発する……」（あるいは、〈理のない〉の代わりに〈通約不可能〉としてもよいのであるが。参照、『分析論前書』41a 26 f., 50a 37. また、無理数の問題は幾何学本来の課題であるかのように扱われている『形而上学』983a 20, 1061b 1–3、および1089a も見よ。そこでは、『分析論後書』76b 40 に見られるように、『テアイテトス』147d の〈平方根〉-方法のほのめかしがある。）プラトンは無理数の問題にきわめて高い関心をもっていた。この点は、とくにすでに言及した二つの箇所、『テアイテトス』147c–148a と『法律』819d–822d に示されている。そこでかれは、ギリシア人が不可通約量という重大問題に関心を示さないのを恥じると明言している。

ところでわたくしの見るところ、(『ティマイオス』53cから62cまでと、たぶんに64a〈参照、『国家』528b-dも〉までにおいて述べられている)〈原初的立体の理論〉は、プラトンがこの危機において提案した解決策の一部であったと思われる。それは一面において、ピタゴラス主義の原子論的性格——原子論者の学派でも役割を果たしている分割不可能な単位体(〈単子〉)——を保持し、他面で世界に導入することが避けがたくなっている不可通約量(2とか3の平方根)を導入するものであった。それは、〔無理数をもつので〕不快な二つの直角三角形——2の平方根をもつ正方形の半分、ならびに3の平方根をもつ二等辺三角形——を、そこからすべてが構成される単位として把握することによってなされる。そして実際のところ、これら二つの無理数を含んだ三角形があらゆる要素的物体の限界(〈ペラス〉、参照、『メノン』75d-76a)あるいは形相であるという説は『ティマイオス』では徹底して中心的な場所を占めている。

こうしたことから、幾何学を知らない者に対する警告(この点の示唆は『ティマイオス』54aにも見られるだろう)はまさに最高度に現実的な意味をもっていただろうと、つまり、幾何学は算術よりもはるかに高い意義をもっていたと推測できるであろう(参照、『ティマイオス』31c)。またこうした事態からは、つぎのようなことも説明されるであろう。プラトンは〈比例的平等〉を民主主義的で算術的あるいは数的平等よりもなにかしら貴族的なものと見なしていたのだが、のちになるとなぜ、それを『ゴルギアス』508a(参照、本章の注(48))で述べた〈幾何学的平等〉と同一視するに至ったのか、そしてまたなぜに、多くの者(参照、たとえば、プルタルコス、上掲同所)は算術と幾何学をそれぞれに民主政とスパルタの貴族政に関連づけるのかが説明されるであろう。(プルタルコスの時代にはあきらかに忘却の彼方にあった事実なのだが、ピタゴラス派の人はまさにプラトンとおなじように貴族的心性をもっていたこと、だが、ピタゴラス派のプログラムは算術化を強調していたこと、また、かれらのことばでは——じつにこんにちでもそうなのだが——〈幾何学的〉は一定の数的(つまり、算術的)比例に対する名称であったこと、こうした事実があったにもかかわらず、同一視や関連づけがなされたのである。)

(3)　プラトンは『ティマイオス』で、原初的立体を構成するために要素正方形と要素等辺三角形を利用している。これら二つは、それ自体、二つの異なった下位の要素三角形から構成される。すなわち、一方は正方形の半分をなすところの、2の平方根をもつ〔下位の要素〕三角形から、そして他方は、等辺三角形の半分をなすところの、3の平方根をもつ〔下位の要素〕三角形から構成される。これにかんしては、しばしば、なぜプラトンは二種類の下位の要素三角形を、正方形や等辺三角形そのものの代わりに導入したのだろうかという問題が論じられてきた。類似しているが、第二の問題(参照、下記の第4項)がある。

なぜプラトンは、その要素正方形を(二つの代わりに)四つの下位の要素である半分の正方形から、そして等辺要素三角形を(二つの代わりに)六つの下位の要素である半分の等辺三角形から構成したのかという問題である。(これらの点については、本書四七一ページの三つの図形のうちの最初の二つを見よ。)

さて、第一の問題にかんして言えば、プラトンは、無理数の問題に燃えるような関心をもっていたわけで、$\sqrt{2}$と$\sqrt{3}$という(かれが54bではっきり言及している)二つの無理数を還元不可能な要素として自分の世界で取り上げることが重要でなかったとしたら、それらを導入しなかったであろうということが一般に見過ごされてきたように思われる。(F・M・コーンフォード(F. M. Cornford, *Plato's Cosmology* [1937/2000], S. 214およびS. 231 ff.)は、いままさに言及したこれら二つの問題を詳細に論じている。だが、かれがこれら二つの問題に対して同時に提案した解決策は、かれによって〈仮説〉と呼ばれている(S. 234)ものの、わたくしにはまったく受け入れられない。もしプラトンが、コーンフォードによって論じられたような〈等級づけ〉をおこなう意図をもっていたならば――(コーンフォードの〈グレードB〉にあたる)〈段階B〉よりも小なる事物の存在を示唆するものはプラトンのうちには存在しないことに気づかれるべきなのだが――〈段階B〉に属する要素的四角形や等辺三角形の辺を半分にし、そのようにしてそれらのおのおののものを無理数のない要素的図形から築くことで十分であっただろう。)だがまさにプラトンがそうした無理数を、しかも他のすべてのものを構成する下位の要素的三角形の辺として世界に導入することを望んだのだとしたら、かれはそうした仕方で問題を解決しうると仮定していたにちがいないだろう。そして、この問題は、提案したいのだが、〈(通約可能なものと)不可能なものの本性〉(『法律』820c)にかかわる問題なのである。原子論的考えとか類似の考えに立つ宇宙論では、こうした問題はあきらかにきわめて解きがたい問題であった。なぜなら、無理数は、有理数の測定に役立つなんらかの単位の倍数ではないからである。しかし、測定単位そのものが〈無理数的関係〉において辺をもつのであれば、大きなパラドックスはおそらく解かれたことになろう。なぜなら、そうした測定単位は二種類の量の測定に役立てられるからであり、したがって無理数の存在はもはや理解不可能でも〈理のないもの〉でもなくなるからである。

しかしプラトンは、$\sqrt{2}$ や $\sqrt{3}$ 以外にも多くの無理数が存在することを知っていた。なぜならかれは、『テアイテトス』で無理数となる平方根が無限の系列をなすことの発見に言及しているからである。(かれは148bで「個体にかかわる類似の考察」——これは必ずしも立方根をほのめかすものではなく、立方体の対角線、すなわち $\sqrt{3}$ を問題にしているのかもしれない——について語っている。) またかれは、『大ヒッピアス』(303b-c, 参照、T. Heath, *op.cit.*, S. 304.)で、無理数の加算(あるいは他の結合)によってさらに無理数を作り出す状況にも言及しているからである。(だが、有理数もまた作り出されるであろう。――しかし、そうした操作のもとで、たとえば$2-\sqrt{2}$が無理数であるという事実がほのめかされているのかもしれない。言うまでもなく、この数に$\sqrt{2}$を加えるならば有理数が作り出される。）こうした状況を勘案すると、プラトンは、すべての無理数（あるいは、その倍数）は、(a)単位数 (b)$\sqrt{2}$ (c)$\sqrt{3}$ とそれらの倍数を加算することで可能になると考えていたにちがいないと思われる（なぜなら、かれは無理数の問題を自分の要素的三角形を使って解決しようと望んでいたのだから）。もちろん、このような推定は間違っているかもしれない。しかし、かれの時代には反対証明は存在しなかったと信じるあらゆる根拠がある。他面で、無理数にはただ二つの根本的なもの――正方形と立方体それぞれの対角線――があるのみで、他のすべての無理数は、(a)単位数 (b)$\sqrt{2}$ (c)$\sqrt{3}$ からの合計に対して通約可能であるという言明は、無理数の相関的性格を考慮に入れるならば、ある程度の信憑性をもつだろう。（こう述べることでわたくしが念頭においているのは、辺の長さが1の正方形の対角線は無理数であり、あるいは、対角線の長さが1の正方形の辺は無理数であるとおなじ正当性をもって言えるという事実である。ここで思い出さなければならないのは、ユークリッドが（第一〇巻定義2で）すべての通約不可能な平方根は「その正方形にかんしていつでも通約可能である」[Euklid, *Die Elemente*, 1980, S. 213]と呼んでいたことである。）したがってプラトンがこうした言明の真なることを信じていた――もちろん、自分の推測の妥当な証明はもちえなかったとしても――ことは十分にありえる。

(それが、妥当でないことはあきらかにユークリッドによってはじめて証明された。) しかしながら、プラトンが下位の要素三角形を選ぶ根拠を述べている『ティマイオス』のまさにその箇所において、証明されていない推測が示唆されている。プラトンはこう書いている(『ティマイオス』53c/d)。「すべての三角形は、そのおのおのがひとつの直角をもつ二つの三角形から引き出される……これら二つの三角形にかんして言えば、一方(正方形の半分(ポパーの補足、以下同))は、おのおのの辺において直角の半分(の角)をもち、……またひとしい辺をもつ。他方は、……ひとしからざる辺をもつ。これら二つを第一原則と見なそう……そしてこれは計算にもとづいて、もっともらしさ(あるいは、〈蓋然的推測〉)を必然性(つまり、厳格な証明)と結びつける。だが、これよりも深遠な原則は、神(Himmel)と、神に気に入られた人間しか知らない。」そしてのちの箇所においてプラトンはまず、不等辺三角形は数において無限大存在し、そこから〈最良のもの〉が選択されねばならないことを説明する。そしてかれは、半分の等辺三角形がそうした最良のものであることを説明したあとで、つぎのように言う。「その理由はあまりにも長い話になる。しかし誰かがこの問題を吟味し、かの三角形がそうした特性をもつことを証明できるならば、その者にはわれわれからの最良の称賛が与えられる」(『ティマイオス』54a/b. F・M・コーンフォードは、この箇所を自分の解釈に適合させるために変更せざるをえなかった。参照、S. 214 へのかれの Anm. 3)。プラトンは〈そうした特性〉がなにを意味するのかについてはっきりとは語っていない。問題になるのは、まず2の平方根を含む三角形が選択されたあとで、$\sqrt{3}$を含む三角形の選択が〈最良〉であることを正当化する証明可能な(あるいは反証可能な)数学的特性であらねばならない。ところで、先に述べた考察にかんしていえば、そのような特性は他の無理数の推測された相関する理を含む性質(relative Rationalität〔有理数的性質〕)(すなわち、単位、2の平方根、3の平方根に相関する理を含む性質〔有理数的性質〕)であると思われる。

(4) ここでの解釈にとってのさらなる根拠は、もっともわたくしはプラトンのテキストのうちにさらなる証拠を見出すことはできないのであるが、おそらくつぎのような考察からあきらかになるだろう。それは、$\sqrt{2}+\sqrt{3}$がほとんどπにひとしいという注目すべき事情である。(参照、Emile Borel, *Space and Time*, 1926/1960, S. 216.〔エミール・ボレル『空間と時間』〕W・マリネッリはべつな文脈においてであるが、この事情にわたくしの注意を向けてくれた。) 誤差は0.0047よりも小さい、すなわち、πの0.15パーセント未満であり、プラトンの時代にはπへのよりよい近似を可能にする作図(Konstruktion)は知られていなかったと仮定するあらゆる根拠がある。これの単純な作図(次ページの下図を見よ)についての一種の〈説明〉は、外接する六角形の面積と、内接する八角形の面積との算術平均が円の面積へのよい近似になっている事実によって提供される。一方で、ブリュソン〔古代ギリシアの数学者〕は外接および内接する多角形で作業をし(T. Heath, *op.cit.*, S.

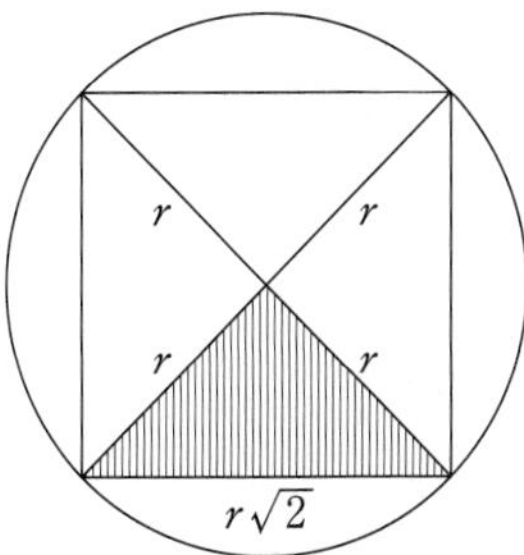

プラトンの要素正方形. 四つの下位の要素的なひとしい斜辺と直角をもつ三角形から構成される.

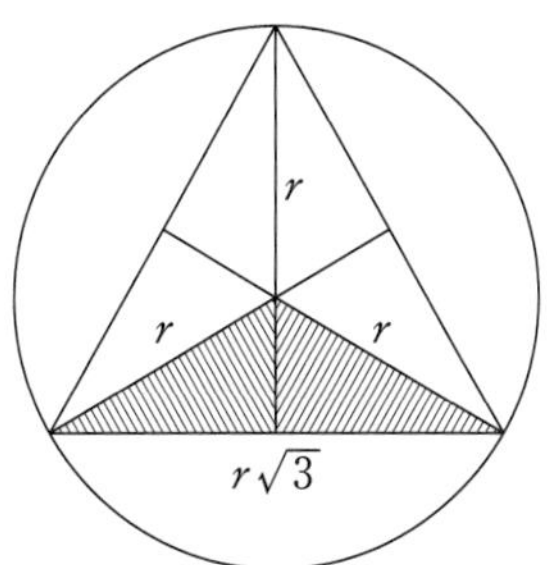

プラトンの要素的な等辺三角形. 六つの下位の要素的な不等辺直角三角形から構成される.

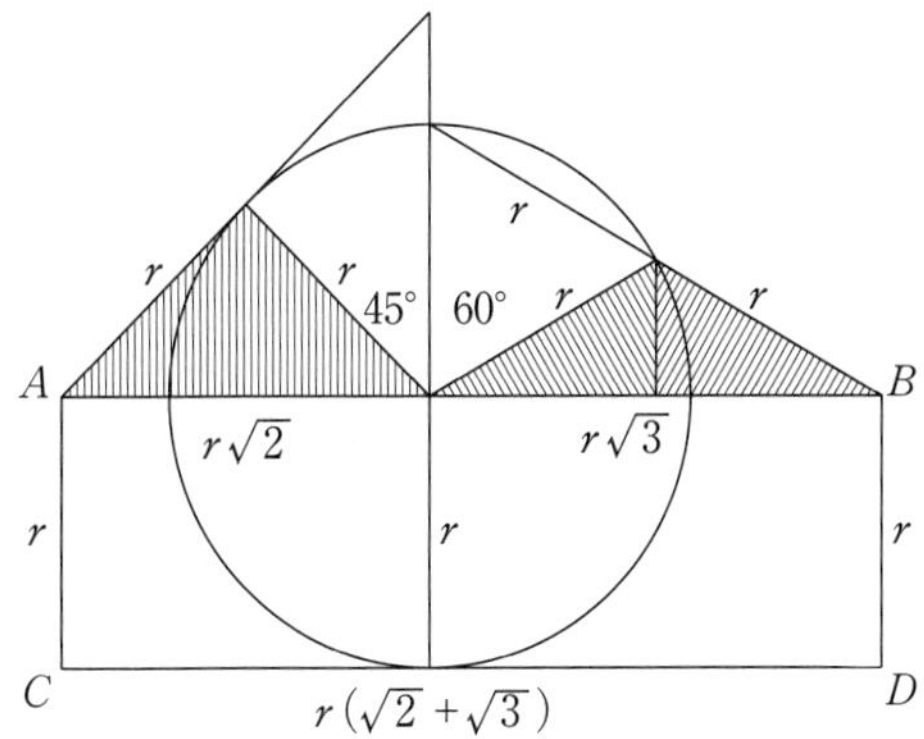

長方形 ABCD は, 円の面積を 0.15% 未満だけこえる面積をもつ.

224)、他方で、(『大ヒッピアス』から)プラトンは無理数の加算に非常な興味をもっていたことがわかっているのだから、$\sqrt{2}+\sqrt{3}$ の加算をしたにちがいないと思われる。したがってプラトンは二つの仕方で、$\sqrt{2}+\sqrt{3}\approx\pi$ という近似式を見出すことができた——そして第二の道はほとんど不可避であったと思われる。それゆえ、プラトンはこの等式を知ってはいたが、それが厳密な等式なのか近似式にすぎないのかは証明できなかったという推測がじゅうぶんに成り立つであろう。

だが、そうであれば、上述の(3)で言及した〈第二の問題〉に答えられるだろう。それは、なぜプラトンはみずからの要素正方形を二つのではなく四つの下位の要素三角形(正方形の半分)から構成したのか、ならびにみずからの要素等辺三角形を二つのではなく六つの下位の要素的な半分の三角形から構成したのかという問題であった。最初の二つの図に目をやると、この作図が外接円と内接円の中心を強調しており、二つのばあいとも外接円の半径が強調されていることがわかる。(等辺三角形のばあいにおいては、内接円の半径もあらわれている。だが、プラトンは外接円の半径を考えていたように思われる。というのも、かれは等辺三角形の作図法を記述するにあたりそれを〈対角線〉として言及しているからである。参照、『ティマイオス』54d/e. おなじく54bも。)

さて、二つの外接円を描くならば、より正確に言って、要素正方形と要素等辺三角形を半径 r の円に内接させるならば、この二つの図形の辺の合計はおおよそ rπ になることが見出されよう。ことばを換えれば、プラトンの作図は、三つの図形が示しているように、円を四角にすること〔面積を求めること〕のもっとも単純な近似的にただしい解決のひとつを提案しているのである。こうした状況を考慮に入れると、プラトンの推測や上述の(3)で引用した「その者にはわれわれの最良の称賛が与えられる」という称賛の申し出は、無理数の通約可能性という一般的な問題のみならず、、$\sqrt{2}+\sqrt{3}$ は単位円の求積を表わしているかどうかというより特殊的な問題にかかわっているのかもしれない。

わたくしは、以上がプラトンの思考の歩みであったと示すことのできる直接の証拠はもっていないと再度強調しておかねばならない。しかしここでこまかく述べた間接的な考察を念頭におくならば、ここに述べた仮説がごくわずかもかかわりがないとは思えない。そしてこの仮説が真であったならば、当該の箇所にかんしてよりよい説明がえられることになる。

(5) プラトンのアカデメイアの扉に刻まれた銘文は、〈算術では十分ではない！　君が知らなければならないのは幾何学だ！〉というように解釈されねばならないという主張(参照、本注の(2)項も)、またさらに、幾何学のこのような強調は2や3の平方根が無理数になることの発見と結びついていたという主張に、なにほどか真理の核があるのだとすれば、イデア説やアリストテレスの大いに論じられた報告になにほどか光を投げかけることだろう。

ここでの主張は、事物(かたち、形態)は数であり、道徳上の観念は数の関係であるというピタゴラス派の説が、こうした発見との関連で崩壊し――『ティマイオス』におけるように――事物の要素的なかたち、あるいは限界(〈ペラス〉)あるいは形態あるいはイデアは三角形であるという説によって代替されねばならなかった理由を説明するであろう。(参照、すでに言及した『メノン』75d-76aからの箇所。)しかしそれはまた、アカデメイアが一世代後にピタゴラス派の教えに還帰しえた理由をも説明するであろう。無理数の発見がもたらしたショックが鎮まっていくにつれ、数学者たちは、無理数もまた数であるに違いない、なぜなら、他のもの、つまり有理数に対しては特殊であるとはいえ、より大きいとかより小さいといった原初的な関係に立つのだから、という考えになじんでいった。この段階が達成されるや、ピタゴラス主義に反対する理由も消えた。もっとも、形態は数とか数の関係であるという理論は、もちろん無理数が導入されたあとでは以前とはいく分異なったものになったのであるが。そしてこれは、新しい理論の追随者にも十分には顧慮されなかった事情である。第二分冊の付録Ⅰも見よ。〕

(10) 正義の女神テミスは、よく知られているように(目隠しされて、つまり嘆願者の社会的地位を考慮しないものとして、また天秤をもって、つまり平等に分配しあるいは相争っている個人の要求や関心を平等に考慮するものとして)描かれているが、これは平等主義的正義を象徴的に表現するものである。だが、こうした表現を、こうした平等主義的考えがプラトンの時代にも通用していたことを支持するために用いてはならない。なぜなら、それらは、エルンスト・H・ゴンブリッチ教授が親切にも伝えてきてくれたのだが、ルネサンスに発するからである。それらはプルタルコスの『イシスとオシリス』の箇所〔参照、Plutarch, *Moralia*〔『道徳論集』〕, Bd. 5, 1969, S. 351 ff.〕から触発されたのであり、古典期のギリシアに由来するわけではないからである。《他方で、ディケーを、天秤をもつ者として描くことは古典的である。そのような描写は、プラトンから一世代後のティモカレスに見られる（この点については、参照、Robert Eisler, *The Royal Art of Astrology*, 1946, S. 100, S. 266 および S. 64 後の第五表）。それはおそらく、（隣接する天秤座を考慮すると）ヘシオドスによる乙女座とディケーとの同一視にさかのぼるのであろう。正義やディケーと分配の平等との結びつきを示すためにここで触れた証拠を考慮すると、きわめてありそうなことと思われるのだが、天秤はテミスのばあいとおなじことを意味したのであろう。》

（11）『国家』440c–d. この箇所は、つぎのような特徴的な牧羊犬の比喩で終わっている。「あるいは、牧者の犬のように、みずからの理性の声によって呼び返され、おとなしくなるまでであろうか。」参照、第四章注（32）（2）。

（12）プラトンはじっさい、これを言わんとしている。なぜなら、〈ソクラテス〉は正義を求めてどこを見るべきかと二度も深い懐疑にとらわれるからである。（参照、368b ff., 432b ff.）

(13) J・アダム[J. Adam, *The Republic of Plato*, Bd. I, S. 12]は(プラトンに影響されて)『国家』331e ff. への注においてあきらかに平等主義的正義論を見落としている。この注において、かれは、ただしいのかもしれないが、「友人に善を、敵に悪を与える点に正義があるという考えはギリシアで支配的な道徳の忠実な反映である」と言っている。だがかれは、「これがあまねく承認された考えである」とつづけるとき、誤っている。なぜならかれは、法のもとでの平等(〈イソノミー〉)は「民主主義の誇らしい要請」であるとみずから証言したこと([第一巻 S. 244 での]561e 28 への注)を忘れているからである。(参照、本章注(14)と(17)。)

〈イソノミー〉への(最古ではないにしても)もっとも古い言及のひとつは、医者のアルクマイオンの断片(前五世紀初頭。『断片集』第一巻 S. 215, 断片 4)に見られる。かれは、イソノミーを健康の条件と呼び、多数者に対する一者の支配である〈君主政〉に対置している。ここには、プラトンにおけるのと同様、人間にかんする、すなわち、人間の身体、あるいはより正確に言って、人間の生理についての政治的な理論がある。(参照、第五章注(32)と第一〇章注(59)。)

(14) 平等は『国家』におけるグラウコンの話においても行きがかり上ではあるが言及されている。(おなじく『ゴルギアス』483c/d も。また本注の後半および本章注(47)も見よ。)だが、この問題がさらに論じられているわけではない。この箇所については、参照、本章

注（50）。）

プラトンは民主主義に対して悪口に満ちた攻撃をしているが（参照、第四章注（14）〜（18）の本文）、平等論に対しては三度ほど嘲笑的でふざけた言及をしている。第一は、民主主義は「ひとしいものにも、ひとしくないものにも、ひとしい仕方で分配する」（558c. 参照、［Bd. II, S. 238, Anm. 13で触れられているように、］558c 15へのJ・アダムの注ならびに本章注（21）。）これは皮肉による批判と見なされよう。（平等はすでに早く、民主主義的革命が述べられたさいに民主主義と結びつけられていた。参照、『国家』557a. この箇所は第四章注（13）の本文で引用しておいた。）第二に、〈民主主義に与する人間〉は、善かれ悪しかれ自分の望みいっさいを〈平等に〉満足させる人間として特徴づけられている。それゆえそうした者は〈平等者〉（〈イソノミスト〉）と呼ばれているが、これは〈万人にとって平等な法〉とか〈法のもとの平等〉（〈イソノミー〉、参照、本章注（13）と（17））という考えを嘲ってほのめかす言い方である。こうした語呂合わせは『国家』561eにも見出される。かれにとって道は平坦である。というのも〈平等〉という語は、どんな望みも気まぐれも〈平等〉であるような人間の態度を描くためにすでに三度も用いられて（『国家』561bとc）いたからである。こうした安っぽい警句の第三は、読者の想像力へのアピールである。そしてこれはこうした類のプロパガンダにとってこんにちでも依然として典型的である。「男と女のあいだでかの有名な〈平等な法〉やかの有名な〈自由〉が果たした大きな役割に言るわけである」。

及することをあやうく忘れるところであった……」(『国家』563b)〔という言外での煽動をす

平等論の意義についてここで言及した証言の他に、とりわけプラトン自身の証言が考慮に入れられねばならない。そのさいわたくしの念頭にあるのは、(1)『ゴルギアス』での証言である。そこでかれはつぎのように書いている。「多数(つまり、ここでは大多数の人間)は……正義とは平等であるという考えを取っているのではないかね」(488e/489a, 参照、本章注(47)(48)と(50)も)。(2)『メネクセノス』238e-239aでの証言である(参照、本章注(19)とその本文も)。平等に触れている『法律』での箇所は、『国家』よりあとのものであるから、『国家』執筆の時点で状況を意識していたことの証明にはならない。だが、本章注(9)(20)および(21)の本文も見よ。

(15) プラトンは第三の注釈(563b. 参照、前注も)で「われわれは、口に上ってくるがままに語るべきではないか」と言っているが、あきらかに自分のからかいを押さえる理由がないと言おうとしているのだ。

(16) トゥキュディデス(II, 37 ff.)が伝えるペリクレスの演説はじっさいになされた真正なものと見てよいだろう〔Thukydides, *Geschichte des Peloponnesischen Krieges*, 1993, S. 237 ff.〕。トゥキュディデスが演説の場に居合わせたことは間違いないと思われる。いずれにせよ、かれは可能なかぎり忠実に演説を再構成した。当時にあっては、誰かが他者の演説を諳んじること(参照、プラトン『パイドロス』)は異常なことではなかったと仮定してよい数多くの根拠がある。この種の演説の忠実な再構成は、じっさいには、人が思いたがるほど困難な課題ではない。プラトンは演説を知っていた。トゥキュディデスが伝えるかたちにおいてか、それによく類似していたにちがいない他の資料を知っていたのだ。(参照、第一〇章注(31)と(34)(35)。) ここでは、ペリクレスはその経歴の早い時点で通俗的な種族本能や、さまざまな民衆のおなじように通俗的な集団エゴイズムにきわめて怪しげな譲歩をしたことは言及されてしかるべきだろう。わたくしが念頭においているのは、前四五一年の市民権(居住権)にかんする立法のことである。しかしのちに至ってかれは、おそらくプロタゴラスのような人士の影響を受けて、この問題に対するみずからの態度を修正した。

(17) ヘロドトス(Herodot, *Historien*) III, 80, 参照、とりわけ〈イソノミー〉、すなわち、法のもとでの平等(III, 80, 6)。参照、本章注(13)と(14)も。プラトンにべつな仕方で影響を与えたヘロドトスからの箇所(参照、第四章注(24))は、ペリクレスの演説と同様、『国家』においてプラトンによって嘲笑されている。参照、第四章注(14)、第一〇章注(34)。

(18) そのうえ自然主義者のアリストテレスでさえ、このような自然主義的なかたちをとった平等主義にいつも言及しているわけではない。だからかれはたとえば、『政治学』1317b で(参照、本章注(9)とそこでの本文も)民主主義の諸原則を述べるにあたり、それにはまったく依存していない。だがおそらくさらに大きな興味をひくのは、プラトンが自然と協定との対立に重要な役割を割りふった『ゴルギアス』では、法のもとでの人間の平等説を述べるにあたり、それにどんな人間も生まれながらに平等であるという疑問の余地のある説を背負わせなかったことである(本章注(14)で引用しておいた488e/489aならびに483d, 484aと508aを見よ)。

(19)『メネクセノス』238e–239a. この箇所にひきつづいてすぐペリクレスの演説(本章注(17)の本文の第二の文)が明確に示唆されている。——ここでは〈平等な生まれ〉ということばが頻発しているが、それはペリクレスとアスパシア〈アテネ外の生まれで高い教養をもった高級娼婦であったという説がある〉の二人の息子の〈低い〉素性を嘲笑的にほのめかすためであったということもありえなくはないだろう。(二人の息子は前四二九年の特別立法によってはじめてアテネ市民となった。参照、E. Meyer, *Geschichte des Altertums*, 1902, 第四巻、S. 14での注[1980, 第四巻、第一部、S. 666での注]ならびに第四巻、S. 323[1980, 第四巻、第二部、S. 47]。)

プラトンは『メネクセノス』で「自分自身の修辞的な叙述をするとき……皮肉な調子は捨てている」と、つまり、本文中の引用箇所の出どころである『メネクセノス』のなかほどの部分では皮肉を意図してはいないと主張されてきた(グロートによってさえ。参照、George Grote, *Plato*, Bd. III, S. 11.)。しかしながら、平等をあからさまに嘲笑していることこの引用箇所を、プラトンが『国家』でこの問題を扱っている箇所におくならば、そうした見解は支持しがたく思われる(参照、本章注(14))。おなじように、本文中で引用した箇所の直前にあり、そこでプラトンがアテネについてつぎのように(参照、238c/d)述べている箇所が皮肉であることは疑いえないように思われる。すなわち、「かの時代にあっても、また、こんにちにおいても、……われわれの統治はいつでも貴族政であった……それはしばしば民主政と呼ばれていたのだが、現実にはいつでも貴族政――多数者の承認をともなうものであったとはいえ、最善者の支配であった……」。民主政に対するプラトンの嫌悪を考えると、この箇所にさらにコメントをつける必要はないであろう。《さらに、疑いもなく皮肉が意図された箇所は、245c-dである(参照、第八章注(48))。ここで〈ソクラテス〉は、アテネが外国人や野蛮人を妥協せずに拒絶しているとして称賛している。プラトンはべつな箇所(第八章注(48)で引用しておいた『国家』526e f.)で民主主義――アテネの民主主義のことだが――を攻撃したさいに、アテネは外国人をリベラルな態度で扱っているとしてはなはだしく嘲弄していたのだから、『メネクセノス』での称賛は皮肉を意図したものでしかありえない。再度アテネのリベラリズムは親スパルタ的党派心の強い者によって嘲笑されている。(リュクルゴス法では、外国人がスパルタに居住することは禁止されていた。参照、アリストファネスの『鳥』1012[Aristophanes, *Vögel* 1999, S. 51]。)とすれば、『メネクセノス』245dでのプラトンによるパロディはまさに嘲弄となろう。ここでは、はるか前に亡くなった〈ソクラテス〉が、アテネ人は野蛮人を敵対的に扱ったことによって他のすべてのギリシア人とは対立的に人種的に純粋なギリシア人でありつづけたと言っている。だからたとえば、ペロプスやカドモスの息子たち、あるいは、（ギリシア人ホメロスの）〈ギリシア人（Danaer）〉は野蛮人の血が混じったものとして記述される！　こうした著作の公刊はわたくしには説明できない（参照、『メネクセノス』の真正性については第一〇章注（35））。この著作は、おそらくは、『クリティアス』『クレイトポン』および『エピノミス』と同様、プラトンの死後に公刊されたとしか考えられない。》

（20）『法律』757a. さきに主要部分を引用したこの箇所の全体757a–eは、本章注（9）（1）に引用しておいた。

（1）平等論に対してたえずくりかえされた「……誰もがすべてのものをおなじように所有できたら、それは驚くべきことであろう。しかし、そうしたことは不可能なのだから……」などなどといった〈主要反論〉については、参照、『法律』744b ff.『国家』によってのみプラトンを判断してきた多くの人たちによって、かれが金権政治の敵と呼ばれてきたという事実を考慮に入れるとこの箇所はとりわけ興味深い。しかし、『法律』のこの重要な箇所（つまり、744b ff.）においてプラトンは「政治上の役職も、分担金も、また戦利品や利益の分配も市民の能力の価値に比例すべきである。かれの長所や祖父の長所とか、かれの体格の大きさとか美しさのみならず、かれの貧富にも依存させるべきである。このようにして人は栄誉や役職を可能なかぎり正当に、すなわち、平等ではない分配にしたがうのであれ、その富にただしく比例して、受け取るであろう」と要求している。《栄誉や戦利品を富や、体格の大きさ、美しさに比例して（不平等に）分配するという教えは、英雄的な征服期からの残存物であろう。高価な重装備をした富者や強者は、国家の他のメンバーよりも勝利により大きく貢献する。（この原則は、ホメロスの時代にあてはまるし、R・アイスラーが請け合っているように、既知のほとんどすべての征服者集団に見られる。）》こうした態度――つまり、ひとしからざる者をひとしく扱うのは不正であるという想定――を支えている基本の考えは、付随的に表明された注釈的記述においてなされたにすぎないとはいえ、すでに『プロタゴラス』337a に指摘できる。（『ゴルギアス』508a f. も見よ。この箇所は、本章注（9）と（48）で言及しておいた。）だがプラトンは『法律』執筆以前においてはこうした考えを真面目に適用することはほとんどなかった。

（2）アリストテレスがこうした考えから作り上げたものは、とりわけかれの『政治学』第三巻第九章1（1280a）からあきらかになる（参照、1282b–1284b および 1301b 29も）。そこでかれはつぎのように書いている。「どんな人間もなんらかの正義に執着する。だがかれらの考えは不完全であって、正義という観念のすべてを捉えているわけではない。たとえば、民主主義者は正義とは平等であるという。だがかれらがじっさいに言っているのは、万人にとっての平等ではなく、ひとしい者のための平等である。寡頭派は寡頭派で正義とは不平等であるという。だがかれらがじっさいに言っているのは、万人にとっての不平等ではなく、不平等な者のための不平等なのだ。」参照、『ニコマコス倫理学』1131b 27, 1158b 30 ff. も。

(3) 権利の不平等を説くこうした説すべてに対しては、カントとともに、どんな人間も自分自身を他の人間よりもより高く評価すべきではないという原理こそ、あらゆる倫理の必然的な根本原則であると言っておきたい。人間は自分自身をただしく評価し公正に判断できないという周知の事実を考慮に入れるならば、わたくしはこの原則こそ唯一受け入れられる原則であると考える。このような考えからすると、G・E・G・カトリン(G. E. G. Catlin, *A Study of the Principles of Politics*, 1930/1967)のような卓越した著述家のつぎの注釈は理解しがたい。「個人間のいっさいの相違を排除し……ひとしい者たちにはひとしいものを、ひとしからざる者たちにはひとしくないものを分配せよというアリストテレスの勧告を無視するカントの道徳論には深く不道徳なものが差し挟まれている。社会的に見たとき、人間は他の人間と同一の権利をもつわけではない。……このように書く筆者は、〈血〉の教えのなかにはある重要なものが潜んでいることを否定しようとは思わない」(S. 314, Anm. 3)。さて、わたくしは尋ねたい。事実として〈血〉や才能の不平等説になんらかの重要なものが含まれているとして、そしてみずからの時間をこうした相違の評価(評価することが可能であるとして)に費やすことに価値があるとして、なぜこうした相違をより大きな権利をもつことの基礎とし、より大きな義務をもつことの基礎とはしないのか。（参照、第四章注（31）と（32）の本文。）わたくしには、カントの平等論のどこに〈深く不道徳なもの〉が差し挟まれているのか、わからない。またわたくしは、カトリンがその道徳的判断をなにによって基礎づけているのかもわからない。というのも、かれは道徳を趣味の問題と見なしているのだから。なぜカントの趣味がそのように深く不道徳であるとされるべきなのか。（それは、キリスト教の〈趣味〉とおなじだというのに。）この問題に対してわたくしに唯一考えられる返答は、カトリンはみずからの実定主義的立場（参照、第五章注（18）（2））から、キリスト教およびカントの道徳を、現代社会で妥当している道徳的評価とは矛盾するからとして不道徳なものと見なした、ということである。

（4）　平等論の敵や反対者すべてに対する最良の返答のひとつはルソーによるものである。わたくし自身は、かれのロマン主義（参照、本章注（1））は社会哲学の歴史においてもっとも腐敗的な影響を与えたと見なされるべきだという見解をもつのだが、にもかかわらず、かれは、この領域ではじつに数少ないとびぬけた著述家の一人であったと言っておきたい。かれの『人間不平等起源論』（Jean-Jacques Rousseau, *Über den Ursprung der Ungleichheit unter den Menschen*, 1755, in *Schriften zur Kulturkritik*, 1995, S. 77. 強調はわたくしのもの）から卓越した批評を引用しておきたい。また、最後の文での美しい定式にも読者の注意を向けたい。「人類には二種類の不平等があると思う。ひとつは、自然によって課せられており、年齢、健康、身体の力、精神や魂の特性の相違にもとづくので、わたくしが、自然の、あるいは身体的な不平等と呼ぶものである。他は、一種の取り決めにもとづくもので、わたくしが道徳的、あるいは政治的な不平等と呼ぶものである。それは、人間の同意にもとづいてたてられたか、少なくとも法とされたものである。それらは、いくつかが他の者にとっては不利となるようなさまざまな特権、たとえば、他の者よりも富がある、名声がある、力が強いといったことからなる……

自然の不平等の源はなにかと問うことはできない。なぜなら、答えはこのことばをどう定義するかという点にあるからである。また、二種類の不平等のあいだに本質的な結びつきはないだろうかと問うこともなおさらできない。なぜなら、それはことばを換えれば、命令する者は必然的に服従する者よりもより価値があるのかとか、身体とか精神の強さ、知恵とか徳はいつもおなじ個人にあり、権力とか富に比例するのか、と問うことだからである。こうした問いは、主人が耳を傾けているときに奴隷たちが論じるにはふさわしいであろうが、真理を求める理性的で自由な人間にふさわしいものではない。」

(21) 参照、『国家』558c. 本章注(14)(民主主義への最初の攻撃箇所)。

(22) 『国家』433 b. J・アダム[J. Adam, *The Republic of Plato*, Bd. I, S. 239]も同様に、この箇所は論証と見なされると認めており、論証の再構成をこころみている(433b 11 への注)。だが、かれは、「プラトンがその論証においてかくも多くのことをあらわにすることはまれである」と告白している。

(23)『国家』433e/434a.――この箇所の続きは本章注(40)の本文に引いておいた。『国家』のより先行する箇所での準備にかんしては、参照、本章注(6)。――わたくしが〈第二の論証〉と呼んだ箇所に対してJ・アダムはつぎのような注釈(注22, S. 240)を付している(433e 35への注)。「プラトンは正義についての自分自身の見解と、この語についてのふつうの法律上の捉え方との接点を探している……。」(参照、この注に属する本文のつぎのパラグラフで引用しておいた箇所。)アダムは批判者(クローン)に対してプラトンの議論を擁護している。クローンは十分明確にではなかったが、なにかしらしっくりこないものがあると見ていたのだ。

(24) このパラグラフにおける引用は『国家』430d ff. からである。

(25) このやり方は、T・ゴンペルツのような鋭い批評者のもとにおいてさえ成功をおさめたように思われる。テオドール・ゴンペルツはそのてみじかな批評(Theodor Gomperz, *Griechische Denker*, II. Bd. [1902/1996], S. 368 f.)においてこの論証の薄弱さについてなにも語っていない。そして最初の二巻に注釈して、かれはつぎのように言っているのだ(*op.cit.*, S. 358 f.)。「奇跡のごとき鋭さ、明晰性、ほんものの学問性と言ってよい叙述がつづく……」、さらにつづけてプラトンの対話者であるグラウコンとアディマントスは「燃えるような熱気を吹き込まれて……あらゆる表面的な解決を禁じ無効にする」とも。

(本文のつぎの箇所での)節度にかんする注釈については、参照、ジョン・L・デイヴィスとデイヴィッド・J・ヴォーンの〈分析〉([注(3)でも触れたが]John L. Davies und David J. Vaughan, *The Republic of Plato*, S. XVIII. 強調はわたくしのもの)からのつぎの箇所。「節度の本質は自己抑制である。政治的節度の本質は、統治される者たちの忠誠と服従において統治者たち集団の法が承認されている点にある。」したがって、節度にかんするプラトンの考えについての解釈は、(少しばかり異なった表現方法においてではあるが)プラトンの追随者にも共有されていることになる。〈節度〉、つまり、自分の持ち場に満足することとは、三つの階級がおなじようにもつ徳であって、唯一労働者のもつことのできる徳であるとつけ加えておいてもよいだろう。したがって節度は、労働者や商人にも入手できる徳である。節度と勇気は戦士が手に入れる徳であり、節度、勇気そして知恵は監視者が所有できる徳である。

つぎのパラグラフでも引用した〈長々しいまえおき〉は、『国家』432b ff. からである。

(26) ここでは〈集団主義〉という語について語義的な注釈を述べておくのが適切だろう。H・G・ウェルズが〈集団主義〉と呼ぶものと、わたくしがそう呼ぶものとはなんのかかわりもない。ウェルズは個人主義者(この語に託すわたくしの意味において)である。この点は、かれの著作『人間の権利』(H. G. Wells, *The Rights of Men*(あるいは『われわれはなんのために戦うのか』[*What are we fighting for?*, 1940, S. 102 ff.])や『戦争と平和についての常識』(*The Common Sense of War and Peace* [1940])に示されている。両著は、法のもとでの人間の平等を承認する個人主義が求めるであろう要請をきわめて受け入れやすく表現している。かれは、まったくただしいことながら、個々人の自由と福祉の促進という目的をもった政治的諸制度の合理的な計画を信じている。かれはそれを〈集団主義〉と呼ぶのだ。わたくしなら、かれの脳裡にある考えを言い表わすためには〈自由のための合理的な制度計画〉といった表現を用いるであろう。この表現はたぶんに長たらしくぎごちないかもしれない。だが、誤解される危険は回避できている。というのも、〈集団主義〉という語は、本書においてそうであるばかりでなく頻繁に、反－個人主義という意味で解釈されてしまうからである。

(27) 参照、『法律』903c, 第五章注(35)の本文。本文で言及した〈まえおき〉(「だがかれは……自分自身を魔術にかける指示のことばをいくつか必要とする」)は『法律』903b である。

(28) 『国家』や『法律』には、プラトンがほしいままな集団的利己主義に対して警告を発している箇所が無数にある。参照、たとえば、『国家』519e および本章注(41)で指摘しておいた箇所。

集団主義と博愛主義はおなじであるとしばしば主張されてきたが、これにかんしてはここでの文脈においてはチャールズ・シェリントンの的確な問いが指摘されてしかるべきだろう(Charles Sherrington, *Man on his Nature* [1940/1975], S. 283)。「自然界にはざっと見たかぎりでは博愛主義の余地はほとんどない。魚や昆虫や鳥などの群れまた家畜の群れは博愛主義的であろうか」〔ドイツ語訳 *Körper und Geist. Der Mensch über seine Natur,* 1964, S. 391〕。

(29) チャールズ・ディケンズは議会を軽蔑しているが誤解にもとづいている〔『荒涼館』での引用。*Bleak House*, 1. Bd., Berlin 1990, S. 50〕。第七章注(23)も見よ。

(30) アリストテレス『政治学』第三巻第一二章 1(1282b)。参照、本章注(9)と(20)の本文。(参照、『政治学』第三巻第九章 3(1280a)も。そこからは正義は人ばかりでなく事物にもかかわるという考えが出てくる。) このパラグラフ後半でのペリクレスの演説からの引用については、参照、本章注(16)の本文と第一〇章注(31)の本文。

(31) この注釈は、第五章注(35)の本文で引用した箇所(『国家』519e f.)からである。

(32) (1) このパラグラフ、および(2) つぎのパラグラフで引用した『法律』からの重要な箇所を以下に示しておく。

(1)『法律』739c ff. プラトンはここで『国家』に、とりわけ明白に『国家』462a ff., 424a および 449e に言及している。(集団主義とホーリズムについての引用箇所一覧は第五章注(35)で与えておいた。プラトンの共産主義については、参照、第五章注(29)(2)およびそこで言及された箇所。) ここに引用された箇所は、特徴的なことに、ピタゴラス派の格率、つまり「友人は、その所有するいっさいのものを共有する」で始まる。参照、注

（36）と本文ならびに注（34）で言及しておいた〈共同食事〉も。

（2）『法律』942a f. 次注も見よ。二つの箇所は、T・ゴンペルツは（S. 396 の注 25 で述べているように）、反個人主義と記している。

（33）参照、第四章注（42）とそこに属する本文。このパラグラフでのつづく引用は『法律』942a f. からである。（参照、前注も。）

軍事教育が『法律』（また『国家』）においては武器の携行を許されている者、すなわち、すべての市民――なんらかの市民権のようなものをもつ者すべて（参照、『法律』753b）――にとっての義務であることを忘れてはならないであろう。他の国家構成員は〈俗物〉――あるいは、奴隷である（参照、『法律』741e と 743d および第一巻第一一章注（4））。

面白いことには軍国主義を嫌悪しているE・バーカーは、おなじようにプラトンを反軍国主義者と考えている（E. Barker, *Greek Political Theory* [1979], S. 345-348）。たしかにプラトンは、戦争を称賛しなかったし、反対することもなかった。だが、多くの軍国主義者は口に平和を説き、そして戦争をおこなった。そしてプラトンの国家は、軍人カースト、すなわち、賢明なる退役兵士によって支配されている。これは、『法律』ばかりでなく『国家』についても言えることである。（参照、『法律』753b.）

（34）食事時間――とりわけ、〈共同食事〉――についての、また飲酒行動に対する峻厳な立法は、プラトンにおいて重要な役割を果たしている。参照、たとえば、『国家』416e,

458c, 547d/e,『法律』625e, 633a(ここでは、共同食事は戦争を念頭において制度化されたのだと注釈されている), 762b, 780-783, 806c f., 839c, 842b. プラトンは首尾一貫して共同食事の意義を強調している。それは、クレタやスパルタの慣習とよく一致する。また興味深いことには、プラトンの叔父のクリティアスがこうしたことがらの細部にまでかかわったのであった。

この引用文の末尾において〈野獣〉の無政府状態が示唆されているが、これについては、参照、『国家』563c も。

(35) E・B・イングランド版『法律』(E. B. England, *The Laws of Plato*, 1921/1976, Bd. I, S. 514, Anm. zu 739b 8 ff.)。引用は、(注(33)でも触れておいたように)E・バーカー(E. Barker, S. 172 および S. 171)からである。多くのプラトン主義者の著作には類似の箇所が数多く見られる。だが、魚の群れや獣の群れに利他主義的な心性を帰することはほとんどできないというC・シェリントンの注釈(参照、本章注(28)を見よ。群れとしての本能、種のエゴイズム、またそうした本能への呼びかけを無私の精神(Selbstlosigkeit)と混同すべきでない。

(36)『国家』424a, 449c,『パイドロス』279c,『法律』739c, 注(32)(1)を見よ。(参照、『リュシス』207c, エウリピデス『オレステス』[1979]725.) 参照、このプラトン的原理と原始キリスト教やマルクス主義的共産主義との関連の可能性については第五章注(29)(2)。

『ゴルギアス』における正義と不正義にかんする個人主義的理論については、参照、たとえば、『ゴルギアス』468b ff., 508d/e で与えられている例。これらの箇所は、まだソクラテスの影響が残っていることを十分に示すものであろう。(参照、第一〇章注(56)。)ソクラテスの個人主義は、よき人間は自足しているという有名な教えにじつに明瞭に表現されている。この教えは、『国家』の主要テーゼ、つまり国家のみが自足的でありうるという想定とは真っ向から矛盾するにもかかわらず、プラトンによって『国家』(387d/e)で言及されている。(参照、第五章注(25)と本注および次注の本文。)

(37)『国家』368b/c.

(38) 参照、とくに『国家』344a ff.

(39)『法律』923b.

(40)『国家』434a-c.(参照、本章注(6)と(23)の本文ならびに第四章注(27)(3)と(31)。)

(41)『国家』466b/c. 参照、『法律』715b/c および全体にとって危険な階級的特権の乱用に反対する他の多くの箇所も。また本章注(28)および第七章注(25)(4)を見よ。

(42) ここで示唆されている問題は、〈自由のパラドックス〉の問題である。参照、第七章注(4)。――教育における国家統制の問題については第七章注(13)を見よ。

(43) 参照、アリストテレス『政治学』第三巻第九章6 ff.(1280a)。エドマンド・バーク『フランス革命の省察』(Edmund Burke, *Reflections on the Revolution in France* [*The Works*

of the Right Honourable Edmund Burke, Bd. V, 1815, S. 184, ドイツ語訳 *Betrachtungen über die Französische Revolution*, 1987, S. 195〕。この箇所は、ベンジャミン・ジョウェット(Benjamin Jowett)によるアリストテレスのこの箇所への注記において的確に引用されている。かれの校訂版 *Aristotle's Politics*, Bd. II, S. 126 を見よ)。

このパラグラフ後半でのアリストテレスからの引用は、『政治学』第三巻第九章8(1280b)からである。

たとえばG・C・フィールドもおなじような批判をしている(G. C. Field, *Plato and His Contemporaries* [1930/1974], S. 117)。つまり、「国家とその法律は、市民の道徳的性格になんらかの教育的影響をおよぼすだろうか、などとは問うまでもないことだろう」。だが、トマス・H・グリーン(Thomas H. Green)は(その著 *Lectures on the Principles of Political Obligation* [1927/1986, S. 89 ff.]において)国家が法律によって道徳を強制することの不可能性を明確に示した。かれは間違いなくつぎのような定式化に同意したことであろう。〈われわれの望みは、道徳の政治化ではなく、政治の道徳化である〉(本文におけるこのパラグラフの末尾を見よ。)グリーンの見解は、ベネディクトゥス・デ・スピノザ(Baruch de Spinoza)によって先取りされていた(*Tractatus theologico-politicus* [1670], 第二〇章)。「すべてを法によって規制しようとする者は、間違いなく犯罪を除去するよりは、むしろそれを生み出すであろう」[ドイツ語訳 *Theologisch-Politischer Traktat*, 1994, S. 304〔『神学・政治論集』〕そこでは、「すべてを法律によって規定しようとする者は、悪徳を改善するよりもむしろ悪徳を刺激するだろう」と言われている。〕

(44) 市民間の平和と国家間の平和を、また通常の犯罪と国際的犯罪を類似したものとして捉えることは、国際的犯罪を統制するどんなこころみにとっても根本的な意義をもつと思う。このように類似的に捉える仕方やその限界、また、この種の問題を扱うにあたってヒストリシズム的方法が役に立たないことについては、参照、第九章注(7)。

《国際平和の樹立のために合理的方法を用いることをユートピア的夢と見なした思想家の例としてハンス・J・モーゲンソーに言及しておいてもよいだろう。(Hans J. Morgenthau, *Scientific Man vs. Power Politics*, 1946/1974.)〔『科学的人間と権力政治』〕モーゲンソーの立場は、幻滅したヒストリシストの立場である。かれはヒストリシスト的予測はなしえないことを洞察している。しかし、かれはマルクス主義者とおなじように、理性(あるいは、科学的方法)の領域は予測の領域に限定されると想定しているので、歴史的出来事は予測できないという認識から、理性は国際的事象の領域には適用できないと結論するのである。

しかし、この議論は妥当なものではない。科学的な予測と歴史予言という意味での予測とはおなじものではないからである。(太陽系にかんする理論を唯一の例外として)自然科学がこころみるものは、歴史予言とはほとんど類似していない。社会科学の課題は、私見では、発展の〈トレンド〉とか〈傾向〉の予測ではないし、そうしたことは自然科学の課題でもない。「いわゆる〈社会的法則〉はたかだかいわゆる〈自然法則〉とおなじことをなすだけ、つまり、それはある種のトレンドを示唆しうるだけである……」とH・J・モーゲンソーは言う。「自然科学も社会科学も、一定のトレンドを生み出す条件としてどのようなものが出現するかを予測することはできない。また両者とも、ある種の条件が存在すれば一定のトレンドが生じると、高い蓋然性をこえて予測できるわけではない」とH・J・モーゲンソーは書いている(S. 122 ff. 強調はわたくしによるもの)。だが、これは誤解を招く。というのも、自然科学はトレンドとか発展の趨勢を予測しようとはしていないのであって、そうした課題が自分たちや社会科学に帰属すると信じているのは、ヒストリシストだけであるからである。だから、こうした目標が実現不可能であることを洞察するや、ヒストリシストは失望するのみである。「だが、多数の政治学者が……じっさいには……かなりのたしからしさで社会現象を予測しうるという主張を掲げている。現実にはかれらは、……幻想の……犠牲者である」とH・J・モーゲンソーは書く。わたくしは、この点には文句なく同意する。だがそこに示されているのは、ヒストリシズムは放棄されねばならないということにすぎない。ヒストリシズムを拒否するなら、政治における合理主義も拒否してしまうことになるという思いこみは、ヒストリシズムの根源的な偏見、すなわち、歴史予言こそがあらゆる合理的な政治の基礎であるという偏見をあらわにするだけである。(わたくしは第一章の冒頭で、こうした見方こそがヒストリシズムの特徴であると述べておいた。)

モーゲンソーは、権力を理性の統制下におき戦争を抑止しようとするあらゆるこころみを嘲笑する。かれの信じるところ、その種のこころみは合理主義や科学の過大評価に根差しているのであって、両者ともその本質からすれば社会には適用できない。だが、かれが主張しすぎなのは明白である。多くの社会では市民間の平和は作り出されているのだから。しかもモーゲンソーの理論からすれば、平和の確立を妨げていいはずの人間の本質に根差す権力欲があるにもかかわらず、それが作り出されているからである。もちろん、かれはこうした事実を承認するが、それが自分のロマン主義的主張の理論的基礎を破壊することを見ていない。〉

(45) 引用はアリストテレス『政治学』第三巻第九章8(1280)からである。

(1) 本文中でわたくしが「さらに」と言っているのは、本文中で示唆した箇所、すなわち、『政治学』第三巻第九章6と第三巻第九章12がリュコフロンの見解を述べていることは間違いないだろうと思うからである。その論拠は、第三巻第九章6から第三巻第九章12までにおいてアリストテレスは、わたくしが保護主義と呼んでおいた説を批判しているということである。本文中でも引用しておいたのだが、第三巻第九章8においてかれはこの説の簡明な定式を直接リュコフロンに帰している。リュコフロンへの残りの示唆からすると（本注の(2)を見よ）、おそらく、かれはその年齢から推し量って、保護主義を定式化した最初の者とは言えないにしても、そうした者の一人であったにちがいないと言えるだろう。したがって、保護主義への攻撃のすべては直接リュコフロンに向けられていたのであり、この説のさまざまな、だが互いに等価な定式はすべてかれに由来すると仮定しても（間違いないとは言えないにせよ）理にかなうことであろう。（プラトンが保護主義を〈一般に広まった見解〉と呼んだことも言及されてしかるべきである。『国家』358c.）

アリストテレスの異議が示そうとしているのは、なんにせよ保護主義の理論では国家の空間的ならびに内的統一の根拠を述べることができないということである。かれの考えからすると（『政治学』第三巻第九章6）、そうした理論は、国家が、〈よき生〉のために存在すること、つまり、動物や奴隷はそれには預かりようもないこと（つまり、金銭を稼ぐ者には市民権の行使においてその〈職工的な〉活動のゆえに預かりえないのだが、有徳な土地所有者には預かりえること）を見落としているのである。それはまた「完全な自立した生のための家族におけるよき生の共同性や家族の集合体」である〈真実の〉国家の種族的統一を見落としているのである（第三巻第九章12）。そうした共同性は、「おなじところで生活し、通婚し合う人びとのもとで達成される」のである。

(2)　リュコフロンの平等原理については、参照、第五章注(13)。——B・ジョウェットはリュコフロンのことを「あいまいな修辞家」と呼んでいる（B. Jowett, *Aristotle's Politics*,

Bd. II, S. 126)。だが、アリストテレスの見解は異なっていたにちがいない。というのも、かれは現存する著作のなかでリュコフロンに少なくとも六回言及しているからである（『政治学』『修辞学』『断片』『形而上学』『自然学』『詭弁論駁論』）。

リュコフロンが、ゴルギアス学派の同僚であったアルキダマスよりもはるかに若年であったとは思えない。というのも、アルキダマスがゴルギアスから学派の運営を引き継いでからはじめてかれの平等論が知られたのだとしたら、これほど注目を浴びることはおよそないであろうから。おなじく（アリストテレスが『形而上学』1045b 9と『自然学』185b 27で言及している）リュコフロンの認識論的関心もここでつけ加えておいてよいだろう。なぜなら、それによれば、かれは、ゴルギアスがほぼ全面的に修辞学に従事するまえにすでに弟子になっていたと思われるからである。もちろん、われわれの有する情報は乏しいから、リュコフロンにかんするどんな見解も高度に思弁的なものにならざるをえない。

(46) E. Barker, *Greek Political Theory* [1979], S. 185. 契約論の歴史版へのヒュームの批判については、参照、第四章注(43)。バーカーは、プラトンの語る正義は契約論の語る正義とは反対の〈外的なもの〉ではなく、むしろ人間の魂が安らう内的なものであると主張している(S. 186)。だが、これにかんしては読者につぎの点を思い出してもらいたい。プラトンは正義を樹立するためにくりかえし最高度にきびしい制裁を勧めたということである。かれはたえず〈説得と暴力〉の適用を勧告している（参照、第八章注（5）（10）（18））。これとは反対に、現代の民主主義国家のいくつかは犯罪を増加させずにリベラルで穏健な態度をとることが可能であることを示してきた。

バーカーが、リュコフロンのうちに(わたくしとおなじく)契約論の提唱者を見ているというコメントについては、参照、E. Barker, *op.cit.*, S. 72 における「プロタゴラスはソフィストのリュコフロンよりも先に契約論の基礎づけをおこなったわけではなかった。」(参照、この点については第五章注(27)の本文。)

(47)『ゴルギアス』483b f.

(48)『ゴルギアス』488e–489b および 527b も見よ。

ここにおけるソクラテスのカリクレスへの答え方は、歴史上のソクラテスがピンダロス的な生物学版自然主義に反対してつぎのように論じたのはたしかだろうと思わせるものである。すなわち、強者が支配すべきだということが自然だというなら、平等が支配すべきだという要求もまた自然である。なぜなら、多数者は、支配しているという事実によってその強さを証明し、この要求をしているからである。ことばを換えれば、ソクラテスは、自然主義がたてた要求は内容空疎でどちらにもとれることを示せたのである。そしてかれの成功は、おそらく、プラトンをして自然主義を独自の仕方で理解させたであろう。

わたくしには、なぜにソクラテスによってのちに〈幾何学的平等〉(508a)に加えられた注釈が必然的に平等の原理と矛盾すると解釈されねばならないのか、すなわち、なぜに『法律』744b ff. や757a-e（本章の注（9）および（20）（1））から知られる〈比例的平等〉とおなじ意味であらねばならないのか、その理由がまったくわからない。そう見なすのは、J・アダムである（J. Adam, *The Republic of Plato*, Bd. II, S. 238――この著の『国家』558c 15への第二の注釈において）。［そこでは、プラトンにしたがえば、「真実の政治的平等は、……正義にかなわない平等である」といわれている。］だが、かれの提案には真理の核が含まれているかもしれない。なぜなら、『ゴルギアス』508a はピタゴラスの問題を示唆しているように見えるし、〈幾何学的比例〉を暗示するであろうから（参照、第一〇章注（56）（6）。また、その注での『クラテュロス』にかんする注釈も見よ。）

（49）『国家』358e. グラウコンは358c でもともとの提唱者ではないと言っている。この箇所を読むと、読者の注意は、〈自然か協定か〉という争点によって容易に逸脱させられてしまう。この争点は、『ゴルギアス』におけるカリクレスの発言においてそうであったように、大きな役割を果たしている。『国家』のこの箇所でプラトンがみずからに設定した課題は、協定主義の論駁ではなくて、合理的な、つまり保護主義的なやり方は自己利益の追求だという点の証明である。（協定主義的な契約論は、プラトンの主たる敵ではなかった。この点は、第五章注（27）（28）およびそこの本文から帰結する。）

（50）『国家』における保護主義の叙述と『ゴルギアス』におけるそれとを比較すると、『国家』では平等への重点のおき方がきわめて少ないのだが、両者ともおなじ理論を扱っていることがわかる。『国家』359cでは、平等は通りがかり的に言及されている。すなわち、「自然は、……協定としての法律によって捻じ曲げられ、力ずくで平等に敬意を払うように強いられる。」この注釈はカリクレスの発言との類似性を強める。(『ゴルギアス』、とくに483c/dを見よ。)だが『ゴルギアス』とは対照的にプラトンは、平等をすぐに取り落とし(あるいはむしろ――問題を取り上げることさえせずに)、二度とそこに戻ることはない。ここからも、かれが問題の回避を望んでいたことがいっそう明らかになる。問題を取り上げる代わりに、かれは大いに満足した体で、かれが保護主義の唯一の源と見なしているシニカルなエゴイズムを叙述しつづけるのである。(かれが、人間は法のもとで平等であるという教えについて黙して語らないことについては、参照、とりわけ、本章の注(14)と本文。)A. E. Taylor, *Plato. The Man and His Work* (1926/1986), S. 268には、カリクレスが〈自然〉から出発するのに対し、グラウコンは〈協定〉から出発するという主張が見られる。

(51)　参照、『国家』359a. 本文中でのさらなる示唆は359b, 360d ff. に関連している。参照、358cも。〈あてこすり〉については、参照、359a-362cおよび367eにいたるまでのさらなる詳論。保護主義の虚無主義的な傾向についてのプラトンの記述は【プライゼンダンツの翻訳で】ほとんど一一ページにおよぶ。これは、この点がプラトンにとっていかに大事であったかを暗示している。(『法律』890a f. にも平行する箇所がある。)

（52）　グラウコンがみずからの描写を終えると、アディマントスが（ソクラテスに対して功利主義を批判せよという非常に興味深くまた高度に重要な催促をしながら）代わりに立つ。だが、それはソクラテスがグラウコンの叙述は素晴らしい（362d）と明言してしまったあとなのである。アディマントスの発言は、グラウコンの発言を改善するものであり、いわゆる保護主義はトラシュマコスのニヒリズムから引き出されると主張するものなのだ。（とりわけ、367a ff. を見よ。）アディマントスのあとでソクラテス自身が語り始め、グラウコンとアディマントスを称賛する。というのは、かれらは不正のすばらしさ（悪事を働いてもその帰結から逃れられるならば、不正なことを重ねても善であるという理論）を見事なまでに描いたにもかかわらず、正義に対する信念が動揺することはなかったからである。〈ソクラテス〉（すなわち、プラトン）は、グラウコンとアディマントスによって用いられた論証のすばらしさを強調することで、両名は取り上げられた見解について公正な叙述を与えたのだという印象を作り出したわけである。最後にかれは、自分自身の理論を提示するが、それは、グラウコンが述べるところは改善が必要だということを示すためではなく、みずから強調しているように、正義は保護主義者の見解とは反対に善であり、不正は悪であることを示すためなのである。（だが、プラトンが攻撃しているのは契約論ではなく、ただ保護主義であることを忘れてはならない。（参照、本章の注（49）。）なぜなら、契約論は、すぐにプラトン自身によって少なくとも部分的には受容される（参照、『国家』

369b-c, 第五章注(29)の本文)からである――人間が「入植地に群がる」のは「誰でもそのようにして自分自身の利益を促進できると思う」からであるという説も含めて。

言及しておかねばならないが、この箇所は、本章注(37)の本文で引用しておいたが、〈ソクラテス〉の印象的な注釈において頂点に達する。そこには、プラトンが、保護主義はエゴイズムの不道徳でそのうえ無神論的な形態であると見なすことによって、保護主義と戦っていることが示されている。

プラトンのやり口について判断をくだそうと思うならば、忘れてはならない点がある。なるほどかれは、虚飾的なことばの使用や詭弁と戦うのであるが、〈ソフィスト〉と戦うことで、このことばに悪しきイメージを混ぜ込んだ、当の人間だということである。それゆえ、かれが論証の代わりに、虚飾に満ちたことばや詭弁を用いるなら、かれを責めねばならないあらゆる理由があることになるだろう。

(53) J・アダムとE・バーカーは、ここで触れたプラトン主義を代表する人物と見なすことができるだろう。J・アダム[J. Adam, *The Republic of Plato*, Bd. I, S. 68](358e ff. への注)にしたがえば、グラウコンはトラシュマコスの理論を蘇らせたのであり、そしてその理論はかれにとっては「のちに(358e ff.)グラウコンによって述べられた理論と同一」である。E・バーカー[E. Barker, *Greek Political Theory*, 1979, S. 184]は、わたくしが〈保護主義〉と名づけ、そして自分自身では〈プラグマティズム〉と呼んでいる教義は〈トラシュマコスの精神〉で編まれたものだと言うのである。

(54) 偉大な懐疑主義者カルネアデスがプラトンの叙述に強く影響されたことは、マルクス・T・キケロ(Marcus T. Cicero, *De Rèpublica*〔『国家について』〕[ドイツ語訳 *Der Staat*, 1993], III, 8, 13: 23)からあきらかである。そこではグラウコンが理解したものが実際上変更なしでカルネアデスの理論として叙述されている。(参照、第一〇章注(65)と(66)の本文および注(56)。)

人道主義的思想への敵対者でさえ、われわれの人道主義的感情に訴える必要があると見なしたし、さらには、自分たちはしばしば心の底からそう思っているのだとわれわれを説得することに成功してきた。この事実からは、なにほどかの慰めを汲むことができるだろう。つまり、かれらは、このような感情がわれわれの大多数のうちに根を張っていることを熟知しており、蔑まれた〈多数者〉でさえ、よこしますぎるわけではなく、むしろあまりにも善良な、あまりにも正直な、あまりにも邪心のない者であることを知っているのだ。だが、〈多数者〉は、じつに良心の咎めをもたない〈よりよい者〉によって、〈野獣のごとくその胃袋を満たす〉ことしか眼中にない下劣で物欲しか知らないエゴイストと語られてきたのである。

編者の注記

カール・ポパーの『開かれた社会とその敵』の最初のドイツ語訳は、パウル・ファイヤーアーベントによってなされ、一九五七年(第一巻)および一九五八年(第二巻)にベルンのフランケ社から刊行された。それは一九八〇年の第六版まで修正されることはなかった。一九九二年にテュービンゲンのJ・C・B・モーア(パウル・ジーベック)社から著者によって改訂増補された第七版が出版された。それより先にヒルデ・ラマーおよびロベルト・ラマーがいろいろ改訂のための提案をしており、またクラウス・ペーラーの下訳(第二巻への付録Iおよび II)もあったし、メリッタ・ミューおよびゲオルク・ジーベックの時宜にかなった改訂と増補もあったので、著者はそれらに依拠したのである。本書第八版は、歴史的‐批判的な校訂版ではないが、文献的には異論の余地のない形態であることを目指し、つぎのような変更をくわえている。

一、第七版の本文全体、注、付録については、英語版改訂第五版である一九六六年の『開かれた社会とその敵』(*The Open Society and Its Enemies*)(一九九九年の最新刷)にもとづいて各文ごとに比較し、英語原文と内容的にまた言語的によりよく一致するように改訂した。ドイツ語版は、カール・ポパーが一九九二年の第七版以降にもなお変更を企てくわえていたもの、またパウル・ファイヤーアーベントがすでにおこなっていた追加をすべて引き継いでいる。

二、本文および注における引用文のすべてをチェックした。必要とあれば修正し、またドイツ語のオリジナルにおき換えた。ただし、ポパーが自分の翻訳を選び取ったときとか翻訳が当該箇所の解釈とよりよく一致するときはそのかぎりではない。大部分の引用文を変更したので、その手続きがどのようなものであったかを述べておきたい。

(a)すべてのギリシア語およびラテン語の引用文については、ポパーが、プラトン、アリストテレス、トゥキュディデスの著作から、またたとえばリウィウスといったラテン語の著作家から翻訳したわけだが、その典拠をチェックし、記述に誤りがあれば、注記せずに訂正しておいた。

(b)英語、ドイツ語、フランス語、イタリア語からなる他のすべての引用文については、ポパーが記載した文献にもとづいてチェックし、そして現時点で入手可能なものにおき換えた。この意味は、ポパーが引用した書物や論文についてはその記述が正確かをチェックし

――誤った、また不完全なタイトルや刊行年は、断りなく訂正や補足を加え――そして、最新の英語版やドイツ語版また増刷を引照したということである。ドイツ語に移すにさいしては、英語、フランス語、イタリア語の原題にドイツ語版の題を［　］内に付加しておいた。

(c)　書籍あるいは雑誌論文の出版年が記載されていたときには、最新版あるいは最新刷の出版年を（　）のなかで斜線でくぎって併記しておいた。出版年の記載がなかったときには、初版および最新版の出版年を［　］のなかで斜線でくぎって併記しておいた。そのさいには入手可能な最新版を引照した。最新刷なのか、またどの最新版なのかは記載しなかったが、最新の利用可能な版を記載し引照しておいた。

三、トゥキュディデスからニーチェに至る古典的著作家たちのテキストにかんしては、出典箇所また引照された版をチェックするに際して、その分野の代表的専門家が大いに利用している対訳版もしくは歴史的‐批判的校訂版に拠ることができるように、また可能なかぎり時間を無駄にすることなく図書館でたしかめたり借り出したりできるようにすることが目指された。なかでももっとも重要なものを述べておきたい。

トゥキュディデス『戦史』
Thukydides: *Geschichte des Peloponnesischen Krieges.* ギリシア語ドイツ語対照版、

ゲオルク・ペーター・ランドマンによるドイツ語訳、序文および解説、二巻本、ミュンヘン、一九九三年(アルテミス版)。【久保正彰訳『戦史』岩波文庫、一九六六年】

プラトン『八巻本選集』

Platon: *Werke in acht Bänden.* ギリシア語ドイツ語対訳版、ハインツ・ホフマンによる改訂。ギリシア語テキストは、ルイ・ボーダン、アルフレッド・クロワセ、モーリス・クロワセ、ルイ・メリディエによる校訂。ドイツ語訳は、フリードリヒ・シュライエルマッハー。【『プラトン全集』岩波書店】

アリストテレス『選集』

Aristoteles: *Werke.* エルンスト・グルーマッハによって発刊され、ベルリンのヘルムート・フラッシャー社(アカデミー社)によって一九五六年以降刊行されつづけたドイツ語訳。このシリーズにおいてまだ刊行されていない巻は、ハンブルクのフェリックス・マイナー社の哲学叢書で公刊されたアリストテレス著作集で補完しておいた。【『アリストテレス全集』岩波書店(旧版)】

カント

引用は、マイナー版カント著作集の最新版から。疑念が生じたときには、(王立)プロイセン科学アカデミー版『カント全集』ベルリン、一九〇七年以降に遡及。【『カント全集』岩波書店】

ヘーゲル『選集』

Hegel: *Gesammelte Werke.* 本訳書第三分冊第一二章の注の冒頭における記述を見よ。疑義のあるばあいには、ドイツ研究振興協会との連携のもとでハンブルクのライニッシュ(ノルトライン)ヴェストファーレン研究アカデミーの編集によるこの選集(フェリックス・マイナー社、一九六八年)に遡及した。

ショーペンハウアー『五巻選集』

Schopenhauer: *Arthur Schopenhauers Werke in fünf Bänden.* ルドガー・リュトケハウス編集の決定版、チューリヒ、一九八八年(ハフマンス社)に拠った。

ジョン・スチュアート・ミル『論理学』

John Stuart Mill: *System der deduktiven und induktiven Logik. Eine Darlegung der Grundsätze der Beweislehre und der Methoden wissenschaftlicher Forschung. Gesammelte Werke*, Band 2, 3 und 4, Aalen 1968 (Scientia Verlag).『演繹的および帰納的論理学体系』。編者たちの共同作業で翻訳され、テオドール・ゴンペルツの注(一八七二年／七三年)つき。『全集』第二、三、四巻、(アーレン、スキエンティア社、一九六八年)

マルクスおよびエンゲルス

本訳書第三分冊第一三章の注の前にある「マルクスにかんする第一三章から第二二章までの一般的コメント」における記述を見よ。

ニーチェ『全集』

Nietzsche: *Sämtliche Werke.*

一五巻の批判的研究版。ジョルジョ・コッリおよびマッツィーノ・モンティナーリによる編集、ミュンヘン、一九八八年（ドイツ・タッシェンブーフ出版社）。

四、さらに加えたいくつかの変更についても述べておきたい。英語原著におけるようにすべての注について、それが記載されている本文でのページ数を注におけるページ柱に記載しておいた〔本訳書では該当の章のみ記載〕。注番号に付された＋じるしは当該の注における解説が〔原著で〕半ページ以上におよぶときにつけておいた。本文中における注番号は引用文においては、可能なかぎり、その引用文の末尾に付されている。引用された書籍の新しい版あるいはわたくしが補足したタイトル、たとえば、A. Adler [*Menshenkenntnis*, 1927/2000] は、最終版にしたがって引用している。ポパーによって突き止められなかった文献とか二次文献の版については、若干の例外はあるものの、わたくしが［　　］内に補足し、引用文に対応するページの記載を書き込んだ。英語ならびにドイツ語の公刊された書物からの誤りのある引用文については、そう述べることなく訂正し、しばしば説明的な追加を［　　］内に挿し挟んでおいた。原著における強調はとくに表示せず、ただカール・ポパーによる強調のみを表示しておいた。古代の著者については書物の巻数はローマ数字で示し、つづく一番目のアラビア数字は章を、そのあとのコンマにつづく二番目のアラビア数字は行数を表示している。古典的作家のテキスト(三を見よ)においては、書物や論文のタイトルにならんで選集や巻数を［　］で示しておいた。本著作の二つの巻における付録は本文のうしろ、注のまえにおいた。すべての文献の版の正確な文献学的典拠はわたくしに求めてくだされればよい。

非常に広範な文献に目を通し手許におくにあたって、わたくしは三人の学生の援助をえた。つまり、ノラ・ユセフ、シュテファン・シュミードル、マリーナ・キーゼルは、何カ月にもわたってたいへんに助けてくれた。アンドレアス・ボルトは、英国の図書館にあってドイツからの遠隔地借り出しでは入手できない文献を扱ってくれた。フローリアン・ラウバーは第七版以後の索引を新たに準備し改訂してくれた。古代史家グレゴール・ウェーバーの手間のかかる協力がなかったならば、古代の文献の数多くの標題をただしく記載し引用することはできなかっただろう。またゲオルク・ジーベックはこの版に助言と援助をもって付き添ってくれるとともに貴重な変更の提案をしてくれた。かれらすべてにわたくしは大きな恩義をこうむっている。とはいえ、すべての変更に対する責任はわたくしが負うものである。

二〇〇二年六月、アイヒシュテット

H・キーゼヴェッター

開かれた社会とその敵〔全4冊〕　カール・ポパー著
第1巻　プラトンの呪縛（上）

2023年2月15日　第1刷発行
2024年6月14日　第4刷発行

訳　者　小河原 誠

発行者　坂本政謙

発行所　株式会社　岩波書店
〒101-8002 東京都千代田区一ツ橋2-5-5

案内 03-5210-4000　営業部 03-5210-4111
文庫編集部 03-5210-4051
https://www.iwanami.co.jp/

印刷・三秀舎　カバー・精興社　製本・中永製本

ISBN 978-4-00-386025-0　　Printed in Japan

読書子に寄す

——岩波文庫発刊に際して——

岩波茂雄

真理は万人によって求められることを自ら欲し、芸術は万人によって愛されることを自ら望む。かつては民を愚昧ならしめるために学芸が最も狭き堂宇に閉鎖されたことがあった。今や知識と美とを特権階級の独占より奪い返すことはつねに進取的なる民衆の切実なる要求である。岩波文庫はこの要求に応じそれに励まされて生まれた。それは生命ある不朽の書を少数者の書斎と研究室とより解放して街頭にくまなく立たしめ民衆に伍せしめるであろう。近時大量生産予約出版の流行を見る。その広告宣伝の狂態はしばらくおくも、後代にのこすと誇称する全集がその編集に万全の用意をなしたるか。千古の典籍の翻訳企図に敬虔の態度を欠かざりしか。さらに分売を許さず読者を繋縛して数十冊を強うるがごとき、はたしてその揚言する学芸解放のゆえんなりや。吾人は天下の名士の声に和してこれを推挙するに躊躇するものである。このときにあたって、岩波書店は自己の責務のいよいよ重大なるを思い、従来の方針の徹底を期するため、すでに十数年以前より志して来た計画を慎重審議この際断然実行することにした。吾人は範をかのレクラム文庫にとり、古今東西にわたって文芸・哲学・社会科学・自然科学等種類のいかんを問わず、いやしくも万人の必読すべき真に古典的価値ある書をきわめて簡易なる形式において逐次刊行し、あらゆる人間に須要なる生活向上の資料、生活批判の原理を提供せんと欲する。この文庫は予約出版の方法を排したるがゆえに、読者は自己の欲する時に自己の欲する書物を各個に自由に選択することができる。携帯に便にして価格の低きを最主とするがゆえに、外観を顧みざるも内容に至っては厳選最も力を尽くし、従来の岩波出版物の特色をますます発揮せしめようとする。この計画たるや世間の一時の投機的なるものと異なり、永遠の事業として吾人は微力を傾倒し、あらゆる犠牲を忍んで今後永久に継続発展せしめ、もって文庫の使命を遺憾なく果たさしめることを期する。芸術を愛し知識を求むる士の自ら進んでこの挙に参加し、希望と忠言とを寄せられることは吾人の熱望するところである。その性質上経済的には最も困難多きこの事業にあえて当たらんとする吾人の志を諒として、その達成のため世の読書子とのうるわしき共同を期待する。

昭和二年七月

《法律・政治》〔白〕

- 人権宣言集　高木八尺・末延三次・宮沢俊義 編
- 新版 世界憲法集 第二版　高橋和之 編
- 君主論　マキァヴェッリ／河島英昭 訳
- フィレンツェ史 全二冊　マキァヴェッリ／齊藤寛海 訳
- リヴァイアサン 全四冊　ホッブズ／水田洋 訳
- 法の精神 全三冊　モンテスキュー／野田良之・稲本洋之助・上原行雄・田中治男・三辺博之・横田地弘 訳
- 教育に関する考察　ロック／服部知文 訳
- 完訳 統治二論　ジョン・ロック／加藤節 訳
- 寛容についての手紙　ジョン・ロック／加藤節・李静和 訳
- キリスト教の合理性　ジョン・ロック／加藤節 訳
- ルソー 社会契約論　桑原武夫・前川貞次郎 訳
- アメリカのデモクラシー 全四冊　トクヴィル／松本礼二 訳
- リンカーン演説集　高木八尺・斎藤光 訳
- 権利のための闘争　イェーリング／村上淳一 訳
- 近代人の自由と古代人の自由・征服の精神と簒奪 他一篇　コンスタン／堤林剣・堤林恵 訳
- 民主主義の本質と価値 他一篇　ハンス・ケルゼン／長尾龍一・植田俊太郎 訳
- 外交談判法　カリエール／坂野正高 訳
- 危機の二十年 ―理想と現実　E・H・カー／原彬久 訳
- ザ・フェデラリスト　A・ハミルトン J・ジェイ J・マディソン／斎藤眞・中野勝郎 訳
- アメリカの黒人演説集 ―キング・マルコムX・モリスン他　荒このみ 編訳
- モーゲンソー 国際政治 全三冊 ―権力と平和　原彬久 監訳
- ポリアーキー　ロバート・A・ダール／高畠通敏・前田脩 訳
- 現代議会主義の精神史的状況 他一篇　カール・シュミット／樋口陽一 訳
- 政治的なものの概念　カール・シュミット／権左武志 訳
- 第二次世界大戦外交史 全二冊　芦田均
- 憲法講話　美濃部達吉
- 日本国憲法　長谷部恭男 解説
- 民主体制の崩壊 ―危機・崩壊・再均衡　ファン・リンス／横田正顕 訳
- 憲法　鵜飼信成

《経済・社会》〔白〕

- 政治算術　ペティ／大内兵衛・松川七郎 訳
- 国富論 全四冊　アダム・スミス／水田洋 監訳 杉山忠平 訳
- 法学講義　アダム・スミス／水田洋 訳
- コモン・センス 他三篇　トーマス・ペイン／小松春雄 訳
- 経済学における諸定義　マルサス／玉野井芳郎 訳
- オウエン自叙伝　ロバアト・オウエン／五島茂 訳
- 戦争論 全三冊　クラウゼヴィッツ／篠田英雄 訳
- 自由論　J・S・ミル／塩尻公明・木村健康 訳
- 大学教育について　J・S・ミル／竹内一誠 訳
- 功利主義　J・S・ミル／関口正司 訳
- イギリス国制論 全二冊　バジョット／遠山隆淑 訳
- ユダヤ人問題によせて ヘーゲル法哲学批判序説　マルクス／城塚登 訳
- 経済学・哲学草稿　マルクス／城塚登・田中吉六 訳
- 新編輯版 ドイツ・イデオロギー　マルクス エンゲルス／廣松渉 編訳 小林昌人 補訳
- マルクス エンゲルス 共産党宣言　大内兵衛・向坂逸郎 訳
- 賃労働と資本　マルクス／長谷部文雄 訳
- 賃銀・価格および利潤　マルクス／長谷部文雄 訳
- マルクス 経済学批判　武田隆夫・遠藤湘吉・大内力・加藤俊彦 訳
- マルクス 資本論 全九冊　エンゲルス 編／向坂逸郎 訳
- トロツキー わが生涯 全二冊　森田成也・志田昇 訳

- 空想より科学へ —社会主義の発展　エンゲルス　大内兵衛訳
- 帝国主義論 全二冊　ホブスン　矢内原忠雄訳
- 帝国主義　レーニン　宇高基輔訳
- 国家と革命　レーニン　宇高基輔訳
- ローザ・ルクセンブルク獄中からの手紙　秋元寿恵夫訳
- 雇用、利子および貨幣の一般理論 全二冊　ケインズ　間宮陽介訳
- シュムペーター経済発展の理論 全二冊　塩野谷祐一・中山伊知郎・東畑精一訳
- シュムペーター経済学史 —学説ならびに方法の諸段階　中山伊知郎・東畑精一訳
- 租税国家の危機　シュムペーター　木村元一・小谷義次訳
- 日本資本主義分析　山田盛太郎
- 恐慌論　宇野弘蔵
- 経済原論　宇野弘蔵
- 資本主義と市民社会 他十四篇　大塚久雄　齋藤英里編
- 共同体の基礎理論 他六篇　大塚久雄　小野塚知二編
- ユートピアだより　ウィリアム・モリス　川端康雄訳
- 社会科学と社会政策にかかわる認識の「客観性」　マックス・ヴェーバー　富永祐治・立野保男訳　折原浩補訳
- プロテスタンティズムの倫理と資本主義の精神　マックス・ヴェーバー　大塚久雄訳

- 職業としての学問　マックス・ウェーバー　尾高邦雄訳
- 社会学の根本概念　マックス・ヴェーバー　清水幾太郎訳
- 職業としての政治　マックス・ヴェーバー　脇圭平訳
- 古代ユダヤ教 全三冊　マックス・ヴェーバー　内田芳明訳
- 宗教と資本主義の興隆 歴史的研究 全二冊　トーニー　出口勇蔵・越智武臣訳
- 世論 全二冊　リップマン　掛川トミ子訳
- 鯰絵 —民俗的想像力の世界　C・アウエハント　小松和彦・中沢新一・飯島吉晴・古家信平訳
- 贈与論 他二篇　マルセル・モース　森山工訳
- 国民論 他二篇　マルセル・モース　森山工編訳
- ヨーロッパの昔話 その形と本質　マックス・リュティ　小澤俊夫訳
- 独裁と民主政治の社会的起源 —近代世界形成過程における領主と農民 全二冊　バリントン・ムーア　宮崎隆次・森山茂徳・高橋直樹訳
- 大衆の反逆　オルテガ・イ・ガセット　佐々木孝訳

《自然科学》〔青〕

- ヒポクラテス医学論集　國方栄二編訳
- 科学と仮説　ポアンカレ　河野伊三郎訳
- ロウソクの科学　ファラデー　竹内敬人訳
- 種の起原 全二冊　ダーウィン　八杉龍一訳

- 自然発生説の検討　パストゥール　山口清三郎訳
- 完訳ファーブル昆虫記 全十冊　山田吉彦・林達夫訳
- 科学談義　T・H・ハックスリ　小泉丹訳
- メンデル雑種植物の研究　岩槻邦男・須原準平訳
- アインシュタイン相対性理論　内山龍雄訳・解説
- 相対論の意味　アインシュタイン　矢野健太郎訳
- アインシュタイン一般相対性理論　小玉英雄編訳・解説
- 自然美と其驚異　ジョン・ラバック　板倉勝忠訳
- ダーウィニズム論集　八杉龍一編訳
- ニールス・ボーア論文集1 因果性と相補性　山本義隆編訳
- ニールス・ボーア論文集2 量子力学の誕生　山本義隆編訳
- ハッブル銀河の世界　戎崎俊一訳
- パロマーの巨人望遠鏡 全二冊　D・O・ウッドベリー　関正雄・湯澤博・成相恭二訳
- 生物から見た世界　ユクスキュル・クリサート　日高敏隆・羽田節子訳
- ゲーデル不完全性定理　林晋・八杉満利子訳
- 日本の酒　坂口謹一郎
- 生命とは何か —物理的にみた生細胞　シュレーディンガー　岡小天・鎮目恭夫訳

ウィーナー サイバネティックス ―動物と機械における制御と通信 池原止戈夫・彌永昌吉・室賀三郎・戸田巌 訳

熱輻射論講義 マックス・プランク 西尾成子 訳

コレラの感染様式について ジョン・スノウ 山本太郎 訳

20世紀科学論文集 現代宇宙論の誕生 須藤靖 編

高峰譲吉文集 いかにして発明国民となるべきか 鈴木淳 編

相対性理論の起原 他四篇 廣重徹 西尾成子 編

《哲学・教育・宗教》〔青〕

- ソクラテスの弁明・クリトン　プラトン　久保勉訳
- ゴルギアス　プラトン　加来彰俊訳
- 饗宴　プラトン　久保勉訳
- テアイテトス　プラトン　田中美知太郎訳
- パイドロス　プラトン　藤沢令夫訳
- メノン　プラトン　藤沢令夫訳
- 国家 全二冊　プラトン　藤沢令夫訳
- プロタゴラス ―ソフィストたち　プラトン　藤沢令夫訳
- パイドン ―魂の不死について　プラトン　岩田靖夫訳
- アナバシス ―敵中横断六〇〇〇キロ　クセノポン　松平千秋訳
- アリストテレス ニコマコス倫理学 全二冊　高田三郎訳
- アリストテレス 形而上学 全二冊　出隆訳
- アリストテレス 弁論術　戸塚七郎訳
- アリストテレース詩学・ホラーティウス詩論　松本仁助・岡道男訳
- 物の本質について　ルクレーティウス　樋口勝彦訳
- エピクロス ―教説と手紙　出隆・岩崎允胤訳
- 生の短さについて 他二篇　セネカ　大西英文訳
- 怒りについて 他二篇　セネカ　兼利琢也訳
- エピクテトス 人生談義 全二冊　國方栄二訳
- 人さまざま　テオプラストス　森進一訳
- マルクス・アウレーリウス 自省録　神谷美恵子訳
- 老年について　キケロー　中務哲郎訳
- 弁論家について 全二冊　キケロー　大西英文訳
- キケロー書簡集　高橋宏幸編
- 平和の訴え　エラスムス　箕輪三郎訳
- 方法序説　デカルト　谷川多佳子訳
- 哲学原理　デカルト　桂寿一訳
- 情念論　デカルト　谷川多佳子訳
- パンセ 全三冊　パスカル　塩川徹也訳
- スピノザ 神学・政治論 全二冊　畠中尚志訳
- 知性改善論　スピノザ　畠中尚志訳
- スピノザ エチカ（倫理学） 全二冊　畠中尚志訳
- スピノザ 国家論　畠中尚志訳
- スピノザ往復書簡集　畠中尚志訳
- デカルトの哲学原理 ―附 形而上学的思想　スピノザ　畠中尚志訳
- スピノザ 神・人間及び人間の幸福に関する短論文　畠中尚志訳
- モナドロジー 他二篇　ライプニッツ　谷川多佳子・岡部英男訳
- 市民の国について 全二冊　ヒューム　小松茂夫訳
- 自然宗教をめぐる対話　ヒューム　犬塚元訳
- エミール 全三冊　ルソー　今野一雄訳
- 人間不平等起原論　ルソー　本田喜代治・平岡昇訳
- ルソー 社会契約論　桑原武夫・前川貞次郎訳
- 言語起源論 ―旋律と音楽的模倣について　ルソー　増田真訳
- ディドロ 絵画について　佐々木健一訳
- 道徳形而上学原論　カント　篠田英雄訳
- 啓蒙とは何か 他四篇　カント　篠田英雄訳
- 純粋理性批判 全三冊　カント　篠田英雄訳
- カント 実践理性批判　波多野精一・宮本和吉・篠田英雄訳
- 判断力批判 全二冊　カント　篠田英雄訳
- 永遠平和のために　カント　宇都宮芳明訳

プロレゴメナ　カント　篠田英雄訳
学者の使命・学者の本質　フィヒテ　宮崎洋三訳
シュライエルマッハー 独白　木場深定訳
ヘーゲル 政治論文集 全二冊　金子武蔵訳
哲学史序論 ―哲学と哲学史　ヘーゲル　武市健人訳
歴史哲学講義 全二冊　ヘーゲル　長谷川宏訳
法の哲学 ―自然法と国家学の要綱　ヘーゲル　上妻精・佐藤康邦・山田忠彰訳
学問論　シェリング　西川富雄監・藤田正勝訳
自殺について 他四篇　ショウペンハウエル　斎藤信治訳
読書について 他二篇　ショウペンハウエル　斎藤忍随訳
知性について 他四篇　ショーペンハウエル　細谷貞雄訳
不安の概念　キェルケゴール　斎藤信治訳
死に至る病　キェルケゴール　斎藤信治訳
体験と創作 全二冊　ディルタイ　柴田治三郎・小牧健夫訳
眠られぬ夜のために 全二冊　ヒルティ　草間平作・大和邦太郎訳
幸福論 全三冊　ヒルティ　草間平作・大和邦太郎訳
悲劇の誕生　ニーチェ　秋山英夫訳

ツァラトゥストラはこう言った 全二冊　ニーチェ　氷上英廣訳
道徳の系譜　ニーチェ　木場深定訳
善悪の彼岸　ニーチェ　木場深定訳
この人を見よ　ニーチェ　手塚富雄訳
プラグマティズム　W・ジェイムズ　桝田啓三郎訳
宗教的経験の諸相 全二冊　W・ジェイムズ　桝田啓三郎訳
日常生活の精神病理　フロイト　高田珠樹訳
純粋現象学及現象学的哲学考案 全二冊　フッセル　池上鎌三訳
デカルト的省察　フッサール　浜渦辰二訳
愛の断想・日々の断想　ジンメル　清水幾太郎訳
ジンメル宗教論集　深澤英隆編訳
笑い　ベルクソン　林達夫訳
道徳と宗教の二源泉　ベルクソン　平山高次訳
時間と自由　ベルクソン　中村文郎訳
ラッセル教育論　安藤貞雄訳
ラッセル幸福論　安藤貞雄訳
存在と時間 全四冊　ハイデガー　熊野純彦訳

学校と社会　デューイ　宮原誠一訳
民主主義と教育 全二冊　デューイ　松野安男訳
我と汝・対話　マルティン・ブーバー　植田重雄訳
アラン 幸福論　神谷幹夫訳
アラン 定義集　神谷幹夫訳
天才の心理学　E・クレッチュマー　内村祐之訳
英語発達小史　H・ブラッドリ　寺澤芳雄訳
日本の弓術　オイゲン・ヘリゲル述　柴田治三郎訳
ことばのロマンス ―英語の語源　ウィークリー　寺澤芳雄・出淵博訳
ヴィーコ 学問の方法　上村忠男・佐々木力訳
国家と神話 全二冊　カッシーラー　熊野純彦訳
天才・悪　ブレンターノ　篠田英雄訳
人間の頭脳活動の本質 他一篇　ディーツゲン　小松摂郎訳
プラトン入門　R・S・ブラック　内山勝利訳
反啓蒙思想 他二篇　バーリン　松本礼二編
マキアヴェッリの独創性 他三篇　バーリン　川出良枝編
ロシア・インテリゲンツィヤの誕生 他五篇　バーリン　桑野隆編

論理哲学論考　ウィトゲンシュタイン　野矢茂樹訳
自由と社会的抑圧　シモーヌ・ヴェイユ　冨原眞弓訳
根をもつこと 全二冊　シモーヌ・ヴェイユ　冨原眞弓訳
重力と恩寵　シモーヌ・ヴェイユ　冨原眞弓訳
全体性と無限 全二冊　レヴィナス　熊野純彦訳
啓蒙の弁証法 —哲学的断想　M・ホルクハイマー　T・W・アドルノ　徳永恂訳
ヘーゲルからニーチェへ 十九世紀思想における革命的断絶 全二冊　レーヴィット　三島憲一訳
統辞構造論 付『言語理論の論理構造』序論　チョムスキー　福井直樹　辻子美保子訳
統辞理論の諸相 方法論序説　チョムスキー　福井直樹　辻子美保子訳
快楽について　ロレンツォ・ヴァッラ　近藤恒一訳
古代懐疑主義入門 判断保留の十の方式　J・アナス　J・バーンズ　金山弥平訳
ニーチェ みずからの時代と闘う者　ルドルフ・シュタイナー　高橋巖訳
フランス革命期の公教育論　コンドルセ他　阪上孝編訳
フレーベル自伝　長田新訳
旧約聖書 創世記　関根正雄訳
旧約聖書 出エジプト記　関根正雄訳
旧約聖書 ヨブ記　関根正雄訳

旧約聖書 詩篇　関根正雄訳
新約聖書 福音書　塚本虎二訳
文語訳 新約聖書 詩篇付
文語訳 旧約聖書 全四冊
キリストにならいて　トマス・ア・ケンピス　大沢章　呉茂一訳
聖アウグスティヌス 告白 全二冊　服部英次郎訳
アウグスティヌス 神の国 全五冊　服部英次郎　藤本雄三訳
新訳 キリスト者の自由・聖書への序言　マルティン・ルター　石原謙訳
キリスト教と世界宗教　シュヴァイツェル　鈴木俊郎訳
水と原生林のはざまで　シュヴァイツェル　野村実訳
コーラン 全三冊　井筒俊彦訳
エックハルト説教集　田島照久編訳
ムハンマドのことば ハディース　小杉泰編訳
新約聖書外典 ナグ・ハマディ文書抄　荒井献　大貫隆　小林稔　筒井賢治 編訳
後期資本主義における正統化の問題　ハーバーマス　山田正行・金慧訳
シンボルの哲学 —理性、祭礼、芸術のシンボル試論　S・K・ランガー　塚本明子訳

ジャック・ラカン 精神分析の四基本概念 全二冊　ジャック＝アラン・ミレール編　小出浩之　新宮一成　鈴木國文　小川豊昭訳
精神と自然 生きた世界の認識論　グレゴリー・ベイトソン　佐藤良明訳
人間の知的能力に関する試論 全二冊　トマス・リード　戸田剛文訳
開かれた社会とその敵 全四冊　カール・ポパー　小河原誠訳

《日本思想》〔青〕

- 風姿花伝（花伝書）　世阿弥 / 野上豊一郎・西尾実校訂
- 五輪書　宮本武蔵 / 渡辺一郎校注
- 養生訓・和俗童子訓　貝原益軒 / 石川謙校訂
- 貝原益軒 大和俗訓　石川謙校訂
- 日本水土考・水土解弁・増補華夷通商考　西川如見 / 飯島忠夫・西川忠幸校訂
- 蘭学事始　杉田玄白 / 緒方富雄校註
- 島津斉彬言行録　牧野伸顕序
- 塵劫記　吉田光由 / 大矢真一校注
- 兵法家伝書　付 新陰流兵法目録事　柳生宗矩 / 渡辺一郎校注
- 長崎版 どちりな きりしたん　海老沢有道校註
- 農業全書　宮崎安貞編録 / 貝原楽軒刪補 / 土屋喬雄校訂
- 仙境異聞・勝五郎再生記聞　平田篤胤 / 子安宣邦校注
- 茶湯一会集・閑夜茶話　井伊直弼 / 戸田勝久校注
- 西郷南洲遺訓　附 手抄言志録及遺文　山田済斎編
- 文明論之概略　福沢諭吉 / 松沢弘陽校注
- 新訂 福翁自伝　富田正文校訂
- 学問のすゝめ　福沢諭吉
- 福沢諭吉教育論集　山住正己編
- 福沢諭吉家族論集　中村敏子編
- 福沢諭吉の手紙　慶應義塾編
- 新島襄の手紙　同志社編
- 新島襄 教育宗教論集　同志社編
- 新島襄自伝 —手記・紀行文・日記　同志社編
- 植木枝盛選集　家永三郎編
- 日本の下層社会　横山源之助
- 中江兆民 三酔人経綸問答　桑原武夫・島田虔次訳・校注
- 中江兆民評論集　松永昌三編
- 憲法義解　伊藤博文 / 宮沢俊義校註
- 日本風景論　志賀重昂 / 近藤信行校訂
- 日本開化小史　田口卯吉 / 嘉治隆一校訂
- 新訂 蹇蹇録 —日清戦争外交秘録　陸奥宗光 / 中塚明校注
- 茶の本　岡倉覚三 / 村岡博訳
- 武士道　新渡戸稲造 / 矢内原忠雄訳
- 新渡戸稲造論集　鈴木範久編
- キリスト信徒のなぐさめ　内村鑑三
- 余はいかにしてキリスト信徒となりしか　内村鑑三 / 鈴木範久訳
- 代表的日本人　内村鑑三 / 鈴木範久訳
- 後世への最大遺物・デンマルク国の話　内村鑑三
- ヨブ記講演　内村鑑三
- 足利尊氏　山路愛山
- 徳川家康 全二冊　山路愛山
- 豊臣秀吉 全二冊　山路愛山
- 妾の半生涯　福田英子
- 三十三年の夢　宮崎滔天 / 島田虔次・近藤秀樹校注
- 善の研究　西田幾多郎
- 続思索と体験・『続思索と体験』以後　西田幾多郎
- 西田幾多郎哲学論集 II —論理と生命 他四篇　上田閑照編
- 西田幾多郎哲学論集 III —自覚について 他四篇　上田閑照編
- 西田幾多郎歌集　上田薫編
- 西田幾多郎講演集　田中裕編

西田幾多郎書簡集　藤田正勝編
帝国主義　幸徳秋水　山泉進校注
基督抹殺論　幸徳秋水
日本の労働運動　片山潜
貧乏物語　河上肇　大内兵衛解題
河上肇評論集　杉原四郎編
西欧紀行 祖国を顧みて　河上肇
中国文明論集　宮崎市定　礪波護編
史記を語る　宮崎市定
中国史 全二冊　宮崎市定
大杉栄評論集　飛鳥井雅道編
女工哀史　細井和喜蔵
奴隷 ―小説・女工哀史1　細井和喜蔵
工場 ―小説・女工哀史2　細井和喜蔵
初版 日本資本主義発達史 全二冊　野呂栄太郎
谷中村滅亡史　荒畑寒村
遠野物語・山の人生　柳田国男

木綿以前の事　柳田国男
海上の道　柳田国男
蝸牛考　柳田国男
都市と農村　柳田国男
十二支考 全二冊　南方熊楠
津田左右吉歴史論集　今井修編
特命全権大使 米欧回覧実記 全五冊　久米邦武編　田中彰校注
日本イデオロギー論　戸坂潤
明治維新史研究　羽仁五郎
古寺巡礼　和辻哲郎
風土 ―人間学的考察　和辻哲郎
和辻哲郎随筆集　坂部恵編
倫理学 全四冊　和辻哲郎
人間の学としての倫理学　和辻哲郎
日本倫理思想史 全四冊　和辻哲郎
「いき」の構造 他二篇　九鬼周造
九鬼周造随筆集　菅野昭正編

偶然性の問題　九鬼周造
田沼時代　辻善之助
パスカルにおける人間の研究　三木清
古代国語の音韻に就いて 他二篇　橋本進吉
吉田松陰　徳富蘇峰
林達夫評論集　中川久定編
新版 きけ わだつみのこえ ―日本戦没学生の手記　日本戦没学生記念会編
新版 第二集 きけ わだつみのこえ ―日本戦没学生の手記　日本戦没学生記念会編
君たちはどう生きるか　吉野源三郎
地震・憲兵・火事・巡査　山崎今朝弥　森長英三郎編
懐旧九十年　石黒忠悳
武家の女性　山川菊栄
覚書 幕末の水戸藩　山川菊栄
忘れられた日本人　宮本常一
家郷の訓　宮本常一
大阪と堺　三浦周行　朝尾直弘編
石橋湛山評論集　松尾尊兊編

手仕事の日本　柳宗悦
工藝文化　柳宗悦
南無阿弥陀仏 付 心偈　柳宗悦
雨夜譚 ―渋沢栄一自伝　長幸男校注
中世の文学伝統　風巻景次郎
平塚らいてう評論集　小林登美枝・米田佐代子編
最暗黒の東京　松原岩五郎
日本の民家　今和次郎
原爆の子 ―広島の少年少女のうったえ 全二冊　長田新編
臨済・荘子　前田利鎌
『青鞜』女性解放論集　堀場清子編
大津事件 ―ロシア皇太子大津遭難　尾佐竹猛・三谷太一郎校注
幕末遣外使節物語 ―夷狄の国へ　尾佐竹猛・吉良芳恵校注
極光のかげに ―シベリア俘虜記　高杉一郎
古典学入門　池田亀鑑
イスラーム文化 ―その根柢にあるもの　井筒俊彦
意識と本質 ―精神的東洋を索めて　井筒俊彦

神秘哲学 ―ギリシアの部　井筒俊彦
意味の深みへ ―東洋哲学の水位　井筒俊彦
コスモスとアンチコスモス ―東洋哲学のために　井筒俊彦
幕末政治家　福地桜痴・佐々木潤之介校注
フランス・ルネサンスの人々　渡辺一夫
維新旧幕比較論　木下真弘・宮地正人校注
被差別部落一千年史　高橋貞樹・沖浦和光校注
花田清輝評論集　粉川哲夫編
新版 河童駒引考 ―比較民族学的研究　石田英一郎
英国の文学　吉田健一
中井正一評論集　長田弘編
山びこ学校　無着成恭編
考史遊記　桑原隲蔵
福沢諭吉の哲学 他六篇　丸山眞男・松沢弘陽編
政治の世界 他十篇　丸山眞男・松本礼二編注
超国家主義の論理と心理 他八篇　丸山眞男・古矢旬編
田中正造文集 全二冊　由井正臣・小松裕編

国語学史　時枝誠記
定本 育児の百科 全三冊　松田道雄
哲学の三つの伝統 他十二篇　野田又夫
大隈重信演説談話集　早稲田大学編
大隈重信自叙伝　早稲田大学編
人生の帰趣　山崎弁栄
通論考古学　濱田耕作
転回期の政治　宮沢俊義
何が私をこうさせたか ―獄中手記　金子文子
明治維新　遠山茂樹
禅海一瀾講話　釈宗演
明治政治史　岡義武
転換期の大正　岡義武
山県有朋 ―明治日本の象徴　岡義武
近代日本の政治家　岡義武
ニーチェの顔 他十三篇　氷上英廣・三島憲一編
伊藤野枝集　森まゆみ編

前方後円墳の時代　近藤義郎

日本の中世国家　佐藤進一

岩波文庫の最新刊

カント著／大橋容一郎訳

道徳形而上学の基礎づけ

カント哲学の導入にして近代倫理の基本書。人間の道徳性や善悪、正義と意志、義務と自由、人格と尊厳などを考える上で必須の手引きである。新訳。

〔青六二五－一〕 **定価八五八円**

カント著／宮村悠介訳

人倫の形而上学

第二部 徳論の形而上学的原理

カント最晩年の、「自由」の「体系」をめぐる大著の新訳。第二部では「道徳性」を主題とする。『人倫の形而上学』全体に関する充実した解説も付す。（全二冊）

〔青六二六－五〕 **定価一二七六円**

高浜虚子著／岸本尚毅編

新編 虚子自伝

高浜虚子（一八七四－一九五九）の自伝。青壮年時代の活動、郷里、子規や漱石との交遊歴を語り掛けるように回想する。近代俳句の巨人の素顔にふれる。

〔緑二八－一一〕 **定価一〇〇一円**

末永高康訳注

孝経・曾子

『孝経』は孔子がその高弟曾子(そうし)に「孝」を説いた書。儒家の経典の一つとして、『論語』とともに長く読み継がれた。曾子学派による師の語録『曾子』を併収。

〔青二一一－一〕 **定価九三五円**

……今月の重版再開……

久保田 淳校注

千載和歌集

定価一三五三円

〔黄一三二－一〕

南原 繁著

国家と宗教

―ヨーロッパ精神史の研究―

定価一三五三円

〔青一六七－二〕

定価は消費税 10% 込です　2024. 4

岩波文庫の最新刊

ゲルツェン著／金子幸彦・長縄光男訳

過去と思索（一）

人間の自由と尊厳の旗を掲げてロシアから西欧へと駆け抜けたゲルツェン（一八一二－一八七〇）。亡命者の壮烈な人生の幕が今開く。自伝文学の最高峰。（全七冊）　〔青N六一〇－二〕　**定価一五〇七円**

ゲルツェン著／金子幸彦・長縄光男訳

過去と思索（二）

逮捕されたゲルツェンは、五年にわたる流刑生活を余儀なくされた。「シベリアは新しい国だ。独特なアメリカだ」。二十代の青年は何を経験したのか。（全七冊）　〔青N六一〇－三〕　**定価一五〇七円**

復本一郎編

正岡子規スケッチ帖

子規の絵は味わいある描きぶりの奥に気魄が宿る。最晩年に描かれた画帖『菓物帖』『草花帖』『玩具帖』をフルカラーで収録する。子規の画論を併載。　〔緑一三－一四〕　**定価九二四円**

ハインリヒ・マン作／今井　敦訳

ウンラート教授
あるいは一暴君の末路

酒場の歌姫の虜となり転落してゆく「ウンラート（汚物）教授」を通して、帝国社会を諧謔的に描き出す。マレーネ・ディートリヒ出演の映画『嘆きの天使』原作。　〔赤四七四－一〕　**定価一二一一円**

……今月の重版再開……

揖斐　高訳注

頼山陽詩選

定価一一五五円　〔黄二三一－五〕

魯迅作／竹内　好訳

野　草

定価五五〇円　〔赤二五－一〕

定価は消費税 10% 込です　2024. 5